国家社科基金
GUOJIA SHEKE JIJIN HOUQI ZIZHU XIANGMU
后期资助项目

有机课程观研究

A Study on the Perspective of Organic Curriculum

张晓瑜　著

中国社会科学出版社

图书在版编目(CIP)数据

有机课程观研究／张晓瑜著. —北京：中国社会科学出版社，2016.5
ISBN 978 - 7 - 5161 - 8184 - 3

Ⅰ. ①有… Ⅱ. ①张… Ⅲ. ①课程－教育哲学－研究 Ⅳ. ①G423

中国版本图书馆 CIP 数据核字(2016)第 102003 号

出 版 人	赵剑英
责任编辑	宫京蕾
特约编辑	刘京臣
责任校对	曹占江
责任印制	李寡寡

出 版	中国社会科学出版社
社 址	北京鼓楼西大街甲 158 号
邮 编	100720
网 址	http://www.csspw.cn
发 行 部	010 - 84083685
门 市 部	010 - 84029450
经 销	新华书店及其他书店

印刷装订	北京市兴怀印刷厂
版 次	2016 年 5 月第 1 版
印 次	2016 年 5 月第 1 次印刷

开 本	710×1000 1/16
印 张	20.25
插 页	2
字 数	359 千字
定 价	69.00 元

国家社科基金后期资助项目

出版说明

　　后期资助项目是国家社科基金设立的一类重要项目，旨在鼓励广大社科研究者潜心治学，支持基础研究多出优秀成果。它是经过严格评审，从接近完成的科研成果中遴选立项的。为扩大后期资助项目的影响，更好地推动学术发展，促进成果转化，全国哲学社会科学规划办公室按照"统一设计、统一标识、统一版式、形成系列"的总体要求，组织出版国家社科基金后期资助项目成果。

全国哲学社会科学规划办公室

序

  最近 10 年，温州大学张晓瑜同志一直从事着课程与教学论的教学研究工作，先后出版了《现代教育理论与实践》、《课程与教学的领导与管理》、《综合实践活动课程的理论与实践——基于教师教育视角》等多部著作，在《教育研究》、《课程·教材·教法》、《自然辩证法研究》等中文核心刊物上发表了近 20 篇论文。现在这部新著《有机课程观研究》，是他经过近 5 年的潜心治学、夙夜匪懈而写就的，再次显示了他甘于寂寞、一心向学、坚持不懈的学术攀登之路。

  长期以来，与我国教学论研究的悠久历史和所取得的丰硕成果相比，课程论研究还是比较年轻和青涩的，这主要表现在缺少比较有影响的标志性成果，尤其是既立足于中国现实又具有国际视野的课程理论精品力作寥若星辰。令人欣喜的是，随着二十一世纪新一轮课程改革的开展和朝纵深推进，课程理论研究也迎来了百家争鸣、百花齐放的新时代，在课程学界众多研究者的共同努力下，推出了一大批的课程理论研究成果，其中，既有站在学科前沿的国际比较与借鉴的课程著述，也有立足于本土文化、直面现实问题的课程论著，还有在方法论上进行创新探索的交叉学科研究成果。但是，似乎还没有学者能从三者结合的视角研究当前的课程问题，这既是课程领域学术研究的空白点，也是当下理论研究的软肋。本书作者晓瑜同志能敏锐地捕捉到这一课程研究的新生长点，足见其理论视野的开阔和研究意识的超前。

  过程哲学思想由英国著名哲学家怀特海所创，它继承了传统欧洲哲学，采择了新兴自然科学思想，吸收了东方哲学和合思想的智慧，对传统实体观和现代性的弊端进行了深刻的反思和批判。过程哲学涵盖过程与关联、可能与创造、整体主义的价值论三个主要范畴，是一种融价值论、本体论、实践论为一体的有机整体的观念体系。过程哲学思想因其追求整体性、关系性、创造性的精神气质，能适时地回应生态文明建设的召唤，正逐渐成为指导当今社会发展有力的思想武器之一。当前人类社会进入了追求永续发展和建设生态文明的高级阶段，教育必须因应这一社会发展的需要，承担应有的责任。这是时代赋予教育事业责无旁贷的使命。今天的教育，就是明天的社会。在当前社会和教育面临转型的历史节点，课程观的更新是教育观转变的核心；以过程哲学思想为指导，建构一种有根的、整体的、关系的、过程的、发展的、创生的有机课程观，是教育发展的必由之路。

有机课程观是对已有实体课程观的反思批判基础上提出的，它从过程哲学的泛价值论、过程/关系思维、创造性原理出发，立足于我国当前基础教育和课程改革的实际，以价值论、本体论和实践论三个维度为主线，全面检视和深入分析当代课程观的革故鼎新问题，既着眼课程思想理念层面的先驱性探索，也直面课程与教学实践活动中的鲜活问题，力图将理性思辨与实践创新有机结合起来，避免落入脱离实际空谈理论的窠臼。有机课程观包括三个密不可分、互相关联协调的组成部分：一是"泛价值和合"课程价值观，揭示了"有机整体、和谐共存、创生化进"的课程价值取向，这是有机课程观的统摄和核心；二是"过程与关系"课程实在观，揭示了课程具有自决性、关系性、场域性和过程性的本体论特征，这是有机课程观的主体；三是"创化生成"课程发展观，揭示了课程品质的生成性、课程教学的创造性和课程变革的延续性，这是有机课程观的灵魂。上述三个部分互为前提和条件，结成一个不可分割的有机整体。

美国心理史学家波林曾提出一个著名的论断：任何真知灼见都会受到时代精神的限制，当它诞生于时代精神之前，很容易被人所忽略或淡忘，只有当时代精神转而欢迎它时，它才会发光发热。作为新的课程理论建构，有机课程观将面临严峻的现实考验甚至挑战，要直面能否理解的困惑和责难，要经历曲折反复的碰撞与交融，尤其是如何转化为课程实践行动和内化为教师个人课程观，这是有机课程观能不能落地生根，发挥持续影响力的关键。但是，课程观的更新和有机建构是时代的必然选择，从有机课程观的兼容性品格和先进的价值理念分析，预示着它必将有一个美好的发展前景，渐入佳境。

理论创新源于改革实践的呼唤，又必将在改革实践中得到检验、完善和发展，并引领改革实践迈上新台阶。我乐于向读者尤其是广大教师推荐这部执着探索、富有新意的课程论著，并期盼我国课程改革实践和理论研究不断地与时俱进，开创新局面，为培养一代新人健康成长、成人、成才、成功，作出应有的贡献。

2016 年元月

目　　录

第一章 导论：课程观研究的一种新视角

我们最崇高和最广泛的社会理想最终是与我们的教育理想相联系的。而且，这些思想都要通过学校中我们称之为课程的那种经验才能变为现实。

——丹尼尔·坦纳、劳雷尔·坦纳

在我国课程改革步入高原期的今天，我们有必要对课程理论和课程实践中纷纷扰扰的众多问题进行反思和总结。观念是行动的先导，首当其冲需要反思和总结的应该是课程观①的问题——我们应该确立什么

---

① 在这里有必要对"课程观"与"课程理论"这两个概念的区别与联系作一下解释，因为在正文表述中笔者虽使用"课程观"作为核心概念，但是研究的问题实际上是课程理论问题。一般而言，我国学者对"课程理论"这一概念有四种不同的观点：一是将课程理论等同于课程论，将之当作一门学科看待（见施良方、崔允漷《教学理论：课堂教学的原理、策略与研究》，华东师范大学出版社1999年版，第24页）。二是将课程理论看作是系统化的教育理论的下位概念，包括课程原理、课程设计理论、课程实施理论、课程评价理论和课程改革理论等（教育大辞典编纂委员会：《教育大辞典》第1卷，上海教育出版社1990年版，第259页）。三是将课程理论阐释为思想观念或精神产物。比如，有论者认为，课程理论是课程研究者在不同的社会历史条件下对课程问题所作出的诸种理解和思考，反映出课程研究者所坚持的世界观、教育观和方法论（廖哲勋、田慧生：《课程新论》，教育科学出版社2003年版，第99页）。四是将课程理论解释为教育概念。例如，课程理论是指一套相关联的教育概念，针对课程现象提出了系统化与启示性的观点（黄光雄、蔡清田：《课程设计——理论与实际》，南京师范大学出版社2005年版，第31页）。笔者比较赞同第三种观点，我们可以将课程理论理解为：在一定的价值观、思维方式、方法论指导下，对各种课程现象、课程问题、课程矛盾进行理性思考，从而形成对课程所涉及的一系列问题的基本认识和看法，旨在解释、说明、指导课程实践以及提升实践主体的课程智慧。在笔者看来，"课程理论"概念从这一层意义上分析就相当于"课程观"概念，另外，从概念的明确性和文字的达意性上看，"课程观"也比"课程理论"显得更为精要。另一点需要澄清的是，本书的"课程观"概念并不是一种零碎的、偶然的、随意的课程观点或主张，而是建立在过程哲学基础之上的整体性和系统化的观念体系，从这一点上来说，它又是一种"课程理论"。总之，在本书中，"课程理论"和"课程观"这两个概念互通使用，不作严格的区分。

样的课程观，才能为这场声势浩大的课程改革提供正确的方向指引，确保其能顺利进行下去。本研究以过程哲学思想为理论基础和方法论指导，为课程观研究提供一种新的视角，并尝试建构一种有机课程观。

第一节　研究的缘起、视角和意义

一　缘起

（一）社会可持续发展和生态文明转向对教育的警示

当今世界，人们在现实生活中越来越没有安全感，对未来有股莫名的恐惧感，那是因为我们比以往任何时候都面临更多的危险，包括显在的和潜在的。从自然一极看，生态恶化、资源枯竭、全球变暖、物种消失、天失屏障（主要指臭氧层被破坏），……正形成一股势不可挡的力量全面威胁着人类；从人类自身看，国家和地区冲突、民族宗教纷争、军事核武威胁、人口急剧膨胀、功利物欲横流、精神灵魂丢失、价值信仰坍塌，……正一点点积聚危险的能量，随时都有一触即爆的可能；更为可怕的是，大多数天灾起于人祸，人祸累积又进一步引发更大的天灾，如此形成恶性循环。如果用一句话来形容，就是我们正在逐渐失去赖以安身的美好家园，人正在与"非人化"作着痛苦的斗争。"我们居住在身体的安逸舒适里，灵魂却渴望流浪；我们居住在城市里，阳光和朋友以及灵智和感觉却正在门窗外徘徊，钢筋水泥的冰冷气息让我们从内心拒绝这是家园的判断；我们居住在文化的世界里，文化却无法安抚我们对于生活的焦虑，无法取消工作中的乏味、工作后的空虚，无法制止贫困和剥削、战争和杀戮，无法使我们摆脱对自身存在价值的怀疑；我们居住在地球上，可是环境污染、疾病肆虐、物种流失、能源匮乏，人类作为一个物种在地球上的存在正变得越来越危险、孤立"。① 拯救人类，拯救地球，重返人类生活的"伊甸乐园"，这是所有有良知的地球人都应该担负起的职责。

正是基于上述严峻的社会现实，党的十八大报告指出，"建设生态文明，是关系人民福祉、关乎民族未来的长远大计。面对资源约束趋紧、环

---

① 王茜：《生态文化的审美之维》，上海人民出版社 2007 年版，第 279 页。

境污染严重、生态系统退化的严峻形势，必须树立尊重自然、顺应自然、保护自然的生态文明理念，把生态文明建设放在突出地位，融入经济建设、政治建设、文化建设、社会建设各方面和全过程，努力建设美丽中国，实现中华民族永续发展"。① 生态文明建设是一项系统工程，除了要调整经济发展的模式和步伐，还涉及政治、文化、教育、国际关系、军事等当今社会发展的所有领域。教育作为人类传承文明，继往开来的文化实践活动，应该责无旁贷地为建设生态文明和促进社会可持续发展贡献自己的力量，彰显其在生态文明建设和社会可持续发展中的奠基性和优先性的地位。

（二）哲学研究的微观转向及其对课程与教学的启示

哲学与教育的关系可追溯至古希腊时代。"在一开始的起源上，哲学与教育几乎是一模一样的，……正是这样的一种情境，说明二者的开端是一致的"。② 后希腊时代至 17 世纪，形而上学高高在上，占据哲学的统治地位，专司对世界本原的探究，严重脱离人类的生产生活实际，哲学与教育的关系进入了漫长的疏离期。自从 20 世纪以来，哲学开始脱下高贵的外衣，完成了从宏大叙事向微观关注的范式转变，生活哲学、经济哲学、文化哲学、实践哲学、语言哲学、身体哲学等诸多关注形而下的哲学流派纷纷登场，哲学开始走向科学甚至日常生活。从这一时代背景看，哲学与教育的重新结缘也是水到渠成的事情。可以说，当代教育所要回答的诸如：培养什么样的人、选择哪些知识经验、采取什么样的思维方式、如何评价教育成效等主要问题，只有从哲学层面解答，才能真正得以澄清。所以，"无论是对于从事琐碎工作的教育实际工作者和从事教育总体规划的教育决策人员而言，还是对于教育学者来说，哲学知识和哲学思维都是必不可少的"。③ 教育需要哲学，从根本上说基于两个原因：一是，哲学具有关注世界整体性存在的天性，对一切学科和活动都具有指导作用，当然也包括教育。二是，哲学具有对人生和价值的前提性反思的本质，是影响人生行为的智慧。这就决定了哲学对教育具有重要的指导作用，教育是哲

---

① 胡锦涛：《坚定不移沿着中国特色社会主义道路前进　为全面建成小康社会而奋斗——在中国共产党第十八次全国代表大会上的报告》，http：//www. xj. xinhuanet. com/2012 - 11/19/c_ 113722546. htm.

② John Dewey, Philosophy and Education in Their Historic Relations, transcribed from his lectures by Elsie Ripley Clapp, edited and with an introduction by J. J. Challlbliss, Westview Press, United States of America, 1993, p. 4.

③ 石中英：《教育哲学导论》，北京师范大学出版社 2004 年版，第 5 页。

学的重要实践领域，正如康德所说，"无哲学的教育是盲目的，无教育的哲学是空洞的"。①

　　既然教育离不开哲学，作为教育核心组成部分的课程与教学领域理所当然也要受哲学的指导。很多有识之士已经认识到了哲学之于课程与教学的重要性。"哲学对课程至为重要，研究哲学不仅使我们更好地理解学校及其课程，而且还可以构建我们个人的观念、信仰和价值体系，可以帮助我们感知周围的世界，明确哪些东西对我们来讲是重要的，帮助我们理解我们是谁？为什么存在？以及我们向何处去？"② "哲学是在人的思想、体验向上腾飞的时候诞生的，但它又是从地上启动的。因此，站在课程大地上的人们如果没有能腾飞起来，那应当主要是自己的事，为什么你没有从这块能够使人获得足够能量的地方启动呢？这是课程与教学自己的还是别人的尴尬？"③ 在我国，近年来也陆续出现了一些专门研究课程与教学哲学的成果，张楚廷（2003）、郭晓明（2005）、徐继存（2008）、张立昌和郝文武（2009）、王洪席（2011）等学者分别从各自的哲学观出发，尝试建构较为系统的课程哲学或教学哲学体系。更多的研究者则花费较多笔墨在教育论著中讨论课程与教学哲学问题，推动了课程与教学哲学研究的进程。可以说，课程与教学哲学研究突破了"一般问题"或"根本问题"，已经深入到更为具体的、真实的实践活动之中。

　　（三）从"实体"走向"有机"是课程观嬗变的必然趋向

　　课程理论研究要解决的核心问题是，我们应采取什么样的课程价值观和课程思维方式，简言之，就是构建何种课程观的问题。纵览课程发展史，曾先后出现了名目繁多、流派纷呈、盘根错节的各种课程观，很难用具体的人物或称谓加以条分缕析，但是就历史的视角而言，课程观的发展嬗变总体上经历了古代课程观、现代课程观和后现代课程观三个历史形态，前两种可列入保守的课程观范畴，第三种则可归入革新的课程观范畴。而今，我们正经历从传统课程观向后现代课程观转变的历史节点，在这一关键时刻，传统保守的课程观余威犹在，但激进的后现代课程观却来势汹汹，大有取代前者之势，双方陷入了对立和僵持局面之中。不管是传

---

① 冯建军等：《教育哲学》，武汉大学出版社 2011 年版，第 10 页。

② ［美］艾伦·C. 奥恩斯坦、弗朗西斯·P. 汉金斯：《课程：基础、原理和问题》（第三版），柯森主译，江苏教育出版社 2002 年版，第 35 页。

③ 张楚廷：《课程与教学哲学》，人民教育出版社 2003 年版，第 14 页。

统课程观，还是后现代课程观，它们都有一个共同的、自身难以克服的弊病，这就是建立在二元对立思维和实体观基础之上，采取排他性而非关系性的主观主义价值取向，将原本连续、关联、互嵌、共创的关系扭曲成了间断、割裂、排斥、竞争的关系。不管是属于传统还是属于现代，每一课程观都是一种排斥异己、割断历史、孤芳自赏的实体课程观，与当今社会强调尊重他者、和谐共赢、可持续发展、生态文明的发展主旨是格格不入的，必须予以反思和批判。当今社会急切呼唤一种能超越实体课程观的有机课程观。

二　视角：基于过程哲学的研究

有机课程观的构建，既要求有一套尽可能全面认识课程世界，融理性、一致性、逻辑性为一体的思想体系，又要求有一套能诉诸经验，适用于课程教学实践的分析框架，而且，这套思想体系和分析框架还要符合当今社会可持续发展和生态文明建设对课程建设的要求。选择什么样的研究视角才能满足上述要求呢？迄今为止，恐怕还没有一种思想武器比怀特海的过程哲学更为合适，可以这么说，"怀特海的哲学思想是所有外来哲学思想中离中国的课程改革主旨，也与我们中国深厚的传统文化意识最为契合的一朵浪花，或者说一种最可借鉴的思维方式"。[1]

不过，在以过程哲学为理论基础和方法论构建有机课程观的过程中，有两点需作特别说明：

（一）任何以单一或片面的视角理解怀特海的过程哲学思想都是不可取的

在当前诸多应用过程哲学的教育文献中，或许是受限于研究主题，或许是没有全面深入地了解怀氏的思想，对过程哲学普遍存在着狭隘甚至是片面解读的现象，这一方面背离了怀特海努力概括我们的知识、追求尽可能全面认识世界的方法论思想；另一方面也破坏了作为宇宙论的过程哲学的整体性，导致其作为体系理论的不一致性，从而削弱其对教育问题的解析力。事实上，过程哲学体系虽内容庞杂但铺设了一条主线，在过程哲学看来，世界由三个主要侧面构成，即创化生成的创新世界、有机联系的过程世界和泛价值和合的价值世界，并且这三个世界并不是分离的，而是互为基础和条件的，"任一世界只能参照另一世界加以解释"。[2] 本研究正是

---

① 朱小蔓：《从过程哲学的角度透视当代中国的课程改革》，《世界文化论坛》2007 年第 9 期。

② ［英］阿·怀特海：《怀特海文录》，陈正养等译，浙江文艺出版社 1999 年版，第 228 页。

试图从价值世界、过程/关系世界和创新世界出发，尝试构建一个有机课程世界。

（二）不能从时间维度来衡量过程哲学的价值大小

怀特海曾经说过，欧洲哲学的一切著作，只不过是柏拉图的注解。可见，柏拉图的思想至今还发挥着巨大的影响作用；相反，近现代以来诸多在当时红极一时的哲学思想却如昙花一现，消失得无影无踪。这就给我们这样一个警示：一种哲学思想的生命力强弱跟它诞生的年代没有必然关系，新诞生的思想未必就比旧思想更有价值。我们必须观察到，一个存在于200年前的时代正如一个存在于2000年前的时代一样属于过去。不要被那些所谓年代的学问所欺骗。莎士比亚和莫里哀的时代与索福克勒斯和维吉尔的时代同样古老。先哲们的交流是一个伟大的而鼓舞人心的聚会，但只有一个可能的会厅，那就是现在；任何一群先哲来到这个会合点所经历的纯粹的时间流逝并没有什么不同的意义。[①] 同样道理，在课程研究领域，"人们倾向于把最近的书籍当作最权威的资源，因为他们假定最近的书籍包括了早期知识信息并企图取代早期知识信息，这未必是正确的"。[②] 在本研究中，笔者没有选择时髦、应景的后现代思想作为有机课程观研究的理论基础，而选择了过程哲学，正是基于这一观点的考量。

总之，过程哲学既坚守尊重他者、和谐共存、关系为本、永续发展的恒常之"道"，但又不死板、机械、守旧和自我封闭，讲究计谋、机变、开放和创新，深谙变通之"术"，是"道术相间"的一门高深学问，这也是我们推崇它的重要原因。

三　意义

（一）理论意义

过程哲学，是当代世界范围内声望日隆的哲学，被誉为建设性后现代主义的哲学基础，也是生态文明和可持续发展的思想基础。过程哲学强调整体、和谐、关系、共生、容他、生成、创造，被看作是一切新思想不可或缺的渊源之一。作为一种关系、过程、创生的宇宙观，过程思想关注当代政治经济、生态文明、种族关系、国际交流、宗教信仰、文化教育等热点问题，并向社会发展的一切领域渗透。过程哲学以发展理性取代工具理

---

① ［英］A. N. 怀特海：《教育与科学》，黄铭译，大象出版社2010年版，第6页。

② ［美］丹尼尔·坦纳、劳雷尔·坦纳：《学校课程史》，崔允漷等译，教育科学出版社2006年版，第14页。

性，强调个人的、社区的、国家的、全球的责任，倡导性别平等、伦理关怀、文化多元和种族多样性，秉持经济社会发展和生态保护的双赢理念。因此，以过程哲学为基础进行课程观重构，可以为我国课程理论研究贡献一种新式的、系统的、具有内在一致性的有机课程观：即倡导以"泛价值论"为哲学基础，建构兼具内在价值和工具价值的课程价值观；以过程/关系思维为本体论依托，重新诠释制约课程发展的基本因素、课程广延连续体的本质特征和课程运作的内在机制；以创生化进的创造性原理为方法论指导，赋予课程教学及其变革以历史底蕴和创造活力。此外，过程哲学作为一种具有整体性、系统性、开放性的哲学理论，以其为理论基础和方法论，能够对课程研究所涉及的各个领域进行全面而深刻的反思，可以为课程论学科建设提供新的生长点。

（二）实践意义

有机课程观是从我国的课程改革实际问题出发，基于可持续发展、生态文明建设的基本国情，旨在挖掘和弘扬中国传统优秀文化，是"有根"的课程观，为下一步的课程改革提供了一种价值导引和理论选择。有机课程观又主张敞开怀抱，对来自于西方的各种课程观持开放和包容的态度，择其要者而用之，倡导用关系、过程和创造的思维方式研究各种课程理论及其与实践的关系，是一种"有翼"的课程观，为深化我国的课程理论研究和推进创造性的课程实践提供了一种新的思路。构建有机课程观，能唤醒每个实践者内心深处最敏感而脆弱的那根"课程意识"神经，提供他们如何看待课程的价值观和思维方式，如何实践课程的方法论，真正使教师意识到自己是课程的主人而不是附庸。只有这样，教师才能真正形成有机课程观所倡导的课程主体意识、课程批判意识、课程发展意识。

第二节 研究概况

一 核心概念的澄清与解释

（一）何谓课程观？

课程观所指为何，实际上谈的是如何认识课程的问题，对课程的不同理解和解释，可以看作是一种课程观的表达。虽然人们不一定直接用课程观这个术语表达自己对于课程的看法和观点，但课程观是客观存在的，这一点毋庸置疑。课程观作为现代课程理论与实践界出现频率较高的一个概念，它所指称的对象——课程，论述得较为充分，研究得也甚为深入，唯独"课程观"概念本身的内涵和外延却少有人加以诠释和界定，这样，容易在理论探讨和实践活动环节产生一些歧义和混淆，比如课程观与课程意识、课程哲学等是指同一概念，还是有所区别；同时，是不是所有关于课程的认识和看法均属于课程观范畴，课程研究有无边界，凡此种种，均需一个明确的交代。只有这样，才不会因为对概念的不同理解而引起无谓的争论，这也是本书在构思和论证课程观时尽力避免被误解或曲解的逻辑起点。

有研究者提出，"课程观是教育观的有机组成部分"（孙绵涛，1999）。是人们对于教育过程观中课程的理性认识，它与德育观、教学观、师生观等并列，不过研究者并没有进一步阐释课程观的概念内含。大多数研究者对课程观的概念内含看法比较一致，也是笔者较为认同的，比如："课程观是人们对课程的基本看法"（郭元祥，2001）。"课程观是对课程的各种认识和看法的总称"（袁桂林，2006）。"课程观是人们对课程所涉及的一系列问题的认识和看法"（许锋华，2008）。但具体到对课程哪些问题的看法，则存在一些差异。不过笔者以为，课程观概括起来主要涉及三个领域的问题。一是价值论领域的问题，像课程的价值、课程的目的、课程中人的地位、知识观、课程思维方式等；二是本体论领域的问题，像课程的概念、课程的本质、课程的要素与结构、课程研究和课程的资源等；三是实践论领域的问题，像课程的编制、课程的实施、课程评价、课程管理等。

（二）有机课程观

从词义分析，有机指构成事物的各部分互相关联协调，而具有不可分的统一性，就像一个生物体那样。[1] 有机的英语是 organic，包含生物的、有组织（系统）的、不可分割的、自然发展的等意思。[2] 王治河等提出后现代的有机教育观，将教育解读为是一种有根的、整合的、和谐的、容他的、感恩的、创新的和审美的教育，[3] 为我们提供了教育思想的新启蒙，结合本书的主旨加以引申，有机课程可以理解为有根的、整体的、和谐的、关系的、过程的、发展的、创生的课程。

具体而言，本书所要探讨的有机课程观，将从过程哲学的泛价值论、

---

[1]　《现代汉语词典》（修订本），商务印书馆1996年版，第1527页。

[2]　《朗文当代高级英语词典》，外语教学与研究出版社2009年版，第1875页。

[3]　王治河、樊美筠：《走向一种后现代的有机教育》，《远程教育杂志》2010年第4期。

过程/关系思维、创造性原理出发，立足于我国当前基础教育和课程改革的实际，以价值论、本体论和实践论三个维度为主线，在整体上探讨当代课程观的有机转向问题。有机课程观是对传统实体课程观的反思批判基础上提出的，既包括课程思想理念层面的冒险性探索，也直面课程与教学实践活动中的问题，试图将理性思辨与实践行动有机结合起来，避免落入脱离实际空谈理论的窠臼。有机课程观包括三个核心组成部分：一是"泛价值和合"课程价值观，揭示了"有机整体、和谐共存、创生化进"的课程价值取向，它是有机课程观的灵魂和核心；二是"过程与关系"课程本体观，揭示了课程是一种关系性的、广延性的、过程性的存在，它是有机课程观的主体；三是"创化生成"课程发展观，揭示了课程品质的生成性、课程教学的创造性和课程变革的延续性，它是有机课程观的内在驱动力。上述三个部分互为前提和条件，结成一个不可分割的有机整体。它们的关系可用图1－1形象地加以表示：

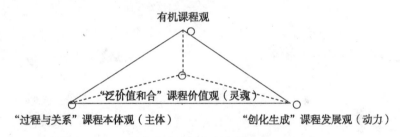

图1－1　有机课程观透视图

二　已有相关研究的回顾

（一）过程哲学及其应用研究

过程哲学（process philosophy）为20世纪初英国哲学家A. N. 怀特海（Alfred North Whitehead）所首创，也称为有机哲学或机体哲学（organism philosophy）。过程哲学历经一个世纪的平稳发展，于今呈现蓬勃之势，有学者甚至称之为西方哲学新的生长点（霍桂桓，2003）。以怀特海为主要代表的过程哲学思想在诸多领域（如哲学、科学、宗教、教育领域）中已经得到阐释，并日益显现出其强大的活力，对人类文明的发展产生了巨大而深远的影响。在国外，过程哲学被看作是一切新思想的渊源，是建设性后现代主义的重要组成部分。美国、日本、韩国等国均早已成立了过程研究中心，对过程哲学的研究非常广泛和深入。围绕怀特海的《过程与实在》一书已经"生成"许多第二手的研究性和阐释性著作，并逐渐生成一个机体哲学或过程哲学学派，它所阐述的基本思想已经日益深入人心，被越来越多的人所接受。[①] 一些怀特海研究专家专门研究怀特海的过程哲学思想，对其进行详细解读；有些研究者竭力阐发怀特海的教育思想，并将过程哲学某些思想运用于教育中具体的领域；还有些学者受怀特海过程思想启发，提出系统的怀特海主义的创造性综合学习理论。怀特海过程哲学理论研究开展得蓬蓬勃勃，怀特海式的教育实践也在悄然兴起，例如，美国一些学校实验的"整体主义教育改革"，奥地利实施的基础教育课程改革，日本开展的服务于"多元文化共生共有型社会"的教育改革，均是怀特海过程哲学思想在教育领域的积极实践。我国过程哲学研究虽刚刚起步，但已取得了不少的成果，下面就我国过程哲学及其应用研究，侧重在教育领域中的研究，作一简要回顾和总结。

1. 过程哲学及其影响的文献研究

就笔者目前搜集到的资料看，[②] 我国关于怀特海过程哲学的研究可追溯至 20 世纪 20 年代，至今已经历了三个重要的历史时期。一是 20 世纪 20—40 年代的"起始期"。可能是由于过程哲学思想接近于东方思想，也可能是它本身的博大精深吸引了当时的有识之士，怀特海的思想借西学东渐之风，经过留美学生的介绍传入我国，拥有了像贺麟、张岱年、全增嘏、唐君毅、程石泉、方东美、熊十力等"怀迷"。通过第一代研究者的努力，留下了大量的珍贵文献，更为重要的是，经由第一代学者的影响，带出了现当代一大批钟情于怀特海过程哲学思想研究的后学之士。二是 20 世纪 50—80 年代的"低潮期"。在近 40 年中，出版了不到 3 本有关过程哲学的研究著作，发表了总共不足 20 篇的研究论文，怀特海的研究到了几乎无人问津的地步，陷入了低潮期。个中原因当然很多，但最为主要的还是跟当时我国的政治运动和意识形态控制有关，实际上此时整个西方哲学研究也是被边缘化的。三是 20 世纪 90 年代以来的"迅速升温期"。据有关学者统计，自 20 世纪 90 年代起，过程哲学方面文献的数量快速增长，74.3% 的图书和 87.5% 的论文是近 20 年出版或发表的。[③] 这一时期怀特海的研究之所以能成为热点，可能是由于下面的一些原因：第一，我

---

① 杨富斌：《怀特海过程哲学思想述评》，《国外社会科学》2003 年第 4 期。

② 笔者尝试以"读秀学术搜索"、百链云图书馆以及 CNKI 期刊网能检索到的文献（主要是新中国成立以后至 2012 年）为基础，简要梳理中文文献（主要是我国学者，也有一部分中译的西方学者）对怀特海过程哲学的研究历程及主要成果。

③ 杨丽、温恒福：《我国怀特海有机哲学研究 85 年》，《求是学刊》2011 年第 4 期。

国奉行改革开放政策，倡导学术研究的"双百政策"；第二，怀特海过程思想与东方文化的接近性及其当代价值正在被人们逐渐挖掘；第三，过程哲学倡导有机整体的价值观、过程关系的本质观以及创化生进的发展观，符合当前全球生态文明建设的客观需要；第四，建设性后现代主义思想对现代性的反思与拯救之道正得到我国学者的日益认同，间接宣扬了过程哲学思想。

在这三个历史时期，怀特海过程哲学研究的主题主要集中在三个领域。一是对过程哲学思想的解读。这一类文献包括专门介绍和评论过程哲学的专著 10 多本，主要作者有杨士毅、陈奎德、朱建民、唐力权、俞懿娴、吴汝钧、赵一苇等；总共有 90 多篇期刊论文；博士论文 2 篇，分别是《机体生成之道》（但昭明，2009）、《怀特海"事件"理论的哲学观研究》（郑敏希，2011）；硕士论文 6 篇。总览这部分文献，既有综述类研究，也有专题研究，主题涉及过程哲学的本体论（罗大文，1985；曲跃厚，2007；朱学军，2011；李世雁、张建鑫，2012；王志德，2012；杨富斌，2012；杨芳、阳黔花，2012）、事件理论（李海峰、郑敏希，2009；郑敏希，2011）、范畴理论（元永浩，2006；黄铭，2009）、价值理论（小约翰·B. 科布，2002；董立河，2003）、实体观（王成兵、刘同辉，2009；张晓瑜，2010；赵玲、郑敏希，2011；杨丽、温恒福，2011）、方法论思想（王江荔，2004）等，基本上覆盖到了过程哲学思想的主要方面。此外，还有少量的怀特海文化历史哲学、宗教学、理性观、人学与美学思想研究，这些成果与过程哲学思想的研究互为补充，使得对怀特海思想的研究更为立体和丰富。

二是过程哲学思想对当代的启示研究。这部分文献包括过程哲学对现代宗教文化、建设性后现代主义的启示等 20 余部论著，主要作者有科布、格里芬、麦克丹尼尔、梅斯勒、王治河、黄铭、吴伟赋等；共有 79 篇期刊论文；博士论文 1 篇，《怀特海的创造性哲学及其宗教文化意蕴》（黄铭，2006）；硕士论文 3 篇。这一领域的研究成果较之前一领域主题更为分散，不过我们还是能大致探明一些主要的应用方向的。首先，怀特海过程哲学思想对当代社会影响最大的当属催生了建设性后现代主义，甚至有人干脆将过程哲学等同于建设性后现代主义。建设性后现代主义为现代世界提供了一种积极的选择，[①] 其代表科布、格里芬、福尔柯、达利、麦克

---

① ［美］J. B. 科布：《怀特海哲学和建设性的后现代主义》，邵刚、杨金颖译，《世界哲学》2003 年第 1 期。

丹尼尔等人的思想主要来源于过程哲学，并且先后被介绍到我国，正在各个学科研究领域和社会实践中发挥着越来越大的影响作用。其次，过程哲学是当代社会生态文明建设的主要理论基础和方法论凭依，有学者认为怀特海思想可作为环境伦理学的基石（李世雁、何又春，2005；史蒂夫·奥丁，2012；等等），有人将过程哲学看作是当代生态学和文化建设的方法论基础（杰伊·麦克丹尼尔，2004；陈虹、李世雁，2005；王治河，2010；乐黛云，2010；刘宝福，2009；等等）。第三，过程哲学思想还被广泛应用于现代各种学科研究中，例如：过程哲学与"主体性价值"重构（孙帅，2010）；过程心理学的建构（约翰·布坎南，2011；大卫·洛伊，2011；克里斯托弗·奥·琼斯，2012）；过程神学思想的发展（张旺植，2003；J. B. 科布，2008；田中裕，2011；大卫·R. 格里芬，2012）；过程哲学是人文世界观形成的基础（谢龙，2002；袁祖社、董辉，2010；黄铭，2012）；过程哲学与跨学科（文化）研究（黄瑞雄，2000；黄铭，2006；张思洁、余斌，2007）。第四，过程哲学开始影响到当代经济文化活动的各个领域，比如：心理治疗（克里斯托弗·奥·琼斯、谢邦秀，2012）、艺术创作（徐令，2005）、文学评论（宋坚，2012；汤天勇，2011）、后现代经济建设（高云球，2005；王治河，2011）、外交活动（李世雁、王旭，2011）、全球民主（大卫R. 格里芬，2002；顾玉兰，2009）；等等，无不渗透着过程哲学的智慧。

三是过程哲学思想与其他思想的比较研究。过程哲学思想包罗宏富，兼通中西，使得其与古今中外的很多思想能融通，并产生聚合辐射的效应。关于过程哲学思想的比较研究文献主要是期刊论文，共计有37篇，涉及的比较主题也是较为丰富的，概括而言主要有这样三个面向：第一，西方思想家之间的比较，主要有《马克思主义思想与过程哲学的比较》（小约翰·B. 科布，2004、2005；闫顺利，2006、2008；等等）、《康德与怀特海的"建构思想"对比》（王立志，2007）、《黑格尔与怀特海的整体性观念》（张建强，2007）、《列维纳斯和怀特海关于未来的"谈话"》（J. A. 西蒙斯、J. 迈克丹尼尔，2011）、《谢扶雅与怀特海的宗教观之比较》（王锟，2012）、《怀特海宇宙论建构中的胡塞尔现象学之思》（沈丽平，2008）、《梅洛–庞蒂的现象学与怀特海的形而上学比较》（孟强，2011）、《西田哲学和怀特海哲学的比较》（野田又夫，1965）等。第二，怀特海与东方思想家之间的比较，例如：《〈黄帝内经〉中内含有机哲学观念》（王永哲，2007）、《过程哲学与大乘佛教中的"圆融"与"机体"思想》（王俊锋，2010）、《怀特海和孔子的"敬意的自然观"》（张妮妮，

2007）、《〈易经〉与怀特海的创造思维》（俞懿娴，2004）、《怀特海的形
而上学与道家天道观的比较》（张廷国、但昭明，2008）、《庄子与怀特海
的自然观比较》（陶清，2006）等。第三，过程哲学思想与其他思想的比
较及其当代启示，比如：《有机哲学与〈庄子〉的普遍关联思想及其当代
价值》（付洪泉，2011）、《过程哲学与中国传统文化的碰撞及其产生的
"过程、整体与和谐"价值观》（陈英敏、高峰强，2009）、《庄子与过程
哲学的会通及其对生态伦理的启示》（郭继民，2010）、《马克思与怀特
海：对中国和世界的意义》（费劳德，2004）等，这类研究充分地挖掘了
各种思想的当代价值，赋予了过程哲学第二次生命。

2. 过程哲学及其在教育领域的应用研究

教育是怀特海思想应用研究中最为活跃的领域，自20世纪80年代以
来一共有140篇期刊文章，4篇博士论文，21篇硕士论文涉及这一研究领
域。这部分文献主要由两类主题构成，一类是对怀特海教育思想的解读及
应用；另一类则是怀特海哲学思想对现代教育的启发。

先来看第一类主题。怀特海尚在世时，张岱年、谢幼伟就开始关注怀
氏教育思想，张岱年学士论文题目就是《论怀特海的教育哲学》（1933
年），谢幼伟发表《怀德海论教育》（1943），并对《教育目的论文集》
进行了评述。吴志宏所撰《怀特海教育思想述评》（1985），可能是我国
最早专门研究怀特海教育思想的硕士论文。除此之外，20世纪八九十年
代还有很多学者对怀特海教育思想进行了深入研究（赵一苇，1988；吕
渭源，1989；赵祥麟，1992；滕大春、戴本博，1993；刘传德，1993；等
等）。

由于篇幅限制，我们将重点分析近20年来怀特海教育思想及其应用
的研究概况。统摄怀氏教育思想的是其教育哲学，怀特海的教育哲学主要
体现在其所著的《教育的目的》里，他通过对"教育与生活"、"知识与
利用"以及"学科与经验"等关系的阐述，揭示了教育的真意：通过知
识理解生活（目的），利用知识塑造生活（功能）。[①] 另有学者认为怀特
海的教育哲学是他的过程哲学的具体化，具有"过程"气质，具体表现
为以下几个方面：克服传统的一元论，提出整合教育，塑造"智慧"人；
阐述"现实实有"的联系机制，关注教育关联性，提出首创精神；基于
对世界的过程认识观，重视教育节奏和教育过程。[②] 怀特海的教育思想除

---

① 黄铭：《论怀特海的教育哲学》，《浙江大学学报》（人文社会科学版）2004年第2期。

② 张广斌：《教育的使命与价值——怀特海教育哲学解读》，《当代教育论坛》2007年第2期。

了教育哲学之外，最为集中地体现在其对大学（高等）教育的论述上，此类研究文献占到40%左右。一部分学者侧重于挖掘和阐释怀特海的大学教育思想，比如：怀特海式的大学应该是富于想象力、培养"智慧人"、培养"欣赏风格"、以生活为主题的大学；① "关注世界命运、服务人类共同福祉"是怀特海式大学的办学宗旨（J. B. 科布，2007）；② "倡导尊重学生的心理发展特征，强调知识之间的相互联系和统一性"，是一种具有自由主义色彩的大学教育理论和学说。③ 另一部分学者则在此基础上联系当前高等教育实际，深入阐述了怀特海大学教育思想的当代价值和启示（马库斯·福特，2005；杨四海，2006；荣亚军，2008；杨丽、温恒福，2010；张晓瑜，2010；竺照轩、叶丹，2010；周加林，2011；李本友、王洪席，2011；温恒福、杨丽，2012；等等）。除此之外，学者们还在教育基本理论（林红，2003；刘明，2004；付殿英，2004；阳黔花，2006；弗朗茨·里伏特，2007；等等）、数学教育（肖红，2006；李桂兰，2008）、艺术教育（阳黔花、杨芳，2011；王兆英，2011）、技术教育（梁卿，2007）等领域介绍和运用了怀特海的教育思想，这也从一个侧面印证了怀特海教育思想确实能为现代教育提供丰富的营养质。

接下来，我们来看第二类主题，即怀特海过程哲学思想对教育的启示和借鉴。这一类文献主要有37篇，包括2篇博士论文《从实体到过程：现代教育的思维转向》（张香兰，2007）、《教育思维方式转向之透视研究——从实体性思维到生成性思维》（卢建筠，2010）；34篇期刊论文；1篇硕士论文。在这些研究中，人们除了直接解读和运用怀特海在《教育的目的》中的教育思想之外，还开始深入到他的过程哲学中去寻找拯救现代教育之道，取得了令人振奋的成果。归纳这些研究成果的主题，大致有这么几类：一是，全面总结和反思怀特海过程哲学思想对教育启示的综述类文献，杨丽（2011）、曾茂林（2011，2012）等学者在这方面做了大量的研究工作。二是，从过程哲学的价值论、本体论、范畴论、方法论出发，讨论教育哲学和教育基本问题，拓宽了我们对教育的认识视野，开启了教育研究的"过程时代"。代表性的研究有：《走向一种后现代教育哲

① 张广财、于苏娜：《"怀特海式大学"理念及其对我国现代大学的启示》，《泰山学院学报》2008年第4期。

② 成长春：《21世纪的怀特海式大学——科布博士访谈录》，《全球教育展望》2007年第1期。

③ 黄福涛：《浅析怀特海的高等教育思想》，《河南教育学院学报》（哲学社会科学版）1994年第2期。

学——怀特海的过程教育哲学》（曲跃厚、王治河，2004）；《教育的神话和隐喻：作为过程的教育和教育的改革》（乔治·德弗，2005）；《过程哲学的视角：教育理论缘何脱离教育实践》（张香兰，2006）；《怀特海哲学思想的教育意蕴》（王文，2008）；《怀特海的摄入理论与教育哲学》（张晓洁、常志良，2008）；《走向一种后现代的有机教育》（王治河、樊美筠，2010）；《论创造性综合教育》［费劳德（Ronald P. Phipps），2011］；《过程教育》［约翰·科布（John B Cobb, Jr），2011］；《价值：过程思想中德育论的基础》（陈伟功、续建荣，2011）等。三是，过程哲学思想对教育实践领域的指导作用研究。主要涉及博雅教育（杨富斌，2011）、道德教育（董海霞，2006；王莉，2006；朱宏霜，2010；等等）、心理教育（李萍，2005）、教育实践中思维方式的转变（张香兰，2007；白洁，2010）、教师专业发展（楼世洲、张丽珍，2009；徐广俊，2012）、学生身心发展（刘剑华，2003；熊华军，2006）等不同实践领域。

3. 过程视野下的课程与教学研究

由于本书研究的主题是课程哲学问题，所以将过程哲学及其在课程与教学领域中运用的文献单独作深入分析，以探明目前在这一领域大家所关注的焦点、研究的进展和给本研究留下的创新空间。

这一领域的文献总共有45篇，包括1篇博士论文《过程课程观的建构研究》（王洪席，2011）、6篇硕士论文以及38篇期刊论文。就已有的研究成果分析，在目前的课程与教学研究中，人们较为关注的焦点有：过程哲学在课程与教学论学科建设中的应用，总共有10篇论文关涉这一主题；过程哲学在课程与教学观重构中的启示和运用，共计有15篇论文涉及；过程哲学对课程与教学实践的指导意义，有9篇论文属于此列；怀特海的课程思想及其现代启示，计有4篇论文；过程哲学对学生发展评价的启示，有3篇论文。从上述文献的梳理可以看出，过程哲学思想在课程与教学领域的应用研究主要集中在学科建设和观念转变层面。

进一步考察已有的研究，我们发现，本领域研究在如下方面取得了积极的进展：一是，过程哲学为课程与教学论学科建设提供了新的哲学基础和方法论指导。就课程论学科建设而言，靳玉乐等认为，课程论研究应该借鉴怀特海的普遍观念体系构筑元叙事，应预设基于"存有原则"的逻辑起点，应借助"想象的理性化"作为研究方法，应秉承过程性的研究思维方式。① 李本友等认为，过程哲学为课程范式转型提供了"过程—整

---

① 靳玉乐、王洪席：《基于过程哲学的课程论研究》，《教育理论与实践》2011年第8期。

合"的方法论指导。就教学论学科建设而言，裴娣娜较早地提出，教学论学科应引入过程哲学作为方法论基础，重视思维方式的整合、回到"原点"、追求和谐，以促成现代教学论的生成发展。① 杨丽也从方法论角度，论述了在过程哲学视野下我国现代教学理论建构应有的五个追求：做好前期的"收集"工作、预设理论的逻辑起点、内在一致性和逻辑上完满、应具有解释性和预测性、理论体系的开放性。② 赵文平从超越二元对立论、批判单边力量、主张生成存在的过程思想出发，对教学论研究如何走出困境发表了自己的看法。③ 此外，王银飞（2007）、马晓峰（2007）、郭蕊（2011）、张菁（2009）分别从过程哲学的基本思想、范畴论、审美思想、思维方式等角度发表了对于课程与教学论学科建设的创见。

二是，过程哲学为课程观与教学观的重建提供了新的视野和价值导引。从课程观重建分析，有学者开始尝试以过程哲学作为主要的理论基础对课程观进行系统的建构研究，认为"过程课程观"是一种具有建设性意义的新型课程观，它要求重构课程的"元叙事"，倡导"解放理性"，运用动力学式的课程描述性方法，确立课程的有机性组织；在此指导下，课程实践要恪守过程性的改革逻辑，采用关系性的思维方式，谋划整合性的设计策略，架设过程取向的实施路径，运用具体性的评价模式。④ 但更多的研究则是从某一角度切入探讨过程哲学对课程观重构的启示。有学者从过程哲学的"本体的过程"和"关系的过程"出发，阐述了课程应具有重动态生成、重转化发展、重主体间性和理解等过程属性（郑波，2004）。有学者从过程哲学的两个中心命题——即世界是一个相互关联的有机整体和世界是创造性生成的过程出发，讨论了课程观转变的关键在于课程思维方式的转变（张香兰，2007）。也有研究者指出过程哲学思想的内核是活力论，并提出"活力是课程实施过程的本质"这一较为新颖的观点（杨文，2004）。还有学者从过程哲学的"FEELS"（感受）理论出发，提出了一种融合"灵活的目标"、"融入的学习者"、"体现的知识"、"活泼互动的学习"、"支持性教师"等五个元素，具有建设性后现代意蕴

① 裴娣娜：《现代教学论生成发展之思——怀特海过程哲学的方法论启示》，《教育学报》2005年第3期。

② 杨丽：《我国现代教学理论建构应有的五个追求——怀特海有机哲学方法论的启示》，《教育研究》2010年第2期。

③ 赵文平：《回归原创之思：过程哲学视野下的中国教学论研究转型》，《天津市教育科学学院学报》2010年第6期。

④ 王洪席：《过程课程观的构建研究》，博士学位论文，西南大学，2011年。

的课程理念。① 此外，还有学者从怀特海与杜威、多尔思想的比较出发，论述了其对我国当代课程观重构的启示（汪霞，2003；王洪席，2012）。从教学观重建来看，有研究者从过程哲学的核心概念"活动性存在"（actual entity）、"活动性发生"（actual occasion）、"活动性世界"（actual world）和"把握"（prehension）出发，对课程与教学的要素、主体、过程、动力作了全新的"过程诠释"，并提出了在应用过程思想时应加以本土化改造的忠告。② 也有研究者以"怀特海过程哲学视野中的教学观"为题，系统地研究了教学目的观、教学中的师生观、知识观、教学过程观、教学评价观，为教学观的研究提供了一种新的视角和理论突破口（王伟，2011）。

三是，怀特海的课程思想及其当代启示。怀特海的教育思想非常丰富，其中所包含的课程思想是其主要组成部分。有研究者指出，在怀特海那里，教育是一种以人为本的、有机的、开放的、创造的、综合的、艺术的、历险的和享受的过程与活动，相应地，课程也应该体现出过程性、创造性和生活性等特性。③ 有研究者从怀特海所著《教育的目的》中概括了怀特海课程思想的五个主要方面，即：节奏性智力发展的课程理论基础，专博结合的课程培养总目标，文理兼顾、普专结合的课程结构，既集中又体现优先的课程设置原则，体现教育节奏的课程实施策略（杨丽、李长吉，2010）。还有研究者专门从过程哲学的审美思想出发，对怀特海的课程思想进行了审美阐释，给人以耳目一新的感觉（唐丽欣，2011）。

四是，过程哲学思想对课程与教学实践的启示。目前，对过程哲学思想的教育解读已经开始从理论探讨和思想观念层面转向课程与教学实践领域。有研究者强调过程的研究模式对现代课程教学设计从封闭走向开放的启示（汪小刚，2007）；也有研究者提出用"过程化的讲授法"策略，对传统讲授法进行改造（王积社，2011）；有的人从怀特海博雅教育思想出发，讨论了高中文理融合的必要性（郑源捷，2012）；也有人借鉴和利用了过程思想对学校考试和学生发展评价进行了理论和实践的阐释（Franz Riffert，2004；郭蕊，2012；张曙光，2012）。当然，微观教育层面的过程

① 谢邦秀：《"FEELS"：一种建设性后现代的课程理念》，《广西师范大学学报》（哲学社会科学版）2012 年第 3 期。

② 赵鹤龄：《当代过程哲学与中国教育思想及其实践研究》，《湖南第一师范学院学报》2010 年第 4 期。

③ 李华、田玉霞：《简论过程教育哲学下课程的回归》，《黑龙江史志》2008 年第 4 期。

哲学应用研究还刚刚开始，相对而言，成果较少，涉及的领域也不广。

尽管过程哲学及其应用研究已经开始触及课程与教学层面，但是已有的研究还存在着以下明显的不足：（1）有机课程观是针对现代实体课程观的困境而提出的。而已有研究很少对现代实体课程观及其困境进行反思和总结，这就使得对有机课程观的研究显得有点基础不牢或证据不足之嫌；（2）只将"过程"视为课程与教学的一种基本属性，而没有从本体论上认识课程与教学的开放性、有机性、过程性、创造性等本质属性；（3）对过程哲学思想的研究虽为丰富教育理论和指导教育实践起到了重要作用，但多停留在对怀特海哲学思想的零散解读、阐释或实践应用上，并没有形成体系化的课程与教学哲学思想；（4）理论学术研究应观照实践，这是一般的常识，而已有相关研究大多停留在纯理性层次，很少涉及实践转化层面，没有将理念与思维可视化、可操作化，往往一触及实际问题就语焉不详，稀释了学术研究的价值。以上这些研究的不足，正好说明过程哲学在课程与教学领域的应用研究还有很大的拓展和创新空间。

（二）课程理论的哲学研究及局限

在哲学界，哲学的研究论域主要包括本体论、价值论、认识论，三个组成部分对课程思想的形成和发展产生着重大的影响，在这些影响当中，最重要的是价值论、认识论。此外，逻辑学是认识论的重要分支，伦理学、美学是价值论的重要分支，所以，逻辑学、伦理学、美学等哲学分支学科也对课程产生着重大影响（靳玉乐，1995）。就目前学界的研究而言，大家比较倾向于将哲学视作是课程（论）的主要基础。课程与哲学发生关系主要有三种情形：一是哲学作为课程的价值观与方法论基础被普遍关注；二是历史上有影响的教育哲学流派中关于课程问题的探讨；三是将哲学中的认识论和知识观的有关成果引用到教育和课程领域。作为课程价值观和方法论基础的哲学在已有的研究中，探讨课程的哲学基础时，有两个重要的视角，第一，以哲学思想为基础从理论层面探讨课程价值观问题，哲学是课程观的最根本的基础。在这个层次上，以哲学理论关于自然、社会、人及其关系学说观照教育活动的价值取向、性质特点、意义作用，并且深入到课程领域，表现为各种课程观（课程理念）的生成和探讨，如课程的基本价值和终极目标、课程内容是什么等等。具体有：早期社会政治观与课程观、人性观与课程观等。不同的哲学派别有其独特的方法论，反映在课程领域，主要是对课程的内容组织和课程实施起着方法的导引作用。譬如：客观唯心主义采用的是演绎方法，在课程内容的选择和组织上要求学校选择绝对无误的"真理"，按照逻辑演绎的方法组织知识；经验主义者认为只有通过实践才能获取真理，在课程的组织和实施上要求通过归纳或演绎组织课程内容，要求学校向学生提供经过实践证明的知识，在教学中强调观察、体验和实验等方式方法；逻辑实证主义者和语言分析哲学则主张采用逻辑分析的方法，在课程实施中重视学生逻辑分析能力的养成，强调课程教学中语言使用的逻辑性和规范性。

第二，哲学对课程的影响除了哲学家及其思想被借鉴移植到教育领域之外，主要是通过教育哲学而实现的，有什么样的教育哲学就有什么样的课程理论，特别是 20 世纪以来，西方出现的几种波及世界的教育哲学流派，其中关于课程的论述就形成了相应的课程观。其中影响最大的教育哲学流派分别是：永恒主义教育哲学、要素主义教育哲学、实用主义教育哲学、社会改造主义教育哲学。此外，自西学东渐以来，我国本土教育家也在教育哲学园地里默默耕耘，提出了不少富有创见的课程与教学思想。

课程作为教育活动中的核心要素，在最早的时候主要是以关于"教什么"的面貌出现在教育实践活动中的。所以，但凡有教育的地方，总是绕不开对这一问题的探讨；但凡历史上发表过教育言论或从事过教育活动的思想家们，总会留下一些关于"教什么"的只言片语或系统论述。所以，现代课程理论所关注的诸如受教育者应掌握什么知识、什么知识最有价值、知识与能力孰重孰轻、直接经验与间接经验有何关系等问题，在教育发展历史上均曾经被思考过、议论过、实践过。知识观与课程的关系可以通过三个维度加以梳理：机械论知识观与课程；现代科学知识观、后现代知识观与课程；课程视野中知识与人的关系。

反思我国的课程研究，哲学层面的研究主要集中在三个方面：课程的基础理论研究，课程理论的哲学基础研究，教育哲学中的课程哲学研究。这三种研究范式好比是从 A 点拿着望远镜观察与之相隔遥远的 B 点的情形，只是一种外围的侦查和窥视，不能深入课程的内核。另外，人们论述过课程本体论、课程价值论、课程认识论、课程方法论，但不够重视从课程为何存在、怎样存在以及如何发展这样一个以课程为主体的逻辑线索整体把握课程，导致的结果是课程哲学问题探讨的外表化和零碎化。再者，强势的认识论哲学及其知识观主宰的课程则容易将课程哲学导向偏狭化，即使一些权威的教材和著作，谈及课程的哲学问题，主要还是课程知识的来源，知识的类别和形式，知识的组织和传递，知识的价值取向，认识过程制约课程的设计、实施和评价等方面，尽管内容很丰富，但却没有超出认识论的范畴，使课程的哲学研究显得视野狭窄，没有超越认识论哲学。

21 世纪，随着世界范围内对过程哲学的日益重视，哲学的过程转向已成为历史潮流。过程哲学作为一种具有整体性特征的系统哲学理论，具有极强的包摄性，能够统摄课程规范、课程本质、课程实践等课程的基本问题，有利于对课程世界的完整、深刻的把握，有利于吸收课程史上有价值的课程思想，构建一种颇具解释力和实践指导力的课程理论。从哲学维度研究我国课程观与时俱进的问题，就是要从传统哲学走向过程哲学，用过程哲学作为课程研究的理论基础和方法论，重新构建一种有机课程观。

第三节　过程视野中的课程观研究——方法论应答

一　依托泛价值论和过程思维构建课程观

怀特海的过程哲学思想主要体现在其所著的《过程与实在》一书中，但是这本书有一个副标题，即"宇宙论研究"，这说明怀特海的理想是构筑一种能解释任何一项经验的融贯的、合乎逻辑的、必然的普遍观念体系，这种普遍的必然性理论意味着有一种宇宙的本质。如果我们也照猫画虎般地去构建一个所谓的"宇宙论课程体系"，注定要失败，因为连怀特海本人都承认这一工作几乎是不可能完成的，"哲学家们绝不可能指望最终完全地制定出这些形而上学的第一原理。缺乏富于想象力的领悟和语言的缺陷无情地妨碍他们做到这一点"。① 所以，怀特海哲学的课程论启示，最有价值之处恐怕是他宇宙论后面的泛价值论和含有整体性、有机性、过程性、关系性、创造性等特征的思维方式。笔者在构建有机课程观的过程中，正是以上述价值观和思维方式为主要思想方法的。

二　采用思辨、质性和量化等多种方法的融汇

（一）想象性的概括

本书采用的基本研究方法是哲学思辨的方法，这在一个推崇科学、信奉实证、倚重量化的时代，好像有点不识时务。但由于教育研究不同于自然科学或心理学研究，我们可能要花更多的时间和精力对错综复杂的直接性教育经验进行抽象和概括，以便洞见那些隐藏在显性事实背后的"逻辑事实"，采用怀特海所倡导的"想象性的概括法"或许更为合适。对这种方法，怀特海曾作过生动的描述："真正的发现方法如同飞机的航行。

---

① ［英］怀特海：《过程与实在》，李步楼译，商务印书馆 2011 年版。

它从特殊观察的基地起飞，在想象力的普遍性的稀薄空气中飞行；为了更新观察点而降落在一个新的基地上，这种新的观察由于合理的解释而变得更为敏锐了。这种富有想象力的合理化方法取得成功的原因就是，当差别法失败时，经常出现的因素还能够在富于想象力的思想影响下被观察到。"① 再者，当前的教育世界越来越趋向于开放性、不确定性、复杂性，若想在整体上把握其本质和趋势，必须利用好"想象性的概括"这一方法。

（二）解释性理解

本书还采用了社会学研究的方法。课程理论研究是以课程活动（包括课程研究和课程实践）为对象，而课程活动属于社会行动和社会行为，它们的意义是由行动者赋予的，不能倚重于自然科学式的实证研究，较为合适的方法是解释性理解的方法。解释性理解方法由马克思·韦伯率先提出，它以解释的方式理解社会行动，并将据此而通过社会行动的过程和结果对这种活动作出因果解释。② 在本书的语境中，解释性理解是指采用思辨的方式对课程现象或课程事件进行理解和解释。不论何种课程活动，只有经过理解，才能与人建立意义关系，与世界建立互动关系。理解的过程实际上也是一个解释的过程，只不过研究者不必亲自深入课程活动开展实证研究并提供第一手资料，他可以根据文本资料或行动者的描述对课程活动进行意义解释。

（三）历史研究

本书还应用了历史研究法。历史研究是寻找事实，然后使用这些信息去描述、分析和解释过去的系统过程。历史研究的方法覆盖教育问题研究的许多领域，因为许多重要教育问题的研究首先要依靠历史问题提供的观点去研究，就课程领域来说，课程改革就常以过去的哲学、观念、发展和课程情况为根据。③ 在本书中，对于已有课程观的梳理和讨论主要运用了历史研究的方法，除此之外，在实体观的进路、价值观的演变、生成性课程思想的发展等部分也渗透了历史研究法。

---

① Whitehead. *Process and Reality*：*An Essay in Cosmology*，New York：The Macmillan Company，1929：7.

② ［德］马克思·韦伯：《社会科学方法论》，韩水法译，中央编译出版社 2008 年版，汉译本序。

③ ［美］威廉·维尔斯曼：《教育研究方法导论》，袁振国主译，教育科学出版社 1997 年版，第278—295 页。

（四）教育调查

本书还运用了教育调查的方法。教育调查是研究者采用问卷、访谈、测量等方式了解现状，考察事实，收集材料，从而探讨教育问题、教育现象的研究方法。① 在本研究中，为了了解当前中小学教师所持课程观现状，笔者通过问卷调查的方式，对来自全国各地的近百名中小学教师进行了调查，为澄清有机课程观的实践转向是否可能、何以可能等问题，提供了有力的事实证据。

三　立足于课程实际问题，回归对实际问题的应答

看起来课程观问题似乎是一个虚空的理论问题，事实上它是一个课程实际问题，因为课程观的主体内容是由课程理论研究或课程实践领域的一个个具体问题所构成的，这有点类似于现象学"回到事物本身"的意味。另外需特别说明的是，受本人学力及视域所限，同时也为了明确问题域和统一话语体系，本研究所指的课程实际问题主要指中国当前基础教育课程与教学领域中的实际问题。

第四节　研究的思路与内容

一　思路

本研究的基本研究思路是：首先，提出研究的必要性和可能性，阐明提出的是一个真问题，是有理论价值和实践意义的问题。其次，分析研究什么的问题，这部分研究沿着"先分后合"的思路展开，一是对本研究的理论基础和方法论——过程哲学思想进行提炼与概括，梳理出"泛价值论"、"过程与关系原理"、"创造性原理"作为本研究的理论依据和方法论支撑；二是从课程本体出发对已有课程观进行系统梳理，并指出其局限或问题；三是构建"有机课程观"的阶段，提出以"泛价值和合"课程观为统摄，探讨课程领域的三个基本问题，即课程之"善"、课程之"在"与"真"、课程之"新"；最后，试图实现有机课程观的实践转向，以唤起广大教师的"有机课程意识"。具体研究思路、方法、手段和技术路线见图 1－2：

---

① 陶保平、黄河清：《教育调查》，华东师范大学出版社 2005 年版，第 1 页。

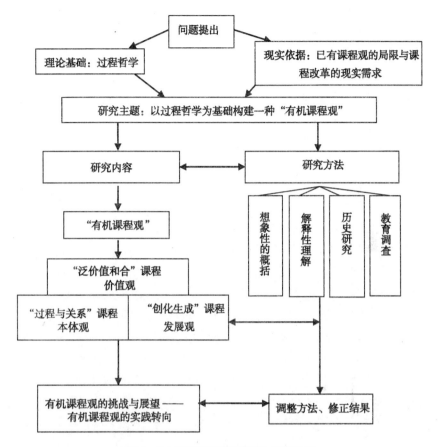

图 1-2　有机课程观研究技术路线图

二　内容架构

根据上述研究思路，除了导论和结语之外，本书主体由六章内容构成。

第二章主要探讨了有机课程观构建的哲学基础。本章首先阐明了过程哲学思想并不是一种横空出世的孤立思想，它是在继承传统欧洲哲学、采择新兴自然科学思想、吸收东方哲学和合思想的基础之上诞生的。继而解读了过程哲学思想是从批判传统实体观开始构筑其体系性思想的，主要包括过程与关系、可能与创造、泛价值论三个主要范畴，是一种融价值论、本体论、实践论为一体的有机整体的思想体系。最后，简要阐述怀特海过程哲学思想的发展应用，以及它同教育和课程的联系与转化的问题。

第三章主要通过对已有课程观的反思与批判，探讨了课程观有机转向的现实依据。本章首先透过课程进化视野，对已有课程观作了多维分析，全景式展现了课程观的发展嬗变历史。接着，从"实体—属性"的本体论信条和"主词—谓词"的逻辑学立场两个维度，阐述了实体思维和现代工具理性主宰着传统课程观，使之呈现出本质主义、二元对立、还原主义、抽象主义等实体倾向，具体表现在"主观性、排他性"的课程取向、"预设性、确定性"的课程品质、"外在性、工具性"的课程功能、"封闭性、单边性"的课程模式、"实体性、割裂性"的课程研究、"批判性、模糊性"的课程语言等多个课程实体侧面。最后，说明了有机课程观与历史上各种课程观之间的区别和联系，以及它与新课程理念的区别与联系。

第四章主要阐述了建立在过程哲学"泛价值论"和中国"和合"思想基础之上的"泛价值和合"课程观，它是有机课程观的灵魂和核心。本章首先从批判主客观价值论出发，分析了过程哲学"泛价值"思想的价值。继而从比较的视角，探讨了"泛价值"思想与东方"和合"思想的亲缘关系及其当代意义。在此基础上，围绕着课程价值何以发生、课程价值如何实现、课程价值最终体现为何三个层层递进的问题，尝试建构一种以"有机整体、和谐共存、创生化进"为原则的"泛价值和合"课程观。最后，依据"泛价值和合"课程思想，对我国当前课程建设和课程内在价值的重塑进行了深入的研究，为进一步建构过程/关系课程观和创化生成课程观提供了价值导引。

第五章主要阐述了"过程与关系"课程观，它是有机课程观的主体。本章首先从关系思维出发，探讨了决定课程发展的基本因素，进而提出了从社会本位与个体本位走向关系本位；从科学主义、人文主义走向整体有机论；从客观主义认识论、主观主义认识论走向过程认识论；课程知识学习的目的是促进学生智慧发展和学做自由人等关系课程观。接着，以"飞行式"方法论为依据，提出了课程不是实体而是一个广延连续体的重要观点，对课程作为广延连续体的性质、边界、环境等问题进行了深入的探讨。然后，从过程思维出发，提出了课程运作的内在机制包括五个既相对独立又彼此联系的环节，并揭示了能满足课程各方多赢需要，推动课程有效运作的真正力量是关系力量。最后，初步考察了过程思维和关系思维指导下课程研究思维的转换问题。

第六章主要阐述了"创化生成"课程观，它是有机课程观的内在驱动力量。本章首先从创化生成的原理出发，对课程的生成性品质进行了结构—功能分析，讨论了生成性课程的内涵、历史沿革以及当代意蕴。继而从事实层面的课程与教学领域出发，围绕着理论基础、主体角色以及活动过程三个不同维度，揭示了课程教学范式正在由"机械执行"转变为"解放创生"这一客观事实。最后，论述了课程变革是创化生成课程观的直接表现，并从过去、现在与未来相连的视角，揭示了课程变革的有根有翼品质，呼吁在我国的课程改革中创建一种"有根有翼"的课程思想。

第七章主要阐述了有机课程观将面临的现实挑战和未来前景。本章首先从现实出发，讨论了由于自身局限和实践转向的困难，有机课程观将要直面和解决的主要问题有两个方面，一是，有机课程观转化为课程改革实践的现实依据和指导路径，着重分析了有机课程观对新课程改革中存在问题的解决方略，以及有机课程观对未来课程改革的对策建议。二是，有机课程观如何转化为教师个人课程观，这是有机课程观能否落地生根，发挥持续影响力的关键。其次，从有机课程观的容他品格和先进的价值理念分析，课程观的有机转向又是时代的必然选择，预示着它必将有一个美好的发展前景。

第二章　过程哲学：课程观转向的哲学基础

> 信仰需要复兴形而上学的事业，即沉思真实东西的本性。
>
> ——小约翰·科布

作为研究有机课程观的哲学基础和方法论指导，过程哲学是一门横跨科学、哲学两大学科的价值和思维学问，同时，过程哲学从萌芽生成到发展壮大纵贯了整个现代文明史。可见，过程哲学是包罗宏富的思想体系，很难穷尽和把握其全部思想内涵。本研究本着服务于课程观变革的主题论旨，遵循"内在联系"的原则，梳理过程哲学的思想，择其要者而述之。

第一节　怀特海与过程哲学

怀特海（Alfred North Whitehead，1861—1947）是20世纪初活跃在英美两国学术界的著名数学家、哲学家和教育家，是现代西方很有影响力的过程哲学（philosophy of process 也称有机哲学、机体哲学 philosophy of organism）流派的创始人。在现代西方哲学家中，怀特海的地位和名声虽不及当时如日中天的实证主义哲学家们，但是因其思想独特，高擎形而上学大旗，且在多种学科中颇有建树，而被尊为大师级的哲学家，更有研究者将其誉为有"七张面孔的思想家"。①

---

① 这突出地表现在，他把数学家的严密与哲学家的智慧天才地融为一体，同时又在自然科学尤其是理论物理学方面颇有造诣，有资格对爱因斯坦的相对论做出评论，甚至提出不同的见解，从而把数学家、逻辑学家、哲学家、半个科学家、科学史家、教育家和社会学家集于一身，这在19世纪后半期至20世纪中叶的现代西方哲学家、思想家乃至科学家中都是极为少见的（杨富斌：《过程与实在》，译者序言）。此外，日本怀特海研究专家田中裕也在其著作《怀特海有机哲学》中，盛赞怀特海是数理逻辑学家、理论物理学家、柏拉图主义者、形而上学家、过程神学的创始人、深邃的生态学家和教育家立场的文明批评家（［日］田中裕：《怀特海——有机哲学》，包国光译，河北教育出版社2001年版，第8—18页）。

怀特海于 1861 年 2 月 15 日出生于英国东南部的田园城市，肯特郡的兰姆斯格特。他的祖父和父亲是当地有名望的教育家，都曾担任过兰姆斯特私立学校的校长。受家庭的影响，怀特海对教育也很感兴趣，他所著《教育的目的》就是对其教育思想的系统表达。怀特海 10 岁时开始学习拉丁文，12 岁时学习希腊文、数学和历史，19 岁进入剑桥大学专攻数学，期间开始接触哲学，到了 24 岁被选为剑桥大学"三一学院"特别研究员（学会会员），[①] 从成为特别研究员到 1910 年的 25 年时间里，在剑桥专心埋头研究数学。此后，怀特海先后到哥尔德斯密斯学院、伦敦大学、帝国科技学院和美国哈佛大学等学校教书，直至退休。在哈佛大学期间，怀特海进入了哲学创作最高产的年代，他的主要哲学著作大多是在这一时期完成的。[②]

怀特海一生的学术发展轨迹大抵可分为三个时期：首先是数学物理和数理逻辑时期，主要著作有《普遍代数学》、《数学导论》及和罗素合著的数理逻辑著作《数学原理》三大厚册。第二个时期是自然（科学）哲学时期，主要著作有《自然的概念》、《自然知识原理》及《相对论原理》，内容大多数是自爱因斯坦相对论出发的，对于科学，尤其是牛顿式科学概念的批评。等到他进哈佛当了哲学教授之后，就转入思辨哲学时期。这两个时期之间，他也有一本过渡性的著作《科学与近代世界》，这本书的内容批评科学前提、批评历史，也阐述了他个人的一些玄学方面的思想，大概算是他著作里比较容易理解也比较流行的。思辨哲学时期真正除了集大成的《过程与实在》之外，还有一本《观念的冒险》，前者是他的本体论和宇宙论，后者则代表他的文化哲学和精神哲学。此外他还有论文集若干种，这里就不逐一列举了。

能系统反映怀特海过程哲学思想的主要著作有三部：《科学与近代世

---

① 剑桥大学"三一学院"由英国国王亨利八世 1546 年所建，是剑桥大学中规模大、财力雄厚、名声响亮的学院之一，"三一学院"教学的独特风格是为每一位学生提供独特的教育，学校致力于满足每个学生的要求，保证每个学生在学术上获得成功。"三一学院"在学术成就上是剑桥所有学院中最顶尖的，也因拥有众多著名的毕业生而声名显赫，著名的毕业生包括牛顿、培根、拜伦、怀特海、罗素、维特根斯坦等人。

② 其中包括：《科学与近代世界》（1926 年由麦克米兰公司出版），这本书由他为哈佛大学开设的罗威尔讲座的八次讲义编成；《过程与实在》（1929 年由麦克米兰公司出版），这本书是他利用应邀担任爱丁堡大学（Univesity of Edinburgh）主持研究自然神学的吉福特讲座（Gifford Lecures，1927—1928 年间）完成的，是他过程哲学思想的集大成之作；此外还包括《观念的冒险》（1933 年由麦克米兰公司出版）、《思想方式》（1938 年出版）等。

界》、《过程与实在》、《观念的冒险》。在这三部著作中，《过程与实在》被认为是怀特海最重要的著作，"因为它对他的形而上学体系作出了最成熟、最详细和最严格的总结"。① 但怀特海本人却把这三部著作视为互相依赖、互为补充的完整体系："都力图要表达理解事物性质的某种方式，都力图要指出那种方式是如何通过对人类经验种种变化的研究从而得到阐释的。每本著作都可分开来读，但是它们之间则是相互补充、相互生发的。"② 在接下来的过程哲学解读中，将重点解读《科学与近代世界》和《过程与实在》中的过程哲学思想，至于与这一思想交相辉映的思维、审美、文化、教育等哲学思想，因为散见于《观念的冒险》、《思想方式》、《教育的目的》等著作中，难成体系，故不再另文系统介绍，而是将之渗透于有机课程观建构的有关章节中相机展开。

第二节　过程哲学思想的渊源和基础

怀特海过程哲学思想的形成，一方面是作为哲学家自我反思、思想精进和成熟的结果，另一方面则是受到历史上历代思想家的启发，从历史的纵向剖析，主要包括柏拉图的宇宙论、亚里士多德的形而上学、康德的先验主观论、柏格森的创造进化论以及与其同时代的量子力学和相对论思想。

一　过程哲学的思考方式——在柏拉图与亚里士多德之间

（一）柏拉图式的宇宙论

众所周知，怀特海特别推崇柏拉图，"我们如要指出西洋哲学史的特征，至少有一点可说，就是一切的哲学著作，都不过柏拉图的注解罢了。"③ 比如，他用来构造过程哲学的一个基本范畴——"永恒客体"就来自于柏拉图的"理念"，更为重要的是，怀特海的许多哲学思想，包括宇宙论、神学观、方法论等，都或多或少地受到柏拉图思想的启发。

作为宇宙论形而上学，怀特海的过程哲学就是直接受柏拉图的宇宙论影响而来的。柏拉图的宇宙论体现在他的对话《蒂迈欧篇》中，在《蒂

---

① ［美］菲利普·罗斯：《怀特海》，李超杰译，中华书局2002年版，序二。

② ［英］怀特海：《观念的冒险》，周邦宪译，贵州人民出版社2006年版，前言1。

③ 贺麟：《西方六大师》，北京大学出版社2010年版，第161页。

迈欧篇》中有很多关于数学的讨论，这些纯数学讨论支持着他的一个信念：要理解宇宙就要理解数学。亚里士多德则反对以数学方法解释宇宙自然，他主张以"四性质说"来解释宇宙自然。怀特海从方法论出发，将柏拉图与亚里士多德的这种分歧概括为数学上的"度量"[①]与生物学上的"分类"之别，他比较认同"度量"方法，因为这种方法与近代物理学所使用的方法更为接近。历史事实表明，这种方法深刻地影响了欧几里得、哥白尼、开普勒、伽利略以及海森堡等近代数学和科学巨匠。《蒂迈欧篇》中的数学化宇宙观比较符合怀特海的理论旨趣，为他建构宇宙论提供了方法论启示。柏拉图试图通过四种立体结构的变换来解释各种感性性质：如软硬性、轻重、颜色、声音、味道，等等。[②]他开创了一种新的解释方法，即从一种系统的理论体系出发，对具体现象作逐一解释。受此启发，怀特海试图构建一种融贯一致的思辨哲学，用以解释经验到的各种要素。

怀特海在构建他的事实世界和价值世界的宇宙论时，之所以追溯到柏拉图，正是看到了柏拉图理论与自己的想法具有某种相似性，尤其是思维方式的某种相似性。因此，在他的哲学中，柏拉图思想的影子到处可见，如果把他的本体论与柏拉图的理念论作一简表对照，就很容易看出两者的渊源关系（包括区别）来：[③]

表2-1 怀特海的本体论与柏拉图的理念论比较

	宇宙构成	关系
柏拉图	现实世界（摹本、幻影、有生有灭、以理念为目的）	独立自存
	理念世界（原型、实在、永恒不变、独立于现实世界）	
怀特海	事实世界（变化、有生有灭、多样性、给予价值世界以可能性）	两者相互关联
	价值世界（永恒、不朽、统一性、赋予事实世界的意义）	

[①] 所谓"度量"，是用数的定量来表示某种性质。"度量"把性质量化，这种对具体进行抽象的方法在近代由伽利略和牛顿加以发展至今天，一直是理论物理学的范式，它使现代科学理论具有更大的普遍性和统一性。"分类"则是对事物按其性质进行逻辑上的划分归类。而"分类"则是到19世纪为止生物学的主导方法，它跟亚里士多德强调逻辑分类存有很深的渊源关系（黄铭：《怀特海的创造性哲学及其宗教文化意蕴》，博士学位论文，浙江大学，2005年）。

[②] [古希腊] 柏拉图：《蒂迈欧篇》，谢文郁译，上海世纪出版集团2005年版，第32—49页。

[③] 陈奎德：《怀特海哲学演化概论》，上海人民出版社1988年版，第145—146页。为简明形象起见，对原来的简图作表格式处理。

（二）亚里士多德式的形而上学

在形而上学层面，怀特海却比较倾向于亚里士多德的思想。"思辨哲学"，怀特海写道，"力求构成一种融贯的、合乎逻辑的、必然的普遍观念体系，通过这样的观念体系可以解释我们经验中的每一个要素（every element of our experience）"。① 对于亚里士多德和怀特海来说，智慧是关于第一原理的知识，是构成所有理解性的源泉与一切存在的理性基础。亚里士多德曾指出："只有具有最高层次的普遍知识（即智慧）的人，才必然通晓一切。因为，他以某种方式知道了事物背后的全部依据。"② 当怀特海特别提及"理性主义就是这样一种信念，即，明晰性只能通过将解释推至极限方可达到"③ 时，他无疑也持有类似的观点。于是，怀特海的"形上范畴"，也即"对终极普遍性的系统而明确的阐明"，④ 恰如亚里士多德的形而上学或第一原理。这些"终极普遍性"或"第一原理"对两人来说，就是一切存在的"理性基础"，是解释的最基本因素。

亚里士多德的《物理学》写在《形而上学》之前，但两者在内容上有一定的连续性。《形而上学》在《物理学》研究的基础上，批判了柏拉图的理念论，使形而上的理念回归到经验世界并作为经验性的根据。亚里士多德"用存在物表达存在，用'物理学'表达'物理学之后'，借助某种更高层次的'遮蔽'，在一定层次上'去蔽'，以及'说不可说'……"⑤ 在亚里士多德看来，对存在的追问一定会指向存在者，不可能存在脱离具体存在者而能够被捕捉到的抽象存在，换句话说，一切存在（包括抽象存在）都是存在者的存在。与柏拉图视抽象理念为终极实在相反，亚里士多德则视现实存在为终极实在。

受亚里士多德实在观启发，怀特海也赞同终极实在只属于现实的具体事物，尽管他们两人对什么是"现实的具体事物"意见不尽相同。⑥ 怀特海反对柏拉图的"事物分有形式"的观点，相反，他赞同"形式分有事物"或"形式是事物的成分"的观点。在怀特海看来，柏拉图的理念远

---

① ［英］怀特海：《过程与实在》，李步楼译，商务印书馆 2011 年版，第 15 页。

② ［古希腊］亚里士多德：《形而上学》，苗力田译，中国人民大学出版社 2003 年版，第 4 页。

③ *Process and Reality: An Essay in Cosmology*, Correcet Ed. , ed. D. R. Griffin and D. W. Sherburne, New York: The Free Press, 1978: 231.

④ *Process and Reality: An Essay in Cosmology*, Correcet Ed. , ed. D. R. Griffin and D. W. Sherburne, New York: The Free Press, 1978: 8.

⑤ 邓晓芒：《中西文化视域中真善美的哲思》，黑龙江人民出版社 2003 年版，第 184 页。

⑥ 具体观点详见本章第二节。

离现实，不是一种真正的实在，它仅仅是一种纯粹的可能性而已。所以，怀特海用"现实实有"或"现实事态"来描述客观实在，而用"永恒客体"来描述现实实有的主观形式，以示与柏拉图的区别；这一思想倒是更接近亚里士多德《形而上学》里的思想，也就是不存在脱离经验世界的超验感觉。

（三）在柏拉图与亚里士多德之间

从上分析可知，过程哲学作为宇宙论形而上学，既受柏拉图宇宙论的影响，又受亚里士多德形而上学的启发。在分析整个宇宙实质上是现实实有的经验过程时，怀特海解释了世界的关联性原理：任何一个现实实有都与其他现实实有具有内在的相互关系，一个存在于另一个之中，反之亦然。于是，"一切作用都局限于现实之中，亚里士多德的这一学说被接受了。存在的真正意义便在于'在作用中充当一个因素'……柏拉图的这一名言同样被接受了。因此，'要成为某物'就是作为某现实分解中的一个因素能被发现的意思"。① 在此，"作用"是指现实实有的合生过程，并作为"现实性"的本质，集中通过"现实实有"显现出来；同样，存在也可理解为现实实有合生过程中的一个因子。可见，怀特海在对现实实有的分析中，兼顾了亚里士多德的现实性原则与柏拉图的内在性原则，进而反映了其过程哲学思想是集这两位希腊先哲思想精华于一身的。

二　过程哲学的建构思想——对康德哲学的继承与超越

在19世纪末的科学洗礼和逻辑实证主义的冲击下，传统形而上学大厦摇摇欲坠，几无立锥之地。作为一位胸怀大志，不愿同当时时髦哲学流派"同流合污"的哲学家，怀特海从来没有怀疑形而上学的命运，并一直在思考如何重拾形而上学的威名。他需要做的一件极其重要的工作就是创建一套能克服传统形而上学弊端的范畴体系，在康德那里，他得到了启发。

（一）基于"心灵与世界的预定和谐"构建范畴体系

在怀特海看来，哲学的职责不是说明"具体事实"，或者说解决那种直接地和简单地被发现的事物的实存问题。因为具体事实仅仅是其所是，无须说明。相反，哲学的任务是勾画出能证明具体事实之所以存在的最基本条件，以便恰当地解释主观经验的客观性质。换言之，哲学的任务是对

---

① ［英］A. N. 怀特海：《观念的冒险》，周邦宪译，贵州人民出版社2000年版，第229—230页。

思维与存在关系进行前提性的反思，勾勒出为经验可能性所必需的最小条件。怀特海在康德的"建构"观念中找到了这一条件。在《过程与实在》开头，怀特海就宣称哲学的首要事业"是要说明如何从较具体的事物产生较抽象的东西……真正的哲学问题是，具体事实是怎样体现从它自身抽象出来而又分有其自身本性的那些实有?"① 正是为了解决高度抽象（如数学）和极其具体的事物（如工具）的相关性问题，怀特海构建了他的"范畴图式"。范畴图式作为过程哲学体系的一个概念框架，就是要构建一种最一般的观念体系，用来反思我们的经验活动，而且，这个概念框架使得过程哲学成为一个既具有逻辑连贯性的，又具有工具实用性的思想体系。因此，该图式为我们说明抽象事物的起源，并运用于具体事物提供了可能性条件。如果说康德的哥白尼式革命是因为对心灵与世界的和谐一致的惊异所推动的话，那么同样，怀特海的过程哲学抱负也是因为这种惊异所驱使的。这里，"和康德一样，怀特海的图式可以因此被读作有关心灵与世界间高度相关性的可能性条件的一个纲要。"②

（二）"过程"的属性和机体目的论

怀特海熟稔康德哲学，他从分析经验活动如何构建入手，挖掘了康德思想的精华。众所周知，康德强调经验活动的直接性，即主体所能认识到的才被纳入经验的范畴，否则所有东西都处在通往知识（认识）的途中。康德关于"知识何以可能"的问题，实质上是要澄清客观对象如何被主体所把握和呈现的过程，这一过程一般要经历三个步骤，康德称之为三重综合：在直观中的把握性综合，在想象中的再生性综合，在概念中的认知性综合。③ 康德认为，知识的产生就是一个主体显现客体的过程，怀特海将康德的过程翻了个筋斗，把经验活动的过程解释成为客体入构主体的过程。"机体哲学是康德哲学的倒置。《纯粹理性批判》描述了主观材料进入客观世界的现象之中的过程。机体哲学则试图描述客观材料如何进入主观的满足之中，以及客观材料中的秩序如何提供主观满足之中的强度"。④ 从客观上分析，怀特海的这个过程是主体从世界中显现出来的过程，从主观上看，怀特海的这个过程是主体通过"摄受"活动成为自己，达到满

① *Process and Reality*: *An Essay in Cosmology*, Correcet Ed., ed. D. R. Griffin and D. W. Sherburne, New York: The Free Press, 1978: 20.

② ［美］菲利浦·罗斯：《怀特海》，李超杰译，中华书局2002年版，第20页。

③ 王立志：《怀特海与康德》，《哲学研究》2007年第6期。

④ ［英］怀特海：《过程与实在》，杨富斌译，中国城市出版社2003年版，第161页。

足状态，进而融入未来的过程。这是对康德客体通过主体显现的超越与发展，将康德的"过程"属性从先验主观主义导向了先验客观主义。

怀特海的有机目的论可以在康德的《判断力批判》中找到"原型"。康德在《判断力批判》第 65 节集中论述过"有机物"这一概念。康德认为，"有机物是自然目的之物，是哪怕在我们单独看它们而不与别的东西发生关系时也必然只有作为自然的目的才能被设想的自然界惟一的存在物"。① 由于康德哲学以牛顿的机械论世界观以及二元论逻辑学为基础，尽管他看到了有机体的主体地位，可他的有机体却带有明显的机械论色彩。怀特海接受了康德的"有机体"概念，但抹去了它身上的机械论色彩，在《过程与实在》中应用有机体思想构筑了"内在关系"原理。怀特海生活的是进化论、相对论、量子力学如日中天的时代，所以，他所建构的"机体目的论"就超越了康德的认识论哲学范畴，赋予了一切有机体（现实实有）以生命和主观目的，是一种彻底的机体目的论。

（三）先验主观主义与先验客观主义

怀特海哲学是对希腊哲学和近代哲学两个传统的总结。在近代哲学问题上，他的工作主要表现为对以康德为代表的主观主义原理的改造。怀特海的"改造过的主观主义原理"既保存了近代哲学主观主义转向的基本要素，又带有客观主义指向的实在论色彩。

康德的先验分析论是持"认识论"取向的，他把经验客体的统一性放置于认知主体的建构活动之中进行分析，把自我意识主体的建构活动看作是经验秩序的源泉或中心。和康德一样，怀特海承认，"除了主体的经验之外，别无他物，只有纯粹的虚无"，这表明怀特海采纳了康德的建构原理。但是，他与康德的区别在于，他放弃了把"意识"作为主观主义转向的一个必要条件的观点，而是关注意识经验的一般"形式"，这种形式的自我建构性是根据主观或时态时间的关系性结构加以规定的，并将之运用于一般客体，把客体规定为"自我组织"或"自我建构"的系统，以及作为我们经验的决定性力量影响着我们的效验要素。② 在怀特海看来，经验客体的同一性条件存在于客体自身，而不是像康德所说的存在于认知主体之中，因为经验客体同认知主体一样也具有自我建构的能力，换句话说，任何经验客体本身还有一种身份——自我建构活动的主体。这样，怀特海就超越了康德的"先验唯心论"，建构了"先验客观主义"的

---

① ［德］康德：《判断力批判》，邓晓芒译，杨祖陶校，人民出版社 2002 年版，第 225 页。
② ［美］菲利浦·罗斯：《怀特海》，李超杰译，中华书局 2002 年版，第 20 页。

实在论形而上学，并且从有意识的机体到无生命的原子，一路建构下去。在怀特海的形而上学中，认知经验只不过是现实实有自我建构活动的一个高度发达的特例而已，"主—客关系获得了一种比近代主观主义哲学传统所归于它的更为宽泛的意义。对于怀特海来说，主体性（subjectivity）的本质在于活动，思想或有意识的心理活动仅仅是它的一个特例。"① 如果说康德哲学对这种主—客关系的解释是主观主义的话，那么怀特海哲学的解释则是客观主义的，他扩大了经验秩序的源泉或中心，涵盖了从人类社会至无机世界的多层次领域。

（四）从尊重他人到尊重他者

近代科学向人们展示了一个万物皆有其归依的宇宙。在这样一个宇宙中，任何事物都有自己的位置，唯独人没有。近代科学统一了宇宙，却将人从宇宙中疏离出去，造成了科学世界和生活世界的分裂。找回生活世界中的人就成为了后世哲学家们思考的主题。

自从笛卡尔创立二元论，将"我"确定为世界的中心，从此世界就被分割成"我的世界"和"非我的世界"。康德虽然继承了笛卡尔"以我为中心"的传统，但他并不排斥或贬低"他人"，这可从他对"人之为人"根据的探讨中看出，在康德看来，任何人都是有行动能力的人，他们是实践活动的主体，是物质和精神财富的创造者，我们应以欣赏的态度（方式）与他人相处。总之，人是自然的最高尺度，"万物"必须以合人之目的而生。从历史背景分析，康德深受启蒙运动的影响，对人类中心主义思想深信不疑，所以他的哲学是"人的哲学"，所探讨的也是诸如人是什么，人能认识什么，人应该去向何处等问题。康德哲学之所以备受后人推崇，跟他所奉行的"尊重人"、"尊重他人"的原则是有密切关系的。但是，康德的人学思想由于没有深厚的科学作为基础而变得脆弱不堪。怀特海却生逢其时，他从科学最新成果中吸取了非连续性自然观、主客一体观等新的思想，将康德"尊重人"、"尊重他人"的思想进一步提升至"尊重他者"的高度。这个他者不仅指人，也包括世界上一切鲜活的生命体。也正因此，怀特海的过程哲学增添了一份超越传统价值论的泛价值论元素。

---

① ［美］唐力权：《脉络与实在——怀特海机体哲学之批判的诠释》，宋继杰译，中国社会科学出版社 1998 年版，第 17 页。

三 过程哲学中的过程与创造——来自柏格森创造进化论的启示

柏格森（Henri Bergson，1859—1941 年）是 20 世纪上半叶最伟大的哲学家之一，他反对传统形而上学把世界看作是静止的、固化的东西，认为世界是一个绵延不绝的活的生命体。与此相应，他采取了非理智、直觉的方法观察世界，以取代传统概念化的、分析的方法论。柏格森的绵延理论和创造进化方法论是怀特海构建过程原理和创造性理论的主要基础。

（一）直觉与反对空间化

柏格森认为，理性科学不能把握生命之流，这是因为，自然科学以观察（实验）为方法，只能揭示因果性或必然性，对于物质世界是适用的，而不适用于生命世界，因为生命是绝对自由的，是一个不可分割的整体，不能用因果性、规律性来规制。柏格森还指出，科学认识的结果通常用概念、文字来表达，而这些抽象性的符号是僵化的，不可能表达生命或精神。他曾比喻说，用抽象的概念去把握灵动的生命，好比用一张渔网去兜住奔流不息的河水一样，结果只能是遗漏了实在的真正本质——绵延。

那么，如何才能把握生命的本质呢？他认为，只能通过内省的办法，以自己的生命体验移情性地嵌入对象的生命之中，感知对象的生命脉动，这是一种突发的灵魂触动，是"直觉"，而不是理性的思维过程。他说："所谓直觉就是把自己置身于对象之内，是意志生命的交融"，"我们只能在直觉中，直接地把握绵延"，因而"直觉……在一定意义上就是生命本身"。① 柏格森对直觉的强调，怀特海也有共鸣，他承认有感觉知识，但不承认其他形式的科学知识。怀特海只相信基于感觉的实有，脱离感觉经由其他途径获得的实有是"空虚的实有"（empty entities）。

怀特海赞同柏格森关于绵延和过程是世界首要因素的观点，认为空间概念是派生的，可以由时间性的概念来定义。"与空间分割不同，时间的分割对质料不发生影响这一事实使人们得出如下结论：时间是质料的偶性而不是其本质。质料在时间的分割中完全是它本身，无论分段多短也如此。所以，时间的推移与质料的特性无关，无论在哪一瞬间质料都等同于它自身……世界是物质或质料的瞬时构型的相继连续。……这就是有名的自然机械论。"② 同样，存在于时空中的实体，尽管在短时间内看起来变化太微弱，不易觉察，但它们实际上是时刻处在变化之中的。

---

① ［法］柏格森：《形而上学导言》，刘放桐译，商务印书馆 1963 年版，第 67—71 页。
② ［英］怀特海：《科学与近代世界》（英文版），麦克米兰公司 1925 年版，第 65—66 页。

怀特海与柏格森把自然界看作是一个时间的进程，自然界是由"事件之流"根据时间维度构筑的过程性存在。正如柏格森所言，"整个宇宙的进化，生命的变迁，都是绵延的过程。在这一绵延的长河中，只有时间才是构成生命的基本要素。"①

（二）机体世界与创造进化

在某种意义上，怀特海与柏格森的哲学出发点具有一致性，他们均利用19世纪以来科学的发展与机械的自然观②不能解释发展中的矛盾来论证自己的哲学的。当时，除了物理学发生巨大革命外，其他生命科学乃至历史和社会科学也得到了迅速发展，这些学科的研究对象呈现出流变和生成的特征。由于这些新学科的出现及其研究对象属性的变化，要求对科学研究的方向、研究方法、学科关系等问题进行重新考察，机械论自然观的最后一丝遮羞布即将被揭开，柏格森就是揭开这一遮羞布的急先锋之一。

在柏格森看来，机械论有两个致命的缺陷。首先，过于倚重机械的因果制约性原则，认为因果之间存在固有的线性联系，从而排斥世界的发展和创新。按照这种因果解释原理，世界必然是一个封闭的、静寂的世界，是不可能存在发展与创新的，有的只是已有事件的顺序改变和因果交替。其次，无视世界是一个整体性的存在。根据机械论的观点，整个世界是由一些固定的同类元素构成的，它们只能在空间上发生位移，没有增减和质变，整体是部分机械相加之和。柏格森认为，这种由部分来说明整体的观点对于诸如钟表等没有生命的机械之物可能适用，但对于生命机体来说就不适用了。对于生命有机体来说，它们始终是流动、变化的，并且彼此相互渗透和影响，离开整体和发展谈生命有机体是毫无意义的。正是受柏格森的这一思想启发，怀特海提出了"相互内在原理"、"摄受理论"，这也是他哲学体系中地位日隆的机体论的发轫。

柏格森是生命与物质二元论者，因之，它的创造进化思想的基本思路是把自然创化过程一劈为二：一是"上升"运动，即生命冲动的向上喷发，是创造生命的过程；一是"下降"运动，即生命冲动的向下坠落，

---

① ［法］亨利·柏格森：《创造进化论》，王珍丽、余习广译，湖南人民出版社1989年版，第7—8页。

② 机械自然观是自然科学发展到一定阶段的产物，与17—18世纪科学的发现水平相适应，机械自然观成为此后相当时间中绝大多数科学家和哲学家所持的观点。机械自然观的要点可概括为四个方面：（1）宇宙像空架子，绝对静止—绝对空间；（2）时间永远以等速流逝，与物体运动无关；（3）机械运动是唯一的运动规律，宇宙是一架大机器；（4）分析、分解的方法是研究自然的主要方法。

是各种物质实体形成的过程。两种运动相互抑制，势不两立。自从诞生生命体以来，作为一种向上、向外、向前推进的力量，生命冲动推动着各种不同进化系统的发展，从最基本的原子到生命的最高级形态，由脊椎动物进化到人，生命活动始终处在绵延不断的创造之中。怀特海接受了柏格森关于创造进化的思想，但是反对生命与物质的二元对立，他将生命与物质统摄于有机体之中，指出所有的有机体都具有能动性，也即创造性，这种创造既不可能重复，也没有止境，永远都是全新的。

四　过程哲学对传统实体观的解构——以相对论和量子力学为方法论

如果要评选物理学发展史上最伟大的那些年代，那么有两个时期是一定会入选的：17 世纪末和 20 世纪初。前者以牛顿《自然哲学之数学原理》的出版为标志，宣告了近代物理学的正式创立；而后者则为我们带来了相对论和量子论，并最彻底地推翻和重建了整个物理学体系。[1] 两相比较，牛顿时代留给我们更多的是对辉煌岁月的祭奠和缅怀；相对论和量子力学却仍然深刻地影响着我们的生活，就像咀嚼两颗青橄榄一般，越久越有滋味。怀特海过程哲学思想的形成和发展，就开始于对牛顿的批判，完成于对相对论和量子论的形而上学诠释，相对论和量子论是两把锋利的手术刀，帮助怀特海完成了对传统实体观的彻底解构。

（一）绝对时空观与相对时空观

在 20 世纪之前的物理学界，人们对于时间和空间的看法完全被牛顿的绝对时空观所控制，牛顿绝对时空观的主要观点是：时间在本质上是绝对、真实的存在，而且具有均匀地流逝的数学特征，它与任何其他事物无关，是独立的存在。……空间在本质上也是绝对、真实的存在，始终保持着相似和不变，它也是与他物无关的独立的存在。[2] 从怀特海的这段评述中我们可以看出，牛顿将时间和空间看作是绝对的、真实的、独立的存在物，与别的事物之间也没有任何关联。相应地，在绝对时空观看来，宇宙就是一个静止的绝对时空坐标系统，在这里，时间均匀地流逝，空间平静地伫立，不管任何事情发生，时空永远不会发生改变。这样的绝对时空，就好比是一座幽深的庙宇，不管有多少僧侣的出家和还俗，香客的朝拜与退出，抑或根本就是一座废弃的破庙，均不会影响到它作为"庙宇"的

---

① 曹天元：《量子"物理史话"》，辽宁教育出版社 2008 年版，自序三。

② *Process and Reality*: *An Essay in Cosmology*, Correcet Ed. , ed. D. R. Griffin and D. W. Sherburne, New York: The Free Press, 1978: 70.

存在。除了将时间和空间分开讨论以外，牛顿的时空观还否定了时间和空间内部的关联性，认为组成空间的区域之间没有关联，组成时间的先后之间没有关联。当我们要解释某一存在物时，只要标示出这一事物的时空坐标系统就可以了，因为它一定在时间中占据一个确定的瞬间，在空间中占据一个固定的位置。这就是怀特海所批判的"简单定位"（Simple Location）的观念。

　　怀特海在《科学与近代世界》中就对"绝对时空观"进行了认真的批判，其所依据的科学武器就是相对论的观点。相对论关于时空观的转变要从爱因斯坦对"以太"①的否定说起，爱因斯坦在考察迈克尔逊—莫雷实验②后作出这样的解释：以太是不存在的虚构之物，这也就意味着绝对时空观是错误的。这一解释是建立在其于 1905 年发表的论文的两条基本原理③基础之上的。爱因斯坦经过周密的计算，得出了时空是相对而非绝对的结论，这个结论导致人们彻底改变了对于时间和空间的看法。随着相对论研究的深入，关于时间和空间的新本性进一步被揭示了出来，时间与

---

①　为了解释光不符合速度合成原理的现象，科学家们假定在我们所处的空间中充满了一种静止无形、无法感知的东西，他们将这种东西称之为"以太"，它是光的载体，不仅渗透在所有的物体之中，而且充满了整个宇宙。但是由于"以太"这种介质无法被看见，又无法感知，因此，一直都只停留在假说阶段而未被证实。

②　这个实验的用意在于探测光以太对于地球的漂移速度。在人们当时的时空观里，"以太"代表了一个绝对静止的参考系，而地球穿过"以太"在空间中运动，就相当于一艘船在高速行驶，迎面会吹来强烈的"以太风"。迈克尔逊在 1881 年进行了一个实验，想测出这个相对速度，但结果并不十分令人满意。于是他和另外一位物理学家莫雷合作，在 1886 年进行了第二次实验。这可能是当时物理史上进行过的最精密的实验：他们动用了最新的干涉仪，为了提高系统的灵敏度和稳定性，他们甚至多方筹措弄来了一块大石板，把它放在一个水银槽上，这样就把干扰的因素降到了最低。然而实验的结果却令人无比失望：两束光线根本就没有表现出任何的时间差。"以太"似乎对穿越于其中的光线毫无影响。迈克尔逊—莫雷实验是物理学史上最有名的"失败的实验"。它当时在物理界引起了轰动，因为"以太"这个概念作为绝对运动的代表，是经典物理学和经典时空观的基础。而这根支撑着经典物理学大厦的梁柱竟然被一个实验的结果而无情地否定，因而意味着整个物理世界的轰然崩塌（见曹天元《量子"物理史话"》，辽宁教育出版社 2008 年版，第 30—31 页）。

③　1905 年，爱因斯坦发表了奠定其狭义相对论的论文《论动体的电动力学》，并揭示了两条基本原理：（1）物理体系的状态据以变化的定律，同描述这些状态变化时所参照的两个在相互匀速移动着的坐标系中的那一个坐标系并无关系。（2）任何光线在"静止的"坐标系中，都是以确定的速度 V 运动着，不管这道光线是由静止的还是运动的物体发射出来的（爱因斯坦：《论动体的电动力学》，收录于《爱因斯坦文集》第二卷，凡异出版社 1986 年版，第 83 页）。

空间不是机械的"一维"加"三维"之和，而是有机整体的"四维时空连续体"。

在爱因斯坦提出广义相对论之前，人们一直将空间看成是欧几里得式的，是平直的。广义相对论认为，由于重力场的作用，时—空连续体必然会发生弯曲，四维时—空连续体与外在的作用力息息相关，它不是平直的、独立的存在。由此看来，世界上根本就不存在不受外界环境影响的自存之物，对所有存在物来说，它们与其他事物存在着某种内在的关联，无法独立自存。怀特海对此有过精辟的评论："由于事件的本质是由关系组成的，所以，离开关系谈论事件是毫无意义的，事件甚至也不能成为其本身了。以往认为时—空关系是外在的观点必须加以纠正，只有内在关系这一概念才能说明时—空连续体的本质。"[1] 从科学哲学观的角度考察，相对论只涉及时空问题，而量子力学则是物质观和运动观的问题，下面将从量子力学的诞生及其对怀特海过程哲学思想的影响作进一步的考察。

（二）连续性自然观与不连续性自然观

19 世纪末，正当物理学家认为建造物理学的大厦已经大功告成，"未来物理学真理将不得不在小数点后六位去寻找"，[2] 却接二连三地出现了许多经典物理学理论难以解释的实验事实，其中之一是黑体辐射问题。量子物理学是普朗克研究黑体辐射问题时萌生的。

长期以来，哲学家和科学家们都相信这样一个事实，即自然界中所有事物的发展变化都是一个连续而不间断的过程，莱布尼茨称之为连续性定律（Law of Continuity）。这样的自然观与传统实体观所持的"变化中存在不变"、"连续的静态载体"等观点是吻合的，也符合人们对于自然的日常经验，故而在 19 世纪末以前是一种主流自然哲学观。但是，随着对微观世界研究的深入，科学家们发现，用连续性的自然观无法解释微观层面的现象，例如，上文提及的导致量子力学诞生的黑体辐射问题就是其中之一。关于黑体[3]辐射问题的研究，有两个方向的进展：一个方向是维恩

---

[1] Alfred North Whitehead. *Science and the Modern World*. New York：The Free Press，1967：123.

[2] 金尚年：《量子力学的物理基础和哲学背景》，复旦大学出版社 2007 年版，第 15 页。

[3] 大家都知道，一个物体之所以看上去是白色的，那是因为它反射所有频率的光波；反之，如果看上去是黑色的，那是因为它吸收了所有频率的光波的缘故。物理上定义的"黑体"，指的是那些可以吸收全部外来辐射的物体，比如一个空心的球体，内壁上吸收辐射的涂料，外壁上开一个小孔。那么，因为从小孔射进球体的光线反射出来，这个小孔看上去就是绝对黑色的，即是我们定义的"黑体"（曹天元：《量子"物理史话"》，辽宁教育出版社 2008 年版，第 34 页）。

（Wilhelm Wien）从经典热力学的思想出发，假设黑体辐射是由一些服从麦克斯韦速率分布的分子发散出来的，然后通过精密的演绎，导出了一个辐射能量分布定律公式，这一公式验证了短波部分却在长波部分出错；另一个方向以瑞利（Lord Rayleigh）和金斯（J. H. Jeans）合作，依循着古典统计力学和电磁理论，假设光为波的集合，这一公式验证了长波部分却在短波部分出错。物理学家们在这里遇到了一个相当微妙而尴尬的处境，他们虽然手里有两套公式，但不幸的是，它们分别只有在短波和长波的范围内才能起作用，最要命的是，这两套公式根本没办法调和，因为支撑两个公式推导的理论基础是截然不同的！这就是量子论产生的背景，即找到能兼容两个理论的第三种理论。

普朗克（Max Planck）在考察这一尴尬的事实后指出，以往的研究之所以没有能够找到完全适用的解决办法，是因为它们所依赖的前提是错误的，即认为"一切自然的过程都是连续不间断的"。① 普朗克提出用量子假说来解决这一问题。这个理论假定，能量在发射和吸收的时候，不是连续不断，而是分成一份一份的，这一份份的能量必须分成有限的、有一个最小的单位，② 才能发射和被吸收，他将这种最小的基本能量单位称为量子（Quantum）。普朗克的量子假说否定了自然界能量的交换过程是一个连续不间断的过程，打破了"连续自然观"的传统定论。受此观点启发，怀特海在其过程哲学中提出了对传统观念的批判，他认为，传统形而上学将"连续性"的观念赋予实体，将之看作为实体的本质特征，并认为这样的实体是最终极的存在物，这是完全错误的观点，因为量子论所揭示的真理告诉我们，这样的连续性实体是根本不存在的。怀特海认为，"我们

---

① 自然的连续性是如此的"自然"，以至几乎很少有人会去怀疑这一点。以气温变化为例，我们就会看出人们是如何对自然的连续性深信不疑的。当天气预报说气温将从 15 度上升到 25 度，你就会很自然地想到，在这个过程中间气温将在某个时刻到达 18 度，到达 20 度，到达 24 又 1/2 度，到达 24 又 3/5 度，到达 24 又 9/10 度，到达 24 又 99/100 度……总之，一切在 15 度到 25 度之间的值，气温肯定会在某个时刻，精确地等于那个值。

② 以一个吝啬鬼付账为例可能较为形象地说明这一道理。虽然他心疼多付钱，但买了东西总得付钱，他采取的办法就是分开来付，并不一次付清。但无论如何，每次最少也得付上 1 分钱，因为就现钞来说，这是最小的单位了。这个付钱的过程就是一个不连续的过程。我们无法找到任何时刻，使得付账者正好处于"付了 1.009 元"这个状态，因为最小的单位就是 0.01 元，付的钱只能这样"一份一份"地"跳跃着"发出。我们可以证实他付了 1 元的时候，也可以找到他付了 1.01 元的时候，但在两种状态中间，不存在别的状态。普朗克发现，能量的传输也必须遵照这种货币式的方法，以此至少要传输一个确定的量，而不可以无限地细分下去。能量的传输，也必须有一个最小的基本单位。

以往有关于物质存在的所有终极性质的观点，都必须重新加以修正。"①
从这种新的观点出发，怀特海在构建过程哲学时，有意识地将自然的不连续性规律运用于其理论体系之中，用"事件"和"现实实有"的概念取代传统"实体"的概念，并在此基础上提出了机体论。

（三）主客二分与主客一体

1905 年，爱因斯坦为了解释一些当时新发现的用光的波动说难以解释的光学现象，在普朗克量子假说的基础上提出了"光量子"（Photon）假说，并成功地运用于解释光电效应②的过程中。爱因斯坦对于光的本质提出了新的看法：不能根据古典物理学的理论将光机械地区分为粒子或波，因为在微观层面，光同时具有粒子和波的特性，即波粒二象性。③ 此后，德布罗意（Louis de Broglie）将爱因斯坦的质能互换公式与普朗克的量子公式加以整合，发现波粒二象性不仅是光的基本特性，也是自然界的一种普遍属性，并提出了物质波的概念。在此基础上，薛定谔（Erwin Schrodinger）于 1926 年提出了薛定谔方程式，用函数 Ψ 对物质的微粒性和波动性进行统合性描述，成功地解决了微观粒子运动规律的问题。在同一年，波恩（Max Born）通过对波函数的统计解释，揭示了薛定谔波函数的意义，并催生了量子论的哥本哈根诠释。④ 在哥本哈根诠释提出之前，科学家和哲学家们普遍认为，外部客观世界是独立于人而存在的，只要我们通过科学的观察和测量，就可以准确地探知外部客观世界，而海森堡的测不准原理却告诉我们，测量行为必然会改变被测对象的状态，加之观察

---

① Alfred North Whitehead. *Science and the Modern World*. New York：The Free Press，1967：35.

② 光电效应是物理学中一个重要而神奇的现象，在光的照射下，某些物质内部的电子会被光子激发出来而形成电流，即光生电。光电现象由德国物理学家赫兹于 1887 年发现，而正确的解释为爱因斯坦所提出。科学家们对光电效应的深入研究对发展量子理论起了根本性的作用。http：//baike. baidu. com/view/14336. htm.

③ 光的波粒二象性指的是：光在任何时候不管是长波还是短波，不管是发射、吸收还是传播，都同时具有经典意义下的波和粒子的双重性质，即波性和粒子性是共容于同一个问题中。举一个通俗的例子。光的波动性和粒子说之争，好比一个经常在 A、B 两国之间更换国籍，当他取得 A 国国籍时，B 国国籍必须放弃，反之亦然。局外人则看到他有时似乎是 A 国国籍公民，有时似乎是 B 国公民，常常对他的身份发生争论。波粒二象性则好比一个具有双重国籍的人，在任何场合下，他既是 A 国公民，又是 B 国公民。

④ 哥本哈根诠释是建立在由德国数学家、物理学家波恩所提出的"波函数的概率表达"上，之后发展为著名的不确定性原理，即震动中的微粒子—量子的类弦的决定论诠释。把电子波与发现概率联系起来，并主张"波包塌缩"的一种对物质——波的量子论解释，已经成为量子论的标准诠释。http：//baike. baidu. com/link? url = wvqcniQp97z1.

者、测量装置以及被测对象之间的复杂关系及其相互影响，精确的测量是不可能的。这是对传统主客二分实体观在科学上作出的有力反驳。作为身处这一伟大时代的哲学家，怀特海对这一切可谓洞若观火，他以此为理论依据对传统主客二分的实体观提出了批判，进而酝酿"事物之间处在共同创造、共同显现和共同演进过程之中"的哲学主张。此外，怀特海也将"不确定性"纳入"现实实有"和"现实事态"等核心概念中，使得自己的哲学主张建立在最新的科学研究成果基础之上，实现了对传统实体观的彻底超越。

除了上述思想外，对怀特海过程哲学思想产生重要影响的其他来源还包括莱布尼茨的单子论，F. H. 布拉德雷对情感的解释，摩尔根的独创哲学，达尔文的生物进化论，亚历山大的空间、时间和神，以及皮尔士的形而上学实用主义等，限于篇幅不再赘述。

第三节　怀特海的过程哲学思想

怀特海的过程哲学思想涉猎宽广，穷理尽妙，下面主要以其对传统实体观的批判为起点，以其哲学思想的产生发展和范畴体系为主线，作一简要梳理。

一　从驱逐实体开始过程哲学之旅

透过西方哲学史，我们可以清晰地看到，自从亚里士多德提出了作为万物本原的实体观以后，实体即成为能独立自存、促成他物改变而自身不变之物。自此之后，西方哲学界探索世界本源的"存在论"哲学（亦称"本体论"）进路便确立起来了；亚氏进一步将存在论与逻辑学相链接，从而形成了以"主词—谓词"形式表述实在的语言程式，在思维上将人们导向了一种不自觉的习惯，即认定在我们所觉知到的具体事物的背后，一定存在着一个"变动中不变的基础"。到了近代，这一不变的基础就演变成了笛卡尔的"心物二元世界"，休谟的"孤立印象"，牛顿的"简单位置"等"翻版的"实体。

怀特海在总结自己早期哲学时指出："我认为实体与属性是实际性误置的谬论中的另一例证。"[①] 只有先行分析他对所谓"误置具体性谬误"

<hr/>

① ［英］A. N. 怀特海：《科学与近代世界》，何钦译，商务印书馆 1959 年版，第 51 页。

的抨击，才会厘清怀特海何以要取消"实体"概念的动因。在《科学与近代世界》中，怀特海明确提出了"误置具体性谬误"这一概念，所谓"误置具体性谬误"，即"以抽象的概念或理论去解释具体的事态，或以更抽象的去解释更具体的，把抽象的概念看作是具体的真实"。① 怀特海的矛头对准的是基于牛顿物理学的宇宙观的"简单定域"以及休谟哲学中的"简单孤立印象"，这二者都是"误置具体性谬误"的典型表现。牛顿式的简单定域观念，是机械论世界的基点，即：某一固定时空与其他时空之间毫无关联，并认为可以孤立地赋予此固定时空以意义。基于这种世界观，人们习惯地认为，只要我们把一事物确定在某一固定的时空点，我们就对它作出了完美的说明。牛顿式简单定域观念的主要困难在于，把每个单独的时空点孤立起来，与其他时空关系隔绝了开来，这就使我们产生疑问，存不存在这样的时空"点"？怀特海指出："由于有了事件才有时间，离开事件的发生，时间也就不存在了。"② 这样，是否存在时—空"点"的问题就依赖于我们能否有根据地把某种东西定义为瞬间事件。怀特海的回答是：没有瞬间事件这个东西。在休谟那里，则是把每一个印象抽象出来，对之进行孤立化、绝对化处理，使之变成"简单孤立的印象"；同样地，他对经验进行原子式的分割，使之变成时间和空间中的一个个点，既无依傍，又无接续，它们在逻辑上不存在任何的联系，也不会与外在事件、空间发生关系。休谟式的印象和经验，是孤立、隔绝的抽象物，这也是一种广义的简单定域观念。总之，"简单定域观念"把物理学和心理学中的抽象及假定当成了原初的实际的经验，把抽象视为具体，在怀特海看来，这就是把具体性置错了地方，故称为"误置具体性谬误"。

在分析了驱逐实体概念的动因之后，怀特海以科学史上的最新研究成果为依据，提出了以"事件理论"取代传统实体观的主张。随着 20 世纪初普朗克提出"能量子"思想，爱因斯坦发表《论动体的电动力学》创立狭义相对论，以及 x 射线、放射性、电子等崭新的实验发现，标志着延续近三百年的物理学经典时期的结束和量子论新纪元的到来。理所当然，传统物理学中的同时性、时间与空间、物体运动的连续性等定义将被重写，被康德奉为"先天综合"的科学基础——牛顿物理学也失灵了。在经典遭到挑战，新物理学方兴未艾之际，怀特海形成了具有新实在论色彩的科学哲学思想，开始了建筑过程形而上学大厦的前期准备。怀特海的科

① 杨士毅：《怀特海哲学入门》，扬智文化出版公司 2001 年版，第 148 页。
② ［英］怀特海：《自然的概念》，张桂权译，中国城市出版社 2002 年版，第 63 页。

学哲学思想建构，以爱因斯坦的相对论、威廉·詹姆士的经验一元论、柏格森的绵延理论等理论先驱为基础，但以爱因斯坦的相对论为最主要的先行因素。① 相对论所提出的革命性时空观引起了怀特海的共鸣，不过怀特海提出了不同于爱因斯坦的路径解决经典物理学的困难，他试图用"事件"理论替代传统的"实体"论来解决认识论上的困难。所谓"事件"，是指在自然中实际存在和生成的东西。事件是宇宙的基本单位，也是构成自然界的基本成分。事件始终处于一种流动的状态之中，整个自然界就是由各种流动的事件所构成的。那么对传统"实在论"所赖以存在的时间—空间概念作何处理呢，在怀特海看来，事件就是时、空两者关系的场，"因为空间和时间本身是事件的抽象物。"② 时间概念用以表示事件的流动，空间概念用以表示事件之间的相互包容，时间与空间是由事件派生而来的。质言之，抽离了事件，自然界就是一个虚空的"无"，即使连时间、空间也不存在，因为它们只有融入"事件之流"才有意义。由于将事件之流看作是唯一的实在，怀特海开启了扬弃"实体"的新哲学之旅。

经由早期科学哲学时期的理论准备，怀特海在《过程与实在》这一形而上学宇宙论中以"现实实有"为基点构筑起了宏伟的"过程原理"大厦，最后完成了对"传统实体观"的超越。在这一阶段，"现实实有"取代"事件"，成为现实世界中的终极单位。这就意味着，"现实实有"（也称"现实事态"）是构成现实世界的最终的实在事物，在这些现实实有背后再也找不到任何更为实在的事物了。"上帝是一种现实实有，而在遥远的虚空中最微不足道的一息之存在也是一种现实实有。"③

现实实有是在存在论和逻辑学双重意义上对传统实体的否定。就存在论的意义而言，亚里士多德首先将实体与非实体进行了区分，这一思想被笛卡尔进一步地强化，变成了实体的存在"不需要其他东西"。不仅如此，笛卡尔还将实体区分为心物两种不同的形式，而且表明两种实体是各自存在的，彼此独立，互不依赖。正是由于受二元对立思维所驱使而对实体进行严格的区分，催生出了虚幻的独立性，给形而上学制造了困境。怀特海对传统实体独立性的这个命题进行了最为严厉的批判，"我们必须说每个实际事物都存在于所有其他的实际事物之中。机体哲学的主要工作就

---

① 详见陈奎德《怀特海哲学演化概论》，上海人民出版社1988年版，第35—43页。

② ［英］怀特海：《自然的概念》，张桂权译，译林出版社2011年版，第65页。

③ *Process and Reality.* Corrected ed., edited by David Ray Griffin and Donald W. Sherburne. New York：The Free Press，1978：18.

是要厘清'存在于其他事物中'的观念。"① 透过上面的这段文字，我们可以想见，宇宙中所有的存在物彼此之间都存在着密切的关系，一旦从这种关系的网络中抽离出来，则任何的存在物都将会失去自身的具体实在性。就逻辑学的意义而言，当我们以主词与谓词的方式来描述事物时，主词对应的是存在论层次上的实体，谓词对应的是存在论层次上的属性。作为实体所对应的主词，只能永远作为主词，而不能转变为存在于其他主词之中的一个谓词。不但如此，人们还将这样的描述看作是对"实在"的一种具体描述，并且认定这样的陈述方式已充分地表达了形而上学的根本真相，以至于后世哲学家们在对实体概念进行批判时，还是坚持了主词—谓词的形式，并用这一陈述模式建构他们的形而上学体系。就怀特海的观点而言，不仅主词—谓词无法充分而适切地表达完整的事实，所有特殊的表述形式，充其量都只"表达了非常抽象的概念"。倘若不能充分地意识到这一点，而欲将任何特殊的表述形式所表达的一些抽象概念认定为"实在"，则会像实体—属性的分析和思考模式一样，将无可避免地陷入"误置具体性谬误"之中。

二　过程与关系

(一) 从孤立走向关联

在怀特海后期的鸿篇巨制《过程与实在》的开篇，其明确地表示，他的哲学"致力于建构一套内在一致的、合乎逻辑的和具有必然性的普遍观念体系，以便使我们经验到的一切元素都能得到诠释。"② 怀特海借助"范畴图式"③ 对这一观念体系进行了详细的描述。这样一来，范畴图式就包含了所有的观念性存在和物质性存在的定义，大至宇宙世界，小至尘埃物质，都能在范畴图式中得到说明，更为重要的是，这些实际存在物不能独立自存，彼此之间有着千丝万缕的联系。因此，怀特海极力反对传

---

① *Process and Reality*. Corrected ed. , edited by David Ray Griffin and Donald W. Sherburne. New York：The Free Press，1978：50.

② *Process and Reality*. Corrected ed. , edited by David Ray Griffin and Donald W. Sherburne. New York：The Free Press，1978：3.

③ 这一范畴图式一共包含了四类范畴：(1) 终极性范畴；(2) 存在性范畴；(3) 说明性范畴；(4) 范畴性义务。终极性范畴由"一"、"多"、"创新性"所组成，表达了后 3 种较特殊的范畴中所预设的普遍原理；存在性范畴代表 8 种基本存在物；说明性范畴是解释生成变化的 27 个"解释范畴"；范畴性义务是指存在物在共生过程中的普遍规范与原则的九个"规范范畴"(详见 Process and Reality 20—30)。

统形而上学关于实体可以独立自存的观念，而对实体的驱逐，也是怀特海超越传统形而上学与机械论的主要任务之一。在其哲学思想的总结性论文《不朽》中，怀特海再次对以实体为基础的传统哲学提出了严厉的批判，说明他的一生是执着地要彻底驱逐实体的："几个世纪以来，'独立实存'这个错误概念充斥在哲学文献中。事实上，根本不存在这种实存的方式，每个实有同宇宙中其他组成部分有着错综交织的关系，只有放置在关系网络中，现实存有才能被理解。"①

放逐实体，打破了机械论哲学体系之后，怀特海尝试构建"过程哲学"来回应。在过程哲学的体系里，"生成和变化"取代"实体"成为理解整个世界的关键，生成和变化何以可能，"潜能"观念走向了前台，这是一个帮助我们理解整个存在的基本观念。怀特海曾在《思维方式》中作出了如下说明："如果根据静态的实存去理解宇宙，那么潜能就消失了。任何东西正是它现在的那样。……但如果我们从基本的过程出发，那么当前的实存就从过程中产生出它的特性，并将这些特性赋予未来。直接性（immediacy）是过去的潜能的现实化，也是未来的潜能的储藏室。"②

怀特海之所以主张用"潜能"这一概念作为理解整个实存世界的基点，实际上是为了表明世界万物彼此相互关联的哲学观点。那么，各种实际存在物之间到底存在着怎样的关联呢？怀特海通过相关性原理作出了说明："这就是说，宇宙中的每一个项目，包括其他所有的现实物在内，全部是任一现实物结构中的构成要素。这个结论早已在标题为'相关性原理'的章节中被提到。"③ 这就说明，怀特海所持的哲学立场是，事物的存在是以关系形态而非实体形态为标志的，任何事物都不是"不需要他者"的独立存在者，也就是说，世界的真相是相互关联而非彼此孤立。

在此基础上，怀特海进一步提出，宇宙中的所有事物都存在着双重的意义。一个是对其自身而言的意义，如果从每一个现实物的存在本性来看，即是其"私有性"（privacy），如果从其生成的过程来看，则包括"微观过程"（microscopic process）和"合生过程"（concrescence）；另一个是它对于整个宇宙的意义，如果从每一个现实物的利他性来说，即是其

---

① The Philosophy of Alfred North Whitehead, edited by Schilpp, Paul Arther New York: Tudor Publisher, 1951: 687.

② ［英］怀特海:《思想方式》，韩东晖、李红译，华夏出版社 1999 年版，第 90 页。

③ Process and Reality. Corrected ed., edited by David Ray Griffin and Donald W. Sherburne. New York. The Free Press, 1978: 148.

"公有性"（publicity），如果从其生成的过程来看，则包括"宏观过程"（macroscopic process）和"转变过程"（transition）。更为重要的是，个体意义和宇宙意义是互为条件和基础的，这两个方面的任何一方面都是对方的一个因素。[1] 怀特海关于现实事物都具有双重意义的分析与解释，彻底打破了传统哲学关于实体是孤立的、静止的存在的旧论，同时也为我们从关系的、过程的视角理解和解释世界打开了一扇崭新的窗户。

对现实事物进行双重意义的挖掘也是怀特海构建过程哲学体系的需要。过程哲学是一种强调整体、关系、过程和变化的形而上学体系，这一体系建构的逻辑起点在哪里？怀特海从现实事物存在的双重意义出发，一方面向我们展示了现实事物由"目的因"主导，从其他事物中摄入元素，将万物的公有状态转变为个别事物的私有状态的微观生长历程；另一方面向我们展示了在宇宙"动力因"驱使下，一个个现实事物从私有状态被客体化为公有状态，成为其他事物一分子的宏观转化历程。这样一来，所有的存在物就处在"由多到一、由一到多"的双向生成过程之中，整个宇宙也就变成了一个由无数个相互关联、彼此转化的现实事物所构成的创生化进的世界。为了与传统形而上学的"实体"概念进行区分，怀特海特意为具有双重意义的现实事物取了一个全新的名称——"现实实有"（actual entity）。[2] 接下来，笔者将深入探讨"现实实有"与"实体"的区别及其超越本性。

（二）现实实有的双重特性

"存在"（being）或"永恒"（permanence）是传统哲学的中心议题，自古希腊埃利亚学派的巴门尼德借助"是者"概念构筑本体论学说始，到亚里士多德明确提出实体的概念，直至欧洲现代，实体扮演的是变化时不变的"主体"角色，但在过程哲学体系中，作为替代存在物的现实实有却具有双重特性："对于机体哲学的形而上学学说来说，至关重要的是，应当完全抛弃作为不变的变化主体这种现实实有概念。这样，现实实有既是从事经验活动的主体，又是其经验的客体。它就是主体—超体，这

① Alfred North Whitehead. *Modes of Thought.* New York：The Free Press，1968：151.

② 怀特海的有机哲学把现实世界看作是一个动态的有机脉络，构成这个有机整体的细胞则是现实实有。"现实实有"（actual entities），在除了上帝（非时间性的现实实有）这种特殊的情形之外，又称"现实事态"（actual occasions）。它作为现实的基本单元，是组成世界的终极实在，在它们之后再也没有更加真实的事物可以被发现了。现实实有或现实事态的概念是怀特海世界观的核心概念（黄铭，2006）。

两方面的描述无论忽视哪一方面都不能对现实实有做出完整的描述。当我们就其本身真实的内在结构来考察现实实有时，在多数情况下将会使用'主体'一词。但是'主体'应当被理解为'主体—超体'的缩写形式。"① 这里所谓的"主体"，是指受某种主观目标②所支配，正处在生成活动过程当中的现实实有；而所谓的"超体"则是指当此现实实有的生成过程终止时所变成的结果。主体与超体并不是指不同的存在物，而是指同一现实实有在其生成历程的不同阶段的两种特性，前者指向生成活动过程，后者指向生成历程的结果。从整个宇宙的动态生成过程来看，就是由所有现实实有的主体变超体，超体变主体的循环往复来推动的，所以，单从主体或超体的某一侧面来理解和解释现实实有，都是静止的、片面的、不准确的。

从词源学上考察，"主体"一词的拉丁文原意是"放置于下面做基础"，这个词带有静态的"稳定"之意，缺少动态的"变化"之味，为此，怀特海自创了"超体"概念，并将它嫁接在"主体"之上，意指超越现在，指向未来。如果说"主体"一词用来强调现实实有自身的生成过程，那么"超体"一词则用来说明现实实有对其他现实实有的贡献，进而对整个宇宙创生化进的意义。所以，当我们考察现实实有的属性时，除了分析它自身的生成历程外，还要分析它对宇宙中其他现实实有的价值，缺乏任何一个方面，对现实实有的认识都是不完整的。那么，现实实有如何对其他现实实有乃至宇宙世界作出贡献的呢？怀特海用"客观化"以及"客观不朽"的理论予以说明，接下来我们就来考察一番现实实有是如何扮演其他现实实有的潜能这一角色的。

（三）客观化与客观不朽

怀特海在范畴图式的第八个解释性范畴③中，将"客观化"定义为："'客观化'这个词是指一个潜在性的现实实有得以在另一个现实实有中实现的特殊方式。"④ 具体而言，客观化理论所要表达的是，一个现实实

---

① *Process and Reality.* Corrected ed., edited by David Ray Griffin and Donald W. Sherburne. New York：The Free Press, 1978：29.

② 所谓"主观目标"，是指每一个现实事态中必定具有的内在目的，正是这样的内在目的驱动着该现实事态根据自身生成发展中所面临的各种条件作出选择，借此得以在潜能中完成自己的生成历程（参见 Process and Reality 19, 25）。

③ 在怀特海所建构的范畴总纲中，总共有 27 个解释性范畴，这些解释性范畴用来说明 8 种基本的存在物之间的关系，以及这些存在物生成变化的原理。

④ ［英］怀特海：《过程与实在》，李步楼译，商务印书馆 2011 年版，第 39 页。

有既是它自己经验的主体，也是其他现实实有摄入的原料，当一个现实实有实现了它的主观目标，完成了它的生成过程，也就是它获得了一种复合的、完全确定的感受时，包括贡献给它的材料、它的活动历程以及它所进行的积极摄入和消极摄入的结果都完全确定了，说明这一现实实有达到了"满足"[①]的状态。虽然达到了"满足"的状态，但并不是说现实实有消亡了，变成了虚空的"无"，而只是表示它失去了主观直接性，它再也不是它自己的主体了，但是它的"完成态"却被另外的现实实有所感受，转而以"客体"的身份被他者吸收，成为了"客观不朽"（objective immortality）。客观不朽，是指"一切现实实有都作用于一切后继者，这种作用是通过转变的创造性实现其自身的价值向另一种价值的转换。每一个曾经发生过的事件（无论它多么简单）都是所有新的事件必须考量的过去的组成部分。"[②]从客观化理论可知，已达"满足"的现实实有的诸感受被当前的现实实有所感受和修正，成为其他现实实有生成历程中的元素。这一抽象的论证颇具形而上的意味，能否运用上述的理论来解释我们的生活经验呢？接下来，笔者尝试从一个教育实例出发来说明这一理论的应用。

21世纪初，我国政府决定在中小学展开新课程改革，并委托专家研制课程改革的纲领性文件，当研究者研制成功《基础教育课程改革纲要》，并得到政府批准颁发的那一刹那，受主观目标所主导的"课程改革的生成过程"达到了它的"满足"，与此同时，它的主观直接性也已流逝了，这就是说，决策者的决策行为在某种意义上已经"死了"。但那一刹那，这一重大决策却以另一种形式持续地存在，并且影响着未来。它依然存在于各地各校课程设计、实施和评价的过程中，依然存在于社会、学校、家长、学生的各种评价之中，甚至还会存在于未来基础教育改革的整个历程中。由上例我们可以看出，一个现实实有在达成其"满足"后，

---

① 关于"满足"一词，散见于怀特海的《过程与实在》和《观念的冒险》中，虽解释不一，但其基本意思是一致的。"满足"一词是指一种完全确定的复杂感受，它在该过程中是某种完成的状态。这一范畴表达了每一种成分，不论其多么复杂，都有一种自我一致的功能。逻辑就是对这种自我一致性的一般分析。（杨富斌译本，45）"一个现实实有在一种复合的感受中终止了其生成，这种终止就是现实体的'满足'"（Process and Reality）。满足，它"标志着这一个体的创造性冲动已经穷尽"（Adventures of Ideas）。满足体现了从"共生的过程"抽象而来的"作为具体的实有"的概念，它既是共生的目标，也是际遇的实现。"'满足'是'超体'而非'实有'或'主体'，它遮蔽了实体"（Process and Reality）。

② 曲跃厚：《怀特海哲学若干术语简析》，《世界哲学》2003年第1期。

所流逝的只是它的主观直接性，但就客观而言，它依然是不朽的；这一抉择并没有消失，归于空无，而是以另外一种形式继续存在于未来之中。

通过客观化的理论，我们可以得出这样的结论，在过程哲学体系中，怀特海希望借助现实实有的"主体"和"超体"、"现实"和"潜能"等双重属性，说明宇宙世界中的万物存在着关联性。从对"现实实有"这个词的构词法中也可以分析出端倪，"现实"表示发生关联之前事物具有"主观性"、"活动性,"① "实有"表示发生关联之后事物具有"客观性"、"潜能性"。怀特海所自造的"现实实有"的本性具有双重的特性，前者强调它的"活动性"以及因此而生的"主观的直接性"；而后者则强调它的"客观化"及其所蕴含的"潜能"。② 更为重要的是，现实实有之间发生关联，必须要两个属性前后相应、共同发挥作用，才能成为事实，也即只有经历了"主观活动"到"满足"到"客观化"，现实实有才会真正成为后继现实实有的"潜能"。"潜能"及其作用发生，断不可简单地理解为一个达到"满足"状态的现实实有机械地作用于另一个现实实有，就像打台球，母球撞击目标球而导致目标球的位移。"潜能"是一种能改变现实实有性质的现实可能性，它是一个现实实有进入另一个现实实有的动能，为现实实有提供确定性的形式。至于一个现实实有何以能以及如何进入另一个现实实有，这就要从怀特海所自创的"摄受理论"中去一探究竟了。

（四）摄受理论

1. 摄受的含义

从上文分析可知，怀特海用"现实实有"取代"实体"概念是为了克服传统哲学用静止和孤立的观点看待世界的弊病。从逻辑学角度审视，这样的取代可看作是以"过程/关系"优先的观点取代"实体/属性"优先的观点。而且，这里的"关系"既非石块加泥土的外在关系，也非风吹而草动的机械关系，而是一种彼此嵌入、共生共进的"内在关系"，以这种关系视野去审视世界，宇宙中的一切存在物都是其他存在物的已成成分或潜在成分。现实实有之间的内在关系并不能自动形成，也无法借助外力形成，必须通过新式的途径——即怀特海所谓的摄入来实现，对此，怀

---

① 日本学者田中裕就将"actual entity"这个词译成"活动性存在"（详见田中裕《怀特海有机哲学》，包国光译，河北教育出版社2001年版，第88—91页）。

② Leclerc, Ivor, *Whitehead's Metaphysics：An Introductory Exposition.* Bloomington & London：Indiana University Press, 1975：110—111.

特海有过明确地表示："现实实有由于彼此摄入而相互关涉。"① 怀特海是一个有着勃勃雄心的哲学家，引入摄受理论并非只是为了说明宇宙中的一切现实实有如何作为构成元素而进入到其他现实实有当中，他更希望通过摄受理论来解开传统实体思维所无法解答的各种形而上学的困惑。

在怀特海对"过程原理"（principle of process）的解释中，他曾明确地指出，每个现实实有的"存在"（being）是由其"生成"（becoming）所构成的，"现实实有是如何生成的构成了这个现实实有是什么。"② 可见，现实实有的生成过程，就决定了那个现实实有的本性，这一观点是对传统哲学关于"存在"与"生成"关系的一种全新解释。③ 但与赫拉克利特所不同的是，怀特海并不否认存在的实在性和底基作用。那么，现实实有是如何生成的呢？在讨论与应用范畴图式的"事实与形式"部分，怀特海进一步揭示了摄受在这一过程的作用："根据笛卡尔的语言，现实实有的本性惟一地在于，它是某种正在被摄入的事物。"④ 由此可以认为，构成现实实有本性的生成过程实际上就是现实实有的摄受过程。对于摄受过程，怀特海的解释是："每一个现实实有都可以被看作是由材料所产生的经验活动。它是一个过程，在这个过程中，它'感觉'许多材料、从

---

① *Process and Reality*. Corrected ed. , edited by David Ray Griffin and Donald W. Sherburne. New York：The Free Press，1978：20.

② Ibid. , 23.

③ "存在"（being）或"永恒"（permanence）与"生成"（becoming）或"变化"（change），是古希腊以降西方形而上学哲学家们研究的中心议题。解决这个问题的方法大致有两种，一种是非此即彼，各执一端，即要么肯定实在、永恒，否定生成、变化；要么肯定变化生成，否定有恒定的东西存在。另一种是承认两者共存的地位，但其中一者派生于或依赖于另一者。如"生成"依赖于"存在"，"永恒"派生"变化"，或者反之。这两种思路最有代表性的人物当数古希腊埃利亚学派的巴门尼德和伊奥尼亚学派的赫拉克利特。"赫拉克利特认为万物都在变化着；巴门尼德则反驳说：没有事物是变化的"（［英］罗素：《西方哲学史》，何兆武、李约瑟译，商务印书馆 1963 年版，第 77 页）。赫拉克利特学说中的基本思想是，没有什么东西真正不变，永恒是虚幻的，宇宙处于永不止息的变化状态中。"人不能两次踏入同一条河流，因为新而又新的水不断地往前流动"（［美］梯利：《西方哲学史》，葛力译，商务印书馆 1995 年版，第 21 页）。巴门尼德则持相反的观点，在《论自然》诗篇里，他借助"是者"的概念构筑了实体不变的本体论学说，在他看来，"是者"就是不生不灭、连续性和完满性的表示世界本原的一个概念，否认其变化或变易的可能性。按照赫拉克利特，事物是变化的；而根据巴门尼德，事物是不变的。

④ *Process and Reality*. Corrected ed. , edited by David Ray Griffin and Donald W. Sherburne. New York：The Free Press，1978：41.

而把这些材料吸收到统一的个体性'满足'之中。这里的'感觉'一词是用来表示从材料的客体性转变为该现实实有主体性的一般的基本活动方式。"① 上述引文简明扼要地揭示了摄受过程的基本含义，主要包括三个要点：其一，每个现实实有可以看成是一滴经验或感受，现实实有的生成过程（摄受过程）实际上指的是这一现实实有的"经验活动"；其二，这种经验活动以其他一切存在物为感受对象，"表示的是经验际遇将任何其他现实体包容在内的一般方式"。② 换句话说，其他一切存在物都有可能经由这一经验活动而成为被摄入的"材料"；其三，从现实实有的生成角度分析，摄受过程是现实实有从事自我创造活动，进而走向客观化和客观不朽的过程。在这一过程中，现实实有一方面摄入了宇宙中各种存在物作为材料，使之与其他现实实有发生内在关系；另一方面经由其主观目标的选择，逐渐使自己从混乱和无序状态转变成有序而确定的具有自我统一性的超体，随时准备着成为其他现实实有的摄入材料。

通过上述分析，我们可以大概感受到摄受这一概念的内涵及其在过程哲学体系中的作用，但这种分析还停留在对摄受过程的现象描述，是对摄受过程所进行的结构—功能分析，还没有触及摄受理论的本质。接下来，让我们深入摄受理论的内在实质对摄受作进一步的讨论。

2. 摄受的类型

细心的读者会发现，怀特海在描述摄受理论时存在着一个看似自相矛盾的说法，他有时候认为摄受过程可以"区分"，③ 有时候他又认为摄受过程"事实上是不能区分的"。④ 这看似矛盾的两种说法实际上并不矛盾。之所以说摄受是可以区分的，是从学理上来谈的，我们如果要详细了解现实实有的摄受过程，必须将摄受过程分成逻辑相继的几个阶段及其不同的活动状态加以考察，否则就无法打开现实实有生成机制这个黑匣子。之所以说摄受是不可区分的，是基于现实实有的客观本性而言的，即每个现实实有在它的生成过程中都是以整体性而不是局部性面貌出现的，著名怀特海研究专家杨士毅就发现，作为"最终的真实事物"之现实实有，具备

---

① ［英］怀特海：《过程与实在》，李步楼译，商务印书馆2011年版。第65—66页。

② Alfred North Whitehead. *Adventures of Ideas*. New York：The Free Press，1967：300.

③ ［英］阿尔弗雷德·诺斯·怀特海：《过程与实在》，杨富斌译，中国城市出版社2003年版，第73页。

④ *Process and Reality*. Corrected ed. ，edited by David Ray Griffin and Donald W. Sherburne. New York：The Free Press，1978：227.

种种属性，其中最重要的属性之一便是其整体性。① 比如学生参与课程体验活动，是他（她）的整个身心参与的过程，而不能说某某学生的大脑或双手参与了课程体验。下面，我们就从学理分析需要出发，来窥探怀特海是如何对摄受作出进一步解释的。一般而言，每个摄受活动是由三个元素构成的：（1）从事摄受的"主体"，即摄受是其具体的组成成分的那种现实实有；（2）被摄入的"材料"；（3）主体如何摄入材料的"主观形式"。② 以"课堂教学活动"为例来说明构成摄受的三个元素，或许更为形象易懂。首先，学生是进行摄受活动的"主体"；而教师所授的内容及其本身的行为表现即是对象，也就是被摄受的"材料"；而"主观形式"则是学生们在摄受活动过程中的主观情意系统，包括"动机"、"态度"、"兴趣"、"体验"等。

若从摄受的客体，即摄入的材料角度分析摄受活动，可将摄受分成两类。一类是以现实实有为材料，叫做"物理摄受"（physical prehension）；另一类是以永恒客体③为材料，叫做"概念摄受"（conceptual prehension）。物理摄受实际上就是现实实有的原初感受，是一种简单的物质感受；概念摄受是现实实有对处于作为"客体"的原初形而上学本性之中的永恒客体的感受，"概念感受就是对就其作为特性的决定物的一般能力，因而包括其他能力的永恒客体的感受。"④ 若从主体对材料作出抉择的态度不同分析摄受活动，也可将摄受分成两类。一类是消极摄受，"消极摄受是指确定地排除某些材料，使其不得对主体的真实内在结构提供积极的贡献"；⑤ 另一类是积极摄受，"积极摄受是指确定地包括某些材料，使其对主体自身的内在结构提供积极的贡献"。⑥

虽然消极摄受本身无法直接为摄受主体的真实内在结构提供积极的贡

① 参见杨士毅《怀特海哲学》，东大书局1987年版，第66—69页。

② *Process and Reality*. Corrected ed., edited by David Ray Griffin and Donald W. Sherburne. New York：The Free Press，1978：23.

③ "永恒客体"（eternal object）涉及事物的形式或有关现实的可能。怀特海的永恒客体概念是鉴于柏拉图的形式概念可能造成的误导性意见而提出的。关于永恒客体的详细介绍，见本节第三部分"可能与创造"。

④ ［英］阿尔弗雷德·诺斯·怀特海：《过程与实在》，杨富斌译，中国城市出版社2003年版，第440页。

⑤ *Process and Reality*. Corrected ed., edited by David Ray Griffin and Donald W. Sherburne. New York：The Free Press，1978：41.

⑥ Ibid.，41.

献，但是经由摄受主体将材料从感受中排除的活动，消极摄受对于现实实有的生成却提供了间接的贡献，即一种宝贵的过程与体验。消极摄受最重要的贡献，在于它为怀特海普遍关联的形而上学架构提供了一种有力而圆通的解释，是其构建"融贯的"普遍观念体系的一个最好的注脚。用来解释经验获得的现实，消极摄受的提法为积极摄受提供了必要支援，消极摄受充分地说明了，某些材料在摄受的过程中，虽然由于不符合主体的生成目标而被排除在外，但不可否认的是，在此剔除的一瞬间，这些被剔除的材料却成为了此摄受主体真实经验的一部分。以一个教育实例说明可能更好理解：某学生因违反纪律被老师惩罚，罚他打扫卫生和到操场跑步。教师的这一教育举措，目的是使学生能通过接受惩罚来减少或克服违纪行为，假如学生通过此次教育活动确实认识到了自己的错误并能约束自己的行为，说明在他身上产生了积极的摄受活动。而另外一种可能是，学生不仅没有意识到教师的良苦用心，反而产生了劳动可耻、运动可耻的观念，并从此讨厌劳动和运动，那么在他身上就产生了消极摄受活动。

3. 摄受的阶段

下面我们进一步来分析积极摄受的展开和过程。积极摄受在怀特海那里经常用"感受"（feeling）来表示，它可以进一步分为三个阶段。第一阶段是感受的反应阶段，也是现实实有的物理摄受阶段，指现实实有对现实世界中表现为审美合成的客观材料进行纯粹的接受。说这些材料是客观的，因为它们作为一种物理矢量，是外来的不从属于主体的东西，此一阶段，摄受的主观形式顺应客观材料的主观形式。第二阶段是感受的补充阶段，也是现实实有的概念摄受阶段，所谓补充，就是在客观材料中加入了主体的意向、理想和目的等主观形式。这一阶段有两个次级阶段，一个是审美补充阶段，在此阶段，将原先杂多的各种感受整合成为一个具有整体审美价值的统一体，这一阶段概念感受开始加入，并且与纯粹的物理感受融为一体，但这一阶段仍具有盲目性，特别是无机物世界的感受表现尤为明显。另一个次级阶段是理智补充阶段，在此阶段，有机生命体出场，现实实有具有了灵魂或意识，所进行的是一种理智活动，某些永恒客体的纯粹潜能入构于现实实有，改变了现实实有的确定性形式。于是，现实实有发展到了感受的第三个阶段，这一阶段是对前两个阶段的整合，即"满足"阶段，满足的瞬间代表了一个事态自我建构过程的完成，意味着主观目的的实现，它清除了一切不确定性，获得了完全的确定性。它也表明了"直接性的消亡"或当前事态客观化的消亡，开始进入了宏观的"过渡"过程。①

　　对于怀特海的摄受理论来说，最有价值的部分是跟人类意识活动较为接近的"较高等级"（higher grade）的现实实有的合生活动，因为对高等级的现实实有而言，它们的生成过程是在意识②的引导下不断推陈出新的连续生成活动，"一种有生命的机缘的特征是通过它的精神极的欲望中闪现的新颖性表现出来的。"③ 这种合生过程是对由它们的主观形式所调控的那些感受的不断整合，在这种综合中，对先前某种状态的各种感受会沉入到对于后来某种状态的更为复杂的感受成分之中。这样，每一种状态都增加了新颖性的元素，直至达到一种复杂的"满足"在其中得以实现的最终状态。

　　（五）广延连续体：过程与关系的主要载体

　　通过上文对现实世界的初步考察，我们发现，现实世界是一个从孤立走向关联，从实体存在走向现实实有，从外在影响走向内在关系，从封闭静止走向开放生成，具有"过程与关系"特征的世界。在这个过程与关系的世界里，现实实有只是最小的构成单位，我们可以通过现实实有和摄受理论来考察单个的人或物及其关系，却无法察知更大范围的社会或群体的过程与关系属性，为了解决这一问题，怀特海引入了广延连续体的概念。

　　根据过程哲学，"广延连续体"是对建立在抽象潜在性之上的现实世界及其界限的基本方面的规定，在有的地方，怀特海也用"现实场合"（actual occasion）、"动态脉络"（dynamic context）、"蕴集"（nexus）、"社会"（society）等不同的概念说明广延连续体。具体而言，广延连续体具有如下性质和特征：（1）广延连续体是由各种关系编织而成的复合体。广延连续体虽然可由诸如现实实有、摄受、事件、机体等不同的存在物加以说明，但是它不是对这些存在物及其外在关系的局部描述，而是对这些存在物之间内在关系的整体考察，"广延连续体是由各种存在物所组成的复合体，这种复合体是由各种属于同一系列的整体对部分的关系、为

① 参见陶秀璈《儒家哲学与西方哲学》，中国社会科学出版社 2009 年版，第 234—235 页。
② 根据过程哲学，意识是在某种综合感受去整合那些物质感受和概念感受时才产生的。同时，所有意识，即使是对概念的意识，都至少要求物质感受与概念感受的综合。在意识中，作为某种事实过程的现实性与一些肯定的或否定的潜在性相整合。换言之，不参照确定性、肯定和否定，就不会有意识（参见杨富斌译本，第 443—446 页）。
③ ［英］怀特海：《过程与实在》，李步楼译，商务印书馆 2011 年版，第 285 页。

拥有共同的组成部分而形成的交叠关系、相触关系，以及产生于这些原初关系的其他关系所统一起来的"。① （2）广延连续体是一个充满生机和活力的能量场。在怀特海的宇宙论中，每一个现实实有都可被设想为"能量所在地"（locus of energy），② 这个能量所在地理论上与宇宙能量场中的任何其他能量所在地相连接，各个能量所在地经由特定的关系网络，彼此发生相互摄入作用，就产生了各种"效应"（efficacy），效应的传递和扩散就变成了能量场的一种场性（field property）。（3）广延连续体具有动态开放的特征。由于广延连续体在时间上具有持续性，在空间上具有广扩性，再加上广延连续体由时刻发生能量互动的现实实有所构成，所以它是一个具有创新性的、动态开放的有机体，而不是静态封闭的无机物质世界。

三　可能与创造

（一）永恒客体

1. 永恒客体及其含义

在《过程与实在》的"范畴图式"中，作为存在性范畴，永恒客体被定义为："关于具体事实的纯粹潜能，或确定性形式"；③ 作为说明性范畴，"永恒客体只能根据它'入构'（ingression）现实实有的生成之中的潜能才能被描述；而且对它的分析只能揭示其他永恒客体，它是一种纯粹的潜能。"④ 上述定义揭示了永恒客体作为事物的形式或有关现实的可能的特性。

作为潜能的永恒客体所发挥的作用与作为材料的现实实有有很大的差异。永恒客体通过"入构"于当下现实实有的生成过程而发挥其作用，对于"入构"，怀特海是这样解释的："永恒客体的潜能在某种具体的现实实有中实现自身的特殊方式，并促成了那个现实实有的确定。"⑤ 质言之，永恒客体是使现实实有完成合生的"确定性形式"或使现实实有成

---

① ［英］阿尔弗雷德·诺斯·怀特海：《过程与实在》，杨富斌译．中国城市出版社 2003 年版，第 120 页。

② ［美］唐力权：《脉络与实在——怀特海机体哲学之批判的诠释》，宋继杰译，中国社会科学出版社 1998 年版，第 122 页。

③ *Process and Reality*. Corrected ed. , edited by David Ray Griffin and Donald W. Sherburne. New York：The Free Press, 1978：22.

④ Ibid. , 23.

⑤ Ibid.

为明确状态的"纯粹潜能"。通过上面的分析可知，如果脱离现实实有来谈论作为潜能的永恒客体是没有意义的，这就说明，作为"潜能"的永恒客体具有不确定性。"永恒客体只有与某个现实实有发生关系才能证明它的实际存在。也就是说，通过实际入构于现实实有，永恒客体的不确定性才成为现实实有的确定性质。"① 例如，只有通过入构，"红"的潜能（在某种纯粹的、不确定的意义上）才能变成一个具体现实事物中"红"的确定性质。换个角度看，由于合生中的"抉择"行为是由现实实有来主导并执行的，所以，永恒客体始终处在被动的备择状态，它既有可能被选择，也有可能被放弃，可见永恒客体具有"中性"② 的特征。另外，作为纯粹潜能的永恒客体在数量上具有无限性，并且它们也不会因为入构于现实实有而有所耗损，所以就具有了"永恒"的特征。

2. 永恒客体的作用与形式

怀特海在《过程与实在》中指出，一个永恒客体在现实实有的合生中，只能以三种方式中的一种起作用：（1）它可以是某些客观化联系或某种作为感受材料的单一现实实有所具有的确定性中的要素；（2）它可以是某种感受的主观形式所具有的确定性之中的要素；或者（3）它可以是一个概念的或命题的感受材料中的要素。③ 这样，永恒客体相应地可以划分为两种类型。其中第一种方式对应的是"客观类"的永恒客体，这一类永恒客体包括质地、形状、色彩、声音……；第二种方式对应的是"主观类"的永恒客体，这一类永恒客体包括情绪、意图、意识、评价……。所有的永恒客体都以某种特定的方式入构于现实实有的共生历程当中，其中，客观类永恒客体使得感觉材料得以确定；而主观类永恒客体使得主观形式得以确定。当然，也有某些永恒客体能发挥"双重作用"，既能确定主观形式，又能使客观材料得以确定，"它可以是主观形式中的隐秘要素，也可以是客观化的中介或动力。"④

为了考察怀特海的理论对我们生活经验的解释力，下面试以收看卫星

---

① 黄铭：《过程与拯救》，宗教文化出版社 2006 年版，第 28 页。

② *Process and Reality*. Corrected ed., edited by David Ray Griffin and Donald W. Sherburne. New York：The Free Press, 1978：44.

③ Ibid., 290.

④ ［英］阿尔弗雷德·诺斯·怀特海：《过程与实在》，杨富斌译，中国城市出版社 2003 年版，第 533 页。

转播的伦敦奥运会乒乓球比赛为例作一说明。在一场乒乓球比赛的半决赛中，由中国的球手对阵德国的球手。开局阶段，中国球手进入状态较快，利用多变的发球、正手强力的攻击，打出了气势，很快拿下了第一局；而德国球手则显得慢热，甚至过于紧张，导致应变力下降，被对方牵着鼻子走。可是第二局风云突变，在对方适应力提高的情况下，中国球手却反而频频出现低级失误。此时，电视画面切换到刚才没有打中机会球的中国球手，他的脸上写满了"懊恼"的表情。这一特写镜头通过卫星的传送，使得中国与德国的观众都能收看到相同的画面，中国观众所表现出的是一种"惋惜"的表情，而德国观众却是"庆幸"的表情。在这个过程中，卫星传送的信号（包括图像、色调、声音等）是一种客观类型的永恒客体，它"人构"于整个赛事，提供给两国观众的是一个"客观中立"的画面，不会受到观众的影响，所以是"客观的"。而两国观众所表现出的"惋惜"和"庆幸"这类使主体形式得以确定的永恒客体，因为两国观众的情感倾向不同，因而是"主观的"。而永恒客体的主客双重性也可以通过上例加以说明。当中国球手在没有打中机会球时表现出"懊恼"的表情，这是由"懊恼"这个主观类的永恒客体"人构"于他自身之中，其主观形式得以确定而呈现出一种消极的表情。而对于德国的观众来说，他看见的只是一个"懊恼中国球手"的客观事实，而"懊恼"这个永恒客体的主观性特质在他们的感受中被转换成了一种客观性特征。通过上例的分析我们可以看出，怀特海的哲学体系对于我们日常生活的经验确实具有很强的解释力，当然也包括教育活动。

　　此外，作为一般潜能或可能性领域，永恒客体在表现方式上具有新颖性，这种新颖性是指从先行现实事态继承而来的性质或特征不是一成不变的，而被赋予了某种新质。这种变化之所以可能，是因为永恒客体具有中立性质或不确定性，它总是以一种独特的方式入构于现实事态的合生过程。"这种不确定的中立性质允许一个当前事态吸收'红'的其他不确定变化，并使这些可能变化中的一个成为那个事态中确定性的东西。"① 这样一来，原先不确定的无限制之物变成了确定之物，原先只是随机的可能关系变成了确定的、唯一的关系。随着这些确定性质或关系从一个事态传递到另一个事态，永恒客体的新质也不断产生，从而使得整个宇宙世界变得更加新奇多样。

---

① Alfred North Whitehead. *Modes of Thought*. New York：The Free Press，1968：70.

（二）上帝与世界

1. 传统上帝与特指上帝

考察西方思想史，我们发现，传统的上帝主要以两种身份而被人们所熟知。一是哲学领域的"上帝"，作为"不动的推动者"这一概念，来自于亚里士多德。自此，上帝被看作是宇宙的立法者和裁判官，是一个推动世界而自身恒定不变者。"上帝是终极决定者（ultimate - determine），是万物的始因，自然则是次因，上帝控制了客观世界的一切事物。上帝是全知全能，永恒不变的。"① 二是神学领域的"上帝"，作为"显而易见的实在"这一概念，来自于基督教神学思想的核心观点。上帝被看作是宇宙道德主义者、现状的维护者和力量的控制者，他是绝对的、冷漠的、不变的、男性的上帝。在怀特海的体系中，上帝的出场是为了构筑过程形而上学的需要，是为创造过程提供评价的标准。"不能把上帝看作是一切形而上学原则的一个例外，看作是被人们祈求使这些原则免于瓦解的力量。上帝就是这些形而上学原则的主要体现。"② 换句话说，上帝是新颖性的根源，是创造性的引导力量，他引导世界向着真善美的和谐境界而创造性进展。可见，他的上帝概念已非传统中那个全知全能全善的上帝。接下来，我们从怀特海形而上学为何需要"上帝"这个概念入手，进一步探讨上帝概念及其角色地位。

2. 上帝在构建过程哲学本体论中的作用

在怀特海的整个哲学体系中，引入上帝概念主要是为其所构建的过程哲学体系提供原初的目的因和动力因，使得整个观念体系有一个扎实的逻辑起点。下面从三个方面阐述引入上帝的理由。第一，虽然怀特海强调存在即过程，但是在其范畴图式的第18个解释性范畴中，怀特海还是坚持这样的本体论原理："这个解释性范畴叫做'本体论原理'，也可以称为'动力因或终极因原理'。这个本体论原理要阐明的是，现实实有是唯一的理由，所以寻求理由就是寻求一个或多个现实实有。"③ 据此原理，过程哲学中所描述的关联、过程、生成、变化、创新等事实和现象，必须建立在基本的事实单位——现实实有基础之上，但是，在怀特海的体系中，一般的现实实有既无法为其他现实实有提供主观目标，也不能为整个永恒

① 曲跃厚：《过程哲学的硬核学说及其神学旨趣》，《求是学刊》2007 年第 4 期。

② ［英］怀特海：《过程与实在》，李步楼译，商务印书馆 2011 年版，第 518 页。

③ *Process and Reality.* Corrected ed. , edited by David Ray Griffin and Donald W. Sherburne. New York：The Free Press，1978：24.

客体领域提供"栖身之所",更无法为宇宙的创生化进提供动力和评价标准。此时亟须一个特殊的现实实有来承担这些责任,上帝就进入了怀特海的视野。第二,从可能性领域看,由一般潜能和特殊潜能组成的永恒客体领域自身不会产生新颖性,所以每个现实实有在其合生过程中摄入的总是存在于先前现实实有中的那些永恒客体,这样,现实实有的生成活动就只能重复而不会有创新了,可事实是,宇宙却一如既往地进化改变着。是什么力量促使现实实有摄入永恒客体的过程变得具有创造性呢,在怀特海看来,是上帝赋予了现实实有最原初的主观目标,从而使每个现实实有学会了"抉择"。第三,在怀特海看来,宇宙的进化是沿着一定的方向和秩序发展的,即"世界的秩序并非随机的"。① 假如没有一个评价的标准,我们就无从判断宇宙发展的先进性和平稳性,而一般的、时间性的现实实有根本无法提供这种标准,所以,怀特海引入上帝,将之看作是一个特殊的、非时间性的现实实有,并依靠它来作这个裁判者,"倘若排除了上帝的干预,那么世界上就不可能有任何新事物,因而世界上也根本不可能存在任何秩序。"②

当然,正如上文所分析的,上帝并非是万能的救世主,也不是超然的特权者,在怀特海看来,上帝只不过是现实实有群集中的一分子,像其他所有现实实有一样,上帝也具有现实实有的一般特性,"上帝是现实实有,而在遥远虚空中最微不足道的一阵烟雾的存在也是现实实有"。③ 与现实实有一样,上帝也是一个主体—超体,以客观不朽的身份参与到现实实有的生成历程之中,投射到创化生进的未来世界之中。总之,上帝是怀特海为了构建过程哲学体系而设想的具有超验特征的一个特殊的现实实有,"上帝是这个世界的诗人,具有慈爱的耐心,并通过他对真、善、先见之明来引导世界"。④

(三)创造性原理:终极范畴

怀特海的过程哲学把创造性原理作为其思辨体系的终极性范畴(the category of the ultimate)和终极性原理(the ultimate principle)。怀特海的

① Whitehead. *Religion in the Making*. New York: The Macmillan Publishing Co., Inc., 1963: 115.

② [英]阿尔弗雷德·诺斯·怀特海:《过程与实在》,杨富斌译,中国城市出版社2003年版,第452页。

③ *Process and Reality*. Corrected ed., edited by David Ray Griffin and Donald W. Sherburne. New York: The Free Press, 1978: 18.

④ [英]阿尔弗雷德·诺斯·怀特海:《过程与实在》,杨富斌译,中国城市出版社2003年版,第629页。

创造性原理具有鲜明的功能结构，即作为终极个体性条件的现实实有，作为终极确定性条件的永恒客体以及作为终极相对地位条件的上帝，此之谓"创造性的三极"。① 这一原理将现实实有、永恒客体、上帝等过程哲学的核心概念统摄于其中，揭示了事态综合性活动的一般原理。

1. 创造性的地位和内涵

我们首先要明确的是，在怀特海的形而上学体系中，为什么将创造性原理列为终极范畴体系？"创造性"到底扮演着怎样一种角色？在《过程与实在》的开篇，怀特海就指出："全部哲学理论中，有一种终极性的东西，是通过种种偶性而成为现实的。只有这样，它才能通过它的种种偶性的体现来刻画，没有这些偶性就没有现实性。在有机哲学中，这种终极的东西叫做'创造性'。"② 创造性是怀特海哲学体系当中最核心和最具有包摄性的概念，创造性是怀特海解决形而上学问题的一个"终极方案"，上文所探讨的现实实有及其生成转化、永恒客体及其潜能的实现、上帝与世界的互动等问题都可以说是对创造性原理的具体说明。所以，怀特海将创造性列为其范畴图式中的终极范畴③，是所有其他范畴③的前提条件。

大家知道，怀特海是在驱逐西方实体观念的基础上构建新形而上学的，之所以要驱逐实体，其中的一个主要原因是实体观及实体思维缺乏创造和变化，以此为基础所形成的传统本体论和认识论哲学将人类思想引向了穷途末路。而创造性是怀特海新形而上学中最重要的特性，也是推动所有现实实有生成变化的形而上学动能，宇宙中所有现实实有都是创造性的产物，反过来，创造性通过现实实有的合生和转化，永恒客体的可能性实现，上帝的双重本性的表达，来展现自己。"创造性全然没有自属的特性，跟亚里士多德的'质料'没有自己的特性是同样的感觉。它是基于现实的具有最高概括性的终极观念。它不能被特征化，因为所有的特征都比它自身要特殊。"④ 透过这段文字我们可以发现，创造性是怀特海自创的一个统摄所有现实物的形而上学特性，是一个纯粹的活动观念，只有通过现实实有的自我创造、自我实现，才能彰显创造性作为形而上学动能的

---

① 唐力权：《脉络与实在——怀特海机体哲学之批判的诠释》，中国社会科学出版社1998年版，第167页。

② ［英］怀特海：《过程与实在》，李步楼译，商务印书馆2011年版，第15页。

③ 其他范畴包括8个存在性范畴、27个解释性范畴和9个范畴性义务（详见杨富斌译本，第34—48页）。

④ *Process and Reality*. Corrected ed. , edited by David Ray Griffin and Donald W. Sherburne. New York：The Free Press，1978：31.

价值。创造性作为形而上学动能不会因为现实实有的合生、转变和消逝而有所耗损，它就像永动机一样驱动着宇宙向前创进。

2."多生成一"与"由一而长"

在对"终极范畴"的讨论中，怀特海借助另外两个基本范畴"多"和"一"，对创造的历程加以进一步的说明："多""传达了'分离的'多样性概念"；"一""代表一个特殊的复合概念"；"多"这个术语以"一"为前提，而"一"这个术语则以"多"为前提。① 这一预设说明了宇宙中事物生成的双向历程，即"多生成一，由一而长"，而其背后的推动力量就是"创新性"。分别而论，"多生成一，由一而长"的创新性范畴不妨理解为活动过程及其生成结果。首先，创造性表现为"多生成一"的综合活动；其次，创造性产生了"由一而长"的新颖结果。②

作为"多生成一"的综合活动，主要表现为现实实有的生成和转化过程。根据"过程原理"，现实实有的生成存在两类过程：微观过程和宏观过程。所谓微观过程，实指个别现实实有的合生（concrescence），合生是指一个现实实有的自我创造、自我生成的过程，也是它内部的实在组织过程，它遵循的是目的性原则。现实实有的自我创造和自我实现何以可能？怀特海认为，构成现实实有本性的生成过程要通过现实实有的摄受过程才能完成。由于"摄受原理"在上文已作了较为详尽的解答，在此不再重复。下面重点考察一下宏观过程，所谓宏观过程，即一个特殊现实实有向另一个现实实有的"摆渡"，指一个特殊现实实有生成过程的实现并消亡，继而以客体的身份成为其他特殊现实实有组织中的一个与料，它遵循因果效验性原则。③ 从宏观上看，任何一个现实实有都与任何其他的现

---

① *Process and Reality*. Corrected ed. , edited by David Ray Griffin and Donald W. Sherburne. New York：The Free Press，1978：21.

② 黄铭：《过程思想及其后现代效应》，宗教文化出版社 2010 年版，第 21 页。

③ 因果性的问题是现代哲学的一个主要问题。休谟认为，我们不能在连续的感觉材料（如色斑）的关系中找到原因。康德赞同并论证道，人的心灵把因果关系强加给了来自未知世界的材料。怀特海认为，在知觉的两种纯粹的模式中，因果效应性是更为原初和根本的（另一种模式是表象直接性）。作为一种纯粹的知觉模式，因果效应性尽管不包括意识和生命，但在任何一种现实体中都是在场的。当我们把经验主义扩展到包括了经验的总体时，我们才能在我们自身的经验中发现因果效应性（尽管是模糊的），它是在基于我们过去的经验和我们的身体而产生的经验中被发现的。因果效应性模式中的知觉乃是从过去材料继承而来的感受的基本模式，而且它所传达的那些感受是模糊的、大量的、不可言喻的（见曲跃厚、［英］怀特海《哲学若干术语简析》，《世界哲学》2003 年第 1 期）。

实实有处于关系之中，不可能有任何孤立实体的存在。一个时间性的现实实有与另一个时间性的现实实有的直接关系是一种因果性关系，而这种因果性关系是从现实实有前后相因的时间维度加以分析的，所以是一种时间关系。因此，现实实有作为当前的在场者，与过去和将来处于确定的关系中，当前可以被描述为一个不断移动的连续性观点，过去不断退隐，将来不断逼近。而共时的诸事态则不处于直接的因果效应关系之中，但它们分享着一种间接的关系，即它们拥有与一个共同的过去的关系和一个共同的将来的关系。诸共时事态间的间接关系性质通过一种"共同的"环境或秩序表现出来，存在于相互关联和意义的背景中。

创造活动产生的结果则是"由一而长"。这一简洁的表述意指每一个现实实有由创造活动综合而成后，就将其"生命"贡献给现实世界。这个现实实有也就成为原有现实实有多样性中的一个，从而给现实世界添加了一个因素。① 如果将原有现实实有的多样性存在看作是一种环境的话，不管是微观的个体自我创造活动，还是宏观的过渡转化活动，都将会为这一环境增添一个新的因素，这既可以表现为具体的个体（现实实有）增加，也可表现为抽象的潜能（永恒客体）的实现。显然，从创造活动的结果分析，"由一而长"的过程，不仅从数量上增加了现实世界，更重要的是使现实世界日新月异，不断地涌现出新颖的事物，这一观点与马克思主义唯物辩证法的"质量互变"原理可谓有异曲同工之妙。

3. 本体论与方法论

就本体论而言，怀特海把创造性原理描述为现实实有的自我建构活动，"就其一般应用而言，'创造性'原理把现存的有限事物规定为处于一个一般确定和不确定关系领域的自我建构或自我组织的'实体'或'事态'。"② 怀特海通过"创造性"原理来说明具体事实，希望能恰当地解释主观经验的客观性质。而在传统的以笛卡尔和洛克为代表的主观主义认识论哲学中，却坚持了这样一种信念："整个宇宙都是由在对主体经验的分析中揭露出来的要素构成的。"③ 一般说来，怀特海同意"如果不是作为主体经验中的一个要素被发现，那么，任何东西都不会被接受到哲学

---

① 黄铭：《过程思想及其后现代效应》，宗教文化出版社 2010 年版，第 24 页。

② ［美］菲利浦·罗斯：《怀特海》，李超杰译，中华书局 2002 年版，第 24 页。

③ *Process and Reality*. Corrected ed., edited by David Ray Griffin and Donald W. Sherburne. New York：The Free Press，1978：166.

体系之中"。① 然而，怀特海反对强烈的主观主义观点，他不认为"意识"是主观主义转向的必要前提。因为在怀特海看来，一切现实实有都具有主体经验，"主体经验可以以一种渐次减弱的形式，属于人、动物、低级有机体，以及细胞（甚至原则上可以属于原子，虽然在此层次上，主体经验实际上可以忽略不计）……"② 可见，主体经验并非必然指意识，有意识的经验只在较高级的生命体中才出现，而人类所具有的自我意识经验是把所有较低层次经验整合起来的最高层次的经验。怀特海将意识进行泛化处理，他侧重于考察一般现实实有的"自我定向"、"关系性结构"，因为在现实实有的自我建构活动中就蕴含着意识。这样，通过综合的自我组织活动的"现实事态"之间关系的连续性质，产生了怀特海所说的自然的创造性进展——一个内在的自我超越过程，即不断地进行创造并超越过去和现在的状况，朝向一个新颖的、不确定的和可更改的将来。③

就方法论而言，怀特海的创造性原理采取了广泛的概括与自由想象相结合的思辨原则。广泛的概括是怀特海构建宇宙论形而上学的基本策略，具体做法是通过构建一个以"范畴图式"为表征的概念体系，涵摄一切经验要素，解释一切经验活动，不管是人类的高级经验活动，抑或是无机界原子的裂变活动，均能被这一体系所包括，并得到充分的解释。当然，这种广泛的概括会受到具体事实和严密逻辑的限制。为了保持这一体系的灵活性和创新性，怀特海又借助于自由想象的思想运作，对尚未进入视野的新要素保持开放。这种自由想象通常表现在他所提出的新观念和独特的话语体系，例如他用现实实有取代实体概念，表达"存在就是过程"的理念，他赋予上帝"凝合剂"的功能而将现实实有和永恒客体结合在一起，……这些是观念的创新；另外，他所用的语言具有高度的隐喻性，而不是传统科学语言所追求的明确性，只有这种隐喻性的语言才具有"想象性跳跃"的特性。因此，"思辨哲学的语言是实验性的而其观念则是冒险性的。"④

四　泛价值论

价值问题自古以来就存在，例如古代社会就有关于善恶、美丑、吉

---

① ［美］菲利浦·罗斯：《怀特海》，李超杰译，中华书局 2002 年版，第 30 页。

② ［美］伊安·巴伯：《当科学遇到宗教》，苏贤贵译，三联书店 2004 年版，第 163 页。

③ ［美］菲利浦·罗斯：《怀特海》，李超杰译，中华书局 2002 年版，第 31 页。

④ 黄铭：《怀特海创造性哲学及其文化宗教意蕴》，博士学位论文，浙江大学，2005 年，第 21 页。

凶、正义与非正义等特殊价值的讨论。价值问题最初是伦理学的主要研究范畴，但是近现代以来，价值研究扩大至经济学、美学、哲学、艺术学、政治学、教育学等诸多领域，成为人文社科领域的一个重要问题域。怀特海关注价值问题是源于他从早期实在论哲学转向晚期形而上学哲学过程中遇到了困难，① 因为只有通过构筑新价值论，才能打破传统实体价值论的桎梏，同时将宇宙论形而上学中各个分散的领域整合起来。

（一）泛价值论释义

正如怀特海的过程哲学思想在相当长的时间内不被人们所看重，他的价值论也淹没在当时如日中天的主观价值论和客观价值论之中，长期被人们所忽视。20 世纪 60 年代以来，随着系统哲学、生态伦理学的声名鹊起，加之人类面临日益严峻的诸如生态危机、环境恶化等现实问题，人们越来越认识到，怀特海所倡导的从关系思维出发，摆脱实体思维的束缚，将动与静、一与多、永恒与流变等经典命题作既对立又统一的辩证分析，以有机体与环境相互作用去理解价值，对世界的可持续发展有着重要的意义。同时，在这种新价值论的影响下，促成了现代新价值观念的诞生，"近年来无论国外或国内的系统哲学家和生态伦理学家，都在企图扩展'价值'的概念，使它不仅能运用于社会系统领域，不仅能运用于作为价值主体的人与作为价值对象的客体之间的相互关系领域，而且能适用于一切开放系统，或复杂系统即自组织、自维持系统，或至少适合于一切生物系统和生态系统。""这种转义的价值观念，被人称之为'类价值'（quasi - value，即准价值）、'前价值'（pre - value）、'自然价值'（natural value）和'广义价值'（general value）等。"② 这种新价值观念实际上是对怀特海过程哲学价值论的现代回应。对于怀特海的价值论思想，有人用"广义价值论"、"关系价值论"等概念加以表述，笔者以为，用"泛价值论"一词概括怀特海的价值论思想可能更为合适，因为从泛字的字义分

① 怀特海早期哲学的主流特征还是一种新实在论，他主要的努力仍在论证"心灵对自然封闭"，在某种意义上是把精神排除于自然之外，然而，这种观点难以说明我们经验中极为微妙而重要的审美感觉和道德直觉，不能构筑一个普遍的形而上学体系，因而，他就致力于心灵与自然的同化，寻求心灵与自然的共通点——价值因素（陈奎德：《怀特海哲学演化概论》，上海人民出版社 1988 年版，第 93—94 页）。

② 详见张华夏《广义价值论》，《中国社会科学》1998 年第 4 期。

析，它具有覆盖、范围广等义项，① 由此说明，"泛价值论"在某种程度上统摄了类价值、前价值、自然价值、人文价值、广义价值、狭义价值的含义，同时也能涵盖主观价值论、客观价值论和关系价值论所探讨的各类价值问题。

（二）价值的产生

在现实生活中，是什么使我们既能洞察现实世界又能感受价值世界呢？怀特海的答案是：个体同一性，"在现实事态的瞬时之中，保持个体同一性是事实世界中最令人瞩目的特征。这是对它的部分暂时性特征的剔除，这是由价值的导引而在它身上所形成的稳定性"。② 事实上，世界上任何一个具有"同一性"的个体都处在变化之中，不存在绝对不变的个体，每一个体只不过是暂时性事态在时间上的接续而已。接下来的问题是，纯粹的暂时性事态稍纵即逝，又如何能体现其价值的不朽性呢？个体同一性又如何避免受暂时性特征影响而陷于混乱？

下面我们以人格同一性为例来进一步考察现实事态的个体同一性的本质。一个人的生长变化可以看作是一个时间性的连续序列，在他（她）的生命存在中，不断摄入各种营养物质、知识、技能、思想，并内化于自身的生命体之中，在这个过程中，他（她）运用了强调化的经验始终使自己保持自我同一性，这里的强调化的经验是指着重从某一方面对个体进行本质规定和塑造，比如分别从"身体"、"心理"、"社会性"或整体上追求"身心和谐"出发对人进行抽象化的表达。对自我同一性的强调，是现实事态在排除了大量的附着在它身上的细枝末节之后完成的，在经历一段较长时间之后，作为时间性连续序列的现实事态会有变化和差异，比如少年和成年之间就有较大差异；然而在较短时间段内，我们只会看到现实事态的同一性，很难看到它的变化和差异，比如一个小时前的我和一个小时后的我，就没有显著的差异，这就说明，较短时间内个体同一性与差异性相比占有绝对的优势。也正因此，附着在现实事态的自我同一性中的价值，在一段短时间段内也很难有明显的变化，具有一种不朽性。"在连续的生成变化中，因为强调的原因，价值类型保持同一种形式。这种统一

---

① 泛字同"氾"，作动词用有"大水漫流；淹没"之意，例：河水决濮阳，氾郡十六（《汉书·武帝纪》）；作形容词解，有"以范围广为特征的"意思，例：且徜徉而氾观（《楚辞·刘向·九叹》）。

② *The Philosophy of Alfred North Whitehead*, edited by Schilpp, Paul Arther New York：Tudor Publisher, 1951：689.

的价值样式随着细节流变被添加到各个不同的重要的细节上，并且阐明了这种源于细节的强调样式的内在价值。"① 就这样，通过"强调"的作用，纷繁杂乱的暂时性特征被统整到一种占有优势地位的同一性之中，流动的多变成了持续的一。在怀特海看来，科学所要追求的"真"、艺术所要追求的"美"和道德所要追求的"善"，正是借助"强调"而过滤出的价值。倘若事实世界没有"强调"——这种保存优势价值的方式，那么，整个世界将会处于价值虚无之中，不管是内在价值还是外在价值，都不复存在。反之，经由强调的作用，瞬时事态获得个体同一性，并形成内在价值和工具价值，从而实现了事实世界和价值世界的有机统一。

（三）事实与价值的统一

怀特海的价值论首先用于解决自古希腊以来一些悬而未决的形而上学中心问题，诸如：实体与生成、本质与现象、一与多、静与动、恒定与流变等。在处理上述问题时，怀特海用自己的价值论来调解巴门尼德的"存在、永恒、静止、一"同赫拉克利特和多元论者的"生成、流变、运动、多"之间的对立；同时，在更大的范围内用价值论来融合前苏格拉底自然哲学"世界是什么"的问题和苏格拉底式的"善是什么"的问题之间的断裂。② 在怀特海看来，价值伴随着对事实的分析而自然产生，虽然他主张将世界分为价值世界和事实世界，但是这两者不能独立自存，而只是构成完整世界的两个侧面，正如硬币的两个侧面，是不可分割的。"宇宙中固有的价值具有对任何时间瞬间的本质上的独立性；但是它离开它必须参考的短暂的事实的世界，也就失去了它的意义。价值参考事实，并且事实参考价值。"③ 通过对两个世界的关系描述，我们可以得知，事实世界给价值世界提供潜在可能性，价值世界给事实世界提供现实意义。事实世界与价值世界并不孤立和隔离，恰恰相反，两者相互关联、相互作用。

怀特海在构筑价值论时赞同事实与价值的统一，主要受威廉·詹姆士的影响。作为一个实用主义者和经验一元论者，詹姆士认为真同善和美一样都是价值的形态，所以事实与价值是统一性的。这一思想启发了怀特海，他在论证事实如何实现的过程中引入了"永恒的潜能"（即永恒客

① *The Philosophy of Alfred North Whitehead*, edited by Schilpp, Paul Arther New York：Tudor Publisher，1951：690.

② 陈奎德：《怀特海哲学演化概论》，上海人民出版社 1988 年版，第 152—153 页。

③ ［英］阿·怀特海：《怀特海文录》，陈正养等译，浙江文艺出版社 1999 年版，第 226 页。

体）这一概念，它实际上是一种"永恒的能动性"的意思。"这种永恒的能动性的实质在于，它可以从一种抽象的可能性领域中，即从一种理想状态中展视到永恒客体真正结合时产生的一切价值。很显然，在没有实在性的理想状态中，是不存在任何价值的，然而其目标中的要素则有价值，即展视的目标是蕴含价值的。反过来，'潜在的能动性'如果脱离了真实世界中的事物，事实和事件，就没有了任何价值。"① 总之，在怀特海看来，事实与价值在根本上具有统一性。

（四）价值蕴含在过程—关系之中

接下来，我们就从过程—关系这一视角进一步分析事实与价值是如何统一在一起的。正如《过程与实在》的书名所喻示，怀特海视世界的根本为过程，世界是由实在构成的，故实在即过程。因此，哲学的起点是生成（becoming）、转变（transition）和活动（activity），而非存在（being）、永恒（permanence）和实体（entity），前者比后者更为根本。生成、转变和活动可以通过"过程"与"关系"这一对概念加以分析。先来看过程，在怀特海那里，"过程"（process）有双重含义：时间性的变化和关联性的活动。作为时间性变化的过程，过程包括同一现实实有的合生过程和不同现实实有的转变过程。所谓合生（concrescence），即一个现实事态的生成，指许多感受统一生成一个现实事态的过程。所谓转变（transition），指现在事态一旦生成之后，随即成为将来事态的感受客体或摄入材料。② 因此，前一事态通过转变过程影响了其后续事态，换言之，现在事态是由过去事态转变而来的。合生与转化揭示了世界存在的本质，即"存在就是从过去继承并导向未来，存在即变化。"③

过程的另一个含义是指关联性的活动。无论合生还是转变，都会涉及各种现实事态。现实事态作为过程的本体，是由许多感受互相关联起来而形成的机体。所谓感受（feeling），更一般地称作摄受（prehension），是对客体的感受或对材料的摄入。④ 摄受包括摄受主体、主体方式（主体目标、价值标准）、摄入对象，机体按照主体的目标和价值标准摄入其他事物或拒受其他事物，这既是一个机体之间的相互作用、相互渗透的过程，也是机体的价值选择过程。这一过程的持续，就是机体的发展过程。在过

---

① 陈奎德：《怀特海哲学演化概论》，上海人民出版社 1988 年版，第 95—96 页。

② 黄铭：《过程思想及其后现代效应》，宗教文化出版社 2010 年版，第 19 页。

③ Jay McDaniel. *What is Process Thought? Seven Answers to Seven Questions*. P&F Press, 2008：24.

④ 黄铭：《过程思想及其后现代效应》，宗教文化出版社 2010 年版，第 19 页。

程哲学看来，机体的价值就在于机体通过摄受活动所进行的"自我保持、持续、重现等"。① 这样，现实事态便按价值而组织起来，成为复杂的有机体。

正是考虑到有机体始终处在变化和关联的活动之中，怀特海把他的过程哲学也称作为机体哲学（the philosophy of organism）。机体哲学不是将世界看作是一部由诸多零部件构成的庞大机器，而是将之视为由一般机体及其环境所构成的活的系统。这里的一般机体主要指由相互依存的经验事件（也叫经验点滴）构成的经验主体。机体是不能脱离环境而独存的，机体活动引起环境的变化，反过来，机体也受环境的影响而发生改变。"每一事件发生于一个脉络之中随之也影响这个脉络。不妨称之为社会实在观（social view of reality），因为在一个社会中，存在着统一性和相互作用而不损失其成员的个体性"。② 在一个由原子、分子、细胞、器官、机体、生物体、人类等共同构成的社会（环境、脉络）中，任何一个有机体都会贡献于环境，环境也有助于有机体保持其个体性。

（五）进化思想与生态伦理价值的产生

在怀特海哲学的转折时期，其思想中已经明显地包含有进化因素，到了后期，怀特海哲学中的进化思想更是随处可见，在《过程与实在》中，他再次借助进化思想论述了生态伦理价值的重要性。首先，生态伦理价值的提出是基于群体延续的需要而对掠夺进行平衡的结果。在理想意义上，有机体与环境应该是和谐相处、融为一体的，可是这种平衡态在现实中由于掠夺尤其是有机体对食物的无节制掠夺而被打破了。假如这样的掠夺超出生态圈的承受能力，就会使生态机体中的生态链趋于崩溃，从而也会危及整个生态圈所有个体的生存和族群的延续。因此，怀特海认为，之所以要引入生态伦理价值，是因为它既主张通过创造新质延续群体的发展，又坚持容他的竞争，只有这样才能抵制无限制的掠夺。其次，生命体与环境的互动和合作需要促成了生态伦理价值的产生。在怀特海看来，生命进化过程实际上喻示着创新是生命体的本质，生命体的创生化进意味着它们不只是在被动地适应环境，它们也在主动地改造甚至创造环境。当然，生命体与环境之间的关系并非只是一种掠夺或斗争的关系，更多时候是奉献和合作的关系，生命体的创新活动可以为环境贡献新颖性，环境的丰富化反

---

① ［英］怀特海：《科学与近代世界》，何钦译，商务印书馆1959年版，第101页。

② Ian G. Barbour, *Religion and Science*：*Historical and Contemporary Issue*（Harp San Francisco：An Imprint of Harper Collins Publishers，1997）：285.

过来又能为生命体的生存发展提供更为有利的条件。所以，只有所有生命体及其与环境结成一体，组成社会，才能同舟共济创造更好的宇宙未来，正是在这种生命体与环境携手合作的过程中，生态伦理价值也就伴随而生了。

不难看出，价值论是怀特海整个哲学体系的枢纽部分，他借助价值论构筑了整个形而上学宇宙论大厦，价值论成为他联结这个"有机整体"的各个部分的"联络通道"。正如他在《思维方式》中所作的总结："我们存在的基础是'价值'的感觉。'价值'实质上预先假定了'有价值的东西'。在这里，不要从纯赞赏的意义上来想像价值概念。它是为了本身存在的意义、作为本身的证实的存在的意义、具有本身的特征的存在的意义。……任何事物都有为自身、为他者以及整体的价值。这一点表明了现实事物的意义的特征。……在任何意义上存在的任何事物都有两个方面，即它个别的自身以及它在宇宙中的意义。同时，这两个方面的任何一方面都是对方的一个因素。"[1]　就这样，怀特海通过价值，把个体存在物同整个宇宙联系了起来，从价值论层面论证了整体主义宇宙观的合理性，与上述本体论论证互为印证，增加了其理论的说服力。在此基础上，他想借助价值论将认识论、伦理学和美学串联起来，使得自己的哲学具有更广泛的解释力。比如，他关于事实与价值统一的思想，审美和谐是价值的最高追求，"万物皆有价值"等等新颖观点，启发我们，人类要学会尊重所有机体的内在价值，学会善待自然和他者，尤其在当今这个自然被极度开发、竞争过度的时代，更要有这种意识。

第四节　过程哲学思想的发展与应用

一　过程哲学对现代科学与哲学的影响

怀特海的过程哲学思想因所处时代的问题，并不受到当时人们的重视，在分析哲学和大陆哲学两个方面，都受到责难和苛求，"作为企图调和两大潮流的怀特海哲学，一段时期内，在哲学界的命运并不令人羡慕。它被视为一只蝙蝠，既不为鸟类所容，亦不为兽类所喜"。[2]　时过境迁，

---

[1]　［英］怀特海：《思维方式》，刘放桐译，商务印书馆 2010 年版，第 102—103 页。
[2]　陈奎德：《怀特海哲学演化概论》，上海人民出版社 1988 年版，第 268 页。

当分析哲学和逻辑实证主义哲学日益走向式微，大陆哲学陷入迷茫之际；当科学理性主义所带来的人文精神的失落和地球生态危机在日益加重之际，现时代迫切需要一种能化解各种矛盾，引领人类走向光明的思想，怀特海的过程哲学思想重新进入了人们的视野。

怀特海哲学首先在当代科学新思潮中呈现复兴的迹象。理论物理的深入研究表明，定域因果性原理①被破坏了，非定域过程被发现了，这一进展解决了长期困扰着过程哲学的难题，使得人们重新关注怀特海哲学，并试图从中获取启示，寻找灵感。自20世纪60年代以来，现代科学日趋综合，一个系统化、信息化、整体化的潮流正在形成，对不可逆的时间的探究方兴未艾，不少作出重要发现的科学家援引怀特海的频率越来越高。例如，海森堡总结现代物理学的哲学问题的《物理学与哲学》中就引进了潜能（相当于怀特海的"永恒客体"）概念，而且是本体论意义上的潜能。著名的诺贝尔奖获得者、"耗散结构"理论创立者普利高津在北京的一次演讲中认为，当代科学关心的重心已从存在走向生成，这正是怀特海过程哲学的核心思想之一。同时，他的耗散结构理论研究非平衡状态下的自组织，是沟通无生命和有生命的桥梁，为怀特海的机体论提供了一个有力的证据。

当然，怀特海哲学真正得到复兴并逐渐成为一门显学，则要归功于建设性后现代主义哲学流派对它的继承和发展。建设性后现代主义是以怀特海过程哲学思想为基础而形成的后现代主义哲学流派，主要代表人物有哈茨霍恩、约翰·科布、大卫·格里芬等。建设性后现代主义具有三大特征。其一，建设性后现代主义反对现代性所持的人性观。现代性将人与人、人与物之间的关系看成是派生的和外在的关系，而建设性后现代主义则主张将人与人、人与物之间的关系理解成内在的、本质的关系。这种内在关系理论主要源于怀特海，格里芬奉之为圭臬，并创造性地运用于阐析后现代精神，在格里芬看来，"个体并非天生就是成熟的生命体，他（她）需要借助于各种属性同其他事物发生相互作用才能成长，但是这些属性或他物并不决定他（她）的本质。反而是个体与躯体、个体与环境、

---

① 众所周知，爱因斯坦相对论的结果之一是限制了因果性起作用的领域，这就是被相对论的光轴所包围的那片领域。在这一领域之内，因果律作主宰，事件之间相互关联，不会发生因果颠倒等反常情况；而在这一领域之外，因果律不再起作用，事件之间失去了相关性，无所谓因，也无所谓果。这一论点与怀特海所持的宇宙中所有事件之间存在某种相关性的"相互内在原理"是有抵牾的。

个体与社会之间的关系，决定了个体身份的本质。"① 显然，格里芬的内在关系理论的目标是为了克服现代性的个人主义，而且，与马克思主义关于人的本质理论有某种共通之处。其二，建设性后现代主义信奉整体有机论，试图化解现代性境遇中人与自然的紧张关系，这实际上是内在关系论的逻辑延伸。由于有机论把自然界也视作是和人一样具有经验和目的的生命有机体，因而也就超越了现代性将人与自然置于两极的对立观点，正是在这种有机主义的基础上，约翰·科布等人建立了一种类似自然中心主义的"后现代生态学"世界观或伦理观，该伦理观有两个主要原则：②（1）"若一事物保护生物群落的完整、稳定和美好，那它准是对的，反之必错"。（2）"爱"的原则，万物均有内在价值，都值得尊重和爱，这样，人在世界中如同在家一样。只有在这种世界观的指引下，人类才能用爱与和平取代占有与斗争，重新找到家的感觉和安身立命之所，最终达到诗意地栖居的目的。其三，建设性后现代主义倡导一种新的时间观。它反对毫无远见地专注于目前，既倡导对过去传统的尊重和继承也倡导对未来的关心和创造。格里芬认为，倡导对传统的尊重并不会妨碍人们自由地创造未来，因为未来与现在发生的内在关系并不是过去与现在关系的翻版。但是未来必须以现在为土壤才能生长，对现在的贡献实际上也就意味着对未来的贡献。

　　上述分析表明，建设性后现代主义意在重建人与自然、人与世界之间的关系。建设性后现代主义所倡导的"内在关系"原理、整体有机论以及绵延的时间观，对推进环境保护、稳态经济、和平民主等生态式社会经济发展活动，具有前瞻性的指导意义。在人与世界的关系上，建设性后现代主义主张消除现代性所造成的人与世界的对立，如果我们把世界仅仅看作是为我们所任意支配的冷冰冰的实体，我们就会肆意地占有甚至摧毁它。但是，如果我们基于可持续发展的眼光，用关系思维的方式去重新审视它，我们就会发现，世界也有生命节律，自然秩序，甚至自主性的发展目的，它不是为人而存在的，人类只是这个世界发展历史长河中的一朵浪花。达此认识境界，我们就会明白爱世界就是爱自己的道理，再也不会肆意地对它进行操纵和掠夺，就会像对待自己的至爱一样去呵护它。总之，

① D. Griffin, "Peace and Postmodern Paradigms", in *Spirituality and Society*：Postmodern Visions, David Griffin, ed. State University of New York Press, 1988：14.

② ［美］约翰·B. 科布：《生态学、神学和宗教：走向一种后现代世界观》，转引自吴伟赋《建设性后现代主义哲学研究》，学林出版社 2002 年版，第 168 页。

世界之中有你我，我们之中有世界，两者是不可分割的一个整体。

建设性后现代思想家不仅是"胸有乾坤"的思辨大师，也是"脚踩大地"的实践主义者，他们秉持着"真理与行动密不可分"的信仰，不仅从事理论建构工作，而且通过身体力行的实践探索，提出了建立后现代政治、伦理、经济、宗教、教育等一系列范围广泛的设想。如：哈茨霍恩关于泛经验论的探讨；科布关于后现代社会改革的探讨；格里芬关于后现代范式的讨论；理查·A.福尔柯关于后现代伦理和政治的探讨；赫尔曼·E.达利关于稳态经济的探讨；迪恩·弗罗伊登博关于再生性农业的探讨，等等。当我们仔细品读这些思想家的著作时，我们会领略到他们理论思维的深邃及其对现实问题的穿透力，虽然他们的解决方案可能尚不成熟，抑或缺乏现实的可操作性，但是无论如何，我们要向他们的批判与反思精神、开拓与创新勇气表示敬意。

二　过程哲学在中国的传播与应用

近年来，随着后现代哲学特别是建设性后现代哲学研究的不断深入，作为建设性后现代哲学主要理论基础的过程哲学也日益为我国学者所关注。新世纪以来，在我国境内召开了若干次关于过程哲学思想的国际性学术会议："价值哲学与过程哲学国际学术研讨会"（北京师范大学，2002）、"过程思维与全球化时代的教育改革"国际学术研讨会（北京第二外国语学院，2003）、"过程思维与高等教育改革"国际学术研讨会（盐城师范学院，2005）、"过程思维与课程改革"国际学术研讨会（鲁东大学，2007）、"建设性后现代主义与中国的教育改革"国际学术研讨会（哈尔滨师范大学，2012），通过这些会议，探讨了怀特海过程哲学与中国文化的关系，以及过程哲学对人类文明的发展可能作出的贡献；研讨过程哲学的教育理念和全球化时代的教育改革；探寻过程思维（过程哲学）在高等教育改革创新中的运用等问题，通过主持召开国际性会议的形式，加强了与境外学者的交流与联系，拓展了我国过程哲学的研究视野。期间，研究怀特海过程哲学和教育思想的文献也不断发表、出版（详细的文献综述见导论，在此不再赘述），这些研究成果对推动怀特海过程哲学思想在我国的传播和应用起到了非常好的"启蒙"作用。

最近，由王治河、樊美筠合著的《第二次启蒙》出版，进一步扩大了过程哲学在我国的影响。在《第二次启蒙》中，作者较为系统地应用了怀特海及建设性后现代思想家的思想，并将之与中国当下较为重要的实际问题紧密结合起来，阐述了他们的破解应对之道。在这本书中，作者通过揭示启蒙哲学的一些曾经闪烁着耀眼光芒的核心概念，如它的纯粹理性、抽象自由、机械教育、霸道科学等的内在局限性，特别是它对自然的帝国主义态度，对他者的种族主义立场，对传统的虚无主义姿态，对科学的盲目崇拜，对理性的过分迷信，对自由的单向度阐释，对民主的均质化理解的揭露，促请人们重新反思第一次启蒙①以及它对于今日人类面临的重重危机应负有的责任。在此基础上，作者立足于中国当代实际，从过程哲学和建设性后现代主义出发，提出了第二次启蒙的一些基本理念与核心价值观，书中通过"道义民主"、"厚道科学"、"深度自由"、"有机教育"、"和者生存"、"互补并茂"以及"建设性后现代女性主义"、"后现代有情法"、"后现代农业"、"后现代商道"、"后现代人权"、"后现代绿色生活方式"等概念的提出和阐释，② 为中国实现跨越式发展的伟大历史使命贡献了一种新颖独特的大智慧、大思路。

三　过程哲学与课程观的转向

尽管过程哲学是形而上的学问，而教育学是形而下的学问，从过程哲学到课程理论乃至课程实践活动有着很大的差距，但是，"当我们深思熟虑地考察自然界或人类历史或我们的精神活动的时候，首先呈现在我们面前的，是一幅由种种联系和相互作用无穷无尽交织起来的画面。"③ 如果单从实体和孤立的视角去看待两者，当然有着天壤之别，反之，假如我们从整体和关系的视角再去审视两者的关系，则会发现它们之间有着许多的相似之处和实质关联。

（一）关联

首先，从价值论领域分析，过程哲学包含有迄今为止最富有远见、最具有涵摄性的价值思想，是一种超越传统主客二分、单极思维、工具理

---

① 所谓第一次启蒙，主要指发生在 17、18 世纪欧洲的高扬理性的思想运动，它高擎自由精神、平等意识、民主参与、个体尊严的大旗，试图将人们从封建专制中解放出来，在唤醒人们的自由意识和尊严意识方面，第一次启蒙起到了革命性的作用。在中国，则指发生在 20 世纪20 年代的呼唤德先生（民主）和赛先生（科学）的波澜壮阔的"五四"新文化运动。毫无疑问，这两场时空跨度都不算小的启蒙运动之间存在某种内在的关联。尽管不能把中国的五四运动简单地等同于欧洲的启蒙话语在中国的"横向的移植"，但它们之间思想血脉的相承性，则是个不争的事实。因此之故，我们把它们统称为第一次启蒙（转引自王治河、樊美筠《第二次启蒙》，北京大学出版社 2011 年版，第 5—6 页）。

② 详见王治河、樊美筠《第二次启蒙》，北京大学出版社 2011 年版。

③ 《马克思恩格斯选集》第 3 卷，人民出版社 1995 年版，第 539 页。

性、竞争排他的具有鲜明建设性特征的"泛价值论"。它肯定世界万物的独特价值，主张消解事实和价值的差异，兼顾发展价值和工具价值，将价值主体从人类广扩至自然界甚至微观世界。从人类社会的价值总取向看，过程思想把生态关怀、神性智慧引入现代生活，强调重建"可持续发展的人类社区"：促进社会成员的创造力、同情心、公正性、参与意识的发展；使人们成为具有生态智慧、科学知识和精神满足的人；这种共同体不遗弃任何个体。① 从文化科学发展的价值取向看，过程思想反对割裂工具理性与价值理性之间的有机联系；追求从整体上把握人类文化，批判西方主流的分析方法肢解了分门别类学科间的内在统一。② 从教育所要达成的目的看，过程教育思想向往个人的全面自由发展，抨击技术霸权主义造成了迷失方向的缺乏想象力、创造力的单向度人。

其次，从本体论领域分析，过程哲学抛弃了传统哲学中的"实体"（substance）概念，而代之以"现实实有"（actual entity）或现实事态（actual ocassion），认为现实实有就是一个过程性的存在，实在就是过程，因此"现实实有"是构成世界的最终实在物。同时，整个宇宙，包括人、自然和社会，都是由各种现实实有的转化或合生而成，世界万物是以关系而非实体的形态而存在的。所以，过程—关系原理是过程哲学用以建筑本体论的基本原则。课程作为过程大致包含以下内涵：第一，只有被当作一种过程和关系来把握时，才能彰显课程的本义。课程的意义在于过程与转化，这是一个知识与生活共建的过程，是一个在社会理想与个体经验之间互为转化的过程。第二，课程作为过程，意味着不是事先预设好的要实施的计划，而是一个由其内部诸要素和外部环境之间相互作用，不断生成、运动和变化的过程。第三，课程作为过程，还意味着是一个在关系思维指导下培养整体的人（whole man）的过程。

再次，从方法论领域分析，过程哲学既倡导想象性的概括，又能够描述我们所经验的、居于其中的具体世界。过程哲学既诉诸理性也观照经验，二者中的任何一者独自都不足以解释世界的客观存在。想象性的概括，是指过程哲学创造了一个充分的观念体系，它涵盖本体论、认识论、价值论、方法论、美学、伦理学、科学哲学、历史哲学与文化哲学，虽未必尽善，但已涉及所有与教育有关的重要层面，对教育而言，这是一个具

① Jay McDaniel. *What is Process Thought? Seven Answers to Seven Questions*. P&F Press，2008：65.

② 陈养正：《怀特海的生平、成就和思想》，转引自阿·怀特海《怀特海文录》，浙江文艺出版社 1999 年版，第 349 页。

有高度涵摄性的解释体系。过程哲学也有别于只埋头探究宇宙根本原理的超验形而上学，它是对近代机械论世界观和现代性流弊进行全面而深刻的反思基础上提出的，以现实实有或经验点滴（drop of experience）为基础构筑本体论，所以，用它来解释和指导具体的教育实践活动同样合适。

（二）转换

在怀特海看来，构成现实世界最基本的单位——现实实有——它们之间总是彼此联系着的，有些是直接联系，有些是间接联系，而同属精神活动的哲学和教育之间的联系当属一种直接联系。那么，这两者之间发生联系的机制或通道又是什么呢？笔者认为，从过程哲学走向课程哲学，主要通过价值观的共鸣、思维方式的共通以及方法论的共享这三个管道来完成。

1. 价值观的共鸣

怀特海之所以在过程哲学思想中导入价值论，最初是出于为整体主义形而上学辩护的目的，后来，随着他对事实与价值、价值发生、生态伦理价值等问题的深入考察，他的价值观逐渐转向了泛价值观的方向。怀特海的价值观在以下的意义上是泛价值取向的："1）它将所有的个体都描绘成是具有内在价值的；2）它将一切事物都描绘成在内部是与它们的环境相联系的；3）它特别将自我描绘成一个生态的自我；4）在某种意义上，一切生命形成都有平等的内在价值。"① 考察整个课程价值观的嬗变历史，我们发现，它是沿着"理性主义——科学主义——人文主义——科学人文——生态可持续发展"这样一个轨迹发展的。这就说明，在当下的社会背景下，怀特海的泛价值观与倡导可持续发展和生态化的课程价值观有着惊人的相似之处。具体而言，怀特海的泛价值观可以为课程价值观的重构提供如下一些启示：从事实和价值的关系而非事实和价值的实体出发，重构课程的价值体系；既重视课程的工具性价值，也要关注课程的内在价值，包括课程本身的文化价值和课程在促进学生发展方面的价值；扩大课程的价值主体范畴，从人类中心主义走向人、社会、自然的和谐共生；课程价值是课程内部诸要素以及课程与外部环境相互作用的功能性表现，课程只有放置在具体的环境中才能体现出其真正的价值；对于课程领域中的每一个教师和学生而言，他们都是构成课程有机体的一个个生态自我，应尊重他们的自我选择、保持以及发展的独特权利；课程设置应尊重不同民族、地区、阶层、社群的差异化需求，体现开放容他的品质。

---

① ［美］大卫·雷·格里芬：《怀特海的另类后现代哲学》，周邦宪译，北京大学出版社2013年版，第93页。

2. 思维方式的共通

怀特海接受的是纯正的西方文化教育，而且很长一段时间他以研究数学、数理逻辑和物理学理论基础为主业，按理说他的思维方式会具有鲜明的同一性、实体性和排中性等西方思维的特征，但实际上，在怀特海的代表作《过程与实在》、《观念的冒险》、《思维方式》等书中，我们随处可见变化性、过程性、关系性等东方式思维的影子。怀特海曾引用诗人雪莱的诗句说明世界处在变化之中，"世界在不停地旋转，从生到死，像水中的泡沫，闪烁，破裂，再生。"① 在怀特海看来，事物虽具有"恒常性"和"变化性"双重属性，但是不变是相对的，只有变化才是绝对的。任何事物本身就是一个生成变化的过程（process of becoming），"生成变化"就是"存在"的本质（becoming is the essence of being）。变化的世界具有关系属性，每一事物都与每一他物相关。一个实体要想存在，它必须或者分解为一个"现实事态"，或者与作为其存在条件的某个或某些"现实事态"处于一种依存关系之中。② 变化的世界同样具有过程属性，过程有两种类型：宏观过程是已经达到的现实向将要达到的现实的转变；而微观过程就是把仅仅是实在的那些条件转变为确定的现实。前一个过程造成从"现实的"到"仅仅是实在的"的转变；而后一个过程造成从实在的到现实的增长。前一过程是动力性的过程，后一过程是目的性过程。③ 考察课程研究历史，已有课程观深受实体思维方式的钳制，陷入了理论的困境，而怀特海所主张的新颖思维方式正好为我们突破这种困境提供有力的武器。

从过程思维来看，课程不是静止的、终极的实体性存在，而是始终处在发展、变革、生成、转化的流变之中，从某种意义上讲，过程性才是课程的本质属性。课程的过程性可从宏观和微观两个层面加以考察，在宏观层面，课程发展具有历史阶段性④和品质转化性。⑤ 在微观层面，课程不再

---

① 转引自［美］阿尔弗莱德·怀特海《思想方式》，韩东晖、李红译，华夏出版社1999年版，第41页。

② ［美］菲利浦·罗斯：《怀特海》，李超杰译，中华书局2002年版，第29页。

③ ［英］怀特海：《过程与实在》，李步楼译，商务印书馆2011年版，第331页。

④ 在不同历史阶段，人们对课程的理解和解释随着课程观的变革而发生变化，例如，整个古代和近代社会的课程一般是指学科及其承载的知识，到了20世纪以后，活动和经验被纳入课程，成为了课程的主要组成部分，20世纪末至今，人们将课程理解成为构建人生意义的活动。

⑤ 这里的品质转化性主要指课程从理论研究、政策制定到实践运作再到学生获得真正的体验，这中间要经历几重转化，课程的品质也会随着各种转化活动而产生变化，有可能得到强化，有可能被机械复制，有可能被改变，也有可能被弱化。

只是"制度性课程",而且也是"体验性课程";课程不仅是一种预设的、外在的教学蓝本,而且也是师生通过鲜活的实践情境共同建构的意义文本;课程是师生重拾主体人格,获得自由与解放的过程。从关系思维来看,课程的首要特征是其具有广延的性质,在课程内部,存在各种主体力量的互动作用,并形成各种复杂的课程事件或课程问题,推动着课程的发展;同时,在课程与外部环境之间,存在着文化、信息、能量的交流与碰撞,为课程发展提供了创生和自我更新的机会。此外,关系性思维视野下的课程还具有下列特征:课程是一种融政治、经济、文化于一身的事件性存在;科学世界、生活世界和网络世界是课程内容的范围;多样化和选择性是课程结构调整的方向;课程运作是在关系力量推动下的民主协商过程;多主体对话互动是课程实施的主要方式。从生成思维来看,课程不是为师生预设的跑道,而是师生在"跑道上跑"的过程;既重视课程预设目标的达成,但对有可能的生成性目标保持敏感;坚持课程实施的创生取向;确立过程性、体验性和发展性的课程评价理念,并将之落到实处。

3. 方法论的共享

总体而言,与同时代实证主义哲学相比,过程哲学大体上可归为形而上学范畴,这主要从怀特海构建过程哲学的方法论上可以看出,怀特海主要采用了想象性的概括方法,创造出一个能解释所有经验事实的观念体系。不过,与传统形而上学茧自缚式的体系思想相比,怀特海的过程哲学体系却是开放的、容他的,"我们必定要体系化,但要使体系开放;换言之,我们要对这种限制保持敏感,总是应保持一种模糊的'超越',等待着具体细节的渗透。"[1] 与开放思想体系一脉相承的是,过程哲学还是一种"泛经验论"和"创造性原理",它将世界的基本单位——事件——经验化,事件是由各种"经验点滴"和"经验机遇"所构成的,并且,所有事件都是经验主体,具有感受、记忆、欲望和自为目的等经验属性。而创造意味着经验具有某种程度的自决性,"尽管所有事件都受到先前事件的影响,但没有一个事件完全是由过去决定的。每一个事件至少都体验了某种自我—决定或自我—创造,并因而对未来施加了某种创造性的影响。"[2] 随着课程研究领域的拓展和课程实践活动的日益复杂,当代课程

---

① [美]阿尔弗莱德·怀特海:《思想方式》,韩东晖、李红译,华夏出版社1999年版,第9页。

② [美]大卫·格里芬等:《建设性后现代哲学的奠基者》,鲍世斌等译,中央编译出版社2002年版,第276页。

观的形成或课程理论的构建，必须要借助想象性的概括，借鉴怀特海所谓的飞翔式方法，对课程所涉及的理论与实践、价值与事实、历史与现实、内在机制和外在环境等主要问题进行鸟瞰式的审视，才能高屋建瓴地把握课程发展的当下要义和未来走势。同时，新的课程观或课程理论的构建切不可走向霸权、封闭和自足，而应该对各种传统的、现代的、后现代的课程思想持开放和容他态度，只有这样，才能将垂死的课程理论研究拯救过来。"泛经验论"和"创造性原理"则在微观层面实现了与课程观构建的方法论共享。以"泛经验论"视角看待课程，课程是由许多"课程因子"和"课程事件"及其关系所构成的，课程实践活动也可理解为一个自决自为的课程决策行为，这就要求我们回到课程事实本身去探寻课程发展的机制、规律。以"创造性原理"视角看待课程，课程是"由多而一、由一而多"的创生过程，课程是联结教育的过去、现在与未来的广延连续体，课程教学是"摄受—满足"的经验事件，教师和学生是激发课程活力的内在力量，课程的目标不仅导向实践技能，也导向激发学生的冒险精神、创造性和服务意识。

第三章 从"实体"走向"有机"：对已有课程观的反思与批判

革命是世界观的改变。

——托马斯·库恩

有机课程观的构建基于一个重要的现实依据，那就是对旧有课程观的反思和批判，这是因为长期受实体观及其思维方式支配，旧有课程观累积了诸多的弊端，并在指导课程实践过程中陷入了合法化危机、合理性质疑以及生命力枯竭的境地。"课程领域已步入穷途末日，按照现行的方法和原则已不能继续运行，也无以增进教育的发展。"[①] 可见，为课程寻求新的价值归依、本真品性、运行逻辑，实现课程观的有机转向，已迫在眉睫。

第一节 课程进化视野中对已有课程观的多维分析

一 课程观形成与发展——理论基础视角

（一）哲学与课程

哲学是时代精神的精华，课程观的形成与发展，尤其是课程价值观和课程方法论必定会受到哲学的影响。在已有的课程理论中，课程与哲学的关系研究有三条主要线索，一是以哲学思想为基础从理论层面探讨课程价值观问题，二是以哲学研究方法论为基础阐释和指导课程实践，三是现代教育哲学流派中的课程问题研究。

---

① ［美］小威廉姆 E. 多尔：《后现代课程观》，王红宇译，教育科学出版社 2000 年版，第229 页。

1. 哲学为课程观提供了价值导引，这可从社会政治观和人性观两个方面加以考察。首先，社会政治观与课程观。历史上的社会政治观主要在专制和民主之间切换，其对课程的影响表现在形成宰制型课程观和民主型课程观的分野。柏拉图是宰制型课程观的始作俑者，在《理想国》中，他将国家的伦理原则转化为教育的基本要求，课程也被打上了阶级的烙印。此后，欧洲中世纪的骑士教育课程、洛克的绅士教育课程、赫尔巴特的道德教育课程等是宰制型课程观的典型代表。民主型课程观肇始于欧洲文艺复兴，这一时期的托马斯·莫尔和康帕内拉是早期民主主义教育的代表。托马斯·莫尔在其《乌托邦》里展望了空想共产主义的思想，乌托邦彻底废除了私有制，实行民主制度，教育在这里受到极大的重视。康帕内拉在其所著的《太阳城》中指出，太阳城没有等级，是一个经济上、政治上平等的社会，实行的是全民的公共教育。文艺复兴后，狄德罗的民主化课程观、卢梭的自然主义课程观、裴斯泰洛齐的全面发展课程观、第斯多惠培养完人的课程观等是民主型课程观的典型代表。

其次，人性观与课程观。人性观即关于人性的看法，它是教育理想的观念性依据，也是课程教学目标的基本依据之一。考察历史，对课程观影响较大主要有三种人性观。（1）理性主义人性观。理性主义者将"理性"看作人所具有的一种天赋的认识能力，这种"理性"由于是先验的，因而注定是第一性的东西。在西方，理性主义人性观最早可以追溯至柏拉图和亚里士多德。柏拉图认为人生来就具有各种理念，即对事物共性的把握能力，理念先于事物存在，是第一性的。亚里士多德认为，人是理性的动物，求知是人的本性，为了发展理性，必须将智力教育放在第一位。到了近代，笛卡尔提出"我思故我在"，康德主张理性为自然立法，将理性主义推向极致，形成了理性主义哲学流派。理性主义人性观是学术中心课程思想的理论基础之一，深入到课程领域，即是重视理性知识，轻视感性经验；偏重理论学科，看轻实用学科；注重认知，轻视实践；等等。（2）自然主义人性观。自然主义人性观是人文主义者为反对宗教神学而提出的，卢梭是自然主义人性观的代表。卢梭认为，"在人的心灵中根本没有什么生来就有的邪恶"，[①] 是腐败的社会使人堕落，并对儿童产生恶劣的影响，不仅善，自由和平等也是人的自然本性，在此基础上他提出了自然主义教育思想。自然主义人性观思想经卢梭、杜威、罗杰斯等人的发展，对形成以"学生为中心"的课程思想影响深远。（3）社本主义人性

---

① ［法］卢梭：《爱弥儿——论教育》（上卷），李平沤译，商务印书馆1996年版，第95页。

观。社会本位主义人性观的基本假设是，社会是个体存在和发展的基本条件，社会价值高于个人价值，个人价值的高低取决于其作出社会贡献的大小，柏拉图、黑格尔、涂尔干、那托普等是西方社本主义人性观的倡导者。我国长期以来占主流地位的哲学人性观也是一种社会本位主义人性观，无论是性善论（孟子）、性恶论（荀子），还是性无善无不善论（告子），都是如此，这种人性观对我国课程设计长期偏向于社会一极有着深远的影响。在社会本位主义人性观的影响下，势必以社会功能作为衡量课程价值的主要标尺，课程内在的育人价值往往被遮蔽。

2. 哲学为课程研究提供方法论。不同的哲学派别往往有一套独特的认识和解释世界的方法论，这些方法论会对各个时期的课程设计观起指导作用。考察西方哲学史，对课程设计影响较大的有四种哲学方法论。（1）唯理论。唯理论肇始于柏拉图的客观唯心主义方法论，主张从某一"理念"出发推导出关于世界的各种解释。到了近代，经笛卡尔、莱布尼兹等人的发展成为唯理论（也叫理性主义），其主要观点是，只有从"自明之理"（相当于柏拉图的"理念"）出发，经过严密的逻辑推理才能获得理性认识，这是一种从一般到特殊的演绎法。唯理论与演绎法催生了现代西方哲学的结构主义，结构主义认为，我们研究事物，主要是研究它的深层结构，也就是先验的认识形式和具有普遍性、真理性的知识。结构主义的代表人物皮亚杰指出，儿童学习行为的习得和发展，均由儿童的认知结构演绎而出。布鲁纳是另一位结构主义课程专家，从结构主义的立场出发，他主张现代学校的课程设计必须建立在"学科的基本结构"（即组成一门学科最基本的概念、原理和法则）之上，学生一旦掌握了这些"一般原理和概念"，就可以迁移到与此相关的其他知识和技能领域中去，以点带面，层层扩散开来。

（2）经验论。经验论与唯理论持相反的方法论，培根是近代经验论哲学的始祖。他提出人类的一切知识和观念必须借助于亲身感觉和实践经验，在这个过程中人的感官起到了决定作用，培根曾这样写道："我要直接以简单的感官知觉为起点，另外开拓一条心的准确的通路，让心灵循以行进。"① 科学认识何以可能？培根采取的是一种从特殊到一般的归纳法，将科学的认识结果建立在对感觉经验的归纳、分析、比较基础之上。洛克发展了培根的归纳法，他指出人的认识离不开与外界事物的接触，通过与外界的接触先获得如颜色、质地、感觉等简单观念，然后经由组合、比较

---

① ［英］培根：《新工具》，许宝骙译，商务印书馆1984年版，第2页。

和抽象等心理活动将它们组合成概括性观念，从而进阶到抽象认识。到了19世纪，归纳法成为自然科学的基础方法被广泛应用，同时对教育研究也产生了深远的影响。经验主义者强调感觉是认识的起点、知识的来源，符合认知心理学的基本规律，并且挖掘了"直接经验"的课程价值，催生了以杜威为代表的经验主义课程论。

（3）分析哲学。分析的传统是西方哲学所固有的特点。何谓分析？通俗地说，就是先确定一个对象的构成要素及其相互关系，在此基础上对对象进行整体还原，从而形成关于对象的统一性认识。分析哲学倚重概念和逻辑两大武器，利用概念对各个部分或要素加以规定，利用逻辑弄清它们之间的关系。分析哲学自20世纪以来一直是英美哲学界主流的哲学思潮，早期由逻辑实证主义唱主角，代表人物有孔德、穆勒和斯宾塞等人。斯宾塞以逻辑论证为主要方法率先在教育领域小试牛刀，为建立科学为主的课程体系摇旗呐喊，一方面开启了科学教育的新航道，另一方面奠定了现代科学主义课程观的基础。分析哲学后期以语言分析哲学为主要力量，代表人物有维特根斯坦、赫斯特和彼得斯等人。语言分析哲学家们认为，很多哲学问题之所以争论不清，是因为描述它们的语言引起人们的误解，澄清哲学问题必须从规范语言着手，人工语言分析派主张把复杂的概念和命题简约化，日常语言分析派主张将命题或概念放置在一定的语境中加以释义。赫斯特就用分析哲学的方法探讨了"什么知识最有价值"这一经典的课程命题，并在此基础上提出了以知识形式为主线设计博雅教育课程的思想。分析哲学强调语言的情境性、特殊性，知识的准确性、适切性，对克服课程理论与实践脱节的倾向具有启示价值。

（4）后现代主义的多元化方法论。后现代主义哲学流派纷呈，既有解构性的，也有建构性的，渗透到教育领域，形成了概念重构学派、批判理论和建设性后现代主义等主要的课程理论，他们都反对用一元化的方法论指导课程研究，主张课程应该通过多元化（或另类）的视角和途径被重新"理解"。概念重建学派倡导的方法论主要有存在主义、现象学、诠释学、心理分析、人种志、美学等，像存在现象学课程理论、解释学课程理论、自传性课程理论、女性主义课程理论、美学课程理论等，都是在上述方法论指导下形成的。批判课程理论主要有两大派别，一是以法国的福柯、拉康、利奥塔、德里达等后结构主义思想为基础所形成的后结构主义课程理论，像车里霍尔姆斯的解构性后现代课程论，陶布曼、戴格瑙特和高塞尔后结构主义课程思想，就属于这一派别。二是以德国法兰克福学派批判思想为基础所形成的批判性课程理论，像阿普尔的批判课程理论、吉鲁的大众文化课程观、保罗·弗莱雷的解放课程思想，就属于这一派别。建设性后现代课程以杜威和怀特海的过程思想、罗蒂和格里芬的建设性后现代哲学为理论基础，试图超越"泰勒原理"构筑一种生成的、不确定的、网络化的、混沌的、整体的、有机的课程观，像多尔的后现代课程观、斯拉特瑞的后现代课程理论、高夫的生态政治课程理论，可归为这一行列。

3. 教育哲学中关于课程的论述。有什么样的教育哲学就有什么样的课程理论，特别是 20 世纪以来，西方出现了诸多教育哲学流派，影响波及世界的主要有四大流派，即永恒主义、要素主义、实用主义、社会改造主义，其中关于课程的论述就包含了相应的课程观。

（1）永恒主义教育哲学与课程

永恒主义教育哲学以唯实主义哲学为基础，产生于 20 世纪 30 年代，其代表人物有赫钦斯、艾德勒、利文斯通等人。永恒主义认为，教育活动的目的在于发展人永恒的、不变的理性，使人真正成为具有理智能力的人。在课程设置上，倡导复兴西方古老的人文主义课程，主张开设百科全书式的学科课程，包括具有理智训练功能的数学、科学和艺术，具有社会性功能的哲学、文学和历史，具有工具性功能的语言等。课程与教学实施以"理智训练"为中心展开，强调教师的权威和指导，对学生进行严格的管教和训练。在课程评价上，以是否有利于培养学生的理智技能和永恒理性为标准。

（2）实用主义教育哲学与课程

实用主义教育哲学以实用主义哲学为基础，19 世纪末至 20 世纪上半叶流行于美国，其代表人物主要有查理·桑德斯·皮尔士、威廉·詹姆斯和约翰·杜威。实用主义哲学家所关注的核心问题是观念本质构成——经验——及其与人类存在和环境的关系，"经验"是构成实用主义哲学最主要的材料，同样是"经验"，使实用主义哲学由学院走向大众。杜威使实用主义哲学在大众化的基础上进一步系统化，论述了"自然与经验"、"经验主义与工具主义"、"个人与社会"、"道德发展"、"审美的发展"等实用主义哲学的基本范畴和关系，并且将之作为课程思想的主要理论基础加以阐发，提出经验自然主义课程观，彻底颠覆了以赫尔巴特为代表的旧式课程观。经验自然主义课程观关注儿童经验成长的生成性目标，倡导"做中学"，创立内外价值统一的课程评价原则，提倡师生共同参与课程体验。

（3）要素主义教育哲学与课程

要素主义教育哲学以唯心主义和古典唯实主义哲学为基础，形成于

20世纪30年代，其代表人物有巴格莱、科南特、贝斯特、里科弗等人。要素主义认为，人类文化虽历经变迁，但包含有一些不变的文化要素，教育的目的就在于向学生传递这些核心文化要素，培养兼备理智和道德的完美人格。具体而言，课程的设置应体现国家和民族的利益，以传递现代文化为主要任务，课程的开发应基于预设性的目标、学科为中心的价值标准和知识的内在逻辑关系，课程的内容体系由一些核心的学科组成，包括英语、数学、科学、外语等等。在课程与教学实施上，强调教师的权威以及对学生的控制，主张采用"灌输式"的教学法。在课程评价上，坚持严格的学业标准。

（4）社会改造主义教育哲学与课程

社会改造主义教育哲学以实用主义哲学为基础，形成于20世纪30年代，其代表人物有康茨、拉格、布拉梅尔德等人。他们主张，教育的首要目的在于树立学生对社会的批判和反思意识，培养他们成为现实社会的未来规划者，推动社会的革新和变化，从而重建一个理想社会。社会改造主义者主张根据平等教育、国际教育以及多元文化等要求来设置课程，为此，应以广泛的社会问题为核心，采用问题型或课题型课程。在课程与教学上，应突破学校、课堂的疆界，鼓励教师带领学生接触社会、躬身实践，教师与学生更多地扮演着社会活动者而非知识授受者的角色。对课程评价而言，关注的是学生对社会现象的敏感度以及对社会问题的批判意识。

（二）心理学与课程

任何课程研究都不能摆脱儿童、社会与文化这三个因素的影响，而心理学作为课程的基础，可以帮助我们搞清儿童发展的特点和规律，以及他们如何面对和处理这些社会与文化的信息。从心理学与课程的关系出发考察课程观的发展，将在一定程度上为我们展现课程编制与课程实施的历史发展脉络。

1. 心理学的进步与课程观的革新

从古代社会至20世纪80年代，心理学的发展可以说经历了前科学时期、行为主义时期、认知主义时期和人本主义时期四个明显的年代期，各个不同时期的课程观也呈现出了相应的变化。

（1）前科学时期。前科学时期心理学研究对课程编制和实施的贡献主要有三点：一是，人们注意到了儿童在不同年龄期有独特的年龄特征，主张根据不同的年龄期安排相应的课程和内容。在教育史上，亚里士多德最早将人的身心发展分阶段并依据年龄阶段制定出不同的课程计划。卢梭在《爱弥儿》中也系统阐述了根据不同年龄阶段安排不同课程的设想。这种思想在我国教育史上也可以寻到踪迹，《礼记·内则》篇说："六年，教之数与方名"；"九年，教之数日；十年，出外就傅，居宿于外，学书计"；"十有三年，学乐，诵诗，舞勺，成童，舞象，学射御"；"二十而冠，始学礼。"二是，在官能心理学的影响下提出了形式训练说，即人的心灵或灵魂必然有一种与之相匹配的官能，学习就是寓于这些官能的操练。例如，英国的洛克在《关于理解的指导》中指出，"我们生来就具有几乎能做任何事情的官能和能力，……如果人们能够正确地利用自己的官能，那么对学习所有知识都是极为有利的。"① 在课程设置上，洛克主张开设一些能培养学生心智的古典学科。三是，以统觉心理学为依据将课程设置真正建立在心理学研究基础之上，代表人物为赫尔巴特。赫尔巴特认为，人是通过感官与其他实在（即外界事物）发生关系，从而获得观念，即经验，任何观念、任何经验的取得，都是统觉的结果。② 以统觉原理为基础，赫氏认为，"儿童只有通过接受经过精心挑选、刻意安排而相互连贯、先后有序的各科教材，不断地使新旧观念类化，才能获得知识。"③可以说，赫氏根据心理学原理设计教学过程的程序，首创四段教学法，对后世影响巨大，为教师向学生系统传授知识提供了极具规范性和操作性的摹本。

（2）行为主义时期。行为主义是 20 世纪初起源于美国的一个心理学流派，其代表人物为华生和斯金纳。行为主义者希冀控制人类的反应以便他们能更好地适应环境，为此，行为主义者通过提供的刺激来预示将会发生什么反应，或者通过特定的反应来陈述引起这种反应的情境或刺激。④学习行为实际上就是一种刺激—反应之间的联结，根据这一原理，课程编制的首要任务就是设计明确具体而又能引起学生行为反应的目标，根据学生对这些目标的学习反应再进行调整完善，课程史上的博比特、泰勒、布卢姆等专家就是受行为主义影响，主张以行为目标为导向编制课程。

（3）认知主义时期。认知心理学创始于 20 世纪四五十年代，其代表人物有西蒙、皮亚杰、布鲁纳、奥苏伯尔等。与行为主义不同，认知心理

---

① 瞿葆奎、施良方：《"形式教育"论与"实质教育"论》，转引自瞿葆奎《教育学文集（智育）》，人民教育出版社 1993 年版，第 443 页。

② 戴本博：《外国教育史》（中），人民教育出版社 1990 年版，第 254 页。

③ 吴式颖、阎国华：《中外教育比较史纲》（近代卷），山东教育出版社 1997 年版，第 239 页。

④ ［美］约翰·布鲁德斯·华生：《行为主义》，李维译，浙江教育出版社 1998 年版，第 12 页。

学将研究的重点由外在行为收回至内部心理活动，探讨学生在处理与环境
关系时认知结构的重组，思维过程的变化以及所采取的具体思维方式。皮
亚杰认为，"客体及其恒常性只是借助于运演结构才为我们所认识，人把
这些运演结构应用到客体身上，并把运演结构作为使我们能达到客体的那
种同化过程的构架"。① 可见，学习是借助于认知结构（皮亚杰称之为
"中介物"）进行建构活动的结果。20 世纪 60 年代以后，认知心理学发展
虽流派纷呈，但在以下几个方面却获得了比较一致的看法：其一，智慧发
展的阶段及其阶段顺序具有普遍性；其二，处在相同年龄阶段的儿童具有
共同的内部认知结构特征；其三，认知结构的水平与学习内容之间存在平
行关系。② 这些研究成果为制定普遍共性的认知领域的课程目标和课程内
容提供了心理学依据。

（4）人本主义时期。人本主义心理学兴起于 20 世纪 70 年代，其代
表人物有罗杰斯、马斯洛等。假如说行为主义关注学生学习的结果，认知
主义关注学生学习的过程，那么人本主义者关注的是学生学习的起因，也
即影响学生学习的非智力因素，如情感、信念、意图等。同时，人本主义
者认为，心理学应该以完整的人（the whole men）为研究对象，"对作为
一个活生生的人所涉及的方方面面进行全面的描述"，③ 而不是将人的行
为表现、认知过程、情感意志等心理活动割裂开来。在人本主义心理学思
想影响下，课程编制和实施要考虑两个主要问题，一是学生学习何以可
能？课程设计应充分分析学生的学习动机和学习兴趣，归根结底，是要发
现学生赋予课程以怎样的意义，从中获得何种自我的发展。二是学生通过
学习成为什么样的人？答案是完整的人而非片面的人，由此，人本主义课
程观提倡合成课程（confluent curriculum），主张将学生的思维、情感和行
动整合到合成课程中去。

2. 当代心理学与课程观的发展

后人本主义时代，心理学的发展呈现出更加多元化的格局，教育社会
心理学、智力理论、后现代心理学成为主要流派。教育社会心理学以互动
学习为逻辑起点，以课程实施为核心研究领域，强调师生行动一致，共创
有意义的课堂生活，重视构建民主和谐的课堂人际关系，并且建立了课程
实施的社会心理学分析模式。20 世纪 80 年代以来，各种智力理论取代认

---

① ［瑞士］皮亚杰：《发生认识论原理》，王宪钿等译，商务印书馆 1981 年版，第 103 页。
② 姚晓春：《浅论教育的确定性和不确定性》，《教育理论与实践》1999 年第 5 期。
③ 施良方：《学习论——学习心理学的理论与原理》，人民教育出版社 1994 年版，第 401 页。

知心理学成为影响课程设计的新方法论基础，其中，加德纳的多元智能理论最为有名。当代世界各国综合性、活动性课程的设计就是要为学生的多元智能发展提供一种平台和机会，综合性主题学习已经成为当今课程设计的主要方向。此外，斯滕伯格的三元智力理论也是颇具影响的智力理论，三元理论主要是从个体内在世界、客体外部世界和中介经验世界这三个角度来分析人们的智力，用它来指导课程设计，旨在加强学生的智力训练，提高对外办事能力，可以克服传统课程与教学目标体系中理论与实践、科学与生活彼此割裂的弊病。后现代心理学以其整体论、建构论、去客观化等思想，消解着科学心理学的方法论基础；它重视人与社会文化的关系、重视人的价值和地位、重视人的主观性和能动性，主张从人文科学的角度来真实、全面地揭示人的心理和行为的实质。[①] 后现代心理学为诸多后现代课程学者提供了方法论基础，比如派纳的存在体验课程观、范梅南的现象学课程理论、史密斯的全球化课程理论等均不同程度受到后现代心理学思想的影响。

（三）社会学与课程

无论是将课程视作为"蓝本"的传统课程观，还是将课程看作是"文本"的现代课程观，都承认课程是社会文化的有机组成部分，通过考察各个时期的社会观以及社会学对课程的影响，我们可以从课程与社会环境互动的线索透视课程观的发展历史。

1. 早期社会观与课程观形成

课程与社会有着天然的亲缘关系，首先是学校课程会受特定社会时期的政治、经济、科技等社会文化的制约，同时，学校通过课程实施活动对社会文化进行加工、传递和扩散，反作用于社会发展。早在两千多年前，柏拉图第一个关注到了雅典社会必须要在核心价值和重大信仰方面达成普遍共识，在《理想国》中，柏拉图勾画了以培养"护国者"为目的的课程体系。17 世纪的夸美纽斯延续了柏拉图的社会教育观，主张根据未来社会生活的多样性需要，尽可能将学校的课程范围设置得广泛一些，在夸美纽斯看来，课程就是"将所有事物教给所有人的艺术"。17 世纪晚期，英国的洛克提出了"政治契约论"，认为教育的本质是根据"契约"培养"绅士"，在《教育漫画》中，洛克规划了绅士教育的课程，包含德育、体育和智育等不同方面。到了 18 世纪，法国的卢梭发表了《社会契约论》，试图在个体的自由天性和社会限制之间寻找某种平衡，《爱弥儿》

---

① 郭本禹：《当代心理学的新进展》，山东教育出版社 2003 年版，导言三。

探讨的就是在儿童自然天性发展和融入社会生活之间如何协调的问题。19世纪的斯宾塞则从"适者生存"的原理出发，指出教育的功能就是为学生将来的完美生活做准备，在一个发展、变革、复杂的工业化社会里，课程内容既要考虑个人，更要考虑社会政治和经济的需要。

2. 不同社会学理论中的课程观

以上这些历史性的回顾，只是对早期社会观影响下的课程观进行了简单的梳理，对课程与社会互动关系的深层次问题进行探究，则是19世纪晚期的事情了，自从孔德在《实证哲学教程》中首次提出社会学概念之后，社会学、教育社会学等学科先后诞生，对课程与社会关系的分析也逐渐深入，下面简要介绍几种影响力较大的教育社会学及其阐述的课程观。

（1）和谐理论学派

和谐理论学派主要由结构功能主义的支持者所组成，代表人物有涂尔干、帕森斯等。这一派的主要观点是，社会如同一台机器，各个组成部分互相关联，互为条件，互相影响，是一个和谐的有机整体；教育的功能在于为实现和谐社会的有序运转筛选人才，通过强化德育培养社会化的人。涂尔干是将社会学应用于教育研究的第一人，依据涂尔干的观点，教育的目的是促进学生社会化，因为教育本身就是一种社会机制；社会的统整与和谐主要依靠道德来维系，道德教育应居于中心地位；教育的具体功能可分为智识功能、政治功能、社会功能和经济功能，其中经济功能尤为重要。此后，一些新教育社会学者开始运用涂尔干的分析框架讨论意识形态与课程的关联。例如，帕森斯认为学校课程具有社会化与角色定位双重功能。B. 伯恩斯坦（Bernstein）意识到权力、社会阶级对课程知识具有影响和控制作用。

（2）冲突学派

如果说和谐学派是从肯定态度探讨社会稳定与教育的关系，那么冲突学派则从批判态度审视社会矛盾、权力差异和教育之间的关系，代表人物有柯林斯、鲍尔斯、金蒂斯等。柯林斯着重探讨了学校课程设置和权力集团的关系。他认为，学校教育活动从本质上说是传递特殊身份文化的活动，课程知识是组成特殊身份文化的一部分，只有那些能获得高学历的学生才有机会进入管理阶层，就此，学校课程被贴上了精英和大众、管理者和被管理者的身份标签。鲍尔斯和金蒂斯提出了"符应理论"，认为学校知识的生产、传递（分类、分化）、评价，充分反映了社会阶级的权力结构和社会控制情况；学校知识和生产领域的阶层结构（即教育分化和工作分配之间）有紧密的关系，这种关系反映了社会阶级的特殊性对知识分配过程的影响。① 他们以再生产理论为依据，揭示了学校教育是一种对生产关系和阶级结构的再生产活动。

（3）解释学派

解释学派从微观视角出发，探求知识的社会性质，他们感兴趣的主要问题有，谁的知识最有价值？支配教育的主流知识应该有何标准？语言编码与课程知识之间有什么关系？等等，解释学派的代表人物有 M. F. D. 扬、伯恩斯坦。M. F. D. 扬于 1971 年出版了《知识与控制：教育社会学新探》，将研究的焦点集中在知识与社会的关系上。首先，扬指出学校课程反映了不同身份集团之间的冲突，"课程是给定的，或者完全是不同群体为了接纳和合法化他们的知识而排斥其他群体知识过程中权力斗争的结果。"② 学校对课程知识进行选择、确定、组织的活动，实际上是社会主流阶层对社会进行控制的一种重要中介。其次，课程知识的组织不能只按照"逻辑序"和"心理序"的规则，还必须考虑"社会序"的规则，即将代表高地位阶层的知识安排为高等级学科，代表低地位阶层的知识安排为从属性学科，从而借助课程知识的分层，达到对学生进行身份控制的目的。伯恩斯坦借助符码理论研究教育知识的组织与传递问题，他认为学校教育知识主要根据强分类框架组合成集合编码，适合于上层社会的子女，而这种知识与下层社会子女的生活经验具有较大的异质性，导致了他们在学校中处境不利。

（4）批判学派

批判教育社会学诞生于 20 世纪 70 年代，主要代表人物有阿普尔、吉鲁，他们以批判理论为思想武器，对意识形态、霸权、权力与课程之间的关系进行了深入的分析。受知识社会学影响，阿普尔指出学校所传授的知识是富贵阶层的知识而不是少数穷人的知识，学校课程内容的选择、课程实施方式以及课程评价均以上述知识为标准。阿普尔的这一分析，使我们看见学校知识与一般社会意识形态之间的复杂关系。③ 此外，阿普尔认为学校知识的产生还受企业生产的影响，与企业发展关系密切的技术知识将越来越受学校重视，像数学、科学、通用技术等课程就成为学校的高地位课程，而像艺术或人文课程因其是非生产性课程，在学校中就显得无足轻

① 吴永军：《课程社会学》，南京师范大学出版社 1999 年版，第 80 页。

② M. F. Young. Bring Knowledge Back in. London：Routledge Press，2008：28.

③ M. W. Apple，M. Subkoviak，&H. Lufler，Jr.（Eds.），*Education evaluation analysis and responsibility*. Berkeley，CA：Mccutchan. 1974：30.

重了。吉鲁受社会批判理论的洗礼，主张教育是解放的、反省的事业，而非政治的、规范的事业；课程内容要体现被压迫者的立场和政治诉求，反映不同阶级的声音；课程设计要跨越不同的主体立场和学科，让学生有机会批判课程知识。总之，吉鲁从同情下层阶级群体的政治观出发，希望学校能成为一个体现民主的、合乎正义的公共领域，师生能成为解放的公民，当然，这一切都必须建立在对旧有课程体系的批判和革新基础上。

二　课程观形成与发展——历史形态视角

从历史维度考察，受国家主义、宗教主义、功利主义、理性主义、人文主义、后现代主义等政治、文化、哲学思潮的影响，课程观也随着各种思潮摆荡，在不同历史时期凸显出以一种课程观占主导地位而其他课程观蛰伏而存的格局。

（一）国家/政治导向的课程观

自从人类社会建立国家以来，为维护国家稳定和统治阶级的利益，教育开始走上专门化的道路，被赋予了强烈的政治和阶级功能，东西方社会概莫能外。在我国先秦时期，尽管儒、道、墨、法各家持有不同的社会政治理想，但他们对教育必须为统治阶级利益和国家政治服务却抱有共识。儒家所谓"学而优则仕"，"学也，禄在其中矣"，孔子提出"子以四教：文、行、忠、信"（《论语·述而》），就十分明确地表达了这种立场。《大学》所列格物、致知、诚意、正心、修身、齐家、治国、平天下八条目，把这种教育作用表达得既系统又完整。《学记》也极为明确地指出："建国军民，教学为先"，"化民成俗，其必由学"，强调教育对国家政治的重要意义。道家则是从"反思"的角度，采取一种以退为进的策略，提出了改善当时政治生态的教育主张。墨家也把"有道者劝以教人"看作是维系国家安危的关键。法家则主张"以法为教"、"以吏为师"，培养"循令而从事"、"明法"和"行法"之人。此后，从汉代董仲舒"德治与教化"的教育主张，到唐代韩愈提出的"明先王之教"，再到南宋朱熹"存天理、灭人欲"的教育目的观，直至清朝王夫之的"安天下，当以文教为重"思想，均继承了教育乃治国之本的思想。

在西方，古希腊荷马时代教育注重智慧、勇敢、节制、正义四项要义，这一教育传统为后来希腊教育的国家化取向奠定了重要基础。古风时代，作为希腊两大城邦中的斯巴达和雅典，虽奉行不同的政治主张，但其国家政治观主导下的教育目的是一致的，斯巴达的教育目的侧重培养社会成员荣誉、勇敢、坚毅、服从权威、尊敬长者、爱国等品质，最终成为合格的军人，雅典的教育目的注重道德熏陶、体格训练、文化教育及音乐舞蹈，培养适合民主政治生活的公民。古希腊思想家柏拉图在其撰写的《理想国》中系统阐述了他的政治学说，他认为，理想的国家由三个不同的阶级组成：统治阶级、卫士阶级和生产阶级，要使这样的理想国家变成现实，首先必须培养国家的统治者——哲学家，哲学家培养的关键是通过教育促进他们灵魂的转向，为达此目的，他设计了一整套有利于灵魂转向的课程体系。① 在政治观上，亚里士多德是奴隶制的拥护者，他劝告奴隶主国家的立法者，一定要重视整个国家的教育，"应首先注意少年人的教育"，"忽视教育就会危害政制"，要教育"公民使他们的生活适合于政府的形式"。② 和柏拉图一样，亚里士多德也特别强调教育是国家的职责。

　　17 世纪以来，为维护国家新政权的稳定，以英、法、美为代表的新兴资产阶级国家掀起了国家主义教育改革的浪潮。18 世纪英国著名的古典政治经济学家亚当·斯密在其成名作《国民财富的性质和原因的研究》一书中，通过对社会分工的详细论述，论证了国家主义教育实施的必要性，重视和提倡普通人民的教育。在课程内容方面，亚当·斯密主张，普通民众应该接受阅读、写作及计算教育，这些课程是启发民智，提高国民素质的重要措施。到了 19 世纪下半叶，法国、德国许多思想家、社会改革家和教育家纷纷倡导国家主义教育思想，要求建立完整的国家主义教育体系，为社会培养合格的公民，代表人物有法国的孔德、涂尔干，德国的纳托尔普和美国的杰斐逊等。涂尔干主张，按照有益于国民意识的形成、合格公民的培养的原则，精心选择教材，确定教学内容。美国的杰斐逊从国家建设任务、国民素质的培养出发，规定了教育的两大任务：一是训练公民懂得自己的社会责任，使其既能与专制独裁统治作斗争，又能解决重大的有争议的问题；二是造就能按民主方式进行统治的有知识的领袖。18世纪至 19 世纪初欧美国家主义教育思想的出现和传播，使得欧美各国逐渐认识到教育在国家发展中的重要作用，并采用各种方式加强国家主义教育体系的建设。

―――――――

① 教育促进灵魂转向的主要意思是，使受教育者的心灵状态从最低等级的想象，逐步上升到信念、理智，最后达到理性等级，把握最高的"善的相"，进入到至真至善的可知世界的这样一个灵魂转向或上升过程。对于灵魂转向的不同阶段，柏拉图提出了不同的课程安排：体育和音乐是最为基础的课程，在这两门课程的基础上，先后开设算术、几何、天文学、谐音学等课程，按照这个次序将灵魂从可见世界逐步上升到可知世界，最后达到辩证法——哲学（转引自张斌贤《外国教育思想史》，高等教育出版社 2007 年版，第 28 页）。

② 张焕庭：《西方资产阶级教育论著选》，人民教育出版社 1964 年版，第 561 页。

回到我国，新中国成立后一直到改革开放之前，整个国家以阶级斗争为刚，奉行政治挂帅之策，教育目的带有鲜明的政治色彩。反映在课程领域，在社会主义改造时期，设置了"革命常识"、"共同纲领"、"时事政策"等学科；到了"文化大革命"时期，课程设置更是片面突出政治性，政治课念报纸，历史课只讲农民战争史和党内两条路线斗争史；即便在拨乱反正全面恢复时期，关于中小学的教育目标还是"培养适应阶级斗争、生产斗争和科学实验三大革命运动需要的新生力量"，教学科目依然以农业"八字宪法"为根据的农基课。① 改革开放以后虽历经几次课程改革，但是"泛政治化"的课程观还深植我国课程体系之中难以消除。

尽管极端化的国家控制和政治至上的课程观已不复当年之威，时至今天，为提高国民素质，达成国家战略目标，世界范围内的课程改革运动此起彼伏，方兴未艾，规划和制定国家课程标准仍然是各国课程改革的核心议题。

（二）宗教/信仰导向的课程观

正如东方文化深受儒家思想的影响一样，在西方，宗教思想对文化的影响深远，尤其到中世纪达到了极致。以基督教为例，早期基督教具有平等、博爱的精神，可以说"是奴隶、穷人、无权者和被罗马帝国放逐的人们的宗教"。② 到了公元 2 世纪后期，它开始维护奴隶主专政，宣扬君主是神的代表，逐渐为罗马执政者所利用。基督教通过开办初级教义问答学校和高级教义问答学校展开教育方面的活动。低级教义问答学校的科目除了教义知识，还包括道德行为的训练和赞美诗，其主要目的是培养教会的僧职人员；高级教义问答学校教学的科目有哲学、修辞学、逻辑学、天文学、文学、历史和自然科学等，意图将希腊罗马文化与基督教教义合流，目的是为了更好地学习教义，忠于教会，为基督教服务。

中世纪，西方文化的主题和核心是宗教文化与宗教思想，宗教信仰取代世俗价值，恩格斯曾对此做过这样的评价："中世纪只存有一种意识形态，即神学和宗教。"③ 在此期间，教育思想蕴涵在基督教哲学以及神学思想中，教育目的是培养虔诚的基督徒，课程内容主要来源于圣经，至于其他知识的配置，如文法和修辞，则服务于解读圣经以及宣教的需要。16世纪的西欧宗教改革运动，将基督教改变成适合资产阶级需要的宗教，马

---

① 白月桥：《素质教育课程构建研究》，教育科学出版社 2001 年版，第 2—4 页。
② 《马克思恩格斯选集》第 22 卷，人民出版社 1972 年版，第 525 页。
③ 《马克思恩格斯选集》第 4 卷，人民出版社 1972 年版，第 231 页。

丁·路德把教育看作是改造教会和改革社会的不可缺少的工具。路德认为教育包括了两个方面的职责，一是培养僧俗两界所需要的专门人才，一是对人民实施普通教育。路德这种主张对于宗教改革后的欧洲影响很大，从这时起，教会和国家政权机构同时办教育就逐渐成为欧洲数百年的传统，宗教教育的价值取向一直或隐或现地存在于欧洲中小学的课程之中，并延续至今。

对我国而言，宗教虽然没有像基督教之于欧洲文明、伊斯兰教之于阿拉伯文明、佛教之于南亚文明的影响力，在民间颇有影响的佛教、道教也没有真正意义上影响过正统的学校教育，但是却存在着一种超越儒、道、释三家的"伦理型文化"，这是一种中国式的"宗教"，对我国的传统课程观影响很大。伦理型文化以求善、重德、事功为旨趣，强调"真、善、美统一，而以善为核心"，① 以"自为、调和、持中为其根本精神"，② 视功名利禄为人生的奋斗目标。所谓"鸡鸣而起，孳孳为善者，舜之徒也，鸡鸣而起，孳孳为利者，跖之徒也，欲知舜与跖之分，无他，利与善之间也"（《孟子·尽心上》）。即是对求善的理想人格和求利的理想人格的生动描述。而"伦理型文化"更为核心的价值追求是以"礼、义、仁、信"为内容培养道德型人格，这在我国古代课程设置中就有很充分的体现，西周至春秋时代，"养国子以道，乃教之六艺，礼，乐，射，御，书，数"。到了南宋以后，"四书五经"被定为科举考试的主要教材，其地位比肩基督教的圣经和伊斯兰教的古兰经。近代中国在内忧外患之中深受西方文化的冲击，伦理型文化开始瓦解，尤其是求善、重德之信仰开始崩塌，崇尚功利之风则继续被发扬光大，至今绵延不绝，对我国现代课程观和课程设置还有不小的影响。

（三）理性/工具导向的课程观

如果对西方课程理论进行溯源和考辨，理性谱系的课程观与功效谱系的课程观是两种主流课程观。"理性课程"谱系所代表的课程理念非常明确，坚持把理性作为人类认识的根本，强调知识及文化传统对未来一代发展的重要意义，认为知识具有无可取代的价值和教育意义。③ 理性谱系的课程思想由来已久，这是因为"理性"（reason）是人类固有的一种探究世界本源及其推动力量的哲学方法，后来的科学精神也在理性基础上发展

---

① 张岱年：《中国文化概论》，北京师范大学出版社1994年版，第211页。
② 梁漱溟：《东西文化及其哲学》，商务印书馆2011年版，第3页。
③ 杨明全：《西方课程理论谱系：溯源与考辨》，《全球教育展望》2011年第3期。

而来。柏拉图开启了理性主义教育之先河，他认为世界由两个部分构成，即"现象世界"和"理念世界"，我们要认识和把握世界，"判断标准除了来自感性世界之外，还必须存在某些理性的要素",① 只有清除了感觉杂念的理性要素才能找出真理的真正含义，所以他推崇像数学、哲学这样的理性知识。近代理性主义的旗手则是笛卡尔（R. Descartes），笛卡尔认为，"要促进科学和认识的发展，必须要建立一种以追求真理为目的，又有利于人类征服自然界的新哲学",② 像物理学、形而上学和一些实用性的知识理应成为课程的主要内容。而康德则明确提出将发展人的理性和道德作为教育的基本目的。17—18 世纪，理性主义哲学思想在欧洲大陆得以广泛传播，理性思维、科学知识、本质主义渗透到教育之中，成为课程设计和内容选择的基本纲领。20 世纪在美国形成的永恒主义教育哲学和要素主义教育哲学，也深受理性主义影响，赋予永久性知识、科学概念和学科原理以至高无上的地位。

"功效课程"谱系强调课程的效用和客体价值，换句话说，人们关注的是课程对于个体需要满足、社会生活和经济科技发展的功能和价值。考察教育史，赫尔巴特可算是功效课程观的开山鼻祖了，他从对教学目的的分析入手，提出了较近的目的为了满足学生"多方面性发展"的要求，这些多方面性的发展由不同的兴趣指向所构成，学校应根据这些兴趣设置不同的课程。③ 显而易见，满足个体多方面兴趣需要是赫尔巴特设计课程的出发点。在教育思想史上，最早肯定知识的功用价值并结合课程设置进行深入研究的是英国教育家斯宾塞。斯宾塞指出："在能够制定一个合理课程之前，我们必须确定最需要知道些什么东西，必须弄清楚各项知识的比较价值。"④在斯宾塞看来，"什么知识最有价值，一致的答案就是科学。"⑤ 斯宾塞的知识价值论成为了 20 世纪盛行的唯科学主义知识价值观的先导。20 世纪 50 年代布鲁纳所倡导的学科结构课程改革运动也是功效课程的典型代表，作为对杜威等倡导的"儿童中心论"在教育实践上造

① ［爱尔兰］弗兰克·M. 弗拉纳根：《最伟大的教育家：从苏格拉底到杜威》，卢立涛、安传达译，华东师范大学出版社 2009 年版，第 17 页。

② 全增嘏：《西方哲学史》（上册），上海人民出版社 1983 年版，第 496 页。

③ ［德］赫尔巴特：《赫尔巴特文集》（教育学卷3），李其龙、郭官义等译，浙江教育出版社2002 年版，第 230—236 页。

④ ［英］赫·斯宾塞：《斯宾塞教育论著选》，胡毅、王承绪译，人民教育出版社2005 年版，第11 页。

⑤ 同上书，第 44 页。

成了一系列"无用"的回应，以及迫于科技、军事竞争的压力，美国教育界掀起了以布鲁纳领衔的学科结构运动，强调新三艺——科学、数学和外国语在课程中的中心地位，将课程的效用价值发挥到了极致。

20世纪以来，这两种课程观呈合流之势，有人将之称为"工具理性课程观"。"工具理性"原本是法兰克福学派借鉴德国社会学家马克思·韦伯的"合理性"（rationality）概念而提出的重要概念，"工具理性"以追求效率和效益为核心，而在资本主义工业化的道路上，只有真理性的科学知识和精致性的工艺技术才能体现出这种"有用性"，所以，工具理性课程观实际上是指一种以追求功效、效率为本，偏重科学与技术的课程观。工具理性课程观伴随着课程研究成为独立的领域而逐渐明朗化，主要代表人物有博比特、查特斯和泰勒。1918年，博比特在其《课程》里，通过对人类社会活动的分析，提出学校课程设置相应的范畴，主要包括知识、技能、能力和态度等领域，这种课程设计的主要思路是，从因果效应的关系观出发，对构成课程目标的来源因素进行量化分析，达成课程目标与社会活动的高度一致性。像博比特一样，查特斯在《课程编制》（Curriculum Construction）一书中认为，课程编制要解决的首要任务是弄清学生未来将会从事哪些工作，课程教学负责向他们展示如何去做这些工作。泰勒将博比特和查特斯的工作又朝前推进了一步，他通过分析学校教育目标的五个信息来源，构筑了"课程目标制定——选择学习经验——组织学习经验——评估学习经验的有效性"这样一个严密而精细的课程设计流程，完美地将课程的效用性、科学性和技术性结合在一起，对整个20世纪的课程理论和实践产生了深远的影响。

（四）个体/发展导向的课程观

这种课程观主要依据早期的人文主义思想以及近现代的人本主义思想。人文主义思想兴起于欧洲文艺复兴时期，核心是强调"人道"，认为人性可以分为人的自然属性和人的社会属性两个方面，人文主义者主要强调人的自然属性。他们认为宗教的统治使自然的人性没有得到充分的发展，人文主义者用"人道"来反对"神道"，提倡"个性解放"、"个人幸福"，肯定"人的尊严"、"人的伟大"，肯定人能充分发展其智慧、知识和力量。自从达·芬奇的画作《蒙娜丽莎》面世，人的形象第一次如此光明正大、理直气壮地充盈在文艺作品中。被马克思、恩格斯誉为现代资本主义纪元开端的标志性人物——但丁，极力主张人的自由，他说："人类最自由的时候，就是它被安排得最好的时候"。"自由的第一原则就是意志的自由；……意志的自由就是关于意志的自由判断。"① 薄伽丘在其《十日谈》中指出："自然把人创造得又美丽又匀称，不是用木头和金刚钻造人，而是用血肉造出来的。"② 所以，薄伽丘主张造就的是全面发展的人。拉伯雷所描写的特来美修道院是他理想中的社会，那里的人们只遵循一条规则："随心所欲，各行其是。"③ 这条规则使每个人都得到了自由。作为一个自然神论者，卢梭接受了当时颇为流行的"自然状态"的学说，宣称："每个人都生而自由、平等。"④ 同时，卢梭认为人的天性是善的，"在人的心灵中根本没有什么生来就有的邪恶"，⑤ 是腐败的社会使人堕落，并对儿童产生恶劣的影响，进而他证明自由和平等是人类的自然本性，是天赋的人权。这为他提出的自然主义教育思想提供了坚实的理论基础。

人本主义思想到 19 世纪才被德国哲学家费尔巴哈在"人本学"中明确提出，费尔巴哈认为哲学应该以整个的人本身作为对象来考察，而不应把思维和整个人的本身割开，只不过费尔巴哈把人看成是生物界的人，而没有把人理解为社会和历史的人，他的"人本学"就将人抽象化、形而上学化了。继费尔巴哈之后，以叔本华、尼采为代表的唯意志论，以狄尔泰、柏格森为代表的生命哲学，以海德格尔、雅斯贝尔斯、萨特为代表的存在主义以及弗洛伊德的精神分析学，法兰克福学派的社会批判理论等诸多学派将人本主义人性观推向了高潮。此一时期的人本主义者在哲学研究方向上实现了从认识论到存在论的转向，注重人的个体生存状态和现实的个人体验，着重研究传统哲学未讨论的个人的意志、情感、本能、无意识等因素，以及人在痛苦、畏惧、烦恼、面临死亡等状态下的心理体验和人的自由、价值、选择、责任、人的解放等问题。⑥ 人本主义人性观由关注理性、科学、知识等外在于人的理性经验，转向关注内在于人的情感、态度、价值观等感性经验，是当代"儿童中心"课程思想的重要哲学基础，如，美国的"进步学校"以及欧洲的"新学校"所提倡的"儿童中心主

---

① 周辅成：《从文艺复兴到十九世纪资产阶级哲学家政治思想家有关人道主义人性论言论选辑》，商务印书馆 1966 年版，第 19 页。

② ［意大利］乔万尼·薄伽丘：《十日谈》，邓玲声、魏兰译，长江文艺出版社 2008 年版，第 17 页。

③ ［法］拉伯雷：《巨人传》（上卷），成钰亭译，上海译文出版社 1981 年版，第 207 页。

④ ［法］卢梭：《社会契约论》，何兆武译，商务印书馆 1963 年版，第 7 页。

⑤ ［法］卢梭：《爱弥儿——论教育》（上卷），李平沤译，商务印书馆 1978 年版，第 95 页。

⑥ 陈芬：《论西方二重性人性论》，《吉首大学学报》（社会科学版）2005 年第 2 期。

义"、马斯洛的"自我实现人格"、罗杰斯的"非指导性教学"、派纳的
"存在经验课程"等思想，正是受人本主义哲学思想的影响下发展而
来的。

（五）后现代主义导向的课程观

一般认为，后现代主义是20世纪60年代形成于西方，试图批判甚至
超越近现代哲学的新哲学思潮。著名过程哲学家格里芬则认为，后现代主
义是各派具有反传统倾向的哲学家们一种必须超越现代的共同情绪。尽管
后现代主义没有共同的纲领和话语体系，甚至对如何处理现代主义的态度
也各不相同，但后现代主义也有一些明显的身份标签，如反基础主义、反
本质主义、反对还原论、反对划一思维、去中心化、反体制文化、反科技
主义，鼓吹相对主义、多重视角、差异性、多元性、模糊性、不确定性等
等。后现代主义思潮最早出现在哲学、建筑学、文学批评等领域，20世
纪70年代，随着概念重建运动的兴起在教育领域的影响也越来越大。总
体来说，后现代主义及其课程观可分为两大流派，一是解构性后现代主义
课程观，二是建设性后现代主义课程观。

以解构性后现代主义思想为学术渊源的课程观主要有三种流派。其
一，现象—解释学取向课程观。这一流派的代表人物主要有派纳（W. Pi-
nar）、格林（M. Greene）、休伯纳（D. Huebner），他们深受欧陆现象学、
诠释学、存在主义和精神分析学派的影响，探寻经验的本质和事件的意
义，关注师生的生活体验，承认个体的存在价值，将教育看成是一种具有
诗性的人生践履活动，认为学校是师生借助课程教学，实现平等对话，充
实学生的生活经验和发展其完美人性的活动场所。用派纳的话来说，"课
程是一种特别复杂的对话，课程不再是一个产品，而更是一个过程。它已
成为一个动词、一种行动、一种社会实践、一种个人意义以及一个公众希
望"。[1] 其二，知识社会学取向课程观。这一流派的主要代表有鲍尔斯
（S. Bowles）、金蒂斯（H. Ginits）、麦克·扬（M. F. D. Young）、伯恩斯
坦（B. Bernstein）。此派学者受到马克思社会学思想与知识社会学的影
响，他们将课程研究的眼光投向了社会、文化与劳动力再造之间的关系，
注意到了学校在知识传递过程中所扮演的工具性价值角色，认为课程知识
的生产、配置和评价是社会控制和社会权力分配的结果，正如伯恩斯坦所

---

[1]　Pinar W F, Reynolds W M, Slattery P, Taubman P M. *Understanding Curriculum: an Introduction to Study of Historical and Contemporary Curriculum Discourses* New York: Peter Lang Publishing, 1995: 847—848.

分析的，"社会如何选择、分类、分配、传递和评价公共的教育知识，既反映了社会权力分配的情况，也反映了社会控制的某些原则。"① 其三，社会批判取向课程观。社会批判教育理论的主要代表是阿普尔（M. Apple）、吉鲁（H. Giroux）、保罗·弗莱雷（Paulo. Freire）。他们以德国法兰克福学派的批判思想为基础，透过历史帷幕分析意识形态与教育、社会群体力量与课程之间的关系，唤起教育界人士的主体意识和社会批判精神，用"批判理论"的基本精神探讨课程有关问题。如弗莱雷将学校教育与政治、社会和经济联系起来，试图改变师生作为"被压迫者"的命运，致力于"人的解放"。

建设性后现代主义课程观的理论基础和思维方式主要来自于过程哲学和建设性后现代主义哲学，代表人物有布洛克、小威廉姆·E. 多尔和斯莱特里。尽管这派学者对以工业化为基础的现代性教育进行了解构和批判，反对现代课程中存在的控制观、唯科学主义的理论与方法、原子论的认识论、元叙事，但是他们并不一味地从事"破"的工作，更多地侧重于"建"的工作，他们也不同意完全割裂与传统课程思想的联系，主张尊重和继承传统课程思想中的精华部分，相比解构性课程观，建设性后现代主义课程观更为温和和务实。其一，布洛克摆脱控制的课程观。布洛克认为，现代教育就像一座"圆形监狱"，借助课程控制着学生，学生被限定在固定的路线和位置上，是预定学习任务的忠实完成者、知识的被动接受者。② 布洛克极力反对这种蜘蛛网式的控制课程观，他用隐喻的方式提出课程是一个创造学生"迷失"的机会，不给学生规定目的地，不指出朝向目的地的方向和路径，让他们在"迷失"的过程中创造自己的新身份。其二，多尔百科全书式的课程观。多尔是第一个将前现代、现代和后现代课程思想有机联系起来的学者，他从历史上主要的哲学家、科学家和课程理论家身上吸收了各种有价值的养分，试图超越泰勒原理构筑 4R 课程体系。实际上，多尔设想一种后现代课程，在这里，课程不再是封闭的跑道，而成为自由的跑的过程，学习则是一种创造新的意义的探险活动。其三，斯莱特里通俗化的课程观。斯莱特里注意结合自身的成长经历和现实生活的变化思考教育问题，认为教育是一种追求公正的预言性团体，课程是一种追求转变的公共话语，教学是一种要求具备同情心和理解力的道

---

① Young, M. F. D. (Ed.). (1971). *Konwledge and control*: *New directions for the sociology of education*. London: Collier – Macmillan: 63.

② 汪霞:《课程研究：现代与后现代》，上海科技教育出版社 2003 年版，第 161 页。

德活动。①

三　课程观形成与发展——关系范畴视角

课程观是人们对课程内涵及课程所涉及的一系列问题的理性认识和基本看法。对课程观形成的理论基础和历史形态进行分析，有助于我们感知各个不同时期的课程思想来源和课程理论概貌，要想进一步深入理解和把握课程的内涵和实质，还需另辟路径，从课程与外部影响因素和课程内部要素及其关系出发作进一步的分析，只有这样才能由表及里，回到课程事实本身。

（一）课程与生活

课程与生活的关系可从两个侧面加以考察，一个是课程与学生的生存发展关系，另一个是课程与生活世界的关系。从课程与生活的角度回顾课程观的发展，有助于我们正本清源，回到课程的原义去认识它的发展变化。

1. 课程与学生的生存发展

课程与学生的关系是教育与人的关系的具象化，课程与学生的关系史是一部学生从被专制到争取自由的解放斗争史。自人类教育诞生之初，学生就被成人社会及其教育当作是一个有待于加工完善的"坯胎"，至于加工成什么样的人则完全由统治阶级、成人社会说了算，在对学生的专制过程中，教育、课程是帮凶和武器。在上古社会，除了有目的有意识地向年轻一代传授生产劳动经验，随着社会的发展和进步，各种生活习惯、行为规范及原始宗教仪式也成为了课程的主要内容，其中的青年礼②是教育中一个非常重要的环节，也是培养正式社会成员的必经之路。这种课程控制在我国上古教育中也客观存在，《孟子》上说，"夏曰校，殷曰序，周曰

---

① [美] 帕特里克·斯莱特里：《后现代时期的课程发展》，徐文彬等译，广西师范大学出版社2007 年版，前言 15。

② 在原始社会，不少氏族或部落形成了一种检验和考察青少年学习成长情况的仪式，这一仪式的全过程称为青年礼。其内容是：当少年即将转入青年期的时候，对于他在军体、道德、生活和劳动诸方面培养教育的成果，要进行一次严格的考查和检验，考查他们学到哪些本领，对未来生活作了哪些准备，检验他们面临困难危险持何态度，有无摆脱危险和克服困难的信心与决心，审核他们遭受强烈痛苦时的表情、态度，以及如何对待，等等。一般来说，这一检验和考查相当严肃，氏族或部落中有经验有威望的长辈，都要参与或过问其事。检验往往要持续一定时间，经考查合格，才被确认为正式的社会成员（王天一等：《外国教育史》（上册），北京师范大学出版社 1984 年版，第 10—11 页）。

痒；学则三代共之：皆所以明人伦也。"（《孟子·滕文公篇》）也就是通过五伦①之教规约年轻一代的言行。

如果说上古社会由于生产力水平低下，教育主要在人身上对学生加以控制的话，那么到了奴隶社会之后，教育更多地对学生的思想和精神加以控制，这主要体现在以服从绝对理念或宗教教义作为教育的终极目标，以此宰制学生的灵魂或心灵。古希腊柏拉图开启了这种教育的模式，他以灵魂不死的说辞为奴隶主专制政体代言，宣扬先天观念和遗传决定论为等级制度保驾护航，他为此给不同阶层的子女规定了等级森严的课程体系，借此对他们的灵魂进行重塑。古罗马的奥古斯丁则强调信仰高于理性，宗教虔诚高于知识，它的课程旨趣在于，企图阻止人们对真知的探究，希望他们亲近上帝皈依宗教，因为这条路可以朝向"纯正的生活，虔诚的祈祷，勤奋的研究，使人获得崇高的眼界"。② 至中世纪，西欧各国借助"君授神权"的力量，宗教信仰取代理性知识成为课程的主角，不管是修道院课程所规定的"服从"、"贞洁"、"贫穷"，还是经院哲学时代的"课程即教义"，都反映了课程是宗教宰制学生的主要工具这一事实。

到了近现代，虽然在文化领域经过文艺复兴的洗礼，人们开始反对控制、要求自由，但是，这种自由是有限的自由，是追求理性和科学的自由，而非真正解放人的自由，这一时期，理性与科学取代宗教成为了课程宰制学生的新力量。科学理性课程观集中表现为重视科学教育，认为全部教育活动的任务是为了传递科学知识，而课程就是由这些知识编制而成的，因此，课程的价值就是科学知识的价值。回顾整个 20 世纪，由于科学技术显示了比以往任何时候都强大的威力，人们对于科学、技术、知识几乎到了顶礼膜拜的地步。这在学校课程中有突出表现：自然科学始终霸占着学科的中心地位，教育研究中的科学范式起支配作用，课程开发以实证主义的科学化设计为常模，课程评价唯量化评价为标准，凡此种种，不一而足。在科学理性的统治下，学生变成了一台学术机器，装满了各种知识而失去的却是丰满而鲜活的个性，人被科学彻底异化了。

在课程与学生的关系中，一直以来尽管不乏重视学生的主体地位、呼

---

① 孟子认为：君臣之间有礼义之道，故应忠；父子之间有尊卑之序，故应孝；兄弟手足之间乃骨肉至亲，故应悌；夫妻之间挚爱而又内外有别，故应忍；朋友之间有诚信之德，故应善。这是处理人与人之间伦理关系的道理和行为准则。

② ［英］威廉·瑞拍尔、琳达·史密斯：《宗教与哲学》，张念群译，中国社会科学出版社 2004 年版，第 34 页。

吁解放学生的思想，但是这些思想总被强大的理性主义、宗教信仰、科学理性、功利主义等势力压制着，至今难以取得应有的理论地位，更少诉诸实践。

2. 课程与生活世界的关系

考察课程与生活世界的关系，至少包含了"融合"、"疏离"、"割裂"以及"回归"等不同的形态。在整个原始社会，教育没有从社会生产活动中分化出来，课程与生活之间是一种融合的关系，课程活动融入在生产劳动、宗教活动以及军事斗争中。以我国为例，《荀子·大略》中记载，对年幼者"饮之食之"而后"教之诲之"；《淮南子》中讲："禹令人民聚土积薪，择丘陵而居之"；古籍中说："伏羲氏教民畋渔，神农氏制耒，教民耕作"；《史记·五帝本纪》中描述："黄帝教熊、罴、貔、貅、虎，以与炎帝战于板泉之野"……这些文献记述，无不生动地展示了课程与生活之间的原始亲密关系。

历史迈进到阶级社会，课程与生活之间的关系进入到疏离期。课程与生活的疏离有两个方面的表现：一是，由于教育为少数统治者或上层阶级所把持，课程变成了阶级统治和社会规范的工具，在目标定位和内容选择上以伦理道德为主，轻视生产技能和生活经验。例如，在柏拉图看来，正义、智慧、勇敢、节制是国家的四项基本伦理原则，也是教育的主要内容要求。昆体良则将伦理学引入他的教育思想中，重视对学生德行的培养。此后的夸美纽斯、赫尔巴特、洛克、康德等教育家均将伦理道德视作课程最重要的内容。重视伦理道德更是我国教育的传统，"礼"、"义"、"信"[①] 构成了传统课程内容的主轴。二是，受本体论哲学思潮和宗教思想的影响，课程内容侧重于探究终极之物、绝对真理等形而上的东西，或研究宗教教义、纯粹的思辨哲学，从而远离了世俗生活。西方自古希腊开始，思想家就试图找到一个能解释万物的终极道理，柏拉图认为是"理念"，亚里士多德认为是"形式"，而"理念"、"形式"都是思维的对象，因为此便认为纯思维活动高于政治活动。[②] 如何进行思维活动的训

---

① "礼"是古代典章制度、社会道德和行为规范的总称，正所谓"非礼勿视，非礼勿听，非礼勿言，非礼勿动"（《论语·颜渊》）。"六艺"教育就将"礼"排在首位。"义"有公正、正义之意，也属于伦理学范畴，郭店出土的楚简《六德》中即有"义"字，孔子说，"不义而富且贵，于我如浮云"（《论语·述而》）。孟子在"生"与"义"之间做出了"舍生而取义也"（《孟子·告子上》）的选择。"信"即为诚信之意，"信"之重要，诚如孔子所说："人而无信，不知其可也。大车无輗，小车无軏，其何以之哉？"（《论语·为政》）

② 戴本博：《外国教育史》（上），人民教育出版社1989年版，第130页。

练？必须借助学校教育，即通过课程这一中介使生活问题"理念化"、"形式化"，以此统一人们的认识，消除其他"异端邪说"。到了宗教统治时期，"上帝"、"神学"、"教义"充斥着学校课程，更加远离世俗的生活。总之，在以古典本体论为主导的哲学思想影响下，教育试图把人的生活世界建筑在虚幻的"心灵之物"上，将学生的学习活动统一到理念化或神圣化的既定轨道之中，为到达遥不可及的理念（精神）世界做着准备，根本无视当下的、鲜活的生命活动世界。

课程与生活之间的割裂最初体现在近代社会所形成的"课程是为生活做准备"的课程观里。17 世纪，夸美纽斯提出了学校教育必须与生活实际结合的思想，他的口号是："凡不能见之于行动的知识都应取消。"① 赫尔巴特从学生对生活的多方面兴趣出发建立了他的课程论，只不过是为古板的、落后的、半封建的德国社会的公民生活做准备。英国教育思想家斯宾塞则明确地阐明了课程是"为我们的完满生活做准备"② 的观点。尽管上述这些观点看起来试图在重建课程与生活的联系，可事实上，这种课程观把"客观知识"等同于"课程"，取消了基于学生完整生活的课程设计，使课程变成了僵死的"知识筐"，反而远离了生活。此外，20 世纪以来"箱格化"的分科课程设置，教给学生的只是一些理性化、碎片化的知识，人为地割裂了学生对生活世界的完整认识，加之受愈演愈烈的工具理性思想的推动，课程沦落为考试的工具，其与生活之间的关系被完全切断了。

20 世纪以来，在生存论哲学、实用主义教育学、后现代解放思想等理论的影响下，统整科学世界与生活世界、教育向生活世界回归、课程生活化和生本化等呼声一浪高过一浪，课程与生活的关系呈现回归的态势。课程与生活的关系由紧张走向缓解首先得归功于生存论哲学思潮的兴起，20世纪以来，诸多哲学家厌倦了形而上学和认识论等宏大叙事式研究旨趣，将目光投回到人的生存本身，关注人的生存价值和意义、人的真实生活境遇等更为实际的问题，这样，课程与生活之间的关系就重新进入了人们的视野。生存论教育哲学家主张课程的目标应关注学生的内在发展需要；课程内容设置应加强人文学科，重视学生的生活体验；课程实践应回应生活实际问题。其次，以杜威为代表的实用主义教育思想掀起了新教育运动，旗帜鲜明地提出了"教育即生活"的主张，杜威借助经验这一载体，试图在学校生活、自然生活和社会生活之间构筑三位一体的课程体系，为民主

---

① 瞿葆奎等：《曹孚教育论稿》，华东师范大学出版社 1989 年版，第 240 页。
② ［英］斯宾塞：《斯宾塞教育论著选》，胡毅等译，人民教育出版社 1997 年版，第 58 页。

社会生活培养合格的公民。第三，20 世纪 70 年代以来，教育界掀起了声势浩大的后现代运动，这一运动以批判现代性教育为出发点，以"解放"儿童为旨归，以"教育回归生活"为主线，提出了生活经验重构、存在体验、后结构主义、整体性生态等诸多具有生活意味的课程观。

（二）科学主义与人文主义

课程作为教育的核心要素，天生就具有人文气质，近代以来随着科学技术的迅猛发展，课程本身也添加了越来越浓的科学气质，从课程的价值取向到课程的内容规定，现代课程始终是人文与科学交相辉映的结果，科学主义和人文主义的冲突与融合构成了课程理论发展的永恒主题之一。

1. 科学主义与课程观

（1）科学主义释义

所谓科学主义，也称唯科学主义，是发端于近代西方的一种哲学思潮，是指"一种笃信科学，尤其是自然科学的信念"。[1]同时，是"一种主张将自然科学的研究方法推广应用到所有其他学科领域的观点"。[2] 科学主义内部流派繁多，[3] 是一种历史现象，"随着时代的发展会发生范式转变，所以，应该采用一种历史观点而非派性的观点对科学主义进行分析"。[4] 但是，历史上各派科学主义都有着共同的特点：即在本体论上，奉行物质一元论和物化原则；在认识论上，唯经验和理性是从；在历史观上，认同科学万能论，将科学等同于进步。

科学主义有三大源流，一是以笛卡尔为代表的唯理论，也即理性的科学主义，这一派可追溯至古希腊的理性主义。二是以培根为代表的经验论，也即经验的科学主义，强调科学实验、归纳法。三是 17 世纪以伽利略、惠更斯和牛顿等为代表的力学体系的建立，直接导致科学领域机械论世界观的确立。"关于自然的科学思想在数个世纪中屡有转变，其中最为深刻、影响最为深远的莫过于所谓机械（mechanical）世界观或机械论

---

[1] T. Sorell, *Scientism: Philosophy and the Infatuation with Science*, London and New York: Routledge, 1991: 1.

[2] Webster's third New International Dictionary 1976: 216.

[3] 有学者曾做过粗略统计，科学主义至少包括：实证主义、逻辑经验主义、分析哲学（逻辑原子主义）、结构主义、科学理性批判主义、科学历史主义、科学实在论等不同流派（见杨寿堪、李建会《现代科学主义与人本主义哲学的基本特征及其走向》，《学术月刊》2001 年第 11 期）。

[4] C. Hakfoort. The Historiography of Scientism: A Critical View, *History of Science*, 1995（12）: 381.

（mechanistic）世界观的出现"。① 受其影响，人们坚定了这样的信念：宇宙是一台巨大的机器，一经启动，就可以因其构造而完成所要完成的工作；世界万物的发展变化皆有其定律，并且处在特定的因果关系网络中，只要探明彼此的因果效应，我们就能找出事物的规律性和内在一致性，从而也能准确预测未来的结果。

唯理论、经验论、机械论等这些不同的科学主义思想如何能并行不悖共同服务于现代科学主义的呢？答案是技术理性，因为技术理性服务于"力量"的要求，允诺"无限"的可能性，② 它无限地放大了科学主义的威力，成为支配和控制这三股源流的主导力量。

（2）科学主义及其影响下的近代课程观

英国唯物主义哲学家弗兰西斯·培根是科学技术的伟大倡导者，也是科学主义课程观的始祖。培根认为，人之需要科学，是因为科学可以帮助人去认识自然，进而支配自然，支配万物。"知识就是力量"，知识的效用体现在人的力量上。③ 尽管培根没有明确提出科学课程的纲领，但是重视科学的课程观已经随之破土而出，呈不可逆转之势。几乎在同时代，夸美纽斯以其敏锐的眼光捕捉到了知识教育的重要性，提出了"泛智"教育思想，主张将一切知识教给一切人。夸美纽斯所说的知识除了小部分宗教知识之外，绝大部分是近代以来新兴的科学知识，不仅涉及动植物等生物学知识，还包括生理学和社会学等知识，涉及的面非常广泛，故而有人将其课程思想称之为"百科全书主义课程论"，④ 可以说，当今欧洲大陆学校课程中的学术性课程主要脱胎于夸氏的课程框架。如果说夸美纽斯时代的科学是在哲学和民主大旗下摇旗呐喊的小兵，那么到了 19 世纪，科学及其教育思想已经变成了时代的弄潮儿，开始出尽风头，其中最为有名的代表有斯宾塞和赫胥黎。斯宾塞第一次从理论和实践两个层面论证了科学知识的重要性，认为只有科学知识才能推动生产力的发展，同样，也只有科学知识才具备工具性和发展性的双重价值，总之，科学知识是"使文明生活成为可能的一切进程能够正确进行的基础"。⑤ 在此基础上，从

---

① ［荷］E. J. 戴克斯特霍伊斯：《世界图景的机械化》，张卜天译，湖南科学技术出版社 2010年版，第 7 页。

② 吴国盛：《科学与人文》，《中国社会科学》2001 年第 4 期。

③ 戴本博：《外国教育史》（中），人民教育出版社 1990 年版，第 11 页。

④ ［英］霍尔姆斯、麦克莱恩：《四种主要的课程理论及其世界影响》，《外国教育资料》1995年第 6 期。

⑤ ［英］赫伯特·斯宾塞：《教育论》，胡毅译，人民教育出版社 1962 年版，第 15 页。

满足人的未来生活需要出发，斯宾塞构筑了较为完整的以科学教育内容为主的课程体系，可以这么认为，至今为止世界范围内的学科课程体系是以斯宾塞的科学主义课程理论为基础发展而来的。

（3）科学主义、技术理性及其影响下的现代课程观

20世纪初，科学发展呈现出了新的维度，基础科学研究成果源源不断地转化为技术和生产力，科学更加具有力量化、控制化和预测化的特征，技术理性开始取代传统的科学主义成为支配整个工业社会的支柱力量。"技术理性使人们相信，科学技术可以解决一切问题，因为科学技术具有无限发展的可能性：如果问题还没有得到解决，那是科技还不够发达；如果出现了不良的结局和负面的影响，那消除这种结局和影响也还得靠科技的进一步发展"。① 在科学主义和技术理性的双重影响下，现代课程观发展呈现出两大趋势，一是，追求科学化方法为主的课程研究，以博比特、查特斯、泰勒、塔巴等为代表，是一种"技术—控制"取向的课程观。博比特将目标管理的办法运用到课程开发中，试图借助目标的设计在课程与社会活动之间建立起紧密的联系，体现出课程目标的精确性和具体性的特征，他的这一思想开启了"技术—控制"课程观的先河。随之，查特斯运用任务分析法进一步将目标转化为实际的学习项目，进行有针对性的内容设计，推动了这一课程思想的发展。而真正将"技术—控制"课程观发展到极致的是泰勒，泰勒以课程目标的科学设计为总的控制中枢，借助科学程序和量化分析的方法，使课程内容的选择、课程内容的组织和课程效果的评价等活动围绕着课程目标有序展开，将课程编制活动科学化和程序化，变成一个封闭的、线性的、机械的工艺学操作流程。

二是，追求科学化内容为主的课程研究，以布鲁纳、施瓦布等为代表，是一种"概念—实证"取向的课程观。为了迎合美国"教学内容现代化运动"，受结构主义科学思潮②的影响，布鲁纳在其所著的《教育过程》中，提出了课程内容科学化的基本思想，即以"学科基本结构"取代庞杂繁复

---

① 吴国盛：《科学与人文》，《中国社会科学》2001年第4期。

② 20世纪30年代以来，科学知识整体化的要求日益明朗，各门学科之间的关系日益密切，各门科学的概念与方法相互融合。系统方法、结构方法、模型方法在天文学、物理学、化学、生物学等自然学科中广泛应用。系统论、信息论、控制论等跨学科理论在相对论、量子力学等自然科学革命的影响下发展起来。它们将事物看作有机体系，力求把握整体与局部间的组合机制。这些观念被一些具有革命精神的欧美人文学者和社会科学家吸纳入其研究当中，在哲学上形成了观察世界的普遍观念即结构主义的思潮（见靳莹、周志华《从结构主义走向建构主义的课程观及其启示》，《教育理论与实践》2006年第10期）。

的知识体系。学科基本结构由一门学科的基本概念和基本原则构成，如何组织这些结构性的知识？布鲁纳提出应遵循适应性原则、经济性原则和有效性原则。在具体的课程内容选择方面，数学、科学被列为最重要的课程。促进儿童智力的发展与学术素养是结构主义课程的主要目标。布鲁纳倡导的学科结构运动，不仅提倡课程探究方法的科学性，还主张以课程内容科学化为课程改革的重点，将科学主义课程观推向了一个新的高度。在此之后，施瓦布也在20世纪60年代对学科的基本结构作了课程论意义上的探讨，他认为学科结构有三重含义：学科间的组织结构（对知识加以分类的问题）、学科间的句法结构（科学方法的问题）和学科的实质结构（一门学科的基本概念、原理和理论）。[①] 进一步发展了科学化的课程内容设计思想。

2. 人文主义与课程观

（1）人文主义释义

所谓人文主义，也是发轫于西方的一种哲学思潮，也称人道主义。保罗·爱德华兹（Paul Edwards）主编的专业性哲学百科全书认为，人文主义包含两层意思：其一，它是一种源于14世纪后半叶的意大利并随后扩展到欧洲其他国家的一种哲学和文学运动，它构成了现代文化因素之一。其二，人文主义是一种重视人的价值和尊严，甚至视人为万物的尺度的哲学思想，或者可理解为，以某种方式将人性、人性的限度或利益作为探讨主题的一类哲学。[②] 假如说第一种人文主义是与宗教斗争的产物的话，而第二种则是与科学主义斗争的过程中产生的。我国大多数学者赞同从第二层意思看待人文主义，[③] 即将人文主义理解成为提倡人权、追求解放、崇尚理性、践行民主的哲学思潮。

相比科学主义思潮，人文主义的历史要悠久得多，可回溯至古希腊时

① 杨红萍、薛红霞：《结构主义课程理论与新课程改革》，《教育理论与实践》2009年第9期。

② See Paul Edwards（editor in chief）. The Encyclopedia of Philosophy. Macmillan Publishing Co. Inc. &. the Free Press 1967, Vol. 3&.4; 69—70.

③ "尽管人文主义思潮的流派不同、观点各异，但却表达了一种共同的精神气质与理想，即肯定世俗人生的意义，要求享受人世的欢乐；推崇人的价值与个性的解放；留意人的精神潜能；重视人的感性经验与理性思维，主张运用人的知识来造福人生；建造一个人类幸福的理性王国——乌托邦"（高亮华，1994）。"广义的人文主义代表了一种哲学思潮。这种思潮强调人的尊严与价值，视人为自主的、自尊的存在物，是万物在尺度。目前人们谈论人文主义时，如果没有特别说明，一般都是指后者"（李长吉，2000）。"对于人文主义，已经成为一个涵义很广的概念。凡是肯定人的价值、强调人的地位和尊严、倡导个性发展的各种思想、思潮和理论，都属于人文主义"（肖淑葵，2004）；等等。

代。它的主旨是对人的本性的认识、分析和探究，对人给予理性的教化和培养，对人们如何更好地生活给予精神指导。① 从智者派普罗泰戈拉的"人是万物的尺度"，到苏格拉底对人"灵魂的善"的关注，无不显示出希腊先贤们早就将人的本性及其教化研究作为哲学的主旨之一。到了文艺复兴时期，人文主义肯定和尊重人与人性，呼吁在各个文化领域里将人（人性）从宗教神学的统治中解放出来。此一时期的人文主义思想包括以下几个方面：肯定人的价值和尊贵；注重人在现世生活中的幸福；呼吁人的个性解放和自由平等；推崇人的经验和理性用以造福人生。到了近现代，人文主义主要伴随着对科学主义的质疑和批判而发展起来，呈现出两大分支。一是人本主义哲学的分支，针对科技时代人的"自由意志"丧失、"生命冲动"阻滞、"存在价值"泯灭的事实而建立起来的，其基本特征是"将人的存在本体化"、"将人的基本特性主观化"、"将人的生存状态个体化"。② 我们可以将这类人文主义哲学视为与科学主义相对的非理性哲学思潮，它的主旨是唤醒"人死了的时代"，一般认为，人本主义哲学从近代至现代经历了三代的发展，即意志主义、生命哲学和存在主义。二是人本主义心理学的分支，以美国人本主义心理学家马斯洛、罗杰斯为代表，他们反对将人割裂化和工具化，批判科学主义无视人性和人的价值，主张要维护人的人格尊严，弘扬人的完整个性，培养具有自我实现的、创造性的人。

（2）人文主义及其影响下的课程观

1）人文主义课程观的滥觞

文艺复兴时期是人文主义课程观的发端，人文主义教育者以培养身心和谐发展的人为课程目标，主张将拉丁文、希腊文、古典文学、历史、地理等人文学科作为核心课程，在课程实施中注意结合生活中的实际问题，激发儿童的兴趣，顺应他们的身心发展特点。文艺复兴时期人文主义课程观的代表人物主要有韦杰里奥、维多里诺、蒙田、拉伯雷等。韦杰里奥认为，心智训练和身体训练是人文课程的两大支柱。维多里诺提出，课程设置应重视古典语言、古典文学等学科，重在培养身体、精神和道德和谐发展的人。蒙田则以入世的现实主义精神指导课程设计，主张优先学习本国语和外国语，提出将大自然当作大课本，通过旅行、实地考察、参观等途径实施课程。拉伯雷在《巨人传》中提出了通过玩纸牌、投骰子来学习算术的游戏式教学方式，通过考察和参观学习工匠们的技能，革新了课程

---

① 黄伊梅：《希腊古典人文主义的内涵与特质》，《学术研究》2008 年第 12 期。

② 谢龙主：《现代哲学观念》，北京大学出版社 1990 年版，第 46—52 页。

实施的方法。

2）人文主义课程观的发展

随着近代科学主义的兴起，人文主义逐渐从前台退居幕后，呈式微之势，但是人文主义课程观却在欧美各国继续发展着。这里有两条线索，一是欧陆人本主义哲学家和教育家所坚持的人文主义课程观；二是北美现代教育哲学流派中所隐藏的人文主义课程观。欧陆人文主义课程观的发展经历了两个阶段，第一阶段，以卢梭、裴斯泰洛齐、福禄培尔等一批教育家为代表所倡导的人文主义课程观。卢梭通过其所虚构的儿童爱弥儿，系统阐述了他的人文主义课程思想，卢梭主张顺应儿童的自然天性培养他们的自由人格，他反对按成人的意志强迫儿童学习陈旧迂腐的知识，主张让儿童通过生活、活动进行学习，激发他们的主观能动性，开启了儿童中心课程思想的大门。裴斯泰洛齐的全部教育活动和课程理论都围绕着如何改善学生的贫困生活状况而展开，他认为，课程之于人的作用在于发展天赋的能力，形成和谐发展的完人。福禄培尔奉"发展"为教育的首要原则，认为课程的目的在于按照儿童的本性使他们在身体和精神两个方面得到发展。第二阶段，受费尔巴哈、叔本华、尼采、狄尔泰、柏格森、海德格尔、雅斯贝尔斯等一批人本主义哲学家所倡导的人本学、唯意志论、生命哲学、存在主义的影响，在教育界掀起了对抗科学主义的人文主义课程改革的浪潮，尽管在当时没有形成辐射实践的巨大影响，但是为 20 世纪人文主义课程思想的复兴集聚了能量。

尽管 20 世纪初期科学主义课程观占据着统治地位，但在北美所出现的现代教育哲学流派中却始终隐藏着一股人文主义课程气息，这是因为人们开始意识到科学理性的局限和错误，并在自己的教育哲学思想中予以反思和批判。进步主义课程观站在儿童的立场，率先倡导将儿童的直接经验纳入到课程内容中来，主张开设活动课程，提出"做中学"、"探究性学习"等新颖的教学方式，同时，杜威试图调和科学主义和人文主义课程观之间的紧张关系，提出课程设置应从"自然主义科目与人文主义科目的相互依存关系出发"。① 要素主义课程观则从促进社会进步和民主的理想出发，倡导通识教育的课程观，提出人文和社会科学与自然科学并重的课程计划。永恒主义课程观认为课程的目的在于发展人的理性，课程的主题内容应由经典名著（the Great Books）构成，因为只有这些内容才能永葆人性永恒，科学虽然给人以力量，但只能作为方法与手段，科学教育应

---

① 单丁：《课程流派研究》，山东教育出版社 2000 年版，第 59 页。

听命于人文教育。社会改造主义课程观强调培养"整体人"而不是"个体人"，课程的目的应着眼于未来，以创造新的社会秩序和拯救人类文化危机为己任。

3）人文主义课程观的勃兴

20 世纪中叶以来，在后现代主义思潮和人本主义心理学的双重影响下，加之工业化社会高度发展而带来的诸如环境恶化、价值断裂、人的异化等诸多新的问题，导致了人文主义课程观的复兴。此一时期，人文主义课程观的核心价值取向是培养"自我实现的人"，以促进学生的个人成长和潜能，进而形成全面发展的个性和自我完善的人格，倡导知识课程、情意课程和体验课程并重，强调课程组织结构的综合性、共同参与性和适切性，教学方法以情意影响为主要手段，提倡师生对课程的主观评估。20 世纪中晚期，后现代主义思潮席卷整个学术领域，不管是批判性的还是建设性的后现代主义，均反对科学主义课程观一家独大，批判性后现代主义课程观属于激进派的人文主义课程观，侧重于从个体意识的觉醒和反省出发构建课程，通过课程实施而达到自我意识的提升、存在经验的开发、反省批判意识的发展。① 建设性后现代主义课程观是一种温和派的人文主义课程观，既反对将科学理性课程观极端化，也反对将个人主义课程观推向独裁，多尔所提出的"4R"、"5C"和"3S"课程观即是典型代表，此外，这一时期所提出的整体课程观、美学课程观等也可忝列这一派中。与传统人文主义课程观相比，当代人文主义课程观将人文学科放在更为重要的位置，开始重视关系伦理，将人的自由与责任视为课程的核心价值。

（三）知识观与课程

知识始终是构成课程本体的基本元素，过去如此，现在亦然，将来也不会变。通过对知识观的变迁及其与课程关系的考察，有助于我们从本体论意义上更为深刻地认识课程观的嬗变。

1. 知识观的变迁

由于课程内容的主体由知识所构成，对知识的哲学研究反映在教育领域就表征为课程知识观问题。对应于知识观问题域的界定，我们可以简要梳理出已有课程知识观的研究线索。从知识的来源与获得的角度看，历史上有两种截然不同的知识观，一种是把有关认识的研究建立在人的理性基础之上，形成了理性主义知识观，代表人物有笛卡尔、斯宾诺莎、莱布尼兹、康德、黑格尔等；另一种将认识的研究建立在实验和感性经验基础之

---

① 张华：《20 世纪美国课程理论的发展：范式冲突与融合》，《外国教育资料》1997 年第 1 期。

上，形成了经验主义知识观，代表人物有培根、洛克、贝克莱、休谟、詹姆斯、杜威等。历史上课程知识观的论争主要围绕着这两条主线展开。从知识的性质角度分析，由于所处哲学文化背景不同，可以说是看法各异，观点纷呈，这首先表现在对知识的概念解释上的差异。例如，苏格拉底将知识理解成"美德"，柏拉图将知识看成"理念"，亚里士多德则将知识看作是"真理与存在的科学"，费希特认为知识是一种基于"信念的行为"，威廉·詹姆斯、伯格森等认为"知识是工具"，福柯认为知识是"话语实践"与"权力表征"，利奥塔提出"不稳定性"知识观，德里达强调"文本之外无真理"等等。其次，由于时代不同，存在着现代和后现代知识观的分野。有学者经研究后认为，现代知识的性质具有"客观性"、"普遍性"和"中立性"三个基本特征；后现代知识具有"文化性"、"境遇性"、"价值性"等特征。① 从上面的分析可以看出，知识的性质问题不仅是一个概念分歧的问题，实际上反映的是各个不同历史阶段的认识论问题，这种认识论除了受历史上的哲学观影响外，还受不同时代的政治、经济、宗教、文化等多种社会因素交织影响。从知识的分类看，表现在人们根据不同的标准对知识进行分类和研究。当然，这些知识并不都能进入学校，成为课程知识。单就被选择成为课程知识而言，最有代表性的分类是把知识分成命题性知识、技能性知识、倾向性知识，也可称为"知什么"（know that）、"知如何"（know how）、"知道"（know to）。② 这种分类为人们进一步分析知识的价值和作用提供了出发点。从知识的价值角度看，主要有两种意见分歧，一种认为知识的价值主要指其外在价值，体现在知识对于儿童认识世界、改造世界具有实利性功效；另一种认为知识的价值主要指其内在价值，体现在对知识本身的意义挖掘和有助于人的精神成长。教育史上著名的"博雅教育"和"功利主义"教育之争，说到底就是一种知识价值之争。

2. 近代机械论知识观与课程

机械论（Mechanism），是一种在近代西方科学发展中有着很大影响的自然哲学思想。在理论形成的早期阶段，以霍布斯为代表，他将世界看

---

① 详见石中英《知识转型与教育改革》，教育科学出版社 2001 年版，第 125—160 页。

② 这一分类是哲学家赖尔（Ryle·G）于 1949 年提出的，并几乎为所有的分析教育哲学家所推崇。按分析哲学家的说法，这种分类是充分的，所有的知识都可还原为这三种类型，传授它们都是教育应该完成的任务（见周浩波《教育哲学》，人民教育出版社 2000 年版，第 135 页）。

做由一系列因果链条组成的大机器，人也是这架大机器中的一个部件。随着惠更斯、波义耳、牛顿等科学家在自然科学上取得了辉煌的成就后，机械论世界观得以进一步发展，并取得了在科学哲学中的主导地位，它把整个世界都看成是一个由物理学和化学规律支配的客观存在的体系。

机械论世界观对教育的影响是多方面的，其中最为直接的就是对课程知识观的影响，导致了实体主义知识观及其对课程知识的主宰。所谓实体主义知识观，是指它没有把人类的知识看做一个有机的整体，否认知识之间的内在联系。知识被视作犹如一块块砖块，只要把有关专家从各个学科和领域运来的知识砖块堆积起来，知识大厦就建成了。① 相应地，课程设置根据知识的性质和形式不同，将它们分派到不同的学科加以安置，彼此之间缺乏联系，甚至相互对立和排斥。这种课程知识观被付诸实践可追溯到培根时代，培根以改造整个人类知识为己任，在总结科学发明和技术创造的基础上，对以往知识进行了分类，他把科学分为三个部分共 130 个题目，② 可以说，培根从知识论上给了知识分类以科学的证明。其后，赫尔巴特、斯宾塞等分别从心理学和社会学上给了知识分化以合理性的证明。另外，在现代制度教育浪潮的推动下，分科设置课程，对知识分门别类进行教学就又多了一层合法性的保护。这样一来，这种"既科学又合理又合法"的课程知识观就被奉为现代教育的金科玉律，长期支配课程设计和知识教学。随着科学发展越来越精细化和社会分工越来越专业化，学校知识碎化现象也就越来越严重了，甚至在高等教育领域也普遍存在，"现代生活被分割成分离的部分……高等教育也被细致地划分为孤立的学科"。③

3. 现代科学知识观、后现代知识观与课程

（1）现代科学知识观及其对课程的影响

17 世纪以来，以牛顿、哥白尼、伽利略等为代表的科学巨人，取得了一系列具有划时代意义的科学成果，使整个欧洲进入了"科学的世纪"；同时，这一时期还涌现出了培根、洛克、笛卡尔、斯宾诺莎、莱布

---

① 王治河、樊美筠：《第二次启蒙》，北京大学出版社 2011 年版，第 84 页。

② 第一部分是关于人类以外的自然界的，包括天文学、地理学、气象学、动物学、植物学、生物学等；第二部分是关于人本身的，包括解剖学、生理学、心理学等；第三部分是关于人对自然的行动、人的学术、技艺和科学方面的，包括医学、军事学、历史、数学、建筑、化学、绘画、雕刻、机械等（转引自施良方《课程理论——课程的基础、原理与问题》，教育科学出版社 1996 年版，第 63—64 页）。

③ ［美］斯普瑞特奈克：《真实之复兴》，张妮妮译，中央编译出版社 2001 年版，第 50 页。

尼兹等现代经验主义和理性主义哲学家，他们从各自的立场出发对传统形而上学的本体论哲学进行了深刻的批判，主张以科学知识观取代传统知识的绝对性、终极性和抽象性。这两股力量汇聚在一起，为现代科学知识观的诞生奠定了坚实的基础，一直到19世纪末，科学知识观已经完全取代形而上学和神学开始控制人们的精神生活。

从现代科学知识观关于知识的性质看，被学者们所普遍认同的主要有三点：1) 知识的客观性。17世纪以后，无论是经验主义者还是理性主义者都认为"客观性"是现代知识的根本属性。如经验主义者认为，认识主体必须按照事物本来的样子来认识事物，这样才能正确反映事物的本真面目或事物之间的本来关系。理性主义者则认为，客观性是知识的本质属性，必须要依靠人的理性才能达到对知识客观性的把握；同时，客观性知识还要求是"可证实性"的、"可检验性"的。2) 知识的普遍性。是指追求放之四海而皆准的所谓规律或真理，就其本性来说，"现代知识的普遍性是指'普遍的可证实性'以及建立于其中的'普遍可接纳性'。……因为它们并非随着个人意识形态、价值观念、生活方式以及性别、种族等等的改变而改变"。① 3) 知识的中立性。知识的中立性是指知识是纯粹经验或理智的产物，只与认识主体的认识能力和认识对象的客观属性有关，而与认识主体的性别、种族、情感、态度、意志与价值观等无关。知识的中立性是联结知识客观性和知识普遍性的桥梁，它与前两个知识特性一起共同筑起了现代知识观的高墙。

现代科学知识观对学校课程的影响主要表现在三个方面：首先，知识客观性的思想得到广泛传播，渗透到教育领域，对课程内容的选择和安排产生直接影响作用，表现为课程知识的选择偏重于科学知识，课程的编制强调系统性和逻辑性，知识的传授突出程序性等。其次，容易导致知识霸权。由于现代知识观追求"普遍的可接纳性"，必然会贬低或摒弃本土性知识、地方性知识和特殊性知识，② 会导致对各种知识的区别对待，表现在课程知识观上，普遍的知识最受重视，本土和地方的知识地位次之，特殊的知识则处在最低的等级，这种知识霸权会威胁到人类知识形态乃至文化的多样性。第三，课程知识对个体精神的压抑。胡塞尔早在20世纪初

---

① 石中英：《教育哲学导论》，北京师范大学出版社2004年版，第151页。
② 特殊知识性包括个体知识、缄默知识、宗教知识、道德知识、哲学知识、历史知识、文学知识、艺术知识等其他一切不能充分采用经验主义、理性主义或实证主义方法进行分析的知识。

就曾对科学知识观的"去人化"性质作过辛辣的批判:"科学对于什么是理性,什么不是理性,对于我们作为自由的主体的人,能够说些什么呢?单纯的关于物体的科学对此显然是无话可说的,它们完全舍弃主观方面的问题"。① 当教育变成只是让人去理解和占有知识时,这就意味着知识与人的意义关系,知识与人的生存关系,知识与人的幸福关系被遮蔽了,知识最终将变成反人类的异己力量。

（2）后现代知识观及其对课程的影响

正是看到了现代知识观的诸种弊端,自 20 世纪初以来,人们从不同的领域对现代知识的客观性、普遍性和中立性不断地进行反思与批判,从而形成了对知识性质的新看法,人们习惯于将之统称为后现代知识观。后现代知识观以后期维特根斯坦的"语言游戏"说为哲学基础,它用意义的语境性取代知识的客观性,用语言的规则性取代知识的必然性。从时间先后看,后现代知识观的讨论主要集中在三个领域:知识社会学、科学哲学以及一般哲学。② 知识社会学（代表人物主要有舍勒、曼海姆）,主要从知识与社会历史条件的联系出发对科学知识观进行质疑,阐明知识的社会性质。科学哲学（代表人物主要有波普尔、费耶阿本德）,主要从自然科学内部对科学知识观进行批判,希望将知识从少数知识精英那里解放出来,归还给普通人。一般哲学则从更为根本的意义上对科学知识观的基础和观点进行批判,并提出新的知识观,例如:维特根斯坦主张以"家族相似性"概念代替抽象的"同一性"概念;利奥塔提出"多元知识合法性";哈贝马斯认为知识的产生根源于人类的三种旨趣（技术旨趣、实践旨趣、解放旨趣）,相应也有三类知识;罗蒂强调认识的多元性、相对性;福柯认为"知识只有在权力话语的实践中,才能生产和流通"等等。后现代知识观一如后现代哲学思想一样,虽然流派纷呈,观点各异,但是在反现代科学知识观这一点上立场是一致的。

我们可以将后现代知识观比较一致的立场观点归纳为以下几个方面:1）知识的情境性。后现代知识的情境性是针对现代科学知识观的"客观性"和"普遍性"所提出的,认为人并不是生活在抽象的知识社会中,每个人都生活在现实"境遇"中,同样,知识只有在特定的情境中才能生成、解释和辩护。2）知识的价值性。这是针对现代知识的"中立性"而提出

---

① ［德］埃德蒙特·胡塞尔:《欧洲科学危机和超验现象学》,张庆熊译,上海译文出版社 2005年版,第 7 页。

② 石中英:《知识转型与教育改革》,教育科学出版社 2001 年版,第 70 页。

的。后现代知识观认为，所有知识的生产都受一定社会或个体的价值取向指引，不仅人文学科、社会学科的知识跟价值有关，自然科学的知识同样也关涉价值，这是因为，科学研究者总是带有前结构的，即"成见"，研究者本身的兴趣和价值充斥着整个研究活动。3）知识的开放性。后现代主义者反对将知识看作是一个稳定的、封闭的实体系统，主张知识必须是动态变化的、向他者开放。知识的开放性首先表现在对"差异"、"特殊"的认同，知识无高低贵贱之分，任何阶层的知识都有自己合法性的基础，知识的边界松散，可以相互进入。其次，知识是过程，不是结果。知识是在学习者与环境相互作用的过程中发展而来的，并非终极真理。[1] 第三，知识的开放性还体现在，它与特定社会的政治、经济、文化等社会现象有着广泛的联系，是整个社会文化生态系统中的有机组成部分。

后现代知识观是在批判现代科学知识观基础上产生的，具有一定的合理性和新颖性，为当代课程改革提供了崭新的理论视角和方法论启示。但是，后现代知识观过于强调知识的生成性、不确定性，甚至于有走向费耶阿本德所谓的"怎么都行"的危险，这主要表现在否定客观知识的价值，置知识的共同标准于不顾，片面夸大自主建构知识的价值。事实上，后现代主义知识观所暴露出的理想主义、主观主义、相对主义、虚无主义，近几年来受到了越来越多的批评而有冷落之势，西方国家并没有以此来指导本国的课程改革就是最好的证明。

（四）研究范式与课程

如果说"知识观与课程"是从本体论角度考察课程观发展的话，那么"研究范式与课程"这一对关系范畴则是从方法论角度对课程观发展的一种察知。课程研究的范式正如课程本身的定义一样意见百出，具有歧义性和多样性，但是占主流地位影响深远的主要有哲学思辨的范式、科学实证的范式和人文理解的范式三种。

1. 哲学思辨范式

哲学思辨范式采取的是一种学术性的课程研究方法，所以也有人称之为理智—学术范式（intellectual – academic）、[2] 学术理性主义的课程取

---

[1] 王宇红：《新的知识观与课程观》，《比较教育研究》1995 年第 4 期。

[2] Ornstein, A. C. & Humkins, F. P., Curriculum: Foundations, Principles, and Issues, 1988: 2—6.

向。① 具体而言，学术性方法有时也称为传统的、百科全书式的、概要式的、理性的或知识取向的方法。该方法在性质上主要是历史性的或哲学性的，其次才是社会性的。课程被当做理性思维活动来处理。② 作为哲学思辨的课程研究，通常体现出理论性的、规范性的、推测性的、历史性的、慎思性的等方法论特征。

无论是中国还是西方，哲学思辨的范式是整个 20 世纪以前课程研究领域的主要范式。柏拉图发展思维的学术思想，开启了哲学思辨课程研究的先河，柏拉图那里，知识被看作能让人们在一起生活得更好的事物，而不是一种终结。③ 从唯理主义的哲学视野考察，从文艺复兴时期到 19 世纪中叶，对理性精神的追求和理性思维方式的运用在课程领域始终占主导地位，人们重视理性和知识的价值，将真理性和确证性的知识和概念体系看作是课程的核心内容，主张理性人格作为课程目标，欧洲大陆以唯理主义哲学为基础形成的"教育学—教学论"范式就是典型的代表。从经验主义的哲学视野考察，其历史根源可以追溯到 17 世纪和 18 世纪欧洲的文化启蒙运动，像霍布斯和笛卡尔这样的哲学家，既强调心智的重要，也看到了感官的要紧，从而为近代理智主义的课程观以及经验主义的课程观奠定基础。经验主义者洛克认为，学习直接来源于经验，是一种在外部经验基础上的描写方式。最后，从实践哲学的视野分析，课程研究从最初"作为扩充人的善性"的玄思活动，变成了"引导人过理性生活"的规范性实践活动，历史上弥尔顿、狄德罗、康德、赫尔巴特、夸美纽斯等人的课程观均属此列。

20 世纪以来，在科学实证主义的冲击下，课程研究的哲学思辨范式呈式微之势，但是始终没有退出历史舞台，只不过以更加隐蔽或间接的方式发挥着独特影响。例如，20 世纪以来在实践界影响深远的学术性课程观，深受实体主义哲学和古典形式逻辑的影响，"表现出来的惟一方式是

① Eisner, E. W. , The Educational Inagination; On the Design and Evaluation School Programs (2nd ed.), 1985: 61—83.

② ［美］艾伦·C. 奥恩斯坦、弗朗西斯·P. 汉金斯：《课程：基础、原理和问题》（第三版），柯森译，江苏教育出版社 2002 年版，第 8 页。

③ ［美］麦克尼尔：《课程导论》（第六版），谢登斌等译，中国轻工业出版社 2007 年版，第 97 页。

从确证的教育理论及相关问题中逻辑地演绎课程目标"。[①] 即便是概念重建主义课程观、建设性后现代主义课程观、主体间性课程观、文本课程观等新近的课程思想，它们虽打着批判传统哲学的旗号，但是走的却是更为时髦的哲学路线，只不过自己不愿意承认罢了。

2. 科学实证范式

科学实证范式是一种建立在数学、物理学等自然科学方法论基础上，以实证和量化研究为主要方法的课程研究范式，也有人称之为实证分析（empirical – analytic）范式，[②] 在此基本范式的基础上，衍生出了诸如行为—理性范式（behavioural – rational）、系统—管理范式（systems – managerial）、[③] 技术性课程取向[④]等具有科学实证特征的新范式。具体而言，作为科学实证的课程研究，通常采用逻辑分析、实证研究、实验研究、工艺学、人种志、行动研究等研究方法。

科学实证研究范式诞生于近代西方社会，首先受笛卡尔的数学传统、培根的实验科学和牛顿—伽利略时代的自然科学的启示，将逻辑演绎、科学实验、抽象概括等方法运用到课程研究中，后经孔德、斯宾塞等人的发展，将社会实证研究的范式运用到课程研究领域，此时，课程研究也借鉴吸收了冯特、桑代克等心理学家的研究成果，为课程研究的科学化做好了方法论的准备。实证主义研究范式遵循普遍性和客观性原则，注重采用还原和简化的方法，主张知识的客观性和价值中立，课程理论研究者热衷于构筑具有客观性、普适性、程序性的课程理论，并试图运用科学性和量化的评价标准对课程的成效加以评判，总之，希望将课程研究纳入科学的轨道。

科学实证研究范式真正确立统治地位则是 20 世纪以后的事情了，由于受工具理性、结构主义、管理科学等现代思想的影响，形成了不同的课程研究取向，主要包括下面三种。

（1）工学主义研究范式

工学主义研究范式以行为目标的讨论为基础，把客观学习经验的选择

---

① Deckerf. Walker, Methodological Issues in Curriculum Research, Handbook of Research on curriculum. 1992，转引自马云鹏、吕立杰《近现代课程研究范式的演变及其启示》，《教育研究》2002 年第 9 期。

② 靳玉乐：《课程研究的范式》，《外国语言文学研究》2001 年第 1 期。

③ Ornstein, A. C. & Humkins, F. P., Curriculum: Foundations, Principles, and Issues, 1988: 2—6.

④ Eisner, E. W., The Educational Inagination; On the Design and Evaluation School Programs, (2nd ed.), 1985: 61—83.

和组织作为实现行为目标的手段，像博比特、查特斯、卡斯威尔、泰勒、塔巴等人均采用这种自然科学实证主义制约下的研究范式。[1] 工学主义于20世纪20年代初发源于美国，工学主义者深受孔德实证主义、行为心理学、科学管理等方法论影响，主张通过描述事实，量化处理的方式建立课程体系，他们以可以预测和控制的行为目标为导向构建课程内容，将学校看作是一个具有输入—产出功能的加工厂，学生就是待加工的产品。将工学主义研究范式推向顶峰的是泰勒的课程开发模式，我们可以通过表3-1清楚地看到工学主义范式的主要特征。

表3-1　　　　　　　　　　工学主义课程研究范式

		工学主义研究范式
课程设计	目标	学生、社会、专家，经哲学、学习心理学筛选
	选择	根据目标设计内容及活动，重视深度与广度
	组织	连续性、顺序性、整合性、结构化和单元化
	实施	教师中心、科学化系统
	评价	目标达成程度，量化、程序化
课程研究	取向	科学实证主义、效率观念
	概念	行为科学、系统化、精熟、能力本位
	方法	客观、量化、分析
	工具	成就评价测验

（2）结构主义研究范式

受皮亚杰认知结构思想和结构主义方法论的启发，大约在20世纪五六十年代，美国兴起了学科结构运动，主要代表人物有菲尼克斯、布鲁纳和施瓦布等。结构理论者坚信，教育实践不是艺术，而是一门科学，至少是一种科学的方法。他们假定，教育过程中的主要事件是可以加以确定、描述的，在某种程度上还可以加以控制。[2] 结构主义者将课程研究的重心转移到学生认知发展、学科知识结构、有效教学等问题上来，在研究方法上仍以实证分析为主，试图从逻辑和心理两个方面对知识结构及其教学进行描述、解释和预测，结构主义课程开发呈现出学科化、专门化和结构化

---

[1] 靳玉乐：《课程研究的范式》，《外国语言文学研究》2001年第1期。

[2] ［美］艾伦·C. 奥恩斯坦、弗朗西斯·P. 汉金斯：《课程：基础、原理和问题》（第三版），柯森译，江苏教育出版社2002年版，第198页。

的特征。结构主义研究范式的概况可以通过表 3 - 2 反映出来。

表 3 - 2　　　　　　　　　结构主义课程研究范式

结构主义研究范式		
课程设计	目　标	理性思考、科学教养、探究过程
	选　择	配合学生心智过程、重视文化遗产、结构化知识
	组　织	学科化、专门化、结构化、依据学科逻辑和学生认知发展顺序
	实　施	螺旋式呈现、探究教学
	评　价	目标导向、测验、重质而非量
课程研究	取　向	概念—实证研究、认知取向、结构化
	概　念	学科结构、学术精英、经济和力量
	方　法	心理学化、分析、探究
	工　具	内部强化、建立模型

（3）管理主义研究范式

管理主义范式脱胎于科学实证主义，受现代管理科学中的行为科学学派、社会系统学派、决策理论、权变理论等思想的影响，将学校和课程当作一个社会系统来考虑，侧重于通过学校"组织与管理"的模式化带动课程的变革。在管理主义者看来，课程开发的主体由行政管理人员、课程专家、教师和学生组成，应系统分析计划、时间、空间、资源、设备和人力资源等因素来决定课程设计的策略，课程开发人员应遵循一定的规范和行为准则，加强沟通和协调。管理主义模式是一种草根性的课程研究范式，对世界各国的地方课程和校本课程的研究和实践影响较大。

3. 人文理解范式

人文理解范式是一种建立在人本主义心理学、批判理论、现象学、解释学、建构主义等人文学科的基础上，采用意义分析、价值澄清、解释学等为主要方法的课程研究范式。20 世纪中叶以后出现的人文—美学范式（humanistic - aesthetic）和概念重建主义范式（reconceptualists）、① 诠释学（hermeneutic）范式、批判（critical）范式、个人关联的课程取向②等均

---

① Ornstein, A. C. & Humkins, F. P., Curriculum: Foundations, Principles, and Issues, 1988: 2—6.

② Eisner, E. W., The Educational Inagination; On the Design and Evaluation School Programs（2nd ed.）, 1985: 61—83.

可纳入这一范式中加以考察。人文理解范式的研究通常具有叙述性的、美学的、现象学的、解释学的、批判性的、评价性的、整合性的等方法论特征。

人文理解范式可追溯至文艺复兴时期，自然主义教育家卢梭在《爱弥儿》中首次较完整地运用了这一范式，在20世纪以前零散地被人本主义教育者提及，但并未形成气候。到20世纪六七十年代，当人们开始将教育看作是一种寻找生命意义的事业，以重新发掘课程与人的关系为主题讨论课程问题时，人文理解范式才被广泛运用于各种课程理论流派中。人文理解范式强调课程研究重在多元理解而不是统一开发，所以它所追求的理论旨趣是发散而不是聚合。后泰勒时代在西方出现了诸如概念重建、批判理论、后现代主义、生态主义等各色课程理论，尽管它们的理论侧重点可能不同，但是在如下一些问题上却能达成共识：倡导将具体的人作为课程的主体，重新审视课程的目标、内容、实施和评价，由探究普适性的课程教学规律转向寻求情境化的课程教学意义，打破将教学研究当作教育心理学之应用学科的成规，主张运用多学科的话语来解读无穷的教学意义，重视过程性和发展性的课程评价，倡导理解和解释、反思与批判、质性研究等课程研究方法。总之，在人文理解范式中，以人的自由和解放为课程目的，以多元理解为课程研究的法则。

第二节　已有课程观的"实体性"症候

一　实体观与实体思维

（一）实体概念的缘起与实体观的进路

在马克思主义哲学诞生之前，不同时代的绝大多数哲学家都用相同的范畴来表述关于世界本体的思考，这个范畴就是"实体"（substance）。从某种意义上说，西方形而上学的历史就是一部实体的演变史，实体构成了哲学史发展的基本链条，它把哲学史上所有以本体论为基础的哲学连贯成一个整体。[①]

一般认为，第一个将实体当作一个哲学概念加以分析和探究的是古希腊的亚里士多德。亚里士多德将实体视作万物的本原，认为实体在任何意

---

① 梁枢：《实体思维与辩证思维》，《学术月刊》1990年第9期。

义上都是第一的，实体就是固定不变地作为其他东西的主体、基础、原因、本质并先于其他东西而独立自存的东西。亚里士多德的这个想法概括了古希腊哲学家关于世界本原的基本思考和基本方法，也深刻地影响了后世的哲学家，使得"实体"这个概念成为日后哲学家们研究形而上学的核心。在亚里士多德的哲学体系当中，有关实体的论述还表现在逻辑学范畴中，认为只有"主词—谓词"的形式才能准确表达"实体—属性"的区分。亚里士多德实体观的影响力一直到现代都不曾消退。

近代以来，实体观在西方得到了进一步的发展和巩固。笛卡尔从普遍怀疑原则出发，提出了"心物二分"的实体观，认为物体和心灵是实体的两种基本形式，彼此互不相干，世界分化成为两个完全不同且相互分离的领域：物质的领域和精神的领域，这就是有名的"实体二元论"。笛卡尔的实体二元论对后世的哲学家们在思考实体问题时产生了深远的影响，而心物之间的鸿沟也成为后世的哲学家们必须要面对和解决的一个难题。斯宾诺莎的实体观主要反映在他的"实体论"和"属性论"中，他给实体所下的定义是："实体，我理解为在自身内并通过自身而被认识的东西。换言之，形成实体的概念，可以无须借助他物的概念。"① 这实际上是对亚里士多德实体观的注脚。莱布尼兹也让他的哲学立基在"实体"概念上，实体即是一种"单子"，单子是"没窗户的"，每一个单子都是一个封闭而又孤立的系统，它们同周围的其他单子并不发生相互作用和联系。② 所谓"实体"，洛克的定义是：物体的"一切存在着的性质的一种支托"者或"支撑"者，实体是所有单纯观念产生的根源和存在的依据。休谟否定有物质实体的存在，认为唯一的实体乃是心灵，它是由想象力所统一起来的"简单观念"的集合。③ 20 世纪初，詹姆斯用"中立一元论"来否认实体概念，认为"纯粹经验"是比物质与精神更为根本的原始的素材或材料，它们构成了宇宙。

怀特海认为，虽然后世哲学家们对于实体问题不断提出批判和修正，但是由于他们因袭"实体—属性"这一本体论预设，以及"主词—谓词"这一逻辑学的叙述方式，以笛卡尔、斯宾诺莎、莱布尼茨等为代表的理性主义和以洛克、贝克莱、休谟、詹姆斯等为代表的经验主义虽然为认识来

① ［荷兰］斯宾诺莎：《伦理学》，贺麟译，商务印书馆 1958 年版，第 3 页。
② 全增嘏：《西方哲学史》（上册），上海人民出版社 1983 年版，第 583 页。
③ ［英］F. Copleston：《西洋哲学史》（五），朱建民、李瑞全等译，黎明书局 1986 年版，第 380—384 页。

源开拓了不同的路径，但最终还是被亚里士多德所创的"实体观"所困，没有超越实体主义的本体论和逻辑学范畴。同时，这种实体观也为牛顿力学和近现代科学奠定了坚实的理论基础，例如，被怀特海喻为"误置具体性谬误"（the fallacy of misplaced concreteness）的牛顿力学的"简单位置"概念、死守宇宙自然法则的物性世界观、现代科学研究所倚重的机械论世界观等等，无不脱胎于西方传统实体观。更为重要的是，这种实体观与现代工具理性汇合一处，形成一股强大的力量，长期左右着现代人的世界观和思维方式。

（二）实体思维及其表征

1. 实体思维之内涵诠释

所谓实体思维，它坚持以实体为第一性，以属性为第二性的本体论原理来认识世界；坚持以主词代表实体，以谓词代表属性的逻辑学范式来解释世界。这种思维模式是在西方传统实体观哲学基础上形成发展而来的，不管是亚里士多德将实体看作是万物本原，还是近现代哲学家进一步将实体分为物质性的、精神性的或者是经验性的东西，实体思维对独立性、确定性、永恒性、抽象性、普遍性等形上理念的追求却是一致的。实体思维认定，只要是实体的事物，必定是不需要任何其他事物而能独立自存的，斯宾诺莎的实体"自因"说，莱布尼兹的"单子没有可供事物出入的窗子"，均说明了实体是自足的、封闭的、孤立的。当然，实体思维并非完全否定事实之间的联系，但这种联系是两个有固定本质的事物的外在关联，是与本质改变无关的相互作用；事物也表现为过程，但这种过程是实体的量的变化而非质的改变。总之，在实体思维看来，先有本质，后有关系和过程。

2. 实体思维之局限分析

在实体思维方式支配下，人们看待事物会有两种极端的取向，一是坚信宇宙万物都可以还原为某种原初实体，[①] 原初实体是超越时空的永恒存在物，它蕴涵了事物的全部奥秘，认识的全部任务就在于，将认识对象化约为原初实体，并从原初实体的本质或规律出发解释它们。客观地说，作为一种认识和解释世界的方法，还原论思维的确能够简化认识的路径和方

---

① 这里的原初实体类似于现代物理学要寻找的"终极粒子"，人类一直在探索宇宙的最小组成单位到底是个什么样的粒子，尽管已经深入到了夸克、中微子等等这些非常微小的基本粒子层面上，但这些仍不是宇宙最小的粒子。至少到目前为止，科学家还没有找到这样的终极粒子。

法，使得认识的界限和对象变得清晰可辨，从而为我们提供一条认识的捷径。但是，这种抽丝剥茧的还原方法会疏离斑斓多姿的世界原貌，特别当认识的对象是具有复杂结构的高级有机生命体时，这种简化将剥夺鲜活的生命活力和丰富的精神存在。例如，当代心理学研究将人的所有精神现象归结为神经方面的物理和化学变化，却很少考虑人的主观因素在经验生成中的因果性作用，这种还原研究本意是想探明人的心理活动本质，却走向了反心理的道路。第二种取向是，在实体—属性的本体论信条下，习惯于为任何事物划定一个实体的范畴，将整个世界划分一个个封闭的"独立王国"，在这一独立王国里，既有实体这一"国王"，又有很多"臣子"紧贴在四周，它没有把不同事物看成是既有联系，又可独立存在的个体，而是把双方看作是支配者和服从者或主宰者和被主宰者的关系，从而试图以单极取代多元，以中心代替边缘，以普遍消解特殊，最终确立排他性的价值标准。

实体思维受实体—属性本体论控制，将世界分为本质和现象两界，人们日常感知到的是现象世界，是虚假的、不可靠的；而现象背后藏着的是唯一真实的、可靠的实体世界。认识的目的，在于透过现象看本质，因为只有本质才是一种超时空的不变实体，不管将本质归于物质本原还是归于精神本原，本质始终都在那里，本质决定属性，认识了本质也就把握住了事物的属性、功能和特征。由于实体思维意图究极现象世界背后永恒不变的实体，从而走向了本质主义。从本质主义思维方式出发，我们可以给任何的人、事、物找到一种本质的规定性，并以此为据得出客观的、科学的概念、原理、公式、程序等抽象的知识体系。本质主义思维关心的是"事物是什么"的问题，而不关心"事物如何生成"的问题，或者说本质主义思维只关心事物生成的最终结果而不关心事物生成的过程。

此外，实体思维还是一种二元对立的、线性的、抽象的思维方式。首先，来看二元对立。自亚里士多德实体哲学开创以"实体—属性"和"主词—谓词"刻画和描述世界以来，世界被分成了实体与现象两个部分，笛卡尔将心物两者截然分开，进一步制造了主观世界与客观世界的区分。由于人们相信了实体与现象、精神和物质是彼此分裂、不可调和的，所以在处理问题时逐渐养成了非此即彼、二元对立的思维习惯。其次，来看实体思维的线性特征。由于实体思维的还原性特征，所以，其在认识途径上就必然要采取一种回溯的方式，从错综复杂的差异性、多样性、丰富性中，找到可通约性，舍掉差异性、多样性、丰富性，以存在者去为存在者找根据，从一个存在者推导另一个存在者，最终追溯到某一个原初的存在者，从而找出作为终极基础的同一性。① 可见，实体思维是一种沿着一定的线型轨迹寻求问题解决的思维方式，是一种直线的、单向的、缺乏变化的静态思维方式。最后，实体性思维是一种抽象思维方式。本质主义即是抽象主义，即对事物、世界本质的抽象设定和对抽象本质、抽象思维的尊崇。② 用这种思维方式来考察事物，并非对个别事物的本质进行设定，而是对所有事物的共同本质进行概括，并试图通过此种概括把具有复杂性和差异性的世界归结为一个确定性的实体，以实现对世界的一劳永逸的把握。这种以抽象代替具体实在的思维方式正是怀特海所要极力批判的"误置具体性谬误"。

在科学领域，由于受实体思维的影响，严格细微的分析方法与逻辑科学在西方特别发达；同时，科学家们相信，对确定性的追求是科学的本质规定，凡是科学知识、真理性的知识，一定是具有稳定性与确定性，而不是变动不居的或随之即逝的东西。③ 毋庸置疑，传统实体思维切合了工业文明以来西方社会发展的需要，有其独特的历史价值。但是，随着现代复杂性科学的出现，哲学研究深入到微观领域，实体思维日益暴露出其缺陷，它不能有效地把握主客观的复杂性，不能很好地解决思维与存在的关系，实现主观与客观具体历史统一；也不能克服孤立、静止和抽象的思辨，无法把握活生生的、流转变化的世界。④ 就现实而言，实体思维也无力应对诸如环境恶化、生态危机、国际争端、经济衰退等复杂性的当代问题。以上分析表明，人类社会的发展已经受到实体哲学的严重限制。

二　对已有课程观的反思与批判

（一）实体思维方式与课程观

1. 本质主义课程观

本质主义，是"以本体信仰和本体论思维为基础，以语言学上的符合论为工具，以知识霸权的解构与重构为目的，以本质范畴、本质信仰和本质追求为基本内涵的"知识观和认识论路线。⑤ 这种思维很容易导致人们在认识和改造世界时，奉行重预设轻生成，重限定轻开放，重结果轻发

---

① 孙迎联、杜贵阳：《实体主义还原论思维批判》，《江苏社会科学》2006 年第 5 期。

② 李文阁：《生成性思维：现代哲学的思维方式》，《中国社会科学》2000 年第 6 期。

③ 杨寿堪：《实体主义和现象主义》，《中国人民大学学报》2001 年第 5 期。

④ 张菁：《基于过程哲学的教学论研究思维方式变革》，《中国教育学刊》2009 年第 8 期。

⑤ 石中英：《本质主义、反本质主义与中国教育学研究》，《教育研究》2004 年第 1 期。

展的处事原则。考察已有课程观的本质主义病症，主要体现在三个方面：一是以局部代替整体，将课程的复杂本质作简单化和标准化处理。例如：对于课程的定义，曾经出现了科目（subject）说（我国古代的六艺、欧洲中世纪的七艺、赫尔巴特的兴趣课程、斯宾塞的生活准备课程、要素主义和永恒主义的课程观、布鲁纳的"新三艺"等）、计划说（塔巴的学习计划说、我国的有计划的教学活动说等）、经验或活动说（洛克的经验主义、杜威的互动经验、泰勒的学习经验、施瓦布的实践经验、后现代主义的个体经验等）、预期结果说（博比特的活动分析、查特斯的任务分析、泰勒的目标理论等）、社会改造说（改造主义课程观、弗莱雷的解放课程观等）等等不同的界定，这些界定虽能揭示课程的某种属性，但同时又因遗漏了课程的其他属性而显得片面和狭隘。可以说，在 20 世纪中叶以前的各种课程理论中，关于课程的概念解释均存在这一缺陷。

二是以静态预成性代替动态生成性，从静态僵化的前提出发探讨课程目标问题。纵观教育史，不管是"社会本位论"、"个体本位论"还是"调和论"，三种主流的教育价值取向均主张为课程活动先在设定一个预期结果，整个课程活动过程要按照这个预期目标运行。20 世纪中叶以来，课程设计强调预设性目标的做法已成"惯例"，克拉斯沃尔（1964）、布卢姆（1965）将课程目标分成认知、情感和心理运动三个领域，并建立了每个领域的目标分类学结构；埃斯纳（1985）将课程目标类型拓展至行为、问题解决和表现性三个方面；威金斯、麦克泰（1998）提出"反向设计"的方法，将"确定预期结果"作为课程设计的起始环节。① 这种做法的主要弊端有：第一，用课程目标来控制课程活动，致使课程活动变为一种机械的流程，教师的创造性和学生的主体性被严重抑制；第二，强调预设性目标，势必排除不确定因素，容易错失大量的即时性课程资源，无视课程的生成价值；第三，预设目标会引导人们去关注课程的"结果"而忽视对"过程"的研究，将过程与结果的连续性，知识与方法的统一性割裂开来，致使课程研究陷于片面，不利于课程论学科的建设。

三是过于看重对课程进行科学性和规律性的研究，而无视课程研究的创造性、人文性。自从博比特（1918）创立活动因素分析法，标志着课程研究科学化时代的到来，泰勒（1949）继承了博比特的思想，将课程来源因素扩大至三个，即学习者的研究、当代校外生活以及学科专家的建

① 详见［美］威金斯、麦克泰《理解力培养与课程设计：一种教学和评价实践》，么加利译，中国轻工业出版社 2003 年版。

议，并以教育哲学和学习心理学理论作为筛子，将这些因素转化成实践性的目标，遵循的也是严格的科学分析法，自此，按照科学模式设计课程就成为了一种流行的趋势。可以这么认为，整个 20 世纪，从科学原则出发，寻找一条规律性的课程设计之路，一直是课程研究的主导力量。殊不知，这种课程研究范式过于重视科学性和工程性，而忽略了课程的本体价值，即促进人的发展的价值研究，至于课程"内在的善"① 的问题，更是少人问津。其次，这样的设计理念过多的关注目标领域（类型）的划分和赋值分析，较少探讨这些目标要素的整体效应及其内在关系，与强调"复杂背景下发展'整体的人'"② 的当代教育价值相抵牾，将人的整体割裂了，陷入只见树木不见森林的视障之中。

2. 二元对立课程观

怀特海认为，自从笛卡尔将心物两者截然分开，他就替后世造成了两个趋势：第一个趋势则是把物只看成一个现象，心才是唯一的实在；第二个趋势则是以为心只是一个现象、一片幻影，唯有物才算是绝对的真实。前者偏重于唯心论，而后者偏于唯物论。③ 二元论发展到现代，不仅限于心物二分，还泛指主客二分、他我之别、非此即彼等一切对立性、排他性的思维方式。二元论在课程领域的表现，首先是客观主义知识论和主观主义知识论的对立。机械论知识观与现代科学知识观同属于客观主义知识论，认为知识具有普遍、永恒的价值，课程教学的主要目的是理解和占有这些客观性的知识，知识统治和控制课程，进而控制教师和学生，陷入了唯知主义的泥潭。后现代主义知识观属于主观主义知识论，认为知识只有与人发生关系才有意义，知识具有情境性、历史性、不确定性等特征，课程完全是动态、生成和开放的，走向了极端个人主义的迷途。

其次，坚持二元对立或非此即彼的课程方法论思想。纵观课程历史，从课程观形成的理论基础分析，尽管现代课程研究开始综合考虑建立在各种有价值的理论基础之上，比如杜威的经验主义课程观、多尔的建设性后现代主义课程观遵循的就是这种规范，但是，绝大多数研究还是分别从哲学、心理学或社会学一端出发，以此为基础研究课程。比如，以哲学为基础，在历史上就形成了学科主义课程观、结构主义课程观、实证主义课程

---

① 关于课程"内在的善"，是指在怀特海审美价值观指导下的课程自身发展的规律和特点，详见本书的"泛价值和合课程观"部分。

② 参见张晓瑜、赵鹤龄《新的超越：课程实施的复杂观取向》，《学术论坛》2009 年第 6 期。

③ 贺麟：《西方六大师》，北京大学出版社 2010 年版。第 170 页。

观、永恒主义课程观、要素主义课程观、现象学课程观、解释学课程观等诸多课程观；以心理学为基础，形成了年龄分期和形式训练课程观、行为主义课程观、认知主义课程观、人本主义课程观、多元智能课程观等不同的课程观；以社会学为基础，则形成了社本主义课程观、和谐主义课程观、冲突课程观、批判课程观等课程观的分歧。从课程的研究范式来看，呈现出了哲学思辨范式、科学实证范式、人文理解范式和文化修正范式等各自为政的格局。这些五花八门、种类繁多的课程研究方法论，表面上看对课程研究起到丰富和深化的作用，但是因为彼此拒斥互融，甚至互相攻讦、以偏纠偏，实际上肢解了完整的课程意义，陷入茧式困局之中，其后果是，教育的整体价值和功能被肢解，课程理论与实践陷入脱节甚至矛盾，加剧了课程所承载的各种文化的冲突，导致个体的片面发展或极端个人主义。

第三，学术研究呈现出重批判轻建设的不良倾向。尽管历史上的课程观发展存在着线性迭变的现象，但截至 20 世纪泰勒提出"目标模式"，在课程内容、实施评价、研究方法等方面，后继的课程思想总是会吸收和借鉴前人的研究成果，体现了课程观发展的历史继承性，这也符合教育发展具有"相对独立性"的规律。可自从以派纳为代表的后现代主义者宣布课程的"概念重建"以来，课程领域就被一片重批判轻建设的鼓噪声所淹没了，哲学家罗蒂对此现象有过深刻的分析："批判性后现代主义哲学家——此时的哲学家是'反动性的'，只是要摧毁，而在摧毁的同时却又避免有一个自己的观点。"① 概念重建主义、批判理论等后现代课程观就具有这种特点，他们极力批判传统认识论哲学和工具理性主义指导下的课程观，但鲜有能解决课程实际问题的建设性和务实性的课程思想面世。实际上，后现代主义课程论者在无情批判传统实体课程观的同时，却使用了他们反对的二元对立思维方式，将自己推向了另一个极端，即虚无主义、纯理论化和极端个人主义。

3. 还原主义课程观

还原论脱胎于本质主义，与二元论有着天然的亲缘关系，只不过它侧重于实体思维的过程和展开，还原论认为一切复杂的对象都可以分解为简单的部分，从简单的部分特征就可以求知事物的整体性质。② 还原论注重拆零技巧，实际上是一种碎片式的方法论。在传统课程研究中，普遍存在着

---

① ［美］理查·罗蒂：《哲学和自然之镜》，李幼蒸译，三联书店 1987 年版，第 322—323 页。

② 冯毓云：《二元对立思维的困境及当代思维的转型》，《文艺理论研究》2002 年第 2 期。

还原论的解释模式，它强调只有科学的、理性的、量化的课程要素才具有解释的优先性，例如，将课程目标还原为行为目标，将课程内容还原为科学知识，将课程实施还原为程序性教学，将课程评价还原为量化的纸笔测验，等等。受还原论方法局限，历史上的课程还被看成是一种"原子式的孤立存在"，而不是一个"开放式的关系领域"，人们只是从自己的价值偏好和专业领域出发研究课程、阐释课程，这样做的结果只会陷入盲人摸象式的窘境，而无法真正把握课程所具有的历史性、动态性、开放性等品性。

此外，还原论思维还包含逻辑一元论的信仰，这种信仰视某一种单边力量①为决定力量，其他力量受之影响而无反作用之力，换句话说，一元论把本来相互影响、相互作用的两种或多种事物分成了两个阵营，确定一个统治者、支配者，其余的则是被统治者、受支配者。单边力量在课程开发和课程运作的实践活动中也有深广的影响：儿童被认为只是受人教育和照看的，而不是被人听从的，所以可以任意地被命令按照社会或成人的要求行事；教师被认为是教育指令的推行者，是课程计划的执行者，而不是知识的创造者，所以他们的任务只是负责向儿童传经布道；学校被认为是教育的社会基层组织，是育人的场所，而不是文化的策源地，所以它们的职责是负责加工生产一种特殊的产品——"工具人"；只有代表国家意志、主流意识形态、利益集团的社会需求，才是起支配作用的单边力量。质言之，社会、学校、教师和学生就是一组单边力量中的各个节点，社会一极往往被认为是控制性的、具有较多力量的一方，学生一极则被视作是受控制的、力量较少的一方，力量主要由社会一极向学生一极单向流动。

4. 抽象主义课程观

抽象是从具体的事物中概括出一般的规定性，是一种实体思维方式。没有抽象，事物的本质就永远沉浸在事物多变的现象之中，永远无法提升

① 在过程哲学和神学家伯纳德·卢默尔看来，所谓单边力量就是影响他人而不被他人影响的那种能力；这里的单边，意思是指单向运动。例如，总统命令将军和舰队司令，将军和舰队司令指挥船长，船长指挥他们手下的那些人，后者则最终控制水手和列兵，命令是单向流动的——依军阶往下流动，它们不会逆权力之流而向上移动。在我们的文化传统中，往往认为力量、价值和实在是结合为一体的，最强有力的东西常常被看成是最有价值的，也是最实在的。在处理力量、价值和实在三者间的关系时，大多数宗教、政治、文化和哲学思想以单边力量为准则，否定关系力量，导致了历史上一次次的"力量独裁"现象。比如，神学时代的"上帝统治世界"，形而上学时代的"终极实体决定一切"，认识论转向时代的"唯理性主义"，科学时代的"科学技术就是生产力"，以及现代社会的"强权政治、军力说话"，等等，莫不是对单边力量的生动诠释。

上来。① 课程领域中的抽象主义主要表现在，传统课程理论坚守本质主义的课程本体观和制度性的课程话语观。根据 U. 哈梅耶（Hameyer）的研究，传统课程理论可以用一种实质—结构的方式加以说明，② 即先抽象出对于课程的实质性认识，然后在此基础上研究课程编制、设计、实施、评价等问题，构筑具有"结构—功能"特征的理论体系。例如，夸美纽斯的泛智主义课程观、赫尔巴特的主智主义课程观、斯宾塞的功利主义课程观、赫胥黎的科学主义课程观、杜威的经验主义课程观、布鲁纳的结构主义课程观、保罗·弗莱雷的解放课程理论等，就属于实质—结构型的课程本体观。这种课程本体观有两个缺陷，首先，将课程本体建立在本质一元化的假设基础上，以局部代替整体，有以偏概全之嫌；其次，采取逻辑演绎的方法从理论推演至实践，维护了课程本体的体系性和纯粹性，但是排除了不容于体系的其他合理因素，以逻辑的实践取代实践的逻辑，在具有丰富性和富于变化的课程实践面前必然会四处碰壁。

与实质—结构方式相伴相生的是制度性的课程话语观。课程领域的制度性话语由多个层次的话语空间构成，一是来自于专家学者的"学术性话语"，发挥着理论引领的作用，二是来自于政府和教育行政部门的"政策性话语"，行使着权力宰制的作用，这两种话语汇聚成学校规定的教育目标与教育计划，作为"制度性话语"发挥作用，而教师用指导书、教学计划、教育杂志的话语与教育学家、教育心理学家的话语作为"制度性话语"介入并发挥作用。③ 在这种制度性话语的统治和控制之下，容易将课程实践导向僵化和死板，不利于教师专业自主权的发展，也不利于学生批判意识和创新精神的培养。

（二）已有课程观的实体性表征

1. "主观性、排他性"的课程取向

由于受实体—属性的本体论哲学和非此即彼的思维方式影响，历史上的几种主要课程观，一般以主观主义的价值论为指导，从某一价值主体出发，将课程当作满足主体需要的价值客体，试图在满足某种主体需要的前提下寻找课程的价值旨归，具有非常鲜明的主观排他性，缺少了一种容他开放的品性。

国家/政治导向的课程观，从不同视角出发关注了课程设置在国家稳

---

① 易小明：《本质的生成与生成的本质》，《社会科学战线》2005 年第 4 期。

② 江山野：《国际教育百科全书·课程》，教育科学出版社 1991 年版，第 84 页。

③ ［日］佐藤学：《课程与教师》，钟启泉译，教育科学出版社 2003 年版，第 4 页。

定、社会进步中所担当的神圣使命，同时也强调了课程目标的属社会特征；但这种价值取向容易诱导和鼓励对人性的扭曲和压抑，使人沦为国家和政治的工具性存在。理性/工具导向的课程观，关注的是科学知识的工具理性价值；过分强调，会将学校变成"知识工厂"，而将学生当作待加工的"原材料"，导致的结果是，人在教育中异化，变成知识的奴隶，科学的婢女，无法主宰自己的命运。个体/发展导向的课程观，体现了对课程价值的人文关怀，致力于超越科学理性统治和对审美化人格的浪漫主义追求；然而，这种对人性、人格的关怀若神圣化到脱离社会、超越环境的阈限，就会构成对理性精神和生态文明的反动，最终陷入"无根"的个人主义而无法自拔。宗教/信仰导向的课程观，关注教育的宗教、精神价值，在一定程度上反映了不同时代人们的信仰追求；但是，这种价值取向偏执于精神和玄思，抽离了教育的社会性和人性价值。后现代主义导向的课程观，敏锐地捕捉到了传统课程观的弊端，并对之进行了深刻的反思和批判，主张课程领域的概念重建，从课程开发范式走向课程理解范式，重新激活了课程研究的生长点，丰富和深化了对课程本质的多元理解，尤其他们所倡导的尊重他者、容忍差异，关注边缘叙事，摒弃不同文化之间的长短优劣，符合时代精神；但是后现代课程观批判得多、建设得少，所提课程理念远离课程实践，陷入了"当代乌托邦"的怪圈。

虽然上述这些课程观有其特殊的历史价值，但它们共同的局限是，受实体价值观和单极思维方式影响，具有鲜明的排他性倾向，注定要远离甚至排斥其他维度的课程价值，无法实现课程价值的兼容并包；同时，上述课程观以主观主义的价值论为主导，无视客体价值、自然价值、关系价值等新兴价值思想的存在，注定要遗漏课程的生成性、过程性等新颖价值属性。

2. "预设性、确定性"的课程品质

长期以来，人们已经达成一种教育共识，认为教育是"有目的的培养人的活动"，作为一种价值实现活动，教育必须要以一定的目的作为出发点和归宿，教育目的的具体化即为课程目标和课程内容，历史上各种有影响的课程定义，如"……一系列行为目标"（《课程与教学的基本原理》，1949 年）、"……有计划、有指导的学习经验和预期的学习结果"（《国际教育百科全书·课程》，1991 年）、"……为实现学校教育目标而选择的教育内容的称谓"（《教育大辞典》，1998 年）、"……有计划的学习"（《理解课程的关键概念》，2009 年）、"……事先设计好的，有规划的目标"（《当代课程规划》，2010 年）等，均强调课程的"预设"价值。"课程成为教师（像骑师）带引儿童（像马儿）朝向目的（终点）的场所"。[1] 这种课程观是机械性世界观和线性思维方式影响下的产物，比较符合有序运转的工业社会的要求，但不适应迅速变革的多元化社会的要求。

尽管当代一些教育家尤其是以后现代自居的课程学家强烈呼吁，教育要向生活世界回归，砸碎封闭式的学校课程体系，以课程理解范式取代课程开发范式，但是至今为止，传统实体观的影响还挥之不去，表现在课程领域，即坚持从某一价值取向出发对课程内容作出单向限定。从历时态线索分析，存在着将课程内容理解为知识（最为古老的观点）、活动（课程科学化以来的观点）以及经验（最新的观点）三种不同的课程内容取向。从共时态线索分析，存在着学科中心、社会中心和儿童中心三种不同的课程内容取向。[2] 长期以来，我们惯于线性思维方式，或以一种新的理念取代旧的理念，或以一种价值取向抑制另一种价值取向，单向锁定课程内容，这种做法是不足取的。

就构成课程内容的主体——知识作进一步的分析，我们可以看到，传统课程内容主要由制度性知识构成，从古代的"四书"、"五经"、"七艺"，到近代的"4R"、[3] 科学、技术，再到现代的"新三艺"、"五育"、

---

[1] 陈伯璋：《潜在课程研究》（第一版），台湾五南图书出版公司1985年版，第180页。

[2] 学科中心教育观主张，教育存在的首要任务是将人类文化遗产中最具学术性的知识传递给下一代，增添新知识。他们强调课程应包括：读写算等基本技能、基础学科的基本事实与原理、良好的学习技巧和方法等内容；他们不大会关心与知识不相关的内容，例如健康、品格训练、生态变化、社会适应能力等。社会中心教育观主张，社会的生存和顺畅发展是教育的根本目的。他们赞同的课程内容包括：公民责任、政治意识、职业准备、伦理价值观与行为、关注他人的幸福等。学生中心教育观主张，教育的任务在于从学生的个性发展出发解放学生。他们所倡导的课程内容包括：自我实现、创造性地表达、个人天赋与兴趣的养成、合理地安排闲暇时间、健康与安全等。学科中心教育观将课程内容理解成知识，能充分体现教育社会性和科学性的要求，其不足是忽视学生的个体兴趣需要，知识内容具有滞后性，很难满足社会发展的需要。社会本位教育观将课程内容理解成活动，注意到了课程与社会生活的联系，但容易停留在只关注外显行为而忽视深层体悟的表面化课程活动层面，难以抵及课程的本质。儿童中心教育观将课程内容理解成经验，能充分尊重个体自由以及突出教育的情境性，但难以把握经验的边界，另外将课程交由学生控制要冒很大的风险。由此看来，三种课程内容取向各有其合理的因素，但也存在明显的缺陷。

[3] 在近代欧洲的一些国家，出现了公立小学，小学的课程主要由读、写、算和宗教构成，简称"4R"。

"新基础课",① 莫不如此。制度性知识主要反映的是共性、认同、服从等"文化工业"② 的理念，随着"知识"在学校取得了统治地位，学生的生活被权力、功利、理性、逻辑、符号所湮没，个人的"意义世界"被外在的"知识世界"所遮蔽了。随着后现代主义对传统知识观的批判，他们主张以批判型知识取代权威型知识，以人文（伦理）知识、艺术知识取代科学知识，以境域性知识、个体性知识取代普适性知识，打破了制度性知识一统天下的局面，但是由于后现代主义拒绝与传统知识观和解，主张将他们的知识观捧为圭臬，又陷入了新的知识霸权泥潭。

伴随着课程目标和内容的预设，势必带来课程评价的目标本位取向和标准化尺度。具体而言，传统课程过于关注预设目标的达成，忽略课程活动的生成与过程因素；偏重书本知识的教学，轻视对学生实践动手能力的培养；重视对学生思维的机械训练，忽视对他们的反思、批判和创新精神的养成；看重考试知识的积累和考试技巧的培训，轻视个体精神和自由的需要，……总之，这种评价最大的缺陷是把人客体化了、标准化了、理智化了，忽略了人的主观性、多样性和整体性发展的要求，致使培养出来的多是单向度的、高分低能的、高智商低情商的人。

3. "工具性、外在性"的课程功能

考察历史上的主要课程观，因受主观主义价值论和功利主义思想的影响，往往将课程的功能限定在为升学、成人生活、社会服务打基础，忽视课程在促进个体发展方面的功能价值。功利主义教育思想由来已久，早在古罗马时代，"社会务实际，以履行义务、享受权利为其理想，故课程注重传记与法律条规"。③ 欧洲中世纪，世俗教育的主体是行会教育，主要是为了培养能掌握专业技能，能熟练从事各行业工作的劳动者。19 世纪后期，功利主义教育思想通过斯宾塞得到了进一步的发展。在中国，教育素有功利主义传统。如，孔子提出了"不患无位，患所以立"的"学而优则仕"思想，墨子主张教育要促进人的体力和生产技能的发展，所谓"赖其力者生，不赖其力者不生"（《墨子·非乐上》第三十二章）。这种功利主义思想延续到隋唐，发展成蔚为壮观的科举取士制度，读书人求取

---

① "新基础课"是指美国于 1983 年颁布的《国家在危急中：教育改革势在必行》中所规定的，旨在提高中学教育质量的课程，包括英语、数学、自然科学、社会科学和计算机。

② 这是德国法兰克福学派的学者霍克海默和阿多尔诺所提出的一个概念，用以批判资本主义社会下大众文化产品的标准化、齐一化、程式化。

③ 舒新城：《教育通论》，福建教育出版社 2006 年版，第 73 页。

学问，旨在中举做官，博取功名利禄成为了教育的唯一目的。而今盛行于我国的"应试教育"，以读书成绩为升学的依据，以学历文凭为人才选拔的标准，实在是科举制在现代的翻版。以功利为目的的教育势必以成绩、获奖、优质文凭等外在标准评价学生，学生个性在这样一种功利化课程体系下被严重限制，谋求自我发展的美好愿望也就化为了泡影。

4. "封闭性、单边性"的课程模式

自古以来，受实体主义知识观的影响，分科设置课程已成为各国惯常的做法，学校课程表上的课程就像挂在墙上的格子铺，被切割成一个个整齐的"箱格"，将完整的世界分割成不同的学科领域，将鲜活的生活还原为不同的课程符号，虽能引导学生"深入"认识世界，却日益暴露出无力应对现实复杂问题的弊病。早在20世纪初，怀特海就指出了分科课程的弊端，"我极力主张的解决方法是，根除各科目之间的致命分离，因为这种分离扼杀了现代课程的生命力"。[①] 怀特海进一步警告说，"过分的专业化特别是对科学知识与人文知识对立的坚执，是人类社会的主要悲剧，对社会的未来将造成严重伤害"。[②] 事实似乎正在印证怀特海的预言，对于当前弥漫全球的生态危机、环境恶化、核威胁、金融危机，这种割裂式的课程设置及知识碎化教育是难辞其咎的。

单边性在教育中的表现非常普遍，具体到课程与教学领域，首先表现在课程结构上的单极化倾向或不均衡化的情况。历史上那些符合主流政治信仰和意识形态、有利于发展经济、符合现代产业需求、能满足不断诞生的新职业需要的课程（学科）在课程体系中的地位不断上升，成为"高地位课程"，比如政治、经济、科学、社会探究等就属于这样的课程。相对而言，那些"非主流、无效益"的课程，如哲学、人文、艺术等课程则处于课程结构体系中的底层位置上。其次，表现在课程开发往往采取"自上而下"的单一模式。例如，泰勒的"目标—手段"模式、布鲁纳的"学科结构"模式、美国当代的"基于标准"模式、我国的"国家主导—地方执行"模式，均主张基于某种单边力量开发与设计课程，导致课程在实践中无法适应地方化、校本化、个体化的多样性需求，同时也削弱了课程本身的价值。再次，表现在课程实施的线性转换要求上。课程实施的线性转换是指学校、教师、学生要严格执行正式的课程计划和标准，通过

① ［英］A. N. 怀特海：《教育与科学》，黄铭译，大象出版社2010年版，第10页。

② Meijun Fan, "The Idea of Integrated Education: From the point of view of Whitehead's philosophy of Education." 2010 - 04 - 08, http: // www. Edpsycinteractive. Org/CGIE/fan. Pdf.

实施活动达成预设的课程目标要求。根据美国学者古德莱德的分析，从理想的课程到学生体验的课程，课程实施至少要经历五重转换，课程实施的线性转换根本不可能实现，同时，这样做的后果势必会抹杀教师和学生的主体性和创造性，使课程走向异己的立场。

5. "实体性、割裂性"的课程研究

从已有课程研究的范式分析，尽管哲学范式解决了课程的理论基础和价值取向问题，但是却无法深入课程内部完成课程的工程设计工作；科学实证范式虽然能深入课程内部进行结构、流程、方法、管理等方面的设计和实施，但是对课程进行了割肉取骨式的加工，将课程的人文、艺术、审美等属性排除在视野之外；人文理解范式虽然重新发现了人在课程中的地位和价值，主张借助课程解放个性，但是它又重新拾起了哲学范式的陈旧工具，从课程本体中抽身而出，只是为课程发展提供了一幅可望而不可即的万花筒式图景。课程研究呼唤一种能促进课程本体健康发展的"教育学——课程论"范式，这就需要从内在价值和关系思维出发，对课程进行本体论的重建。

6. "批判性、模糊性"的课程话语

课程作为学校教育的核心要素，具有育人性和价值共享性的特征，尽管传统的课程语言围绕着具有学术性、实证性、工具性等特征的概念[1]构筑而成，在一定程度上会对课程理论和实践的发展起阻碍作用，但它们至少在内涵和外延上是明确的、周延的、规范的，这有利于在课程教学实践中能充分发挥它们的交流作用和育人价值。而近年来充斥着课程学术研究领域的一些后现代课程语言，却以批判性、不确定性、模糊性自居，以使用诸如"非……"、"反……"、"否……"等解构性的时髦话语为荣，让人难以把握课程的内涵，甚至给人以不知所云之感。就课程研究和课程理论的发展而言，我们需要对旧式的课程语言和概念进行批判和改造，构建新的课程话语体系有利于拓展课程研究的领域和空间，但是却会带来更为实际的负面问题。一方面，后现代课程话语希望表达一种文化多元、尊重差异、边缘叙事的价值诉求，但在强调"多元"、"个性"与"未来"的同时，却忽视了"本元"、"共性"与"历史"，导致课程患上了"文化记忆缺失症"。另一方面，容易导致课程理论与实践的脱节，不利于课程实践的进步与完善，以美国为例，他们创造出了世界上最丰富、最新的课

---

① 这些概念主要包括：计划、标准、概念、知识、原理、规则、设计、开发、组织、测评、结构、元素、环境、调节、反馈，等等。

程语言，但是在实践上却仍在使用着传统的课程语言和课程概念，这不能不说是一个极大的讽刺。

对上述课程观的条分缕析，使我们得以透过乱象丛生的课程表象，透视到隐藏在表象后的问题和症结：已有课程观深受实体观及其思维方式的影响，无论是课程理论的建设还是课程实践的探索，均不同程度存在着自身难以克服的问题，课程研究已经陷入了重重危机之中。要想破解难题，度过危机，必须从形而上的高度对已有课程体系加以全面的反思，以泛价值论、有机/过程哲学观和关系思维为指导，从实体课程观走向有机课程观，完成课程范式的转型升级，使深陷危机的课程重获新生。

第三节 从"实体"走向"有机"的课程观转向

著名课程史专家坦纳夫妇曾指出，"课程史是课程领域的全部记忆。没有它我们就不可能对当代的问题有一个全面的了解；如果没有人能够查明从前发生的事情，我们只好重新发明教育之轮，而无法认识到过去已有的成功与不成功的教育模式。"① 由此可见，我们不能脱离历史重新构建一种新的课程观，有机课程观的提出实际上也是对已有课程观的一种继承和发展。

一 已有课程观为有机课程观的构建提供了丰富的养分

尽管前文对各种课程观的实体性问题进行了反思和批判，但并不妨碍有机课程观从它们身上吸收有价值的养分，换句话说，有机课程观与已有课程观之间具有内在的继承关系。从价值论视角看，我国古代的课程思想就开始探讨人与自然、人与他者如何平等和谐相处的问题，例如，儒家从仁爱原则出发，推及到人与自然、人与他人，寻求天人合一的课程终极意义。以卢梭、裴斯泰洛齐、福禄贝尔、杜威、雅斯贝尔斯、罗杰斯、马斯洛、派纳等为代表的人文主义课程观，致力于弥合人与课程之间的关系，开始关注到了课程的内在价值和发展价值。20 世纪后期，以批判主义课程观为代表，对历史上的"科技—工具理性"课程观进行了全面而深刻的批判，认为"理性是一种从自然中解放自身的能力，人从自然中获得

① ［美］丹尼尔·坦纳、劳雷尔·坦纳：《学校课程史》，崔允漷等译，教育科学出版社2006 年版，第 7 页。

解放后却又把自然作为自己统治的对象，在此过程中，人的统治动机转化为一种'专断意识'，并把自己的同伴作为统治对象。"① 进一步唤醒人们去关注课程的人文和生态意义。近年来在西方影响日隆的生态主义课程观，更加强调课程与生活、课程与人、课程与自然的内在有机统一。而审美取向的课程观，呼吁将艺术的表达、想象的声音、直觉的思维、美感的体验等元素纳入课程体系，有利于发展学生的审美意识和神圣智慧。

从本体论视角看，有机课程观并不反对将"知识"看作是课程的主体构成部分，更不否认"经验"以及"活动"在课程中的地位，有机课程观主张的是，以上述三者为基本元素，构筑历史与现实、静态与动态、科学与生活、过程与结果有机整合的课程本体。如此看来，历史上的主要课程观与有机课程观是一种融通而非互斥的关系。而 20 世纪后涌现出的众多课程观，在课程本体论上与有机课程观有着更为接近的看法。在施瓦布看来，课程是由教师、学生、教材、环境及其相互作用所构成的事件，教师和学生是课程的创造者。伊尔巴兹（Elbaz）认为，课程是师生在特定教育情境中共同创生的一系列"事件"。多尔从后现代主义视点出发，指出课程是一个教师带领学生探求未知，进行意义创生的过程。这些观点赋予了课程以关系性质和创造品质。结构主义课程论者从关系思维出发，认为课程的本质意义存在于各种关系之中，而不存在于各种实体之中，可见结构主义课程观关注的焦点是"关系"，而不是"实体"。斯莱特里认为，课程是在跑道上跑的过程，是一个从浪漫主义发展到精确化再到归纳整个过程所必须的社会环境，② 不折不扣地继承了怀特海的课程思想。概念重建主义者格鲁梅特则认为课程是沟通一个人的过去、现在和未来的集体经历，将课程理解成是一个时空延续体。

从方法论视角看，有机课程观的建构虽然以哲学思辨范式和人文理解范式为主要方法论，但是具体到课程编制和课程实践领域，有机课程观也主张遵循逻辑和心理的双重规律，采取科学实证的办法解决具体问题，怀特海在《教育的目的》中就主张将儿童智力发展分为浪漫阶段、精确阶段和综合运用阶段，并据此分别安排各科学习任务。当然，后泰勒时代的一些新方法论思想给有机课程观的构建提供了更为直接的借鉴。比如，人本主义心理学主张培养整体性人格的思想。批判理论主张课程研究中结构

---

① Horkheimer M . Adomo T W. *Dialectic of Enlightenment*, New York：The Seabury Press. 1975：79.

② ［美］帕特里克·斯莱特里：《后现代时期的课程发展》，徐文斌、孙玲译，广西师范大学出版社 2007 年版，第 300 页。

与意识（structure and consciousness）、理论与实践（theory and practice）、价值与事实（values and facts）、过程与结果（process and product）皆为辩证统一的整体。① 现象学派主张课程研究要回到课程事实本身去探究和解决各种问题。解释学派希望能从多元视角去理解和解释课程。生态主义倡导者则强调从整合的、关系的、多元的、开放的、动态的视角来研究课程问题。上述这些课程方法论提倡中介性取向，为有机课程观的构建提供了新方法论启示。

如果说以上课程观为有机课程观提供了局部意义上的启示，那么下述课程观对有机课程观来说，则具有整体意义上的启示作用。具体察之，历史上的杜威、米勒、高夫、斯莱特里、多尔、奥利弗和格什曼等人的课程思想就或多或少体现出了有机课程思想的意味。杜威的课程世界是一个不断流转、生成与变革的过程世界。这首先表现在杜威的课程目的是存在于教育过程之中，而非外在强加的功利性目的；其次，儿童的生长和生活永远处在扩充、提高、更新和重组的过程之中；最后，课程的实施从本质上看是个体与环境交互作用，获得经验改造的过程。高夫、约翰·米勒以及斯莱特里等人受建设性后现代主义思想的启发，掀起了生态主义课程的思潮。高夫从生态政治学的角度提出了"课程范式的更新"问题；米勒从整体观和内外联系观出发，提出了"整体性课程"的设想；斯莱特里充分注意到可持续发展中的课堂生态问题，试图实现课程的"生态模式"转变。奥利弗和格什曼受拉舍的自我理解、格里芬的过程哲学、吉鲁的边界交叉、鲍尔斯的生态可持续性等观点启发，在课程开发的方法上超越了建构性后现代主义和解构性后现代主义的区别，迈向了本体论和宇宙论的过程课程。② 多尔从后结构主义和解释学的视角，吸收了杜威和怀特海的哲学和课程思想，根据不平衡性、非预定性、生活体验和混沌理论的排列原则，将课程矩阵描述为丰富性、回归性、关联性以及严密性为基础的体验性课程。总之，上述这些带有有机色彩的课程思想为本研究提供了丰富的营养质料。

二 有机课程观是在已有课程观基础上的一种创新

（一）时代性

20 世纪后期以来，随着科技飞速发展和工业化程度越来越高，人类

---

① 张华：《美国当代批判课程理论初探》（上），《外国教育资料》1998 年第 2 期。

② ［美］帕特里克·斯莱特里：《后现代时期的课程发展》，徐文彬、孙玲译，广西师范大学出版社 2007 年版，第 32 页。

社会发展也开始面临一系列的难题和困局，各种"现代性问题"① 层出不穷，人与自然、人与社会、人与他人的关系日趋紧张。如何应对和解决这些问题，基于实体观、实体思维的旧式科学和哲学已经无能为力，因为它们身上有两个致命的局限，一是将人跟物对立起来，认为只要借助于科学的力量就可以达到认识和支配世界的目的，将人从自然中疏离出来；二是对现实世界采取"取肉存骨"式的抽象和概括，看似抓住了世界的本质，实则将自然这件无缝的外衣进行了千疮百孔式的裁剪，留下的仅仅是零散的片段和孤立的局部，而不见了世间万物的生命发展过程，遮蔽了富有创造力又充满和谐的美感。当此消除现代性弊端，追求人类社会生态化、可持续发展的关键时刻，强调和谐、有机、关系、过程、创新的过程哲学思想就成为了挽救危局的有力武器。基于过程哲学的课程研究，必须正视自身是否符合人类社会可持续发展和生态文明建设的文化伦理指向，这就要求我们摆脱传统课程观的束缚，构建一种"有根有翼"的有机课程观。"有根"的课程观，是指课程研究要从有机整体的价值取向出发，揭示课程普遍性、包容性的价值，重视对传统文化和本土文化的认同，对他者（包括自然）的尊重，着重培养学生的责任心和爱心；"有翼"的课程观，是指课程研究要在创生化进的价值思维导引下，揭示课程生成性、过程性的价值，重视对创造和革新文化的认同，对观念冒险的鼓励，着重培养学生的创新精神、实践能力。

　　有机课程观的提出，也是我国教育改革的实际需要。在现代化的进程中，我国的教育正面临着双重的任务：既发展现代性，继续为教育的现代化而不懈努力；又反思现代性，力图克服现代教育的种种弊端，迈向新的更高的后现代教育。② 新一轮基础教育课程改革已经为我国新世纪教育改革趟出了第一步，但是因过于迷信和依赖西方后现代主义课程理论，加之基于本土文化的理论研究不够深入，虽能拼接出一幅所谓的"新课程理论"，却因遭遇人才选拔体制和学校课程实践的双重阻击而限于混沌和无序。由此可见，真正有生命力的课程理论，既能扎根于本土文化土壤，又

---

① 这些现代性问题主要包括：生态环境破坏，水资源短缺，土壤、水质、大气污染，臭氧层空洞加剧，温室效应，人口激增和老龄化，粮食短缺和紧张、各种新疾病和传染病频发，恐怖和暴力事件不断增加、信仰危机、各种文明（文化）冲突加深、不同民族之间的矛盾加剧、时刻面临核战威胁、国际贸易摩擦不断、你死我活式的商业吞并潮汹涌而来、金融、经济危机此起彼伏，等等，不一而足。

② 曲跃厚、王治河：《走向一种后现代教育哲学》，《哲学研究》2004 年第 5 期。

能直面社会现实问题（当然包括教育现实问题），真正有价值的课程理论研究应始于发现"课程问题"而终于解决"课程问题"，课程理论观点甚至课程理论体系的形成是以找出"课程问题"之间的关联，进而探索其内在发展规律为基础的，这是一条"探索性归纳"之路而非"总结性演绎"之路。在我看来，当前我国课程改革最需解决的是三个问题，即课程价值如何重塑和澄清的问题，如何走出实体主义课程模体的问题，如何注入创造性课程发展动力的问题。构建有机课程观，就是为解决这三个问题提供一种理论分析框架，希望能以此为指引探索出一条新的课程改革之路。

（二）超越性

尽管历史上的杜威、米勒、高夫、斯莱特里、多尔等人也提出过类似于有机课程观的思想，但是两者却有不同之处，有机课程观既吸收了上述课程观的合理成分，同时也"剔除"（怀特海语）了其中的不合理成分。具体而言，杜威的课程思想是以实用主义哲学为指导，解决培养民主社会的公民问题，从课程价值取向上看仍然固守于"个人—社会"一极，已落后于现时代；米勒所提出的整体主义课程观虽然看到了影响或构成课程的诸多要素之间是一个有机整体的关系，却只在静态意义上勾勒了如何加强各课程元素的关联，而没有从动态发展的视角为课程发展指引方向；高夫的生态主义课程观虽然揭示了课程所具有的生态性和整体性、生成性和动态性、生活性和经验性等特征，但基于其为重建"生态政治"服务的主旨，是不可能达到有机课程观的视野和高度的；斯莱特里的概念重建主义课程观与有机课程观最为接近，但是因其鲜明的美国文化基因和过于激进的观点，难以适合我国国情；多尔的后现代主义课程观在本体论和方法论上对传统课程观进行了有效的改造，符合未来课程发展的趋势，不过，他所持的课程价值观却有点模糊不清，说明其理论也存在短板。

有机课程观的提出，在一定程度上实现了对已往课程观的超越。首先，有机课程观从社会可持续发展和生态文明建设的文化伦理要求出发，系统分析了课程价值何以发生、课程价值如何实现、课程价值最终体现为何等课程价值问题，并结合我国教育实际，提出了融过程哲学与东方文化于一身的"泛价值和合"课程价值观，实现了对以往课程观的价值论超越。其次，有机课程观主张重建传统课程观和后现代课程观的关系，认为两者并非非此即彼、你死我活的关系，而是继承中有发展，发展中有继承的关系，古代、现代和后现代的课程文化因子是共存的，任何时代性的课程概念都是相对的，只不过这三种课程文化因子共同作用于当下课程实在罢了。有机课程观主张从动态、开放和整体的视角理解课程所具有的多重属性，反对机械性地将课程定义为经验、活动、会话、文本等孤立的概念。有机课程观主张从过程生成和关系力量的视角去解释课程的存在与运作，而不是从结果预测和单边力量的控制去把握课程。质言之，有机课程观主张将课程理解成为一个具有动态开放性质的广延连续体，在本体论上实现了对已往课程观的超越。最后，有机课程观以过程关系思维为指导，对所有课程理论抱有容他态度，它不像以往的课程思想或流派，固守一己之观点和主张，有机课程观认为，理想的课程观应该具有包容性、开放性和自我修正性的特征，判断一种课程观的好坏优劣，不仅看它是否由确定无疑的结论或具有确证性的学说所构成，更要看它是否能够为课程发展提供最好的和最充分的检验和预测的假定。从这一点上说，相比以往的课程观，有机课程观在方法论上就胜出一筹了。

三　有机课程观与新课程理念的关系

有机课程观并不是对已有课程观的杂糅和拼凑，它有自己的研究定位，有机课程观借助于过程哲学的价值观、本体论和方法论，全面反思古今中外的主要课程理论和课程思想，在继承和发展已有课程观的基础上，尝试为推进我国课程理论和实践的深化发展，提供一种新的分析框架。有机课程观倡导课程价值多元化，关注课程领域各因素的互动关系，主张课程发展的创造性和可持续性，它主要由泛价值和合课程价值观、过程/关系课程实在观和创化生成课程发展观三个部分构成，而这三个部分又是互为前提、互为基础的关系，共同构成有机课程观的完整面貌，离开了任何一个方面，都不足以充分说明有机课程观的整体性。有机课程观的提出恰逢我国新一轮基础教育课程改革朝纵向推进的关键时刻，有机课程观是在炒新课程这碗冷饭，还是别具新意，是本研究无法回避的问题。一方面，有机课程观与新课程理念存在着一定的区别，并没有在用新话语复述老观点，具体而言，两者的区别体现如下：

表3-3　　　　　　　　　有机课程观与新课程理念的区别

比较项		新课程理念	有机课程观
课程价值观	价值基础	个性化，素质教育	社会可持续发展和生态文明建设
	价值指向	为了每一位学生的发展	实现社会、个人与生态的互塑共生、互利共赢
	价值类型	主观主义价值论	泛价值和合

续表

比较项		新课程理念	有机课程观
课程本体观	课程基础	个体本位为主导，人文主义倾向，互动认识论，学生个性全面发展	关系本位，有机整体论，过程认识论，学生是知识、智慧和德性统一的自由文明人
	课程本质	课程是经验、活动、文本	课程是广延连续体
	课程运作	自上而下推进，单边力量	双向互动，关系力量
课程发展观	课程品质	"预设"与"生成"是辩证的对立统一体，兼顾两者	"预设"与"生成"是一对"多生成一，由一而长"的关系性存在，是一种双向转化过程，突出"生成"
	课程教学	有效教学，自主、合作、探究	教学主体角色的解放，教学活动过程的创生
	课程变革	追求创新，价值转型	"根"与"翼"的耦合①
课程方法论		实体主义，二元论	有机主义，关系论

其次，有机课程观与新课程理念之间有着紧密的联系。这主要体现在两个方面：其一，有机课程观侧重于从哲学和理论层面研究课程价值取向、课程要素结构和课程变革发展，虽有涉及具体的课程实践问题，但是不够系统和全面，特别是深入到具体的课程实施、评价与管理等微观领域，还无法提供全面且具有针对性的理论指导，而新课程改革则形成了一套体系完整的思想、方法和实践指导原则，尤其是为各类课程制定（修改）课程标准提供了有力的理论指导，为打通课程理论与实践的关系，有机课程观还需经由新课程理念这一轨道才能抵达课程实践之目的地。其二，有机课程观所涉及的论题广泛，包括课程理论基础、课程价值、课程基本要素、课程本质、课程研究方法、课程运作、课程教学、课程变革等诸多问题，但是有机课程观的构建始终围绕着"课程与人"这一对关系展开，因为一旦偏离了"课程与人"这一主题，有机课程观将失去灵魂和凭依，从这一点上说，有机课程观与新课程理念是基本一致的，两者均将课程的价值目标定位于"为了每位学生的发展，全面推进素质教育"，强调课程在人的发展中的价值，两者均主张从人与社会、人与知识、人与自我以及人与自然四个维度出发，规划和设计课程。

---

① 课程变革既要面向未来，谋求创化和生成，使课程增添"翼"的魅力；同时又要根植于历史与现实，讲究继承和发展，使课程永葆"根"的本色。

第四章　"泛价值和合"课程价值观

我们必须找到一个"新故事"、一个重新将人类纳入地球时空连续体的"叙事"，提醒我们与世界万物命运共享，才能重建人类存在的目标与意义。

——托玛斯·贝利

　　课程价值问题是所有课程理论和实践问题的起点和归宿，对课程价值问题的澄清是有机课程观的核心任务之一。通过对已有课程价值观的分析表明，传统课程价值观主要以单极思维为指导，形成的是主观排他性的课程价值观。随着社会的进步和教育的发展，课程价值取向正在由一元化标准转向多元化理解，虽然世界各国还在不断地探索教育改革，重新调校学校课程的价值取向，人们对教育的价值问题也存在不同的主张，不过，我们相信，价值一元论的时代已经一去不复返了，当务之急，就是要摆脱单极思维的束缚，确立一种能兼顾多元价值取向的新课程价值观。

　　在我国，很多专家学者已经意识到要走一条中间路线，即试图调和各种教育价值观之间的矛盾，并用"钟摆原理"来说明只要找到一个理想的平衡点就能很好地平衡各方需求，解决价值冲突问题。但是我们发现，到目前为止大多数的研究者只是提出一些"既要……又要……"式的庸俗辩证法主张来表达自己的观点，并无多少面向实际，能真正解决问题的真知灼见问世，看来，这样的中间道路似乎并没有找到。正如有学者评论的，"课程中存在多种价值主体，而且课程的价值客体也比较复杂，因此，在课程中就存在着多元的价值关系。……目前，基础教育课程改革中的价值关系就存在着典型的价值冲突，突出表现为以人的全面发展为本位的课程价值取向和以知识为本位的课程价值取向之间的冲突。"① 如何拨开繁纷复杂的价值迷雾，重新认识和定位课程价值观？这将是本章要讨论

---

① 严仲连、马云鹏：《论课程价值的实现与理性选择》，《教育理论与实践》2010 年第 11 期。

的主要问题。

第一节　从传统价值论走向"泛价值论"

什么是价值？作为一个被广泛使用的概念，传统的"价值"概念至少包含三个方面的意思：其一，是日常使用的概念，主要指客体对于主体的某种效用性，如网络是当今人类生活不可或缺的一种生存工具，说明了网络对今人的价值颇大；其二，是科学层面所使用的，如经济学中的"价值"含义，表示"物的对人有用或使人愉快等等的属性"，① 对价值问题的研究往往是当代社会科学研究的重大主题之一；其三，是哲学意义上的价值，指从各门具体学科中抽象出价值的本质特征而形成的人们对价值的最普遍的认识，并形成了一门专门学问——"价值论"。本书所探讨的课程价值既是形而下的问题，属于教育科学层面的价值论范畴，也是形而上的问题，属于哲学价值论的范畴。相比而言，只有在形而上层面，才能辨明课程价值的依据和理论基础，所以，本书将价值研究的重心放在哲学层面。那么，从哲学层面上该如何理解"价值"呢？我们可以透过历史上所形成的主客观两大对峙的价值论阵营来一探究竟。

一　单极思维、主客观价值论及其局限

考察西方哲学史，价值哲学形成于 19 世纪末 20 世纪初，主要有主观价值论和客观价值论两种基本的价值取向。首先，来看主观价值论，这种价值论把价值看作完全是由主观因素决定的，或只是主体情感态度的一种表达。主观价值论有许多流派，如迈农的情感愉快论、文德尔班的满足需要论和情感愉快论、詹姆士的满足需要论和心灵赋予论、培里的欲望满足论和兴趣对象论、杜威的智慧行动后果论、奥格登和理查兹的情感主义价值论、维特根斯坦的人赋实物价值论等。迈农把一个对象能否使人产生价值感触——使人喜欢，作为理解价值的基础，"凡是一个东西使我们喜欢，而且只要到使我们喜欢的程度，它便是有价值的"。② 以情感为基础理解价值，说明迈农的观点属于典型的主观价值论。文德尔班在其代表作

---

① 《资本论》，《马克思恩格斯全集》第 26 卷Ⅱ，人民出版社 1965 年版，第 326 页。

② ［阿根廷］方迪启：《价值是什么——价值学导论》，黄藿译，台北联经出版事业公司 1986 年版，第 31 页。

《哲学概论》一书中说："每种价值首先意味着满足某种需要或引起某种快感的东西。"① 他所持的价值本质观是满足需要说和情感愉快说。詹姆士认为价值或善的本质是需要的满足，"善的本质，简单说来就是满足需要"。② 同时，他认定价值是人的意识的反映，人的意识赋予自然物以价值。培里认为价值是"相对于欲望或兴趣的"，"欲望的因素赋予其对象以善"。③ 只要我们对某样东西感兴趣，它便有价值，所以，培里的价值论是兴趣价值论。在杜威看来，价值是伴随着人们的情感和态度的产物，并且认为价值是对作为智慧行动结果的一种享受。奥格登和理查兹把"善"看成是一种情感记号，开情感价值主义之先河。维特根斯坦持有类似于尼采、詹姆士的观点，认为价值是人赋予事物的，"人类的凝视具有一种力量，它赋予事物以价值"。④ 其次，来看客观价值论，这种价值论把价值看作完全是由客体因素决定的，或只是客体属性的一种表达。客观价值论主要有三个学派：摩尔和莱尔德的直觉主义价值论、舍勒的现象学价值论、哈特曼的价值伦理学。摩尔认为，"许多的不同事物本身就是善的或者恶的"，⑤ 价值是实存的、客观的，事物的关系的实存构成价值的整体；莱尔德也与摩尔持类似的观点，即认为价值存在于事物本身之中。另外，两人都认为价值是自明的，只能通过直觉去把握。舍勒认为，价值是独立于价值载体及评价主体之外的先验存在，换句话说，价值是先于价值对象的存在物。比如，"美"这一价值，它不是从美丽的事物中抽象而来的，而是该事物所固有的一种先验性质。概而言之，舍勒的现象学价值论具有客观性、先验性、独立性和自明性等性质，是一种先验的机械客观价值论。哈特曼肯定价值的客观性，他认为价值可以为人感知但却不能被改变。

　　我国哲学界从 20 世纪 80 年代中后期开始曾对价值本质问题进行了激烈的讨论，形成了几种流行的定义，如价值是指有价值的事物本身（实体说）、价值是指客体固有的某些属性或功能（属性说）、价值是与人的兴趣、欲望、情感、态度、意向等相关的东西（观念说）、价值是指客体

---

① 杜任之：《现代西方著名哲学家述评》（续集），三联书店 1983 年版，第 35 页。
② 转引自张岱年《论价值的层次》，《中国社会科学》1990 年第 3 期。
③ ［美］培里：《现代哲学倾向》，傅统先译，商务印书馆 1962 年版，第 325—327 页。
④ ［英］维特根斯坦：《文化与价值》，许志强译，浙江文化出版社 2000 年版，第 6 页。
⑤ ［英］摩尔：《伦理学原理》，长河译，商务印书馆 1983 年版，第 3 页。

满足主体需要的关系（关系说）等。① 尽管没有取得完全一致的看法，但多数人还是倾向于将价值看作是一种体现主客体之间需要与满足的关系。② 总之，我国哲学界中占主导地位的观点还是满足需要论，认为价值取决于主体的需要。"这种观点认为主体是价值元，价值概括的是主体对客体的作用这一方面，概括的是主体性的内容和尺度，只重视主体、主体性、主体需要的作用，而忽视客体、客体性的作用，实质上是一种唯主体论的单极思维"。③ 这种单极思维集中体现在将价值主体等同于人，主张以人学为基础去研究价值问题。他们认为，价值是人，或者说人是价值的设定者又是价值本身。显然，这种人学价值论或人道价值论是一种典型的唯主体论的单极思维。这种观点在价值本质问题上有两种表达：一种认为，价值是人对事物所作的评价，价值是人赋予的；另一种认为，价值是人类所欣赏、希望、追求、期望的东西。这两种理解基本上没什么区别，因为人所欣赏、希望、追求、期望的东西，肯定也会对之持肯定性评价，实质上认为价值是评价的（肯定）结果。④ 这种价值本质观乃是西方20世纪早期流行的一种主观主义价值论的现代翻版，其最大的失误在于，未能坚持全面的彻底的关系思维，甚至反对关系思维，坚持唯主体论的单极思维，导致在价值本质研究上不仅没能向前推进半步，反而退回到广受人们批评的20世纪初西方"主观主义价值论"的老路上去了。当然，也有部分学者坚持客观主义价值论，主张要重视价值客体的作用，重视价值的客体性，将价值从价值对象和评价主体身上抽离出来，把价值视为事物本身固有的属性。他们所坚持的实质上是一种唯客体论的价值取向，这种价值论早在20世纪20年代以后就已经被西方学者所抛弃了，可见这也是一种僵化的价值理论，没有生命力可言。

上述两种流行的价值论，均是二元对立、单极思维指导下的产物。主观价值论认为价值的存在、意义或有效性等都是基于主体的感觉和态度，是主体裁定的产物。他们要么把价值看作是人所赋予的纯主观意志的产物，要么认为价值是人的情感、态度等主观偏好的表达，总之，都把价值

① 孙伟平：《事实与价值》，中国社会科学出版社2000年版，第86—92页。

② 李顺德：《价值论——一种主体性的研究》，中国人民大学出版社1987年版，第15—20页；王坤庆：《教育哲学——一种哲学价值论视角的研究》，华中师范大学出版社2006年版，第171页。

③ 王玉樑：《21世纪价值哲学：从自发到自觉》，人民出版社2006年版，导言10。

④ 同上书，导言11—12。

视作主观随意的东西，只能服从于人的主观意志和偏好，其最大的问题是，将会造成价值的混乱。客观价值论认为价值的存在和本质都与主体无关，价值是独立于对象和评价主体的客观存在，价值具有绝对性和稳定性，不会受到任何实际的物理和人为事件的干扰。客观价值观否定价值主体的地位，无视价值的关系属性，是一种片面、机械的价值观。

正是为了克服主观价值论和客观价值论的局限，越来越多的人开始将价值作为一个关系范畴来处理。奥地利学者艾伦菲尔斯在其《价值论体系》一书中指出，价值揭示的是主体与客体之间的关系。日本学者牧口常三郎在《价值哲学》中指出，价值不是客体自身，而是客体与人之间关系的概念。近年来，我国学者大都主张用关系去研究价值，认为价值是主客体相互作用的产物，是一个关系范畴。但是，上述关系论也有局限，首先，表现在价值主体的探讨均以"人"为尺度，所谓关系也仅指"物为人"的关系，而不关心"人为人"、"人为物"、"物为物"的关系，简言之，以"人类中心主义"统摄各项价值取向，这种价值观是导致过度竞争、掠夺自然、环境恶化、生态危机等现代性问题的深层原因。其次，关系论者所倡导的关系，大多从狭隘的功利性价值出发，即以主客体之间是否存在效用关系作为价值评价的唯一尺度，认为价值是主客体相互作用的"利益产物"，而没有认识到价值本身只能通过关系来表达，是一种有限的关系观。有没有一种既能克服传统价值论的不足，又能指导人类社会与自然和谐共存，引领我们走可持续发展道路的新价值论？或许我们可以从怀特海的泛价值论中寻找到答案。

二　关系思维、泛价值论及其超越

较之主客观价值论和关系论，泛价值论思想在以下三个方面完成了对传统价值论的超越。

（一）价值的产生和存在基于特定的情境

针对历史上主观论和客观论两种价值学说的对立，泛价值论基于过程哲学的实在论思维，提出了第三条道路的解决方案。在泛价值论看来，任何价值问题，不能离开具体的价值主体、价值客体以及它们彼此之间的真实关系去作空泛的讨论，比如关于面包是否具有价值的问题，对一个饱汉和一个饥汉来说是完全不同的，同样，对于喜不喜欢吃面包的人来说也是不一样的，我们不能简单地从有无营养或面包好不好吃的角度来判断面包的价值大小。这就是说，我们只有在特定的情境下才能探明有无价值以及价值大小的问题，怀特海回顾了主观论和客观论价值学说的主要代表人物和观点，并分别指出主观论和客观论的错误，主张用"情境"范畴来克服双方的对立。怀特海主张，价值只有在一种特定的情境中才存在并具有意义。这里的"情境"（situation）一词用来指称由粒子的、细胞的、有机体的、个人的、社会的、文化的以及历史的、现实的、未来的等因素和情况组成的各类综合体。不仅价值，而且价值关系和不同层级的价值都有赖于一种具体的情境。

怀特海进一步论证，价值并不是指将情境中各种因素简单相加之物，而具有一种完形的性质，所谓完形，是情境中各组成因素发生相互作用，形成一种独特整体形象的新质。怀特海有时把"实际场合"（actual occasion）、"活的集合体"（living society）、"当下存在"（immediate existence）、"所与整体"（given wholes）等词语看作是完形的同义语，并概括了完形具有如下几个性质特征：首先，一个完形会产生那些在它的组成部分中以及各组成部分的原始组合中所找不到的性质。完形性质是崭新的性质。所以不能将它与它各部分的原始组合以及一种机械式的聚合相混淆。完形强调多样的有机统一，重点突出它的整体性质。完形同时也是真实、具体的存在，它与任何超经验的存在并无关联，换句话说，它不是抽象的存在物。完形还意味着它的各组成部分的整合和相互依存。互相依存不可阐释为一种一对一的关系，而应作为一种由全体成员所支配的积极的相互关系，重要的是各组成部分在整体统一意义上的关系。

怀特海把价值理解为一种完形性质，强调价值是综合各种因素而获得的一种整体性质，用诸多因素"组成"的统一整体理解价值，是对主观价值论和客观价值论的一种超越。同时，他在探讨价值产生的条件和因素方面，包括了主体、客体、环境，以及自然、社会、文化、历史等因素的作用，这是对传统从单个维度探讨价值关系的拓展和深化。

（二）价值的本质在于揭示事物之间的互动关系

在怀特海构筑过程哲学的过程中，始终坚持一个基本的方法论立场，那就是以关系思维取代实体思维，通过揭示事物之间的互动关系来考察事物本身的存在和价值。这就打破了以往认识论的基本路线，即先考察一个个实体，再去探究它们之间有何关系，在怀特海看来，认识和探明实体性事物之间的关系比研究实体性事物本身更重要。那么，该如何理解"关系"的本义呢？在怀特海那里，他认为整个宇宙就是一张关系网络，而现实实有（包括现实事态）是编织这张网络的一个个节点，永恒客体和上帝是连接关系网的可能路径，"多生成一"、"由一而长"的创造性是在关系网中传递能量和信息的动力系统。简而言之，过程哲学视野下的关系主要有两层意思：一是指事物之间存在某种性质的联系；二是揭示了事物之间存在相互作用、相互影响的某种状态。

根据过程哲学，整个宇宙世界是由各种关系组成的客观存在，这里的关系包括大至银河星系之间的宏观关系，以及小至物质微粒之间的微观关系，当然，也包括处在中观层面的有机体和环境之间的关系。结合本研究的主题，我们着重从有机体和环境之间的关系出发对价值的关系本质做进一步的分析。就教育社会而言，有机体是指参与教育活动的各类主体，既包括人，如教师、学生；也包括事，如教学、德育；也包括物，如课程、教材；等等。环境是指对有机体产生真实或潜在影响的一切外部影响因素及其综合体，例如相对于人来说的教育人文环境，相对于事来说的教育物质环境，相对于物来说的教育生态环境；等等。怀特海认为，我们应着重从有机体与环境之间的相互作用去研究价值问题，价值应被看作有机体适应生物和社会文化环境的各种状态的表现。在此基础上，怀特海揭示了价值的本质含义：价值是由某一特定情境系统内的关系明确规定，通过有机体同环境的相互作用而实现的规范的系统状态。这一定义至少包含三层意思：第一，价值是在有机体与环境的相互作用中产生的一种客观的状态，这就与主观价值论区别开了；第二，从产生价值的要素分析，一个情境系统既有内在结构程序，并且也与环境相互作用，这就与直觉主义价值论、现象学价值论等机械客观论区别开了；第三，也是最为重要的，这是一种关系说，不过是更广义的关系说。因为在关系价值论看来，价值揭示的不是实体之间有何效用，那是一种对关系产物的描述，价值真正要揭示的是有机体与环境之间到底是何种关系，这是一种对关系性质和过程的描述。

（三）价值是以内在价值为基础形成的网络系统

在怀特海看来，各种不同的价值首先建立在现实实有的内在价值基础之上。内在价值包含三层含义，第一种含义，是指每一现实实有都有"内在的善"（goods），这就是作为其他的善的原因的善，后来，环境伦理学家们发展了这一思想，认为这是一种事物所固有的内在价值，即事物本身就是某种目的。第二种含义，是指每一种现实实有的内在属性、特征。第三种含义，是指现实实有所具有的不依赖评价者评价的那些价值。第二种、第三种内在价值的含义是对第一种含义的进一步说明、补充和强化。根据内在价值的含义，包括人在内的一切有机物都是价值的主体，因为正是这些价值主体的存在才使其他事物的善得以显现，反过来，其他事物的存在又使得价值主体的善得以显现。质言之，从内在价值的视角审视，除了人是价值主体外，自然界的生命有机体也是价值主体，甚至整个自然都是价值主体。"潜鸟虽然不是人，但它自己也是自然的一个主体"。① 显然，泛价值论认为价值是现实实有本身固有的一种属性，即使是自然界的有机体也是价值的主体，不需要以人类作参照。

假如只将价值主体从人类广扩至自然界的有机体，强调有机体的内在价值，那么就会有走向孤立的、机械的客观主义价值论的危险，为了解决这一难题，怀特海导入了泛价值论的概念。他以整个生态系统为价值主体，将之视为一个网状组织，万物皆在其中，新陈代谢、和睦相处。在他看来，价值是一种能够创造出有利于有机体的差异化存在，使整个生态系统变得更加美丽、多姿、复杂、和谐。由于泛价值论认为价值主体不限于人，可以扩展至有机系统乃至一切自组织系统，这就有利于我们理解环境价值、生态价值、自然价值的存在。当今天人类面临着全球性的生态危机、环境恶化及资源枯竭等问题时，如何探索以泛价值论为指导，走一条人与自然和谐发展的可持续道路，成为摆在人类面前的最大课题。这就是拉兹洛所提出的从"逻各斯到霍逻斯"的问题，即从今天的渴望权力和征服的逻各斯文明（Logos – civilizaiton），转向以人类社会和生物圈的可持续发展为中心的霍逻斯（Holos – civilization）文明。②

综上，"泛价值论"认为，价值以整个宇宙生态系统为出发点，存在于由无机物、微生物、植物、动物、人类共同构成的地球生态系统中，所有现实存在物的内在价值，不同事物之间的工具价值，现实存在物的相互作用以及创造出新事物的价值，都是泛价值的有机内容。相比较以人为价值主体的传统价值论，"泛价值论"彻底走出了传统价值论中主观主义价值论和客观主义价值论二元对立的怪圈，是一种最广博、最具统摄性的价值论思想，它不仅能海纳百川式地把一切现实的价值论吸纳、整合、包容于自身之中；更为重要的是，它对克服当今人类所面临的一系列难题具有一种前瞻性、指导性的作用，不仅在宏观上为人类发展指明了方向，而且在微观层面也为政治、经济、文化、教育等社会领域提供了一种新的价值导引。

---

① ［美］罗尔斯顿：《哲学走向荒野》，刘耳、叶平译，吉林人民出版社 2000 年版，第 189 页。

② 拉兹洛在中国社会科学院所作的主题报告：《全球可持续性的伦理和哲学的先决条件（系统方式的分析）》，2011 年 5 月 17 日上午，http：//www. cssn. cn/news/162565. htm。

第二节 "泛价值论"与东方"和合"① 思想的会通

当今人类面临越来越多的世界性难题，这些难题大多数是人类经济社会超高速发展所附带而来的，在此背景下，西方社会开始反思经济社会发展的模式和道路，其中，对二元论和工具理性统治下的传统价值观的反思和批判就成为了这场批判运动的核心议题，也正因此，怀特海的"泛价值论"思想受到了越来越多的关注，人们希望这种价值观和思维方式在破解人类社会难题中能有所作为。那么这种价值思想是否适合东方的中国？笔者认为，答案应该是肯定的。其理由有二，首先，我国经济社会发展正面临着"跨越式"中如何保持"可持续"的现实问题，而过程哲学中的泛价值论提倡的是可持续的生活方式，能为我们提供价值导引。其次，怀特海的泛价值论和中国的传统文化思想有着某种亲缘性，对解决我国实际问题更具适切性。怀特海在《过程与实在》开篇中曾言："有机哲学（过程哲学）似乎更接近于印度或中国的某些思想特征，而不是像西亚或欧洲的思想特征。前者把过程看成为是终极的东西，而后者把事实看成为是终极的东西。"② 确实，中国的传统文化当中蕴含着同"泛价值论"较为接近的"和合"思想，比如"天人合一"、"物我为一"、"依正不二、万物一体"、"创化生生"等论说，无不体现着一种整体关系、审美和谐以及创生化进的价值意蕴。

接下来，我们就来看看"泛价值论"与东方"和合"思想结缘而产生的价值论要点，以及对当代教育的启示。

一 有机整体的价值思维

有机整体的价值思维主要包含两层意思：首先，它表明事物之间普遍存在着"潜蕴"关系，这种关系不是由于外力施加的机械联系，而是起源性或生发性的互动关系，联系构成世界的本来面目，宇宙间的一切有机

① "和合"是中国哲学中一个很重要的概念，用现在的话讲就是"和谐"的意思。"和"本身已经包含了"合"的意思，就是由相和的事物融合而产生新事物，但在本书中，除了上述意思，也指事物之间的和而不同、和而共存的意思。

② *Process and Reality：An Essay in Cosmology*，Correcet Ed.，ed. D. R. Griffin and D. W. Sherburne，New York：The Free Press，1978：7.

体都通过这种普遍的互动关系而生成，离开关系就无所谓存在。其次，它意味着人不再以万物统治者身份四处掳掠占有，将自身置于世界之外，与自然分离，与历史断裂，不再是一个孤立和片段化生存者，而是把世界当作从自身延伸出去的有机生命体。天地与我同在，万物与我同辉。人应该通过理解自身来理解世界，以诗性直观特点的整体思维方式去把握世界。

怀特海用"现实实有"（actual entity，也称为现实事态）取代传统的"实体"概念，将之视为构成世界的最终实在物，并赋予它以自我构成、自我决定的能力。但是，现实实有不是现成的实体，它要从世界中"生成"，必须将其他实有作为材料摄入自身，每个现实实有都是在与其他实有的关联中逐步涌现的存在，同时，完成了自我实现的实有又会作为材料被其他现实实有"摄入"，这就是怀特海将现实实有看作是一个"主体—超体"的缘由。任何一个现实实有都通过肯定性或否定性摄入的方式被其他已经实现的现实实有包围着，如果离开它们，这个现实实有将无法存在，所以，世间万物不是孤立的实体存在，而是处于各种动态脉络的联系之中的。

现实实有的彼此关联中还包含着时间维度，表现为一种过程的存在。过去是现在得以形成的母体和土壤，将来则表现为个体的希望和焦虑，内在于个体的创造性冲动中，牵引着现实实有朝着某个特定方向运动。当前事物可以被描述为一个不断移动的连续性观点，过去总是在"退隐"，将来总是在"逼进"，怀特海把这种流动性结构或结构之流称为"过程的形式"。通过上述对现实实有的成长过程分析可以看出，在怀特海那里，个体与他者，人与自然，过去、现在与将来之间，普遍存在着内在关系，任何现实实有必须借助于生命整体中进行的摄入活动，通过与其他实有的"合生"，才能够显现并创造属于自己的完美生命世界。

怀特海的这种有机整体思想，在中国传统文化中也是普遍存在的。首先，有机整体的思想与中国传统的"天人合一"思想具有高度的契合性。中国传统哲学家大都高举"天人合一"之说，所谓"天人合一"，"是在承认天人有别的前提下主张天人统一，人与自然和谐相处"。① "天人合一"思想不单指天与人之间的关系表述，实质上是一种类似于海德格尔

---

① 赵馥洁：《中国传统哲学价值论》（增订本），人民出版社 2009 年版，第 451 页。

所倡导的"天、地、人、神共在"的价值和谐论，① 从先秦诸家到宋明理学，均有提及。如："大人者与天地合其德，与日月合其明，与四时合其序"（《易传》）；"人法地，地法天，天法道，道法自然"（《道德经·道经第二十五章》）；"天地与我并生，万物与我为一"（《庄子·齐物论》）；"天人合一存乎诚"，"乾称父，坤称母"，"天地之塞吾其体，天地之帅吾其性，民吾同胞，物吾与也"（《正蒙·乾称篇》）；"仁者以天地万物为一体"（《河南程氏遗书》卷二)，等均属"天人合一"思想之列。新儒家开山鼻祖熊十力在《新唯识论》中也阐述了"天、人不二"的观点，我们的生命即是宇宙的生命，我与宇宙同属一个大生命体，这一大生命体不可剖分，所以身内身外不是两个世界，无内外之别。这些"天人合一"的思想中，尽管含义不尽相同，但是认为人是天地所生，是自然整体的一部分，人与自然的关系应是和谐相依的关系，而不应是冲突敌对的关系，这是其思想主线。这种观念虽然受时代之局限，带有自然宿命论的悲观色彩，但对于今天保护自然环境、维持生态平衡、修补人与自然之间的关系，无疑具有积极的启示意义。拉兹洛曾说："西方的主流文化认为，人是为了自己的目的才征服并控制自然的。正在出现的文化转变则唤起人们注意，人类是地球上生物圈中的自我维持和自我进化的自然系统中的一个有机组成部分。"② 中国传统的"天人合一"思想，就非常符合这种正在出现的文化价值诉求。

其次，有机整体的思想类似于道家"物我为一"的整体观。在当代生态文化研究中，道家的"天地之始"、"万物之母"、"道法自然"、"清静无为"思想受到了中外学界的普遍重视。这些思想的共同价值就是"物我为一"的整体观，也就是怀特海所谓的"人在世界中，世界在人中"的内在关系观，被罗尔斯顿阐发为自然价值就是："自然环境是生养我们、我们须臾不可离的生命母体。"③ 道家思想的创始人老子从繁复多变的世界回溯至天地万物的生成源头，从日月运行、四季更迭、生死消长、社会变迁意识到在天地万物之外，有一股玄妙的自然之力，它至大无

---

① 我国有学者研究后认为，"战国时代的人相信面前的天地人鬼组合的宇宙是一个和谐的整体，它有明确的中心和模糊的边缘，各个部分彼此对称和整齐，……天地人鬼都有一种神秘的也是必然的对应关系，把握这种对应关系就可以解释整个宇宙，并得到更好的生存与生活"（详见葛兆光《中国思想史（第1卷)》，复旦大学出版社2001年版，第137页）。

② ［美］E. 拉兹洛：《决定命运的选择》，李吟波译，生活·读书·新知三联书店1997年版，第77页。

③ ［美］罗尔斯顿：《环境伦理学》，杨通进译，中国社会科学出版社2000年版，第269页。

外，至小无内，无时不在，无处不存，于是把它命名为"道"。"道生成繁衍天地万物之后就内在于天地万物之中，在天地万物的发展演变过程中支配着它们的发展轨迹和方向，天地万物就是在道的支配下持续不停地发展、演变，最终使整个宇宙表现为一个生生不息的活动过程"。[1] 从"道"的作用看，像极了怀特海"永恒客体"和"上帝"的角色，正是由于它们的存在，才推动宇宙万物不断地生成演化。老子的整体观念被庄子深化和发展，变成了"物我为一"的观念，庄子强调"旁日月，挟宇宙，为其吻合"（《庄子·齐物论》），"吾在于天地之间，犹小石小木之在大山也"（《庄子·秋水》）。"道"除了体现自然的生命化成功能外，还被内化为生命天性的"德"，在《老子》中，"道"与"德"合为一体。"道生之，德蓄之，物形之，势成之。是以万物莫不尊道而贵德。道之尊也，德之贵也，夫莫之爵也，而恒之然也"。[2] 对于人来说，德行是天性固有的，而天性又由"道"而生，这样，自然、天性、人道三者就形成了内在统一的整体。

再次，有机整体的思想还与佛教的"缘起性空"、"依正不二、万物一体"、"众生平等"等观点也有某些共通之处。在佛教中，"缘起"一词的含义，是指现象界的一切存在，是由诸种条件和合形成的，都不是孤立的存在。"世界万物的生起与灭亡都是因缘条件所决定的。大千世界，森罗万象，形形色色，生生化化，无一不是因缘和合而生；世界上一切事物和现象都是互相联系、互相依存和互为条件的，都是由于互相依待、互相作用才得以存在，即都处在因果联系之中，是互为因果的"。[3] "缘起说"将整个人类和宇宙万物都看作是因缘和合而生，换句话说，小至微粒，大到宇宙，兼及中间的一切生命体，都是因诸种条件和机缘和合而生，即"此有故彼有，此生故彼生"（《杂阿含经》卷十二）。可见，佛教中的"缘起论"与怀特海的"因果效验"原理是表殊里一的。由"缘起性空"说看，佛教试图破除人为万物之尊的狂妄，强调众生平等，大乘佛教所提出的"无情有性"说就很好地体现了万物平等的思想。大乘佛教认为，不管是具有情识的生灵，还是没有情识的山川草木，万法皆有佛性。"无情有性"的观点表达了，"世界上所有的存在在本性上都是平等的思想。

---

[1] 焦亭、高峰强：《过程心理学与中国道家思想》，《山东理工大学学报》（社会科学版）2007年第2期。

[2] 郑开：《道家形而上学研究》，宗教文化出版社2003年版，第79页。

[3] 方立天：《佛教哲学》，长春出版社2006年版，第120页。

众生平等是佛教伦理的一个重要观念，它的伦理意义就是不仅承认人与人之间是平等的，而且人与其他存在也是平等的，我们要平等地对待和我们共存于这个宇宙的其他一切生命和存在，并且，与它们和谐相处。"① "依正不二，万物一体"实际上主张将生命主体同其生存环境看作一个有机统一的整体，对此佛法，日本著名思想家池田大作给予了高度评价："'依正不二'原理即立足于这种自然观，明确主张人和自然不是相互对立的关系，而是相互依存的。《经藏略义》中'风依天空水依风，大地依水人依地'对生命与环境相互依存的关系作了最好的诠释。如果把主体与环境的关系分开对立起来考察，就不可能掌握双方的真谛。"② 佛教中的这种人与环境相互作用及和谐共存的思想，与怀特海的泛价值论形成了一种遥相呼应之势，构成了"泛价值和合"课程思想的丰富营养质。

二　审美和谐的价值信仰

虽然西方哲学的传统是逻辑和分析，但是也不乏对整体和谐的审美追求，古希腊毕达哥拉斯学派认为，音乐之美在于音调比例的和谐；狄德罗认为，凡是美的事物都因为其和谐关系；康德把美的本质总结为知解力与想象力的和谐。怀特海也是从美学领域引入价值范畴的。他借助审美价值这一纽带，从认识论走向价值论，并赋予了自己的哲学以审美和谐的色彩。怀特海在论及科学的逻辑和审美的和谐时，曾有过这样的评论："逻辑谐和在宇宙中是作为一种无可变异的必然性而存在的，但审美的谐和则在宇宙间作为一种生动的理想而存在着，并把宇宙走向更细腻、更微妙的事物所经历的残缺过程熔合起来。"③ 可见，在怀特海建构宇宙论时，相比逻辑理性的力量，他更欣赏"审美的和谐"的力量，因为那才是一种终极的力量。

不同于柏拉图的"永恒不变的自在存在"、鲍姆加敦的"理念的感性显现"，在怀特海看来，"美"实际上是一种对现实事态"和谐"状态的追求，"美就是一个经验事态中诸要素之间的相互适应"。"完善的美可以定义为完善的和谐；完善的和谐即是在细节和最终合成方面均为完善的主

---

① 张怀承、任俊华：《论中国佛教的生态伦理思想》，《吉首大学学报》（社会科学版）2003 年第 3 期。

② ［英］汤因比、［日］池田大作：《展望 21 世纪》，苟春生等译，国际文化出版公司 1984 年版，第 30 页。

③ 怀特海：《科学与近代世界》，何钦译，商务印书馆 1959 年版，第 19 页。

体形式"。① "美"这一术语有两个意义：一是，在现实事态中，也就是宇宙里完全实在的事物中实现的"美"；另一个是，在分析一个事态时，它的客观内容的某些部分，可能会因为它们共同有助于整个事态主体形式的完善，而被说成是"美的"。质言之，美的本质在于和谐。

同怀特海追求"和谐"的审美价值取向类似，我国传统文化也以维护"和谐"社会为理想目标，以"和合"状态为至高追求。这表现在多个层面：在宇宙论层面，"和"是多种生命机体彼此作用、协调一致、化育万物的精神开显，所谓"万物负阴而抱阳，冲气以为和"（《道德经》第四十二章），就是对万物在互相激荡中生成新的和谐体的生动描述。在社会文化层面，先秦儒家提倡"和合"文化，如"君子和而不同，小人同而不和"（《论语·子路》）；"礼之用，和为贵，先王之道，斯为美"（《论语·学而》）；"天时不如地利，地利不如人和"（《孟子·公孙丑下》）等，都倡导"以和为贵"的价值观。儒家所谓"和"，既承认矛盾对立，又主张存异求和，在多样性的矛盾差异中实现和谐统一。道家的追求则是"知和"，即旨在形成和维持一种平衡、和谐的社会状态，"天之道，其犹张弓与。高者抑之，下者举之；有余者损之，不足者补之。天之道，损有余而补不足"（《老子·七十七章》）。这就揭示了天之道在于维持人、社会和自然之间的平衡状态。在文学艺术层面，"和谐"追求的是"乐而不淫，哀而不伤"（《论语·八佾》）的平衡之美，"文质彬彬"（《论语·雍也》）的内容与形式融洽之美。诚如《中庸》所说，"中也者，天下之大本也；和也者，天下之达道也。致中和，天地位焉，万物育焉"。② 中国传统文化把"中和"看作是宇宙存在与变化的最根本、最普遍的法则。只要遵循这一法则，让事物恰当地、和谐地发展，就可以保证天地万物各得其所，繁荣兴旺，从而有一种正常的、稳定的秩序。

著名中国哲学史家汤一介先生也十分重视中国传统和合文化中的和谐观念，并对此作了深入研究。他认为，"在当今科技高度发展的信息时代，人类要生存和发展下去，就必须争取'和平共处'，必须实现'共同发展'。要达到此目的，就要建立起一种人与人之间的和谐关系，扩而大之，就是要调整好国家与国家、民族与民族、地区与地区的关系。同时也要建立起一种人与自然之间的和谐关系。而在中国的儒家和道家思想中，

---

① ［英］A. N. 怀特海：《观念的冒险》，周邦宪译，贵州人民出版社2000年版，第296—297页。

② 刘文英：《中国哲学史》（上卷），南开大学出版社2002年版，第134页。

为我们提供了极有价值的'和谐'观念的资源"。[1] "中国哲学的和谐观念由四个方面构成，这就是说，由'自然的和谐'、'人与自然的和谐'、'人与人的和谐'、'人自我身心内外的和谐'构成了中国哲学的'普遍和谐'的观念"。[2] 汤一介先生认为，由"这四种和谐构成的'普遍和谐'观念，即是'太和'观念。所谓太和，《周易·乾·象辞》曰：'乾道变化，各正性命，保合太和，乃利贞。'即是说，天道的大化流行，万物各得其正，保持完满的和谐，万物就能顺利发展"。[3]

怀特海的审美和谐价值论和东方"和合"思想，体现的正是一种以"和谐"为核心精神的价值观。"从人的角度来看，它意味着身心关系、人与人、人与自然、人与神圣的关系和谐；从文化的角度看，它意味着历史、现实与未来，文明与自然的和谐；从生命整体的角度看，'和实生物，同则不继'，它意味着多样化的物种、个性、文化彼此之间的和谐共生"。[4] 当然，"和谐"并不意味着生命丧失了创造力，相反，它能通过"一种不偏不倚的毅力、综合的意志，力求取法乎上、圆满地实现个性中的一切而得和谐"。[5] 在"和合价值"的意义世界里，从每个个人、每个民族、每个种族，到每个国家、地区、社会，都有自己独立的生命智慧和独特的文化传统，都应该得到尊重，没有哪一个个人、民族、种族、社会、国家、地区是绝对优越的和至高无上的，是天然"文明"和当然"中心"的。

三　创生化进的价值追求

如果将怀特海哲学的发展分成三个阶段：早期的自然科学哲学、晚期的形而上学，以及介于两个阶段之间的转型期，创造性价值思想是贯穿始终的。受柏格森的"创生演化"、亚历山大的"创造综合"思想的影响，在早期自然科学哲学著作中，怀特海以"创进"（creative advance）形容"自然即过程"（Nature is process），就这一点而言，怀特海的"创进"和《易经》的"生生"并无不同。在哲学转型阶段，怀特海认识到"唯物机

---

[1]　汤一介：《世纪之交看中国哲学中的和谐观念》，《大国方略——著名学者访谈录》，红旗出版社 1996 年版。转引自中华和合文化弘扬工程组委会秘书处（蔡方鹿执笔）《中华和合文化研究及其时代意义》，《社会科学研究》1997 年第 6 期。

[2]　同上。

[3]　同上。

[4]　王茜：《生态文化的审美之维》，上海人民出版社 2007 年版，第 275 页。

[5]　宗白华：《艺境》，安徽教育出版社 2000 年版，第 64 页。

械论"所谓"心灵受肉体决定"和"心身分离"的说法与客观事实不符，进而指出自然发展有双重机制：一是"机体"必须适应环境，这是科学演化论所强调的；另一方面，"机体"不但能适应既有的环境，还能创造适合自己的环境，意味着"创造性"也是一种演化机制。这里，怀特海打破了生物学上"有机物"和"无机物"的界限，将"机体"和"创造性"的概念结合起来，肯定宇宙中生命实有不仅内在相关，而且各具创造的能力。在晚期形而上学阶段，"创造性"成为怀特海哲学的核心概念，他形容自然的变化，事物的成毁，都是"多生成一"（many unifying into one）的过程。许多旧有的"多"入构"新颖性"（novelty）之后，结合而成为一个崭新的"一"。这个创生演变的过程体现了如下的特色：

首先，所有现实实有都具有自我创造和自我实现的能力，在自我创造的过程中，现实实有不断超越自我，产生新的性质，说明现实实有具有"主体—超体"的双重属性，正是这种自主、超越的品性，驱使现实实有不断生成变化。其次，在自我创造的过程中，所有现实实有同时受机械因和目的因的影响，即现实实有的过去对它以后的发展来说是一种条件性的限制；而现实实有内在的主观目的、欲望和想象，则是它选择未来的目的性因素。由机械因产生的"客观不朽性"以及由目的因产生的"永恒客体"，为具有"现实性"的现实实有提供"可能性"和"潜在性"，使之不断地有机综合各种"发展模式"，以超越自身现状，创造出新的"价值"来。第三，在构成现实实有生成的过程中，有一种复杂的、完全确定的感受，其最终阶段称为"满足"（satisfaction）。"满足"可被视为某一实有的创造的决定，以使其自身超越现状；换言之，实有因自身追求"满足"来规划自己的未来，它是"创生"的条件。这个世界是自我创造的，现实实有也是自我创造的。就其自身的自我创造来说，实有受理想的指引，既是一个追求满足者，也是一个超越创造者；而对于整个宇宙来说，实有的这种自我创造的特性也是宇宙创化演进的不竭推动力量。

怀特海的创造性价值思想虽然针对近代机械唯物世界观而提出，但是其包含的"创生不息"的宇宙论思想却与中国传统文化中的"创化生生"思想有某种切合性。中国传统哲学中的创造性思想主要体现在《易经》（也称《周易》、《易》）、道家诸思想家的论说里。当代中国哲学家方东美首先指出怀特海的哲学与中国的《易经》思想颇为接近，"《易经》以宇宙自然为创进不已的场域，所谓'生生之谓易'者是也。借此，《易经》提供了一套儒家哲学的形上学，其中'宇宙'是基于时间、生生不已的创化历程，而个人是参赞化育、践行尽兴的'时间人'。'时间'因而成为儒家形上学的核心和概念，这与怀特海历程与创生正若合符节"。①
在《易经》里，创造性思想主要有三个方面的含义。首先，强调过程与
时变。《易纬·乾凿度》上曾说："易一名而含三义：所谓易也，变易也，
不易也"，其中的"变易"（"易"的第二义）是最能代表创造意蕴的。
"易"之为道，以"创化生生"为本，在穷困之际必有变通的转机，正所
谓"易穷则变，变则通，通则久。是以自天佑之，吉无不利"（《易经·
系辞传》）。所以，《易经》的妙用便在指示穷、通、变、久，以彰显宇宙
创生和人文化成的日新月异、源远流长的作用。其次，突出创造性与新颖
性。《易经·系辞上传》上说，"富有之谓大业，日新之谓盛德，生生之
谓易"。意为现实实有的创造随着时间的进程而愈益新颖。"生生之为
易"，第一个"生"指生成，第二个"生"指创生、创造。全句可解为，
生成和创造就叫做易。《易经·系辞下传》又说："天地之大德曰生。"这
句话意思就更加明显了：整个世界的终极本性就是生成和创造。② 第三，
坚持可持续发展之道。根据"生生之谓易"的天道，《易经》提出"人道
德治"应该坚持恒久而持续的精神，所谓"可久则贤人之德"、"日月得
天而能久照，四时变化而能久成，圣人久于其道而天下化成"（易经
《恒·象传》）。为了达到"恒久其道"，《易经》要求人们"彰往察来"、
"藏往知来"、"安不忘危"、"存不忘亡"。③

　　道家也继承和发展了易经的"创化生生"思想。《老子·四十章》中
提出"天下万物生于有，有生于无"，可以说是对《易经》中"易有太
极，是生两仪，两仪生四象，四象生八卦"（《易经·系辞传》）中的创造
性的精辟概括。老子认为，"道"作为万物之根源，好比怀特海的"创造
性"概念，具有无限的创生能力，超越性的"道"和具体世界密切联系
起来，支配着天地万物的发展轨迹和方向，推动着它们不停地发展、演
变，最终使整个宇宙呈现出一派生生不息的活动景象。道家的另一代表人
物庄子，也主张世界万物生生不已的观点，"日夜相待乎前，而莫知其所
萌，已乎，已乎！旦暮得此，其所由以生乎！"（《庄子·齐物论》）"其
分也，成也；其成也，毁也。凡物无成与毁，复通为一"（《庄子·齐物
论》）。这一"大化流行"的宇宙存在论思想，与怀特海的宇宙终极单
位——"创造性"思想遥相呼应。

---

① 俞懿娴：《易经与怀特海的创造思维》，《教育资料集刊第三十辑》2004 年第 2 期。
② 陶秀璈：《儒家哲学和西方哲学》，中国社会出版社 2009 年版，第 237 页。
③ 赵馥洁：《中国传统哲学价值论》（增订本），人民出版社 2009 年版，第 455 页。

此外，宋朝的朱熹也主张过程和创造思想。朱熹认为，要创生万物和人，必须有理有气，"理"类似于怀特海的"永恒客体"，有理才能赋予创造物以仁义礼智和健顺的本性；气类似于现实事态，有气，才能赋予创造物以形体和五脏百骸。理依附于气，理气结合才能创生万物，这就是朱熹的过程原理。

总之，怀特海的泛价值论思想和中国传统的"和合"思想，为我们重新理解自身、社会、人类、宇宙以及它们之间的关系，提供了重要的思想启迪，也为教育确立终极目标提供了价值导向：对于宇宙自然而言，要维持其自由和谐，彰显"创化生生"之功；对于人类历史而言，要继承善性，实现民主和平，促进"人文化成"之业；对于社会整体而言，要警惕工具理性，限制过度消费，走上"可持续发展"之道；对个体生命而言，则要求厚德载物、自强不息，达成与他者、自然"和谐共存"之愿。

第三节　"泛价值和合"课程观述要

分析人类认识世界的已有历史，我们可以发现，是沿着"简单混沌的综合"到"条分缕析的分化"再到"高度复杂的整合"这一路径展开的。这一认识路径为我们考察今天的课程价值提供了启示，即课程从最初的与生活的原始性结合，到服务于国家、宗教、科技、个人等分离性的主体，再到今天受人重视的"整合性"价值，也经历了一个价值认识的"综合（低级）——分化——综合（高级）"的大循环过程。不同的课程价值观是在特定的时代条件下形成的，根据20世纪90年代以来人类社会发展所呈现的全球一体化、经济发展可持续化、知识创新化以及生态文明化等发展趋势，课程的价值观也面临着从分化走向整合的转向问题，在这个历史节点上，受传统的实体观和工具理性思想支配下的课程价值观已经无力应对新时期所产生的新问题。所以，当此课程价值转型之际，泛价值和合思想作为一种综合性思想，能为课程价值转向提供重要的价值导引，正如科布教授所说的："怀特海对20世纪以来的这种综合提供了最有希望的著述。"①

---

① John B·Cobb, *Why Whitehead*? Claremont, CA: P&F Press, 2004: 6.

一　从"主观排他"走向"泛价值和合"

在第三章中，我们分别从国家/政治导向、宗教/信仰导向、理性/工具导向和个体/发展导向等不同维度剖析了历史上的几种主要课程价值观。尽管这些课程价值观客观上受不同的社会需求和哲学文化思潮的制约，表现出单边力量的独特性和排他性等特点，但是，就思维方式而言，这些课程价值观都遵循着同样的本体论提问方式，即：课程价值是什么？事先为课程预设了一种先在的价值，从课程价值的先在存在去追问课程价值的本质。从这种本质主义思维方式出发，课程价值的本质是一种"以主体的需要为尺度的意义关系"，以此观之，历史上的各种课程价值观，就是课程对于不同主体需要满足的意义关系描述，可概括为"社会本位论"、"工具理性论"和"个体本位论"三种典型的主观价值类型。这种提问方式带有典型的近代理性形而上学的特点，用静态的视角看待课程价值的本质和属性，而不能说明课程价值是如何生成的，即不能说明课程价值的生成本质。因此，我们必须转变传统实体思维方式，将对课程价值的提问由"being"转向"to be"，即将提问的重点由"课程价值是什么"（"being"）转向"课程价值何以可能？"（"to be"），反对把课程价值预设为"对主体需要的满足"这一先在的存在，转而主张从课程价值的生成中去揭示课程价值的本质，探索课程活动过程的创生本质，避免将课程价值抽象化、实体化。只有从课程活动本身的特点出发，才能探明课程价值是什么的问题，从而也能避免先入为主将可能相容的各种价值关系割裂开来。

进一步分析，"课程价值何以可能？"至少包含着三个相关的子问题需要回答，即"课程价值何以发生？""课程价值如何实现？""课程价值最终体现为何？"上文的分析已经表明，传统实体观指导下的"实体说"、"属性说"、"观念说"、"关系说"等价值论最多只能回答第三个问题，而对第一个、第二个问题是"无解"的，退一步说，即便是对第三个问题的回答，目前看来也有很大的局限性，比如它只确认"人"与"社会"这两个课程价值主体身份，而没有将自然或宇宙世界当作课程价值主体来对待。当然，近几年来的生态课程论思想采纳了"生态伦理学"的观点，主张学校课程应体现"增进对自然的理解、尊重与保护"的价值功能，但是仍然没有摆脱"价值即有用"的实体思维，比如在有些生态课程倡导者看来，"课程价值是指课程在与自然、文化、社会以及学生个体相互作用中表现出来的有用性。"① 很显然，生态主义课程价值观尽管注意到了关系的重要性，但是具有不彻底性。那么，该如何回答上述三个问题呢，经由上文的分析，"泛价值和合"思想能超越实体价值思维，给予课程价值一个全新的诠释，帮助我们彻底摆脱旧有价值思维的束缚。

（一）课程价值何以发生？

传统课程价值论认为，课程之所以有价值，或课程价值之所以产生，是因为它作为教育内容对某种主体（国家、宗教、社会团体、个人等）具有价值或能满足某一主体的需要；换句话说，只要为课程设定一种价值取向，那么课程活动及其结果就会自动获得某种价值。正因为这种线性思维和主观主义价值论，使得长期以来的课程价值取向带有明显的主观化、理想化、偏狭化、抽象化、孤立化等外在性特征，而脱离了课程活动和运作的内在特性，以至于预设的"理想课程"与实际的"经验课程"之间往往出现巨大的落差甚至背离。其根本的错误就在于将课程价值与课程事实割裂开来，没有考虑到课程价值是要通过课程活动中各种因素相互作用才能产生的。

根据"泛价值论"，课程价值可被看作是课程有机体的自我保持、持续、重现等活动的属性，是课程活动中各因素及其与外部环境相互作用的功能性表现。基于课程价值产生于课程活动及其各要素的相互作用这一事实，我们应改变传统的实体课程观，将课程理解为是一个"系统的转化"过程，或由一系列前后相应的事件组成的"活动性机体"。课程从理想的规划、设计到运作实施，从课程决策者、编制者到实施者（教师和学生），是一个动态发展的有机整体，历经好几重转换，最初预设的课程价值不可能毫无改变地为学生个体"镜像式"地反映出来。所以，任何试图通过预设课程价值或只从某一个层面上讨论课程价值的做法都是不可取的，课程价值只有借助完整课程转化活动中各组成部分的整合和相互作用，在一种特定的情境中才产生并具有意义。

具体到我国的教育实际，衡量新世纪基础教育课程改革成败的主要标志，是看新课程的理念目标能否转化为现实，也就是说，新课程的价值目标是否能内化为学生的素质和发展。这个过程是"理想课程"向"现实课程"转变的过程，同时也是课程价值产生的过程。根据课程价值是课程有机体内在构成因素及其与环境相互作用才能产生的基本原理，要想澄清和解决我国现行课程价值及其实现问题，关键在于先要预测课程活动中

---

① 王牧华、靳玉乐：《论生态主义课程的价值取向》，《当代教育科学》2008 年第 19 期。

可能出现的价值冲突及其表现，而不能只重视为课程预设理想完美的价值目标，等待其自动实现。具体而微，在课程活动中可能发生的价值冲突有：（1）价值取向的冲突，例如：应试取向、学术取向、生活取向、发展取向之间的冲突。（2）价值主体的冲突，例如：国家、地方、学校之间的冲突；官方、社会团体、个体之间的冲突。（3）价值关涉者的冲突，例如：课程专家、课程编制者、教师、家长、学生之间的冲突。（4）价值内容的冲突，例如：国际化与本土化的冲突、科学与人文的冲突。（5）价值发生与实现过程的冲突，例如：预设与生成的冲突、教与学的冲突；等等。以上所有这些潜在的冲突因素，只有在某一具体的课程活动中才能发生和存在，并最终通过学生个体的"积极摄入"或"消极摄入"转化为一种现实的价值。

综上所述，想要搞清楚课程价值何以发生的问题，必须以具体的课程有机体及其活动作为考察对象，以整个课程的转化过程为分析依据，综合分析各种潜在的价值冲突因素，最后才能澄清课程价值的发生机制。

（二）课程价值如何实现？

课程价值的实现也是以课程活动为现实基础的，"课程本质上不可能是一种抽象的话语或纯粹的知识活动，它既是一种价值判断，也是一种文化现象上的经验描述，它必须具有价值参与其间的生存环境。"[①] 但相比于课程价值产生的客观特征，课程价值的实现则具有主观特征，质言之，课程价值是课程有机体为达到"满足"的目的，通过摄受活动而进行的"自我保持、持续、重现"才能实现的。在课程价值的实现过程中，一般要经历价值选择与辩护、价值转换、新价值创造等几个阶段或历程，课程价值实现并不是一个从价值预设到价值达成的线性推进过程。根据课程价值实现的这一理路，当前的课程价值实现过程必须澄清和解决好以下三个问题。

首先，对课程价值进行选择和辩护。以往的课程价值观之所以存在混乱或冲突的情况，是因为在价值选择时，受二元对立价值思维支配，试图将课程有机体涉及的相关利益主体归并于一种价值取向下，祛除与之矛盾的利益诉求，犯了价值内涵应然化和无矛盾化的错误。根据泛价值和合思想，课程有机体实际上表现为各现实活动之间的相互作用及其创生发展的过程，在这个过程中，各课程活动通过相互摄受活动，既达成了主观目标，又为整个课程有机体贡献了某种新颖性。可见，课程价值的选择既要

---

①　丁钢：《价值取向：课程文化的观点》，《北京大学教育评论》2003 年第 1 期。

考虑到整个课程有机体的长远价值目标，也要兼顾到具体课程活动的当下价值。课程有机体的长远价值目标指向的是，为了让每个个体都能过上美好生活，实现人、社会与自然的和谐共存、创造进化、生生不息；课程活动的当下价值应兼顾特定历史时期的各种课程价值诉求，根据价值意义的大小合理设计和安排各类课程。

其次，课程价值的转换。课程价值主要通过课程实施活动来实现。潜在的课程价值以课程目标为载体呈现出来，通过教师的理解和运作、学生的参与和体验，即课程活动主体与课程的资源、课程的实施环境之间的互动，使课程有机体达到主体性的"满足"状态，学生的身心发生预期或非预期的变化，这既是课程实施的过程，也是课程价值转换的过程。"课程价值的转换过程是一个过程与结果相统一的过程，它通过事先的价值选择，使课程目标、课程内容载有一定的潜在价值，并在转换过程中，通过学生、教师的相互交往或者与教材、环境之间的互动，使学生或教师的内在素质、心理发生变化，这也是一个复杂的过程。"① 课程价值存在转换这一事实，要求我们在课程实施过程中尽可能兼顾社会、学科、教师、学生等价值主体不同的价值诉求，保持课程价值的一致性与积极转换，减少消极价值转换的发生频率。

再次，新课程价值的创造。怀特海认为，创造性作为推动宇宙发展的动能，内在于所有现实实有的本性之中，课程有机体及其活动也内涵着创造性这一动能。所以，在课程实施过程中，除了潜在（预设）课程价值向现实课程价值转变这一常规性的课程价值实现活动，我们还要关注课程价值的生成问题。因为课程活动过程并不是一个简单的价值传递过程，同时也蕴含着以教师和学生为主体的价值发现和价值创造过程。我们之所以反复强调课程价值的发生与实现要放置于具体的课程活动中加以分析，是为了充分发挥教师和学生的主体性和创造性，为他们进行课程价值的创造留有余地，只有这样，才能避免整个课程实施活动被预设价值所独霸，才能融合各种不同的课程价值诉求，保持课程价值实现的开放性和创新性，从而使教育活动在维持和谐与追求自由之间保持适度的张力。

（三）课程价值最终体现为何？

通过对已有的课程价值研究成果进行梳理，我们发现，存在着传统实体课程价值论和后现代课程价值论双峰对峙的局面，这两种课程价值论实质上是单极思维和关系思维的对峙在教育领域中的表现。传统实体课程价

---

① 严仲连、马云鹏：《论课程价值的实现与理性选择》，《教育理论与实践》2010 年第 11 期。

值论，将课程价值理解成为一种"能满足某种主体需要的客观性存在"，认为课程的价值最终体现为一种工具性价值，表现为"社会本位论"、"工具理性论"和"个体本位论"三种典型的主观课程价值类型。对于这种课程价值论的本质及其局限，上文已经作了重点的分析和批判，在此不再赘述。第二种是后现代课程价值论，后现代课程学者从关系思维出发，对传统课程价值论进行了反思与批判，并提出了一些新颖的观点。例如，鲍尔斯和弗林德斯提出的"应答性教学"（Chet Bowers 和 David Flinders，1990）、米勒提出的"整体性课程"（John P. Miller，1988）、斯莱特里和戴格提出的"作为空间的课程"（Patrick Slattery 和 Kevin Daigle，1991）、凯森提出的"批判性过程课程"（Kathleen Kesson，1993，2005）、米勒提出的"鼓舞人心的整体观"（Ron Miller，1993）、奥利弗和杰士曼提出的"相关多元性的整合"（Donald Oliver 和 Kathleen Gershman，1989）、多尔提出"4R"的课程标准（W. Doll，1993）等等。① 这些课程价值观，兼顾到了课程的工具价值和内在价值，注意从学科与学生、意义和情境、主观主体与客观知识、身体和心灵、学习和环境等多元化课程构成关系出发探讨课程价值问题，在一定程度上克服了传统工具主义课程价值论的单极化局限；但是，上述后现代课程价值论各自画地为牢，缺乏交流，甚至互相攻讦，没有能够揭示课程普遍性、终极性的价值。

课程价值最终体现为何？在泛价值和合思想看来，无论是事物的内在价值还是事物的工具价值，最终都以"有机整体、和谐共存、创生化进"为原则体现出来的，这是一种肯定万物之间具有内在相互作用的价值论思想。"相互作用是万物存在的真正原因。我们无法追溯到比这个相互作用的认识还要远的地方。"② 相互作用是宇宙世界的一个普遍原理，"一切存在物的生成、存在和发展过程其实就是相互作用的运动过程。相互作用的结果转化为新的相互作用的基础和动力。价值的功能就在于不断创造新的相互作用，促进相互作用自身的发展。"③ 基于此，我们可以从这样几个方面阐释泛价值和合课程思想的要旨。

---

① ［美］帕特里克·斯莱特里：《后现代时期的课程发展》，徐文彬、孙玲译，广西师范大学出版社 2007 年版，第 222 页；胡炳仙：《试论课程发展的生态化》，《宁波大学学报》（教育科学版）2006 年第 6 期。

② ［德］恩格斯：《自然辩证法》，人民出版社 1971 年版，第 209 页。

③ 刘友红、崔俊杰：《价值重估：从狭义价值到系统价值——走出现代人类中心主义困境的探索》，《理论探索》2010 年第 4 期。

课程价值要研究的是课程事实与课程价值的统一而不是分裂的问题，也即不能离开课程实践活动中的相互作用关系讨论课程价值；

课程既具有内在价值的一面，表现为"根"的价值，也具有工具价值的一面，表现为"翼"的价值；

课程价值是课程有机体与环境相互作用的功能性表现，只有在一种特定的情境中才存在并具有意义；

课程价值主体不仅指人，而可指具有系统特征的课程有机体本身；

课程价值还包括观念的冒险、思维的创新、教学的创生、过程的体验、发展的评价等生成性的课程品质；

课程价值最终体现为使整个"人类—社会—自然"系统朝向更丰富和美好的方向发展。

概言之，泛价值和合课程思想要求，真正的课程价值是从促进每个人的自由和全面的发展为立足点，以促进人类物质文明、政治文明、精神文明的全面、协调、可持续的发展作为长远目的。同时，人类不应只追求自己的价值和利益，作为宇宙的精华和万物的灵长，更应该超越"人类中心主义"，① 将"泛价值和合"思想作为更高的价值尺度，为人类自身和自然界的其他存在物的生存发展担当起维护者和推动者的重任。课程的终极价值要体现在对包含人在内的整个地球世界的生存发展的作用和意义，其核心是维持"人类—社会—自然"整个生态系统的良性循环、健康运行、有序发展。

（四）"泛价值和合"思想与我国课程价值观的转向

基于泛价值和合课程观，我国教育也要调整传统的课程价值观，具体可从宏观和微观两个视角加以考虑：在宏观层面，要确立一种新的课程价值取向，即"任何事物对自身、他者和整体都有价值"② 的泛价值论思

---

① 概括起来，人类中心主义的理论体系大致经历了五大形态的历史变迁过程：古希腊古罗马时期以人类为宇宙中心的人类中心主义，如普罗泰戈拉"人是万物的尺度"、托勒密明确提出"地球宇宙中心论"；中世纪基督教神学的人类中心主义，倡导人不仅是宇宙的中心还是宇宙的目的，但受上帝支配；文艺复兴时期的人类中心主义，将神性归还为人性；产业革命时期以人类为自然的征服者和主宰者的人类中心主义，如培根"知识就是力量"、康德"人是自然界的最高立法者"；最后是现代的生态学人类中心主义，主张将人类的共同的、长远的和整体的利益作为处理人与自然关系的根本价值尺度，并从人的根本利益出发促进人与外部生态环境的和谐（详见王维《人·自然·可持续发展》，首都师范大学出版社 1999 年版，第39—42 页）。

② ［英］怀特海：《思想方式》，韩东晖、李红译，华夏出版社 1999 年版，第 100 页。

想，体现人与万物共生的法则，把人与人之间的伦理延伸到万物之间，参与自然生生不息的共生过程，形成一个课程价值大系统。

这一课程价值大系统又可以包括三个相互联系、相互作用的价值圈：首先，课程的价值体现在，教育国民要"放低"自身在世界中的位置，学会尊重他者和差异性的存在，提高全民的环境保护意识，控制过渡消费，维护宇宙生物圈中人与自然万物的和谐共存，这是课程的终极价值追求。其次，课程的价值也体现在，既要适度关注国民主体地位的确立，培养竞争意识和创新精神，又要重视人与人、人与社会、国家与国家的合作共赢关系的建立，为推动社会的可持续发展贡献自己的力量，这是课程的应然价值要求。第三，从完善知识结构，提高智慧水平；加强行为学习，提高处事能力；遭遇问题世界，体验探究过程与方法；提升精神境界，塑造完美人格等四个方面设计课程目标和内容，重视学生的感情、体质、审美、精神、智能等各方面的全面发展，这是课程的本体价值目标。

课程价值大系统在结构上具有开放性、动态平衡性和自组织性的特点。所谓开放性，是指各课程价值圈不是封闭而是对外开放的，它们之间进行着不断的物质、能量和精神的相互作用，既具有"向外开放"的结构特点，比如在个人、社会与自然之间建立和谐共存的关系，维持和推动整个课程价值大系统的存在和进步；同时，又具有"向内开放"的结构特点，课程价值圈内部的各要素也处于不停的相互影响之中，促成课程微价值系统的生成和演变。所谓动态平衡性，是指各课程价值圈之间存在层次、水平的差别；同时，由于各课程价值圈之间和课程价值圈内部相互影响的各方，存在力量上的强弱区别或消长变化，课程价值大系统的结构也会呈现出不平衡—平衡—不平衡的运行轨迹，从长远分析，这实际上是一种可持续发展的过程。所谓自组织性，是由课程价值系统的广延特性所决定的，课程广延连续体内活跃着各种力量——政策制定者、课程专家、教师、学生、家长等，他们能及时改变差异，进行自我调整，建构关系力量，结成课程的共同价值主体，使各方既能享受应有的课程权利，又能履行各自应尽的职责，保证课程价值大系统趋向于稳定有序。

微观层面，学校应加强"有根有翼"的课程建设。过程思想家杰伊·迈克丹尼尔（Jay Mc Danie）教授曾提出：教师能够给予学生的最好的礼物是"根"与"翼"；一个国家能够给予国民的最好的礼物是"根"

与"翼"。① 这里的"根",指对人生存的安全与稳定以及人与环境和谐状态的一种价值诉求。人渴望一种接纳与安定的生活,需要一种适宜与和谐的生存环境,身临其间,如置家中,这就是海德格尔所提的人——诗意地栖居的理想。"有根"的课程建设要扬弃工具理性主义、学科中心主义,不能再一味地以服务于经济增长(追求 GDP)为旨趣,因为这种课程割断了教育与自然、生活、传统、实践的血脉联系,是一种无根的没有归属感的课程,在这种课程体系中,人变得无处安身,"离开历史,离开牢固的教育根基,丝毫也不奇怪我们成为不知道我们要去何处的人,因为我们不知道自己从哪里来。"② 所以,我国学校课程建设的第一要务就是要落地生根,找回归属感。

具体而言,有根课程的建设包含三层意思:第一,学校课程价值应追求科学精神与人文精神的有机统一。从有机整体思维出发,在传统学科课程之间谋求某种平衡,这种平衡"既包括量的方面——某一学科所代表的工作负荷在整个内容中所占的比重,也包括质的方面——各类内容价值的汇合,理论和例证之间的关系等等"。③ 在此基础上,重构包含道德的、科学的、人文的和美学的新学科体系。第二,加强环境教育和生态教育课程的推广和实施。将生态文明思想转化为教育实践,通过公民意识教育、社会常识教育、公共与社区服务教育、生态教育、生命教育、感恩教育、审美教育等课程形式,培养学生的处世之道、生态意识以及审美意趣等。第三,加强对中国传统文化和本土文化的认同感教育。我国有课程学者主张将课程理解为"儒学文本",其终极目的是"培养道德创造性人格。如果我们不得不把悠久的中国智慧传统做最浓缩的概括,那就是:转识成智,智德一体。"④ 笔者以为,除了认同中国本土文化中的"尚德"、"重智"思想以外,我国学校课程还应体现"天人合一"的生态智慧,"以和为贵"的共处竞争意识,"正德、利用、厚生"的科技与人文统合之道,以及"生生之道"的可持续发展观念。

另一方面,是关于"有翼"的课程建设。这里的"翼",指人所固有的对探究、创新、求知和希望的热情,是对"自由"的一种价值追求。

---

① Jay McDaniel. *What is Process Thought? Seven Answers to Seven Questions.* P&F Press,2008:57.

② Georgie Anne Geyer. "Rootless,Restless American",in Schenectady Gazette Nov7,1986.

③ [伊朗] S. 拉赛尔、[罗马尼亚] G. 堆迪努:《从现在到 2000 年教育内容发展的全球展望》,马胜利等译,教育科学出版社 1996 年版,第 208 页。

④ 张华:《走向儒学课程观》,《全球教育展望》2004 年第 10 期。

因为世界的本质处于变化和过程之中，人所拥有的陶然于其中的稳定、和谐的生活是暂时的，人必须要在适应变化的同时学会创新，超越因循守旧的生活，使生活永远充满希望。

怀特海主张，课程除了传递已有观念，还应该鼓励学生对世界保有好奇心并帮助学生发展他或她的创造潜力，"教育必须超越对他人的思想观念的被动接受，主动创新的力量必须得以加强。"① 我国学者陶行知也指出，课程必须要解放儿童的创造力，课程是要在儿童自身的基础上，过滤并运用环境的影响，以培养加强发挥这创造力，使他长得更有力量，以贡献于民族与人类。课程不能创造什么，但它能启发儿童创造力以从事于创造之工作。② 质言之，"有翼"的课程建设应把学生视作成长中的"人"，充分理解并尊重学生的主体性，给予学生自主成长的空间，着重培养他们的好奇、怀疑、批判、探索、实验、革新、独创等创新精神和实践能力。

如何解放儿童的创造力？我认为，首先要将自己当做儿童，设身处地从儿童的本性出发移情地理解他们；同时，不要低估儿童的创造潜能，要认识到小孩的创造力量是无穷的；最后，要营造民主的育人环境，解放儿童的头脑、双手、嘴、空间、时间，这三点在课程实施活动中是不可或缺的。

总之，课程就好像正在成长的生命之树，"根"是深扎地下拓展空间的万千须脉，"翼"则是昂首挺胸积极向上的茎秆枝叶，"根"和"翼"始终是大树成长不可或缺的要素。扩而言之，意味着教育是一项"立足自然与传统，面向创造与文明"的事业，教育发展的过程也是一个"根"与"翼"不断对话和耦合的过程，"根"要求教育要立足"自然与传统"，自然与传统代表一种厚度，只有扎根自然与传统，我们才能安然若素、无畏无惧地对话文明；"翼"则代表一种创造及对文明的追求，教育只有面向文明，不断地创新，才能带领我们登高望远，开阔视野，驰骋于生生不息的浩瀚生命宇宙之中。

二　"泛价值和合"课程观：基于学生发展的视角

传统的实体课程价值观，不管持何种价值取向，都将注意力放在对课程工具性价值的挖掘上，而很少关注到课程对学生的发展有何价值，反之，作为具有"现实事态"特征的课程，不仅是服膺于工具理性的客体，

① ［英］A. N. 怀特海：《教育与科学》，黄铭译，大象出版社 2010 年版，第 23 页。
② 陶行知：《生活即教育》，《乡村教师》1930 年第 9 期。

而且还是发展理性的主体。我们可以将课程的发展价值理解为：无须借助其他参照物而能在课程自身中发现的价值，例如，赫斯特和菲尼克斯认为课程就具有这样的发展价值，赫斯特指出：课程（知识）的价值应当以其自身特性的终极原则为基础，它作为一种完善人类心智的价值，与功利和职业无关；菲尼克斯认为，课程的价值除了理性功能外，还应关注学生的情感生活、良心、想象和其他严格意义上不属于理性的过程，亦即使人过一种有意义的生活。[①] 在笔者看来，课程的发展价值是指能促进学生身心获得自由而全面发展的固有属性，课程的工具价值则是以课程的发展价值的发生、实现为基础的，脱离发展价值而追求工具价值无异于缘木求鱼。

根据"泛价值和合"思想，课程的发展价值除了帮助学生获得知识以外，还应着重促进在学生如下几个方面获得发展：使学生养成用关系思维思考问题的习惯，富有责任感和同情心，学会尊重他人和自然万物；鼓励学生对世界的好奇心并帮助学生发展他或她的创造潜力；培养学生的美学意识和神性智慧，学会审美化生存。下面分而议之。

（一）关系思维、整体观念和责任感

后现代主义哲学家卡普拉在《转折点：科学、社会和正在成长的文化》一书中，坚持认为科学的机械论世界观是导致人类自我毁灭的主要原因，卡普拉写道：我们经历过高通货膨胀和高失业率，也经历过能源危机、健康危机、环境污染以及其他各种各样的自然灾难，还经历过暴力和犯罪行为的泛滥等各种人为灾难。……所有这些灾难都是一种并且是同一种危机的不同表现形式，从本质上来说，这种危机就是感知的危机。与20世纪20年代的物理学危机一样，这种危机源于我们正不遗余力地把过时的世界观概念——笛卡尔——牛顿主义科学的机械论世界观——应用于现实的存在中。[②] 历经18世纪以来200多年工业文明的洗礼，教育的特性也随之发生了变化，被涂上了工业文明的掠夺性、工具性、竞争性、不可持续性等色彩，教育目的由发现人的本质力量转向对人的本质力量对象化的开掘。这样，人与人之间天然亲密的关系被割断了，人只对机器负责，只对利润负责，只对上级负责，人与人之间除了利用与被利用的关系

[①]　详见［英］赫斯特《博雅教育与知识的性质》、［英］贝利·菲尼克斯：《论意义的领域》，瞿葆奎：《教育学文集·智育》，人民教育出版社1993年版，第82—110、147—160页。

[②]　Capra. *The turning point: Science, society, and the rising culture.* New York: Bantam. 1984: 15—16.

别无所是，人变成了一座孤岛。在这种时代背景下，诞生了现代课程开发的范式，泰勒原理、行为主义课程计划、预设性课程目标、竞争性外部课程评价、二元主义教学模式等现代课程观就是典型代表，它把教师和学生、意义和情境、主观主体和客观知识、身体和心灵、学习和环境分割开来，按照工业文明和工具理性的标准将学生培养成"经济人"和"工具人"。

人类要想克服接踵而至的各种自然灾难和人为灾难，教育理应承担责任，我们必须超越机械性、掠夺性、竞争性、功利性的现代课程范式，注重课程的内在价值建设，将培养学生的关系思维、整体观念和责任感当作主要的课程价值取向。

首先，学会关系思维，明白人是一种关系性的存在。按照怀特海的说法，"所有事件与作用是相互依赖的：既不可能存在诸如孤立的事件这样的东西，也没有孤立的作用者。一个作用者在一个动态脉络中的抉择并不是孤立于这个脉络中的任何其他作用者。"① 在儒家看来，"仁"由"二"和"人"构成，表明人是一个关系性的伦理存在，即所谓的"仁也者，人也。合而言之，道也"（《孟子·尽心下》）。就像岛屿依赖于它们所在的河流和海洋，也依赖于产生它们的地质构造，人也一样，人无论作为作用者或事件性的存在，与他人、社会乃至自然万物有着千丝万缕的联系，"请告诉我一个有关河川、山谷、溪流、森林、湿地、贝类与鱼的故事，这个故事诉说我来自何方、身在何处，我将扮演何种角色。请告诉我一个故事，它是属于我的故事，诉说有关我的一切，但也属于所有人。这个故事将人类社群与生活在河谷里的生物结合在一起，也将蓝色穹苍与星光夜色下的万物结合起来！"② 即使一个人尽力变成像一座孤岛，与他人割断联系，但是他的记忆里还是会带着那些一直以来帮助过他的教师、朋友的影子，甚至那些芸芸众生的瞬间记忆，这些其他人某种程度上与他无关，但是也会存在于他的心灵里面。

其次，树立整体观念，尊重他者和自然。世界具有整体性，人无法离开世界以独立实体存在，没有世界万物则不会有人的存在；人也不再是世界的中心，世界是人与万物相通相融的有机整体：人与万物一体、天地与

---

① 唐力权：《脉络与实在——怀特海机体哲学之批判的诠释》，中国社会科学出版社1998年版，第167页。

② ［加］大卫·铃木、［加］阿曼达·麦康纳：《神圣的平衡》，何颖怡译，汕头大学出版社2003年版，第212页。

我合一。世界的构成——人、社会、自然是彼此交融的有机整体，学生便生活在这样一个一荣俱荣、一损俱损的完整世界中。同时，整体性并不意味着齐一性，过程哲学更重视"多样性"和"差异性"的价值，认为宇宙在本质上是多元的，根本无法找到一个同一性的原则来综合和囊括整个世界。① 而经过长期的碎化思维浸淫，分科课程教育，竞争意识灌输，功利主义熏陶，学生身上养成的却是一些诸如自我中心、目中无人、争强好斗、麻木不仁、急功近利的不良品质，缺乏尊重和欣赏他者的包容心态，乃至走向偏狭、独断甚至霸道。针对此一弊端，当下课程价值转向的一个重要任务是，改变排他性课程一统天下的格局，从维护地球生态系统的整体利益出发，引入容他教育的课程元素，使学生学会对差异的欣赏和对他者的尊重，重新建立人与自然、人与他人及社会、人与自我的和谐共生关系。用我国著名哲学家冯友兰的话说，就是"我与万物本为一体，乃以有隔阂之故而分离，若反躬自问，诚信地按照天性去做，以恕求仁，以仁求诚，则人我之界消失，我与万物复一体之境界"。②

第三，勇于担当，对自己与他人负责。过程哲学认为，每一个现实实有既是处在关系网络中的一个节点，又是一个具有自我发展需要的独特主体。在我看来，学生也是如此。但是，在现代工业文明的进程中，弱肉强食的丛林法则、自利损人的处事方式主宰着这个世界，致使教育中的学生也被训练成为了一个个的"冷血动物"。若想恢复人的善性，克服因过度竞争所带来的伦理道德危机，必须从改革学校课程做起，转变掠夺性、竞争性和自利性的课程价值导向，使学生在占有时不忘奉献，在竞争中学会合作，在利己时兼顾利他。作为一个独特的主体，必须学会有所追求，既有"生当作人杰"的人生旨趣；也要恪守"言必信、行必果"、"己所不欲、勿施于人"的行为准则，对自己的言行负责。作为社会关系网络中的一个节点，必须心中装有世界，树立全局观念，习惯关系思维，学会关爱他人，力争融入集体，担当社会责任。

（二）好奇心、创造潜力和可持续发展

回望人类发展的历史长河，从猿到人花了将近 800 万年；从氏族社会到国家的建立历经近 25000 年；从奴隶社会到第一次科技革命用了 3700 年；如果以 19 世纪为界，对人类社会的发展特征作一刻画的话，19 世纪以前是以稳定和渐进为主要特征；而 20 世纪短短 100 年时间，尤其是 20

① 贺来：《辩证法与过程哲学的对话——科布教授访谈录》，《哲学动态》2005 年第 9 期。
② 冯友兰：《中国哲学史》，华东师范大学出版社 2000 年版，第 102 页。

世纪四五十年代以计算机的发明和使用为标志的第三次科技革命，将人类社会发展推向了快车道，社会发展由稳定渐进转向迅速变革，从思想观念到生活方式无不如此，以至于人们经常自嘲"不是我不明白，而是这世界变化快"。其实，我们的先哲们早已经对这个世界的"流变"特性洞若观火，不管是赫拉克利特的"人不能两次踏入同一条河流"，《易经》的"天地之大德曰生"，《礼记》的"苟日新，日日新，又日新"，还是怀特海的"存在从来就是一种渐渐消融在未来之中的活动"，① 都揭示了世界"变"的固有属性，只不过这种变化在今天体现得更为明显罢了。

在这样一个以"变"为主题的时代，课程的价值也面临着从传承"文化"向因应"变革"的转变，"学习固然不同于科学家的研究，但也要求他们敢于除旧，敢于布新。学生在学校里固然是以再现性思维为主要方式，但发展他们的创造性思维，也是教育教学中必不可缺的重要一环"。②

在过程哲学看来，世界的发展总是在"和谐"与"不谐"之间轮回摆荡，和谐状态代表着一种稳定和安逸，是人们所向往的；但是，和谐往往会催生守旧意识，扼杀冒险和创造精神，最终导致社会滑向腐朽和没落，"要静止地维持完善是不可能的。这一规律植根于事物的性质之中。不进则退，人类只能在两者中做出选择。"③ 毫无疑问，人类只能选择前进而不可能退回到刀耕火种的年代，这是人类固有的创造本性的体现，"人如果有本来面目，那么人的本来面目，便是人要成长、要发展的原始创造特质。"④ 社会的进步和人类自由理想的实现离不开创造，离开创造则难以为继，所以，激发和保护孩子的创造潜能是当代教育的本体性价值。传统意义上，教育被当作"培养人的社会活动"来诠释，课程职能被定位在继承、接续、传递等工具性的价值取向上。这是一种被动、保守的课程观，其前提假设是，肯定已有文化（主要是主流文化）的价值，课程的职责是传递文化而不是创新改变。这种课程把学生禁锢在单调而重复的世界，最终将走向生命的枯萎。对此，怀特海表示明确的反对，他指出，"一连几代人的重复，新鲜性于是便渐次湮灭。学问和学究的口味代替了进取的热情，其中的天才被单调的重复行为窒息"。"一个文明倘要

① ［英］怀特海：《思想方式》，韩东晖、李红译，华夏出版社 1999 年版，第 148 页。

② 林崇德：《教育的智慧》，开明出版社 1999 年版，第 230 页。

③ ［英］怀特海：《观念的冒险》，周邦宪译，贵州人民出版社 2000 年版，第 322—323 页。

④ 黄武雄：《童年与解放》，首都师范大学出版社 2009 年版，第 96 页。

以其最初的热情来维持自身，所需的就不只是学问了。冒险精神是不可缺少的，所谓冒险精神就是对新的完善的追求"。① 怀特海曾以建筑艺术为例指出，古代的作品是美丽的，而现代的作品是丑陋的。原因在于，现代的作品按精确的测量来做成，古代的作品却根据工匠的风格而有所变化，工匠的风格实指工匠的匠心独运，是一种创造力。这里，怀特海所主张的冒险是一种观念的冒险。简而言之，怀特海式的课程应该给予学生安全感和冒险性——既有根又有翼。②

就当今时代而言，社会发展有两大观念和实践误区：一是把科学和人文对立起来，一味发展科技，在满足人们物欲的同时，带来了新的危机——科学进步、人类堕落，"在文明的孕育下，新的野蛮将会再次迸发。我们今天应该看到，科学技术文明正在产生其特有的野蛮"。③ 二是只顾眼前的利益而不考虑长远利益，以牺牲子孙后代的资源和利益为代价换取经济的发展，人类正走在一条不可持续发展的"断头路"上。这样，创造力越强，越会加剧人类的自我毁灭，唯一的拯救之道就是奉行"可持续发展"④ 的价值理念，将创造精神和力量引向"泛价值和合"之道。《易经》的"生生之道"、"恒久其道"，道家的"大化流行"思想，怀特海的"整个宇宙表现为生生不息的活动过程"，所强调的正是一种可持续发展意识，对今天的可持续发展观念的确立，是一种宝贵的价值资源。为了消除创造尤其是科技创造与可持续发展的矛盾，就必须将教育的创造价值纳入"泛价值和合"思想体系，即把科技发展与人文精神、人的全面发展以及宇宙的终极关怀统一起来。

目前我国教育中的"创造力"培养似乎过于偏重服务知识经济、商业产品与科技方面的创造力，为了避免"创造力"的"物化"和"窄化"，应注意从"整体性"或人文关怀的角度理解创造力。教育者应理解

① ［英］怀特海：《观念的冒险》，周邦宪译，贵州人民出版社2000年版，第302—303页。
② Jay McDaniel. *What Is Process Thought? Seven Answers To Seven Questions*. P&F Press，2008：15—16.
③ ［法］埃德加·莫兰、安娜·布里吉特·凯恩：《地球·祖国》，马胜利译，生活·读书·新知三联书店1997年版，第95页。
④ 1987年布伦特兰提出"可持续发展"概念。虽然这一概念的内涵十分广泛，而且颇多争论。但作为一种价值观念，其基本精神还是明确的，就是呼吁人类在社会发展问题上，立足现在，着眼长远，关怀未来，使发展成为"一种满足当代人需要，又不损害子孙后代满足其需要能力的发展"（转引自赵馥洁《中国传统哲学价值论》（增订本），人民出版社2009年版，第454页）。

"创造"虽以"变化"为本质，但却必须以永恒的理想与价值为归依，即人类不会以牺牲自然为代价发展自身，也不会因为保护自然而放弃对科技和文明的追求；人类对于发展将怀揣平和之心，放弃眼前的短暂利益，在冒险精神的驱动下探索更高远的境界，充分实现人和一切事物的主观潜能，实现生命世界的最终和谐。创造活动本身并不鼓励任意胡为，而要根据可持续发展的性质和秩序，在此基础上寻求新的、有意义的改变；换句话说，所有改变的背后，有一个能统摄人文和科学的可持续发展价值原理作为支撑，这是我们评价创造力培养的理想天平。

（三）审美意识、神性智慧和敬畏之心

在现代历史发展轨迹中，西方文明占据着绝对的主导地位，理性主义、科技文明、工业化、世俗化的力量彻底打败了自然及神圣的力量，随着科技的飞速进步，"用基本的非人性过程解释一切的还原论方法被广泛接受……宇宙的目的、价值、理想和可能性都不重要，也没有什么自由、创造性、暂时性或神性。"① 人类剥夺了万物固有的自主性，抛弃了自然原初的神圣性，陷入了"自我崇拜"和"自我神化"的生命迷误之中，其所导致的直接后果是，资源枯竭、物种凋敝、环境恶化等自然生态危机，进而引发了现代人信仰缺失、价值失范、意义贫瘠、欲望放纵等精神生态危机，以及文化多样性和意义丰富性的全球性破坏。在这个理性至上、功利横行的时代，教育中的短视和功利行为也就不足为怪了，当被问及什么是好教育好学校的时候，我们身边的人们总会不一而同地告诉你，能出成绩（这里主要指学业成绩）的教育就是好教育，年年保持高升学率的学校就是好学校；当孩子放学回家，父母关心的问题大多是"今天考试考得怎样？""认真听讲了吗"等千篇一律的问题；当校长们在制定新学年计划时，排在第一位要完成的任务是，如何提高学校在当地同类学校中的排名；……教育、课程的价值大大地缩水了，更为严重的是，被这种教育裹挟着前行的学生，除了获得一堆可能毫无价值的知识外，他们的精神自由、生活乐趣、天生潜能、道德敏感、人生意义、神性智慧、悲悯情怀、敬畏之心等人之为人的品质统统被扫进了历史的垃圾堆中去了。

如何阻止自然和精神双重生态危机的恶化，重建"天、地、人、神"和谐相处的美好精神家园？作为延续和创生人类精神文明最重要的活动——教育，必须有所担当，要率先觉悟并跳出理性主义、科学主义、功

---

① 储昭华：《大地的涌现——关于自由与自然之间关系的思考》，中国社会科学出版社2003年版，第4页。

利主义所设的樊篱，重新拾回被理性教育和科学教育排斥到一旁的人文教育（包括道德教育、文学教育、审美教育、艺术教育等），还给儿童以审美意识、神性智慧以及敬畏之心。这是一种呼唤灵魂回归的教育，正如卡尔·雅斯贝尔斯所言："教育活动关注的是，人的潜力如何最大限度地调动起来并加以实现，以及人的内部灵性与可能性如何充分生成，质言之，教育是人的灵魂的教育，而非理智知识和认识的堆积。通过教育使具有天资的人，自己决定成为什么样的人以及自己把握安身立命之根。谁要是把自己单纯地局限于学习和认知上，即便他的学习能力非常强，那他的灵魂也是匮乏而不健全的。"①

灵魂的回归，首先是重建人与自然的关系，培养学生对自然的敬畏之心。自从人类借助科技的力量取得了对自然的压倒性胜利（当然这是人类自以为是的看法）以来，生养人类、与人类休戚与共的自然就沦为了人类的"私有财产"、任人宰割的"羔羊"；反观人类自身，不见了孔子透过山水看到仁者的宽厚和智者的灵动，不见了华兹华斯从自然中悟到的美德和诗意人生，不见了利奥波特像山一样思考的伟岸心胸，我们所能给予孩子的只剩下了掠夺、霸占、破坏等对待自然的野蛮态度和行径。印第安人古谚说，想要成为"人"，一个人的心中必须时时对自然奥妙有敬畏之感。苏东坡借助五言诗"钩帘归乳燕，穴牖出痴蝇。爱鼠常留饭，怜蛾不点灯。"表达对生灵的细微之爱。海德格尔透过对凡·高的《一双鞋》，看到农妇使用农鞋的"烦心"和"烦神"，进而联想到天、地、人、神的共在与涌现。对海德格尔而言，一双鞋就是一个让人敬畏的"世界"。"敬畏不只是一种感性，它也是一种理解方式，是对比'我'自身更伟大的意义的洞察。……敬畏是对超然性的辨识，是处处以超越万物得到奥秘为参照。它使我们在世界中感到神的暗示，使我们在微小的事物中看到无限的意义露出端倪，使我们在普遍而简单的事物中看到终极，在匆匆的流逝中看到永恒的静止。我们用分析的方法不能理解的，却能通过敬畏来认识。"② 总之，人类不会因为停止科技进步而死亡，却可能因为没有敬畏之心而毁灭。

灵魂的回归，还意味着保护儿童的神性，培养学生的神性智慧。蒙台梭利曾说："在儿童心灵中有着一种深不可测的秘密，随着心灵的发展，

---

① ［德］卡尔·雅斯贝尔斯：《什么是教育》，邹进译，生活·读书·新知三联书店1991年版，第4页。

② ［美］赫舍尔：《人是谁》，隗仁莲、安希孟译，贵州人民出版社1994年版，第80页。

它逐渐展现出来。这种隐藏的秘密像生殖细胞在发展中遵循某种模式一样，也只能在发展的过程中才能被发现。"① 这种秘密就是儿童的神性。这种"神性"既不是神学意义上的宇宙创造者，也不是至上存在的先验属性，而是指儿童天生就有的对待自然和生命的"真诚"，以及后天习得的关于真、善、美、正义、仁爱的品性，神性智慧"是人类知、情、意本质力量的全面发展与统一，是人类理性自明、情感自得、意志自主后所进入的自由澄明的德性境界。"② 培养儿童的神性智慧，着重要解决好课程体系中的伦理道德教育问题，我们不仅要重视人际伦理的教育，还要将之延伸扩大至生命伦理的教育，因为"只有当人认为所有生命，包括人的生命和一切生物的生命都是神圣的时候，他才是伦理的。只有体验到对一切生命负有无限责任的伦理才有思想根据。"③

灵魂的回归，还意味着重拾神圣的信仰，教育学生学会审美化生存。这里所指的"神圣"，不是任何凌驾于世界之上的人格神或命运主宰者，而是指自我组织、发展、完善的有机体本身，是一种"宇宙的灵魂"或"自然的精神"。现代性文明观不承认自然（宇宙）具有像人一样的主体性、经验和感觉，但"泛价值和合"思想恰恰认为世界具有自我组织、创造、协调和发展的神奇力量。如何使学生理解这种神奇的力量？除了用感同身受的直觉体验方式去把握之外，别无他途。体验是一种对生命整体、宇宙精神的诗性直观，是一种审美经验，与理性认识无关，"审美经验先于科学认知与哲学思辨，它位于人类生命经验的源头上，是一种主客浑然为一的生存感受。"④ 儿童的审美经验可以通过文学、艺术等审美教育来完成。比如文学，中国文学"敖（傲）不可长，欲不可从（纵），志不可满，乐不可极"（《礼记·曲礼上第一》）的精神可以抑制现代性的贪欲；"言之文也，天地之心哉"（《文心雕龙·原道》）道出了文字要有文采，并符合天地的心意；"究天人之际"（《史记·报任安书》）体现了作家将人与自然合为一体的审美目的。再如艺术，尼采认为，人的本性除了理性就是艺术，艺术比真理更具有价值；海德格尔把艺术看作存在的真理之澄明，把人的生存理解为诗意地栖居；马丁·杰伊认为，"真正的艺术

① ［意］玛丽亚·蒙台梭利：《童年的秘密》，马荣根译，人民教育出版社 2005 年版，第 34 页。

② 毛文凤：《神性智慧：生态式教育的形上之维》，江苏人民出版社 2009 年版，第 214 页。

③ ［法］阿尔贝特·史怀泽：《敬畏生命》，陈泽环译，上海社会科学出版社 2003 年版，第 9 页。

④ 王茜：《生态文化的审美之维》，上海人民出版社 2007 年版，第 273 页。

不只是反映生活，也是人类对现实彼岸的渴望的最后保存者。"① 怀特海指出，"在精神生活中，你忽视像艺术这样重要的因素必然会蒙受损失。我们的审美情感使我们对价值有生动的理解"。② 审美化生存正是要使文学与艺术法则汇同科学与理性规则，并渗透于现实课程与教学中，重塑学生感性与理性和谐的精神生态平衡，重塑学生生命进程与世界的和谐关系。

---

① ［美］马丁·杰伊：《法兰克福学派史》，单世联译，广东人民出版社 1996 年版，第 205 页。
② ［英］怀特海：《教育的目的》，徐汝舟译，生活·读书·新知三联书店 2002 年版，第 72 页。

第五章　"过程与关系"课程本体观

> 真正的善是从深度的相互关系中产生的必然结果。
>
> ——伯纳德·卢默尔
>
> 每一种现实实有本身只能被描述为一种有机过程。
>
> ——怀特海

"哲学是一种'反思'的思维活动。因此，只有在'反思'的意义上，我们才能理解作为哲学基本问题的'思维与存在的关系问题'"。① 课程观的重建活动，同样是一种哲学层面的反思活动，是将"课程本体"作为"问题对象"来思考的。从过程—关系思维出发，作为"问题对象"的"课程本体"需要反思三个问题：从其存在与发展角度看，决定课程本质的基本因素是什么？从其构成及其外部环境角度看，课程作为广延连续体到底该如何理解？以上两个问题可侧重从关系思维进行分析。第三个问题就是课程作为一个活动性的存在，是如何运作的？可以侧重从过程思维加以说明。

第一节　过程哲学视野下的课程本质新探

一　决定课程的基本因素

任何科学研究或学科建设，一般都有自己的研究领域和概念话语体系，否则难有可持续发展的生命力。长期以来，课程研究也曾经历了同教育学研究相似的"错途"，即要么受外部力量或影响因素的控制，沦为政治或文化的附庸；要么过于依赖其他学科的思想和方法，沦为别的学科的

---

① 孙正聿：《哲学通论》（修订版），复旦大学出版社2008年版，第91页。

领地，质言之，课程研究不是关注课程本身是什么，而是从课程之外去寻找决定课程本质和发展的基本力量。这既不利于课程理论研究的深入，更无助于课程实践的展开，最终戕害的是学校教育的质量和生命。

课程是由什么决定的？或者说，关涉课程的本质有哪些基本因素？"这个问题的实质在于，揭示和说明决定、制约课程生长发展的根本力量是什么"，① 这是任何一种课程观所不能回避的问题。假如从课程作为一个专门的研究领域②开始考察，至今为止，国内外有诸多的教育家、心理学家以及课程专家对此问题进行了不懈的研究，从最初重视外围研究到逐渐逼近课程的内部本质，形成了精彩纷呈的诸多观点，其中代表性的可归纳如下：

国外的代表性观点。课程论之父泰勒从决定课程目标的角度提出了决定课程的五个因素：（1）对学习者的研究；（2）对当代校外生活的研究；（3）学科专家的建议；（4）利用哲学选择目标；（5）利用学习心理学选择目标。③ 美国课程论专家施瓦布认为，在研究和决定课程时，都要涉及四个教育要素，即学习者、教师、学科领域和教育环境或情境。④ 美国曾经在20世纪30年代和80年代，组织专家研制了决定课程领域的基本概念、原则和研究方法，分别提出了18个问题和15个问题，⑤ 这两套问题都关注了学校的角色、学科内容的地位和作用、促进学习的方法和材料、课程专家的角色、课程与教学及监管之间的关系等几个共同问题。当代课程专家阿姆斯特朗（David G. Armsrong）认为，课程的影响源主要包括社会、学习者特征与学科知识三个方面。⑥ 弗雷斯特·W. 帕克等人则认为

① 丛立新：《课程发展的决定力量——课程内部的几个基本关系》，《教育研究与实验》2001年第3期。

② 关于课程作为一个专门的研究领域始于何时，理论界似乎没有多大的歧见，一般都赞同以"博比特的工作"为专门化课程研究的起始，从时间上看，大致是20世纪初。

③ ［美］拉尔夫·泰勒：《课程与教学的基本原理》，罗康、张阅译，中国轻工业出版社2008年版，第5—38页。

④ ［美］乔治·J. 波斯纳：《课程分析》，仇光鹏等译，华东师范大学出版社2007年版，第289页。

⑤ 详见［美］艾伦·C. 奥恩斯坦、弗朗西斯·P. 汉金斯《课程：基础、原理和问题》（第三版），柯森译，江苏教育出版社2002年版，第15—17页。

⑥ ［美］David G. Armstrong：《当代课程导论》，陈晓端主译，中国轻工业出版社2007年版，第45—69页。

决定课程的基础主要有社会力量、人的发展理论、学习及学习风格的特征。① 麦克尼尔认为决定课程的要素主要包括如下几个方面：（1）概念；（2）原理；（3）技能；（4）价值观，并认为价值观是核心要素。②

　　国内的代表性观点。陈侠在《课程论》中认为决定课程的因素有八个方面：（1）社会生产的需要；（2）科学技术的进步；（3）教育宗旨的规定；（4）培养目标的要求；（5）哲学思想的影响；（6）社会文化的传统；（7）儿童身心的发展；（8）学校类型和制度。③ 台湾有学者认为，影响课程的因素有七个方面：（1）历史传统；（2）文化背景；（3）政治力量；（4）社会需求；（5）世界潮流；（6）教育制度；（7）有关人员。④ 也有学者提出主要有三个因素决定中小学教学内容：（1）决定于政治经济发展的需要；（2）反映社会科学文化水平；（3）制约于儿童的年龄特征。⑤ 在我国影响最大的《教育学》（王道俊版）"课程"章节中，认为课程的根本影响因素有：（1）实用知识与官能训练；（2）知识与智能；（3）社会需要与个体需要；（4）科学的获知与个体的成长。⑥ 丛立新认为决定课程的基本力量主要取决于下列五种关系：（1）直接经验和间接经验；（2）人文主义和科学主义；（3）个人与社会；（4）知识与能力；（5）分科与综合。⑦ 施良方则从"贯穿于课程编制和课程研究始终"的高度，概括了若干课程的"基本问题"：隐性课程与显性课程、分科课程与活动课程、核心课程与外围课程、课程与价值、课程的一元化与多元化、文理分科的问题以及普通教育与职业教育等。⑧ 王建军以"筏"喻"课程"，认为课程是在个人与社会、历史与未来、过程与结果、知识与行动（理论与实践）、部分与整体之间，搭建的一种过渡性的联系或桥

① ［美］弗雷斯特·W. 帕克、埃里克·J. 安科蒂尔等：《当代课程规划》（第八版），孙德芳译，中国人民大学出版社 2010 年版，第 48—183 页。

② McNeil, J. (1996), Curriculum: A Comprehensive Introduction (Fifth Edition), New York: Harper Collins College Publisher: 183.

③ 陈侠：《课程论》，人民教育出版社 1989 年版，第 161—182 页。

④ 《云五社会科学大词典》第八册（教育学），台湾商务印书馆 1970 年版，第 132 页。转引自王策三《教学论稿》，人民教育出版社 1985 年版，第 205 页。

⑤ 转引自王策三《教学论稿》，人民教育出版社 1985 年版，第 205 页。

⑥ 王道俊、郭文安：《教育学》，人民教育出版社 2009 年版，第 137 页。

⑦ 丛立新：《课程论问题》，教育科学出版社 2000 年版，第 125—200 页。

⑧ 施良方：《课程理论——课程的基础、原理与问题》，教育科学出版社 1996 年版，第 265—307 页。

梁；并认为这些矛盾的发展，本身就构成了课程的动态运动过程的动力。①

怀特海对构成世界的基本元素——现实实有——的特性，曾作过这样的描述："存在的本质就在于从材料到结果的转化之中。这是一个自我决定的过程。……从本质上说，实存以自我形成（self – formation）为目标。"② 可见，现实实有虽然处在由诸多实有构成的网络环境中，但是其存在和发展的决定力量是每一个现实实有所固有的自决性，而不是其他因素。同样道理，课程发展变化的根本力量也取决于课程自身，所有外部的影响因素，只有通过课程自身的内部力量才能发挥作用。英国课程专家凯利认为，课程研究应始于研究教育和探索教育问题的努力，这种努力是按照课程研究自身的名称，而不是任何哲学问题或心理学、社会学现象的名称来进行的。③ 我国学者王策三也持类似观点："课程发展有自身相对独立的规律并呈现出一个辩证过程。课程的发展是在科学、社会、学生等外部诸因素和条件的作用之下，直接通过一定的课程论作为指导思想，对已有的或历史传统课程进行损益和改造而实现的。"④ 那么，决定课程的基本力量到底是什么呢？从课程之为课程的本体论出发，这些力量既要能体现作为课程所必不可少的基础或条件作用，同时又是构成课程主体的素材性元素。借鉴上述国内外的已有研究成果，笔者以为，课程主要由以下因素决定：课程的价值取向、课程的目的功能、课程的思维方式、课程的内容取舍以及课程的知识教学。从过程哲学视野考察，欲厘清决定课程本质的要素，关键在于重新理解决定课程本质的几对主要关系，即：从社会本位和个体本位走向关系本位，从科学主义和人文主义走向整体有机论，从客观认识论与主观认识论走向过程认识论，从课程知识的工具理性走向课程知识的价值理性。

二　从社会本位与个体本位走向关系本位

在教育思想史上，伴随着对"教育究竟为谁服务？"这一问题的思考和解答，从而引发了一个世纪难题：教育应满足社会的需要，还是该满足

---

① 王建军：《筏喻的课程观：课程概念的演变与趋向》，《华东师范大学学报》（教育科学版）2009 年第 1 期。

② ［英］怀特海：《思想方式》，韩东晖、李红译，华夏出版社 1999 年版，第 87 页。

③ ［英］A. V. Kelly：《课程理论与实践》，吕敏霞译，中国轻工业出版社 2007 年版，第 18 页。

④ 王策三：《教学论稿》，人民教育出版社 1985 年版，第 206 页。

人的个性发展需要？从古至今形成的个体本位论与社会本位论之争，就是在回答这一问题过程中所产生的。

（一）社会本位与个体本位的对立及后果

所谓社会本位论，也称社会本位主义，指某种以他人、集体、国家和民族的利益为重的理论和学说，它是利他主义、集体主义（包含家族主义、团体主义、国家主义等）、民族主义等的合题；① 具体到教育领域，指个人的发展有赖于社会，社会价值高于个人价值，教育的目的是为了满足社会需要，课程应按照社会对个人的要求来设计。个体本位论，也叫个人本位主义，它是一种把个人的个性、价值、权利置于首要位置的理论和学说；② 在教育领域，是指社会的发展有赖于个人，个人价值高于社会价值，教育的目的是为了满足个体需要，课程应该按照个人发展的需要来设计。可以说，自教育和课程产生之日起，便蕴含着这一对关系，尤其是两者的矛盾和冲突，促使教育和课程目标作出不断的调适，是推动课程发展的内在动力之一。

社会本位论历史较为悠久，古希腊斯巴达推行国家管理、军事至上的教育，课程呈现出鲜明的社会本位特点。中国古代崇尚伦理本位，奉行"治国以教化为先"的政治主张，课程也具有鲜明的社会本位特点。中世纪以宗教取代世俗政权统治教育，是另一种社会本位的表现。到了19世纪，随着国家主义和社会学派的勃兴，教育的社会本位思想占据了统治地位：孔德主张，"真正的个人是不存在的，只有人类才存在，因为不管从哪一方面看，我们个人的一切发展，都亏着机会"。③ 涂尔干认为，"教育就是使年轻一代系统地社会化的过程"。④ 凯兴斯泰纳认为，"国家一切的教育制度只有一个目标，便是造就公民"。⑤ 20世纪以来，垄断资本主义国家为了保持社会的稳定、延续和繁荣，借教育普及化、大众化、民主化之际，大肆推行统治阶级的文化和价值观，使得社会本位思想一直延续至今。

个体本位论也可以追溯至古代社会。古希腊雅典倡导和谐教育，就表

① 涂可国：《论儒学的社会本位与个人本位悖论及其影响》，《哲学研究》2005年第1期。

② 同上。

③ 转引自吴俊升《教育哲学大纲》，福建教育出版社2011年版，第184页。

④ ［法］涂尔干：《教育及其性质与作用》，转引自瞿葆奎《教育学文集·教育与社会发展》，人民教育出版社1989年版，第19页。

⑤ 转引自吴俊升《教育哲学大纲》，福建教育出版社2011年版，第189页。

现出个体本位的课程色彩。文艺复兴以"人道"反对"神道",倡导个性解放,催生了教育中的个体主义,"人可以自己决定自己的命运,通过自由的选择而达到自己所想达到的目的,成为他自己所想成为的那样的人"。① 至18世纪,伴随着启蒙运动,重视儿童天性的自然主义教育受到重视,正如卢梭所言:"在自然秩序中,所有的人都是平等的,他们共同的天职,是取得人品;不管是谁,只要在这方面受了很好的教育,就不至于欠缺同他相称的品格。"② 19世纪以来,随着"人本学"、"唯意志论"、"存在主义"等哲学流派的诞生,又将个体本位推向了高潮。直至今天,为了克服社会本位的弊端和工具理性的压制,人们总会在适当的时机高扬个体本位思想与之抗争,从未停歇。

尽管教育中确实存在社会和个人需要满足之间的矛盾和冲突,甚至有时是不可调和的;教育家们根据自己的哲学立场和教育主张作出不同的价值取舍,也是可以理解的,但是,"个体本位"与"社会本位"的提法却有问题,将两者对立起来更是大错特错。首先,社会本位与个体本位的对立,导致教育功能的偏狭。社会本位的教育目的重在谋道,而个体本位的教育目的重在谋生,前者强调维护社会主流价值,后者执意于个体利益,将两者对立起来势必造成某一方面的价值缺失,有违教育的初衷。其次,两者的分割与对立,犯了理论研究逻辑混乱的忌讳。个体本位论以抽象的个人(理想化的人性假设)反对具体的社会(现实化的社会环境),而社会本位论借抽象的社会(柏拉图式的"理想社会")反对具体的个人(活生生的社会个体),这就像拿画中的人与实际的人比较谁优谁劣,在逻辑上是说不通的。最后,导致教育理论与实践的极大混乱。不管是社会本位论,还是个体本位论,是后人对教育史上人们如何处理"个人与社会"关系的抽象性概括,是一种在实体二元论思维方式支配下对教育目的价值取向的描述。正是出于抽象概括的需要,人们将历史上的卢梭、福禄培尔、裴斯泰洛齐等人划到个体本位的阵营;而将孔德、纳托尔普、涂尔干、凯兴斯泰纳等人划到社会本位的阵营,并将这些人的观点极端化,人为地夸大了教育中个人与社会的矛盾和对立。事实是,"纯粹和绝对的个人本位论者和社会本位论者事实上是不存在的。……历史上的一些教育思想家以及他们丰富而复杂的教育思想往往被简单而绝对地、非此即彼地划

① 周辅成:《从文艺复兴到十九世纪资产阶级哲学家政治思想家有关人道主义人性论言论选辑》,商务印书馆1966年版,第33页。

② [法]卢梭:《爱弥儿》(上卷),李平沤译,商务印书馆1978年版,第13页。

分到某一个理论派别，在理论界和实践界产生了很大的误导。"① 其中对杜威思想的误读误用就是最为典型的例子，很多教育研究者都将杜威当作是"个体本位论"者，其实是对杜威的极大误解;② 以此思想指导实践，更是对实践的不负责任。

（二）社会与个人：推动课程发展的一对关系性存在

个体本位论与社会本位论及其论争，究其认识论根源，是传统实体观和两极思维方式影响下的产物。随着现代哲学从实体思维转向关系思维，从碎化思维转向整体思维，越来越多的人开始意识到，"以往教育者所倡导的远大的教育目的，或侧重于适合社会（民族的国家或阶级的国家）的需求，或侧重于引导个人的发展。但后者从来没有也不能忽视社会的需求，而就前者也必然地给个人在社会秩序中一个合理的地位。"③ 但是我们也发现，时至今日，在如何处理这两者的关系上还没有一个被理论界接受被实践界认可的圆满解决方案，虽然杜威曾朝着"调和"两者的方向作过努力，但至少在课程实践层面是低效的。问题的关键恐怕还是我们将"社会"与"个人"当作"实体"来对待和处理，即使运用了辩证、关系等思维工具来调和，最终还是会受实体的单边力量所控制，走向极端的一面。

过程哲学主张将世界万物看作是一种关系性而非实体性的存在，

---

① 扈中平：《教育目的中个人本位论与社会本位论的对立与历史统一》，《华南师范大学学报》（社会科学版）2000 年第 2 期。

② 总体倾向上，杜威是一个社会本位论者，但是为达到其社会性的目的，他主张教育的活动要以"儿童为中心"加以组织。所以杜威遵循的是"目的"社会本位和"过程"个体本位的"双重逻辑"，很难说他偏执于哪一端。我国很多学者也持类似观点："在教育目的上杜威不仅很难说是一个个人本位论者，反而更接近于一个社会本位论者，他实际上是主张通过个人本位论的教育过程来实现社会本位论的教育目的。"（扈中平：《教育目的中个人本位论与社会本位论的对立与历史统一》，《华南师范大学学报（社会科学版）》2000 年第 2 期）"杜威理念中的儿童并不是爱弥尔式的儿童，他们长大之后也不是鲁滨孙式的孤являются英雄。他所设想的儿童，是能够实现众多社会关系和角色的社会成员。可以说，杜威所秉持的实际上是一种基于社会本位的'儿童中心主义'"（黄向阳：《杜威社会本位教育思想探微——〈民主主义与教育〉读书札记》）。"杜威分别以心理学和社会学术语阐述其儿童中心论和社会本位论，并以教育中目的与手段、内容与形式、结果与过程的统一为据，化解两种教育立场，从而在教育问题上建构起一种个人与社会一体化的理论"（赵东倩：《社会本位教育论——杜威教育思想研究》，硕士学位论文，华东师范大学，2008 年），等等。

③ 张栗原：《教育哲学》，福建教育出版社 2008 年版，第 22 页。

"每一事物都以这种或那种方式与世界上的其他事物关联着"。① 作为推动课程发展的内在动力之一,"社会"与"个人"是以围绕着人类"生存和发展"这一主题,以某种"人类共同体"的形态出场的,独自不能决定课程的价值取向和目标选择。社会和个人是一对对立统一的关系性存在,两者虽然存在相互排斥的倾向,但事实上,在"存在与发展"中心论的统摄下,其中任何一方都是以另一方的存在和发展作为自己的存在和发展的条件;双方在斗争与妥协之间呈现出"你中有我,我中有你"的关系。只不过这种"关系"在特定的社会历史条件下呈现出不同的形态,主要有"强社会—弱个体"、"强个体—弱社会"和"社会与个体呈均衡之势"三种基本态。这里,很难说哪一种关系形态是最理想或最好的,这要基于不同的社会历史形态及其对教育的不同需求才能做出判断。另外,不能从纯抽象意义上谈论"社会"与"个体"的关系,因为从具体的个人到整个人类世界,存在着无法计数的"个体"与"社会",我们所要讨论的"社会"与"个体"到底代表谁?必须指向特定的、客观存在的"社会"与"人"才有意义,② 否则就会陷入怀特海所极力批判的"具体性误置谬误",即用抽象的概念或理论代替具体的事态或真实的存在。

根据过程哲学的关系原理,在处理社会与个体关系时要注意以下两点:一是克服非此即彼和两极对立的思维方式,不把重点固定放在任何一

---

① Malcolm D. Evans, *Whitehead and philosophy of Education*, Amsterdam – Atlana, 1998: 12.

② 从最微观的角度看,个体本位中的个体可以指某一个个人或一个家庭;从最宏观的角度看,社会本位中的社会可以指国家和全球;在这两者之间还存在更为复杂的、兼具个体和社会特性的"集体",例如:政府、企业、事业等单位和组织;教育、经济、文化、科技、军事等部门;村镇、城市、地方等行政区域;汉族、少数民族、外来人员等群体。所以,讨论个体与社会除了界定两者的内涵之外,还必须划定两者的外延,只有从真实存在的"社会"和"个体"出发,才能厘清两者的关系,这是一种实在的关系,而不是空洞虚假的关系。著名哲学家哈贝马斯也持类似的观点,为了将个体从封闭的自我中解放出来,哈贝马斯对个体的生成进行了全面的反思。他认为,古典自由主义的个体自我本身就是一个抽象的主观构造,它无法在现实社会中找到有效的结构载体。他坚持自己的主张,认为个体也就是现实中的个体具有历史和传统的规定性,他与别的个体同属于一个共同体,而且个体只有在这一共同体中相互交往实践,才能获得自身的确定性。因此,在现实中个体自身不具有自明性和完满性,只有在既定的共同体中与他者共存才能实现自我的确定性。

方，而"从乎其关系"。① 即课程中的社会与个体只是一种关系性的存在，是以某种"共同体"的形式出场的，社会与个人的关系是一种内在关系，个人也只是"共同体中的个人"（person in community），"共同体中的人"克服了集体主义与个人主义两个极端。② 二是在课程设置上，处理好课程一元化与多元化的矛盾。因为社会形态越是复杂，就越要求课程规划和设计具有自觉性，以实现年轻一代与社会的有效对接和相互适应；而课程设计越是细致和规范，就越有可能导致丰富的个人利益诉求与单一的课程空间和权力之间的矛盾。具体到我国中小学课程设置，除了保障国家课程的实施外，还需创造或改善条件，充分发挥地方和校本课程的效能，以满足地方与基层学校的特殊需求；在每个学段，除了必修课程内容外，还可以根据不同学生的兴趣需要，开发利用新的课程资源，发展学生的个性与特长；在民族自治地区或少数民族聚居地增设民族语言、历史与文化的课程，以保护文化的多样性；等等。

行文至此，笔者觉得以科布教授的下面一段论述作为本论题的小结最为贴切了。"共同体中的发展模式，同等地强调个人对共同体的依赖与个人的自我决定或自由。要旨是两方面相互支持。我们成为其中一部分的那个共同体越富饶，我们就越充分地成为有自己个性和自由的个人"。③

三　科学主义、人文主义与整体有机论

如果说社会本位与个体本位是课程价值目标取向的一种分野的话，那么再深入一点，抵及课程内容取舍时，我们就必须要面对科学主义与人文主义及其影响的问题了。科学主义与人文主义及其对课程影响的讨论，贯穿于课程发展的历史与现实，至今仍然是课程理论研究的核心主题之一。

---

① 如何理解个体与社会的关系，现代新儒学的早期代表——梁漱溟先生的观点可能会对我们有所启示。梁漱溟跳出将群己放在单一平面上的包含与被包含、支配与被支配的一般分析视角，而是将个人与他人、个人与群体的关系放在一个相互性的、彼此统一融合的主体间境遇中加以分析，将群体、社会作为个人这一"聚焦"所存在的场或背景，从而避免了群己之间由支配与从属而产生的矛盾（转引自曹骏扬《在"个人本位"与"社会本位"间探索"第三条道路"——论梁漱溟"关系本位"的群己观》，华东师范大学2005届研究生硕士学位论文）。

② 黄铭：《人类理性之"根"和"翼"——论怀特海理性观的两个维度》，《哲学研究》2012年第5期。

③ John B. Cobb Jr., *Is Whitehead Relevant in China Today*? in Wenyu Xie, Zhihe Wang, George E. Derfer eds, *Whitehead and China*: *Relevance and Relationships*; ontos verlag, 2005: 16.

（一）科学主义与人文主义的对立及后果

回顾历史，我们可以清晰地了解到，科学是人性觉醒的伴生物，不管是古希腊人为彰显自己的理性和尊严开展的探究万物本源的活动，还是文艺复兴时期以倡导理性自由反对神性压迫的人性复归运动，都表明人文精神中孕育着科学精神，即为了摆脱封建和神权的统治，不得不朝向外部世界，通过认知和改造客观世界，由此形成科学。例如，英国人文主义思想家弥尔顿在《失乐园》（*Paradise Lost*）中，就竭力颂扬人的尊严和价值，认为人的力量、理性和崇高的品质，只有借助无穷的求知活动才能形成，有了知识人才能创造一切。可以这么说，在西方文明史上，本无所谓人文和科学之分，它们之间存在着深刻的一致性和密切的联系。可自从 17 世纪（被怀特海誉为天才的世纪）以来情况发生了变化，无论是从方法论创新，还是从推进生产力、改善人类物质生活看，科学都不断获得了成功。于是，人们开始坚信，科学所追求的普遍规律与真理是最有价值的，只有科学知识才是唯一真正可靠的知识；与之相对，认为人文学科追求的是功利性的东西，是主观的、非理性的，它与自然科学所追求的普遍性、规律性和可证实性恰好是相反的。这样，就从认识论上为科学与人文的分裂对峙预设了前提。狄尔泰、文德尔班和李凯尔特等哲学家正是在这种科学与人文对峙的观念引导下，对科学知识和人文知识进行了严格的区分。

20 世纪中叶，英国著名学者 C. P. 斯诺首次提出科学主义与人文主义的冲突是"两种文化"的冲突问题，"非科学家有一种根深蒂固的印象，认为科学家抱有一种浅薄的乐观主义，没有意识到人的处境。而科学家则认为，文学知识分子都缺乏远见，特别不关心自己的同胞，深层意义上的反知识（anti – intellectual），热衷于把艺术和思想局限在存在的瞬间"。① 科学主义与人文主义的对立与冲突表面上看是两种哲学或文化的对立，实质上则是现代社会利益纷争所导致的，是工具理性对发展理性僭越的结果；表现为科学主义欲行使对人文主义的单边统治，而人文主义却奋起反抗。正如大卫·格里芬所分析的："科学不是真理的不偏不倚的裁判，它不能无视相互争斗的社会力量，科学被认为是一个相当偏私的参与者，利用自己的地位使某些社会、政治和经济力量合法，而使另一些力量非法。"②这种对立与冲突会给学校课程带来灾难性的后果，具体表现为：因

---

① ［英］斯诺：《两种文化》，纪树立译，生活·读书·新知三联书店 1994 年版，第 5 页。

② ［美］大卫·格里芬：《后现代科学——科学魅力的再现》，马季方译，中央编译出版社 1998 年版，第 12 页。

为工具理性价值与发展理性价值的冲突，引发自然学科专家与人文学科专家的对立，致使科学课程与人文课程的分离，造成科学知识与人文知识的割裂，导致学生物性人格与神性人格的分裂，最终将教育变成异化的力量，沦为解构"天、地、人、神"和谐关系的帮凶。

（二）科学主义课程观与人文主义课程观：从对立走向和解

科学主义和人文主义的对立与冲突，是二元论思维和现代工具理性的产物，反映在教育中就是科学主义课程观与人文主义课程观的对立。

从科学与教育的关系考察，科学主义与课程的结缘可追溯至培根，后被夸美纽斯发展成泛智主义课程知识体系，再经由赫胥黎、斯宾塞、布鲁纳等人的推动，科学知识逐渐占据了学校课程内容体系的主导地位。从科学与社会经济的关系考察，经历了五次科技革命①后，科学由最初的哲学婢女逐渐蜕变成了君临天下的王者，科学与技术也就顺理成章地成为各级教育所推崇的课程主流。尽管科学主义的课程并不能用一种固定的模式加以描述，但是在各种科学主义流派的课程主张中，我们还是能窥探到其共同之处的：第一，课程价值和目的上，以培养科技精英为主要目的；第二，课程内容选择上，重视数学、自然科学和技术应用等课程，并主张随时吸纳最新的科技研究成果；第三，课程实施与研究方法上，倡导量化、

---

① 第一次科技革命，以 18 世纪末蒸汽机的发明和应用为主要标志。这次科技革命使社会生产力发生了革命性的变革，以机器大工作代替工场手工业，使人类进入机器时代。第二次科技革命，发生于 19 世纪中叶，它以电机的发明为起点，以电力的广泛应用为标志，不仅推动了生产技术由一般的机械化到电气化、自动化转变，更改变了人们的生活方式。第三次科技革命是人类文明史上继蒸汽技术革命和电力技术革命之后科技领域里的又一次重大飞跃。它以原子能、电子计算机、空间技术和生物工程的发明和应用为主要标志，涉及信息技术、新能源技术、新材料技术、生物技术、空间技术和海洋技术等诸多领域的一场信息控制技术革命。这次科技革命不仅极大地推动了人类社会经济、政治、文化领域的变革，而且也影响了人类生活方式和思维方式，使人类社会生活和人的现代化向更高境界发展。第四次科技革命（20 世纪后期）以系统科学的兴起到系统生物科学的形成为标志，系统科学、计算机科学、纳米科学与生命科学的理论与技术整合，形成系统生物科学与技术体系，包括系统生物学与合成生物学、系统遗传学与系统生物工程、系统医学与系统生物技术等学科体系，将导致的是转化医学、生物工业的产业革命。电子和信息技术普及应用开启了第五次科技革命之门，而随着互联网技术的普及和移动互联网的发展，全球正处于半个世纪以来的又一次重大技术周期之中，不久的将来，移动宽带会覆盖到所有人群，而现在正处于从导入期到拓展期的转折点。"手机就是当年的电灯泡，未来我们可以想象到的，就是几乎所有设备都会接入网络"，爱立信总裁兼 CEO 卫翰思（Hans Vestberg）说道。见 http://baike.baidu.com/view/69209.htm#5.

实证、程序等方法，追求高效和确定性的结果。

人文主义与课程结缘要远远早于科学主义，最早可追溯至古希腊文明。自从智者派主张"人是万物的尺度"，"人，有感觉能力的个人，是一切事物的准绳"① 开始，教育就开始关注人的尊严和理性。自文艺复兴以来，人文主义教育思想在西方一直经久不衰，卢梭的自然主义教育思想，康德的使儿童的理性得到发展，裴斯泰洛齐的全面地和谐地发展人的一切天赋力量和才能，福禄培尔的顺应儿童本性发展的思想等等，无不散发着浓郁的人文主义气息。19世纪至20世纪初，虽然在科学主义的打压下人文主义教育思想有式微之势，但是随着科学与人、科学与环境之间的关系日趋紧张，在唯意志论、生命哲学、存在主义、人本主义心理学、社会批判理论等思想的推动下，20世纪中叶以来，人文主义教育思想呈复兴之势。我们也可以在诸多的人文主义②课程思想中找到它们的共同点：第一，课程价值和目的上，注重人的价值、地位和尊严，倡导个性发展；第二，课程内容选择上，反对单一的科学类课程，倡导有利于个性完整发展的多样化课程；第三，课程实施与研究方法上，倡导质性、体验、直觉、自由探究与启蒙等方法，追求过程和开放式的结果。

科学主义课程观与人文主义课程观经历了近三个世纪（18—20世纪）的对立和冲突，如今已呈现由分离走向融合之势。其主要原因有二：一是第二次世界大战时原子弹的爆炸惊醒了沉浸在科学幻想中的人们，尤其是唤醒了科学家们的良知；二是20世纪以来地球生态环境的日益恶化，迫使人们反思科技发展的负面效应。在弥合科学与人文关系上，"科学人文主义课程观"与"生态主义课程观"在西方颇具影响。科学人文主义课程的主要观点是：既信奉科学，又崇尚人道，"没有同人文学科对立的自然科学，学科或知识的每一个分支一旦形成，就都既是自然的，同时也是人的"，③"科学是一种强有力的手段，怎样用它，究竟是给人类带来幸福

---

① ［英］博伊德·金：《西方教育史》，任宝祥、吴元训译，人民教育出版社1985年版，第26页。

② 有研究者指出，迄今为止，人文主义便经过了古典人文主义、人文主义、新人文主义和现代新人文主义四个过程，每一阶段均有其独特的规定和品格（邵明德、高伟：《关于科学主义与人文主义整合的历史与反思》，《徐州师范大学学报》（哲学社会科学版）1999年第1期）。说明人文主义也存在不同的流派。

③ ［美］乔治·萨顿：《科学史和新人文主义》，陈恒六译，华夏出版社1989年版，第29页。

还是带来灾难，全取决于人自己而不是取决于工具"。① 不过，科学人文主义课程思想也有局限，它奉行"人类中心主义"价值观，并没有超越"物我二分"的二元论思维禁锢，这是其最大问题。20 世纪中叶以来的环境保护主义、生态主义及其课程观，虽看到了人类滥用科技的危害，但它过分放大科学主义、工具理性在现代性危机中的作用，甚至有回到文明源头，彻底否定和抛弃发展科技的极端思想倾向，呈现出一种"因噎废食"的鸵鸟心态，同样不值得提倡。

怀特海通过构建过程哲学，试图弥合人文主义和科学主义的裂缝，他总结了自然科学和自然哲学的历史后指出，自然世界是一个持续创造、转化和进化的有机体，这个有机体的活动表现为过程。过程哲学彻底抛弃了机械论中的实体概念与机械概念，重新将世界理解成一个有机体，消解了科学和人文的二元对立。普利高津盛赞了怀特海的这一贡献："怀特海正是少数相信科学与人文可相互结合而不对立的哲学家之一。"② 受怀特海的影响，以格里芬、科布、费雷、伯姆等人为代表，提出了"后现代有机论"（整体有机论），开始真正超越了实体性二元分裂思维，穿透了现代性危机的帷幔，发现了人文与科学融合的"正道"。整体有机论认为，科学主义与人文主义的分裂与对立，实际上是人类科学、文化和人性危机的集中表现，可以统称为人类的生存危机；科学主义与人文主义的分裂，导致现实世界中的事实与价值、真与善和美的分离，只有从有机整体思维出发，重构包含科学的、道德的、美学的和宗教的新科学体系，才能使人类与世界融为一体。

这一思想给我们的启示就是：只有以地球宇宙的可持续存在和发展为终极价值目标，思考当代自然、社会与人的关系，寻找最佳的发展路径，才是人类赋予教育的真正使命，也是实现更宽广的不同课程文化的视界融合，重新规划和设计课程的根本依据。

（三）科学精神与人文关怀并重：中国的选择

在中国，科学与人文这一对关系到了近代才开始明朗化。这主要缘于两个原因，一是中国传统文化先天缺乏西方意义上的科学精神；二是中国的人文思想重集体而轻个人，与西方的人文主义也有明显的区别。

---

① ［美］爱因斯坦：《爱因斯坦文集》（第 3 卷），许良英等编译，商务印书馆 1972 年版，第 56 页。

② 俞懿娴：《怀特海自然哲学——机体哲学初探》，北京大学出版社 2012 年版，第 269 页。

科学主义在西方是内生的，是科学理性发展的逻辑结果。[①] 自"五四"以来，中国对西方科学的推崇日盛一日，但是我们在学习的道路上走偏了路，只意识到了"师夷长技以制夷"中科学技术的功利性价值，学到的是支离破碎的自然科学诸学科的结论性知识，丢失的却是科学中最为宝贵的东西——科学精神。科学精神不同于科学主义，也不同于科学知识，它是求真、求实、怀疑、批判、探索、实验、革新、独创等精神特质的合金，甚至还包括社会责任感、普遍性、公有性、无私利性等人文特质。尽管自新中国成立以来的历次课程改革都非常重视科学课程的建设，但学生从事的只是一种"符号研究式"的课程认识活动，而非"符号实践式"的生命展开活动，[②] 也即学生只是在啃读科学知识中的中间段知识，没有来龙（科学知识的产生过程）和去脉（科学知识的应用），而科学精神则恰恰主要孕育在"来龙"和"去脉"这两个环节之中。所以，在我国当下的课程改革中，要从"符号研究式科学课程"回归到"符号实践式科学课程"，借助"符号实践式科学课程"大力培养学生的"科学精神"。

中国教育素有人文主义的传统，但正如上文所提到的，这种人文主义侧重于集体，而不关注个体，在教育上，表现在教育主体——学生，所具有的人之为人的主体性、能动性、价值性的沦丧。至于人文精神的内涵，更是歧见迭出，且大多语焉不详，比如，笼统地称为"以人为本"、"对人的终极关怀"、"尊重人、解放人"，如果进一步追问："人"是什么？是具体的历史的人，还是抽象的逻辑的人？"对人的关怀、尊重和解放"又指的什么？恐怕这些问题暂时还不会有明确的答案。可见，我国课程中的人文知识虽然较为丰富，但人文精神同样十分匮乏。考察历史，经历代人文主义者传承而不息的人文精神是有一个主题的，并且在当今人类面临严峻环境挑战的历史时刻，又应该添加新的内涵，这就是：自由、平等、博爱、利他、向善、合群、正义、审美、敬畏，这些人文品质在未来课程内容选择时必须要予以关注。

---

① 西方科学主义是一个逻辑严密的理论体系。它以认识论的基础主义为信念基础，通过方法论的普适主义而实现其价值论的扩张主义，即：通过对理性的绝对肯定而实现了对价值层面上的"科学万能"信仰的坚持。这个信仰经过了严密的推理和逻辑论证。这种严密的推理和逻辑论证无论是在孔德那里，还是在逻辑实证主义思想体系中都清晰可见。而且，一大批思想家和学者为了科学主义的共同纲领而组织在一起，形成了有鲜明特征的科学主义哲学学派，积极的宣传科学主义（李丽：《科学主义在中国的现实与省思》，博士学位论文，复旦大学，2006 年）。

② 详见郭思乐《课程本体：从符号研究回归符号实践》，《教育研究》2003 年第 7 期。

总之，对当前我国的课程改革来说，科学精神和人文关怀都有待于加强，还谈不上超越；不过我们也应该吸取西方社会的经验教训，避免再走一遍人文与科学分裂的道路。

四　从客观主义认识论、主观主义认识论走向过程认识论

课程中有关认识的来源问题，课程知识的性质及其如何被掌握的问题，是贯穿课程史的主题之一，其间所形成的各派观点对课程理论和实践，尤其是课程教学的模式，起着直接的指导作用。

（一）关于知识观的两种论争

在当前我国教育界，存在着关于课程的"改革派与维稳派"之争，①主要就是因知识观的分歧而起的，无论是维稳派强调"知识教学"的重要性，还是改革派对"重视知识"的批评，争论的焦点始终是知识观的问题。在两派争论中，一方视知识为人类总体认识的成果，另一方视知识为个体直接经验与间接经验互动的结果以及个体与社会文化价值互动的结果；一方大谈个体应学习什么知识，另一方大谈个体可能习得什么知识；一方强调间接经验、书本知识的重要性，另一方强调直接经验、默会知识的重要性；一方从客观知识出发强调教学就是传授人类知识，另一方从动态的知识观出发强调教学应是促进个体知识的生成建构。② 从直接原因分析，这两派所持的不同知识观跟他们对知识价值理解不同有关，维稳派认为人类已有客观知识本身是有价值的，所以他们持知识客观性的立场；而改革派认为，知识只有跟个人的生存和意义发生关系时才有价值，所以他们持知识主观性的立场。但从深层原因分析，主要还是传统实体性思维在作祟，即两派都基于二元对立的排中律思维来思考和讨论问题，一派过于强调本质主义思维的价值，而另一派过于强调生成性思维的作用。

要深刻理解这两种知识观之争的内在实质，我们有必要考察历史上知识的客观性和主观性问题。鉴于在知识的客观性与主观性问题中隐含了不

---

① 具体观点详见刊登在各种报刊上的"课程改革派与课程维稳派之争"和"课程改革理论基础大讨论"有关文章。可着重阅读王策三：《认真对待"轻视知识"的教育思潮——再评由"应试教育"向素质教育转轨提法的讨论》，《北京大学教育评论》2004 年第 2 期；钟启泉、有宝华：《发霉的奶酪——认真对待〈"轻视知识"的教育思想〉读后感》，《全球教育展望》2004 年第 10 期；钟启泉：《概念重建与我国课程创新——与〈认真对待"轻视知识"的教育思潮〉作者商榷》，《北京大学教育评论》2005 年第 1 期。

② 江峰：《客观与主观：当代课程哲学的两种知识观评析》，《北京大学教育评论》2006 年第 4 期。

同的认识论立场，因此，要厘清课程领域中知识观的分歧，就需要深入到客观主义认识论与主观主义认识论中去一探究竟。

（二）客观主义认识论与课程教学

首先，来看客观主义知识观及其认识论依据。纵观西方哲学史，对客观性知识的追求一直是认识论研究的任务。在苏格拉底看来，"概念的知识是唯一的真知识"，柏拉图发展了这个观念，认为"知识是思想同实在或存在的一致性：它必须有一个对象。因此，如果观念和概念要有作为知识的价值的话，某种实在的东西必然同它相符合。"① 亚里士多德在《形而上学》中说："只有具有最高层次的普遍知识的人，才必然通晓一切。因为，他以某种方式知道了事物背后的全部依据。"② 亚氏这句话道出了知识客观性的两个标准：一是知识的对象是客观事物；二是知识的获取是对事物存在的本原的认识。笛卡尔继承了亚里士多德的思想，他也为客观知识设定了一条标准："凡是我们领会得十分清楚、十分明白的东西都是真实的。"③ 不仅逻辑学基本定律和几何学公理，甚至被他所肯定的"与生俱来的"的"天赋观念"，都必须符合这条标准。可见，笛卡尔尝试把自己的哲学诉求定位为探寻"确定性"知识，为其理性知识体系构筑一个可靠的"阿基米德点"。文艺复兴以后的自然科学保留了亚里士多德知识获得的动力因思想，无论是近代以来的理性主义和经验主义传统，还是当代认识论和逻辑实证主义，都相信因果关系的普遍必然性，试图为知识寻找一个普遍可靠的基础，都把对客观事物原因的探明摆在科学研究的首要任务。现代知识观坚持知识的客观性、唯一性、确定性、绝对性，把非客观的、非本质的或非本真关系的知识称为不完善知识或谬误的知识，这样的思维方式直接将感性知识、个体知识、缄默知识等与理性标准不符的知识统统扫地出门。

这种认识论曾长期支配我国的教育实践，以凯洛夫教育理论的"特殊认识说"为逻辑起点，认为学生学习的内容是前人所发现和整理好的知识，这种知识是经证实了的、客观的、确定的、毋庸置疑的，至于学生学习的任务，就是如何有效占有这些知识，教师则负责向学生灌输这些知识。弗莱雷形象地把这种教学形态比喻为一种储蓄活动："教育因此成为某种储蓄的活动，学生是仓库，教师就是储蓄者。教师发出公报，进行储

---

① ［美］梯利：《西方哲学史》（增补修订版），商务印书馆1995年版，第65页。
② ［古希腊］亚里士多德：《形而上学》，苗力田译，中国人民大学出版社2003年版。
③ ［法］笛卡尔：《第一哲学沉思集》，庞景仁译，商务印书馆1996年版，第35页。

蓄，学生耐心地接受、记忆和重复。师生之间缺乏交流。这就是'银行式'的教育概念。在这种教育概念的支配下，学生活动被允许的范围至多只是接受、归档和存储教师所存放的东西。"① 虽然21世纪课程改革倡导以主观主义认识论取代客观主义认识论，但在我国中小学实践中，我们还没有看到客观主义认识论及客观知识隐退的迹象。

（三）主观主义认识论与课程教学

接下来，再来看主观主义知识观及其认识论依据。早期主观主义的思想萌芽，可以追溯到希腊。古希腊诡辩学家们认为，"所有知识都是来自于个人的经验，而每个人对事物的感受不同，因此知识仅仅是相对于个人而言的，没有绝对意义的知识。"② 而对亚里士多德客观主义认识论真正发起强有力挑战的是英国经验论哲学家休谟。休谟首先提出这么一个问题：为什么一切存在的东西必然有客观的原因？这表明休谟怀疑传统的知识基础——因果关系原理，即："我们所没有经验过的例子必然类似于我们所经验过的例子，而自然的进程是永远一致地继续同一不变的"。③ 休谟进一步追问：因果关系的基础是什么？我们为什么能够依据过去发生的事实推导将来发生的事实？休谟对因果关系的基础提出怀疑，只是因为知识不能提供这样的解释，"休谟的怀疑论是全面的，他不仅怀疑传统的知识的基础，而且怀疑新兴的自然科学的基础。……他的怀疑动摇了经验科学的基础，在知识界产生了振聋发聩的效果。"④ 那么休谟的答案是什么呢？休谟最后将因果关系的基础归结为人的自然本性，即人的"习惯"和"联想"，也就是"简单观念"的集合。休谟问题的提出预示着由此开始了近代认识论的主观主义转向。受休谟的启发，康德诉诸认识主体的主观能动性开始重建认识论的工作。康德认为，让人的认识去符合客观存在的认识论路径，是行不通的，他主张认识主体应主动构造对象而不是被动去适应对象，"所有我的表象都属于自我意识，……只有在自我意识能够把所有我的表象综合为一个统一体的情况下，我才能意识到这些表象都是我的。"⑤ 用当今建构主义的思想来诠释，那就是客观知识只有通过认知

① ［巴西］保罗·弗莱雷：《被压迫者教育学》，顾建新等译，华东师范大学出版社2001年版，第25页。

② 郭强：《现代知识社会学》，中国社会出版社2000年版，第21页。

③ ［法］休谟：《人性论》（上），关文运译，商务印书馆1997年版，第95—106页。

④ 赵敦华：《西方哲学简史》，北京大学出版社2001年版，第265页。

⑤ 同上书，第313页。

主体主动建构才能获得，才有意义。此后，胡塞尔借助康德的现象及先验自我意识概念创建了现象学，建构主义先驱皮亚杰也曾公开表示："我把康德范畴的全部问题加以重新审查，从而形成了一门新科学，就是发生认识论。"① 20 世纪以后诞生的建构主义，虽流派林立，但其基本思想是一致的，即继承了康德的主体知识建构论的衣钵。我国新课程改革中改革派所依据的主要理论基础，诸如建构主义教学思想、概念重构课程论等也应归为此列。

（四）互动认识论：消解两种知识观对立的初步尝试

针对两种知识观及其认识论的矛盾，我国一批学者主张采用互动认识论②来消解。他们的观点可以概括为三点。首先，他们从动态生成的思维方式出发，借助认知科学、脑科学和心理学等科学的理论，认为教学过程是"直接经验与间接经验统一的过程"，认为"对于个体而言，不存在纯粹意义上的直接经验和间接经验；同样，对于学生来说，也不存在绝对意义上的书本知识和实践经验"。③ 其次，他们从知识社会学出发，提出知识获得的过程是一个体与社会文化价值互动的过程，"从知识社会学的观点看，知识是由认知主体与外在世界进行社会互动，即个体与社会文化价值互动的结果……换言之，知识兼具主观性与客观性。"④ 知识社会学受康德的意义世界和杜威的意义理论影响，认为对客观世界的理解本质上是对意义世界的建构，因此，知识的主体不是对客观事物的镜式反映，而是我们能够把握于经验之中的意义，这也是课程改革派强调知识意义建构比单纯知识理解更有价值的重要理论依据之一。再次，受建构主义和波兰尼知识分类思想影响，他们强调个人知识的重要性。在他们看来，知识不是预定和消费标准答案，而是学习者在与情景的交互作用中自行建构的；任何科学知识的获得和应用必须经由个人的参与才能获得其意义。换句话

---

① 邱仁宗：《20 世纪哲学名著导读》，湖南出版社 1991 年版，第 666—855 页。

② "互动认识论"是笔者从学者江峰的"互动知识观"概念改造而来的，因为"认识"比"知识"更能突出"做"和"活动"的意味。"互动认识论"主要是指以我国著名课程专家钟启泉等所倡导的新课程的理论基础。参见江峰《客观与主观：当代课程哲学的两种知识观评析》，《北京大学教育评论》2006 年第 4 期。

③ 钟启泉、有宝华：《发霉的奶酪——〈认真对待"轻视知识"的教育思潮〉读后感》，《全球教育展望》2005 年第 6 期。

④ 钟启泉：《概念重建与我国课程创新——与〈认真对待"轻视知识"的教育思潮〉作者商榷》，《北京大学教育评论》2005 年第 1 期。

说，包含有个人系数（the personal Coefficient）在里面。①

互动认识论所提方案是否彻底解决了两种知识观的矛盾呢？从积极的一面看，互动认识论以打破教育实践中知识僵化、唯上唯书、机械学习、被动接受等消极传统为己任，其出发点和目的是值得肯定的，并且也确实收到了一定的成效；从消极的一面看，互动认识论还是摆脱不了实体主义思维的支配，在处理"直接经验与间接经验"、"个体知识与人类知识"、"个体需要与社会价值"、"自主学习和接受学习"等主要课程关系时，肯定前者而贬抑后者，片面夸大知识的主观性、相对性和情境性，容易导致知识的"主观主义"和"相对主义"，这是擅长本质思维而拙于关系思维的典型表现。另外，过于突出个体层面上的知识意义构建，将个人知识凌驾于普遍知识之上，将不可通约性的默会知识凌驾于公共（共享）知识之上，这有将教育导向怎么都行的"费耶阿本德主义"的危险。

（五）从主客观认识论走向过程认识论

除了互动认识论，是否还有其他的办法可以消解两种知识观的矛盾？笔者以为，可以尝试借鉴怀特海的过程认识论思想，去破解这一难题。

分析化解两种知识观矛盾的已有对策，它们解题的逻辑起点有两个：一是坚持实体性的知识观，即知识要么能独立自存，要么必须与人发生意义关系；二是以某种单一的认识论为准绳裁剪课程教学活动。这注定了它们只能在理论上自圆其说，而无法解决课程教学中主客观知识的融通问题。而过程认识论却另辟蹊径，从考察个体与知识的真实关系出发，为消解两种知识观的冲突提供了一种可行的分析框架。

虽然怀特海也将日常的感觉经验（认识活动）分解为两个要素，即"表象直接性模式中的知觉"和"因果效应性模式中的知觉"，② 但是，怀特海并没有割裂这两个世界，表象直接性模式中给予的世界来源于因果效应性模式中流入人的经验中的那个世界。（例如：我在表象直接性中认识到的灰色和蓝色中的那种区别，通常来源于我认为是灰色和蓝色的物理客体的物理构成中的一种区别）在日常的感觉经验中，这两种模式被整合为一种感受，这就是"象征指涉性模式中的知觉"，具体来说，当我们直接感知到外在世界的种种性质，得到"感觉与料"之后，那些"感觉

---

① 石中英：《波兰尼的知识理论及其教育意义》，《华东师范大学学报》（教育科学版）2001 年第 2 期。

② 详见 *Process and Reality：An Essay in Cosmology*，Correcet Ed. , ed. D. R. Griffin and D. W. Sherburne，New York：The Free Press，1978：168—183.

与料"引发我们经验中的种种已有感受，并涉及概念分析，这便是"象征指涉"的作用。① 这是一种基于真实认识情境的过程认识论，能彻底消解两种知识观之间的矛盾。

在课程教学领域，两种知识观的矛盾和冲突，主要指间接经验和直接经验、客观知识与主观知识、传递接受与自主建构等矛盾关系。在过程认识论看来，这些矛盾完全是二元论思维方式结出的恶果，必须予以摘除。具体到教学实践，应将"感知觉活动及直接经验"、"思维活动及间接经验"和"主观与客观统一的认识活动"当作一个有机整体来处理，因为，教学过程中的间接经验中必然包含有直接经验的要素，个体知识构建的主要成分是客观知识，而知识的传递与接受更是完整的学习过程不可分割的两个阶段。下面这个教学实例就能很好地说明过程认识论的观点：②

> 教学"直线、线段、射线"，学生认识三种线的特征后，教师从头上拔下一根头发："这根头发可以看成是什么线？"学生兴趣盎然，纷纷发表自己的观点——
>
> 生1：我认为是线段。
>
> 生2：我认为是射线。因为头发长在头上会长长，说明它的一端可以无限延长。
>
> 生1：不对，头发拔下来以后怎么还会长呢？
>
> 生3：头发拔下来后，它的一端有一个小点（发囊），而另一端没有，所以它应该是射线。
>
> 生4：我认为头发既不是线段，也不是射线，因为一般情况下，头发是弯曲的。
>
> 生5：如果头发不拔下来，它会不断地长下去，把它拉直后就是一条射线。
>
> 生6：人的寿命是有限的，人死后头发就不长了，拉直后只能是一条线段。

此时，教师再也不用解释头发是什么线了，因为每一个学生都能够在教师传授的基础上，学会了自主建构知识（直线、线段、射线）。在这个

---

① 俞懿娴：《怀特海自然哲学——机体哲学初探》，北京大学出版社2012年版，第286页。

② 严育洪：《新课程教学问题讨论与案例分析》，首都师范大学出版社2006年版，第46—47页。

过程中，间接经验与直接经验、客观知识与主观知识、接受学习与自主探究完美地结合在一起，从根本上消解了两种知识观的矛盾。

此外，过程认识论还突破了课程教学中的理性主义藩篱，倡导以多样化的方式建立"人与知识"的关系，彰显了其独特的理论魅力。建立在传统认识论基础上的教学论，一般采用理性主义和经验主义来诠释知识的教与学，习惯用逻辑的或理智的方式去理解经验材料，而将一些诸如情感、审美、直觉等非理性的方式排斥在外。在怀特海看来，个体在真实情境下学习知识，仅靠科学观察、逻辑演绎是达不到完整的知识掌握目的，同时代的杜威也表达了类似的观点，"尽可能把所传授的内容同个人直接的行为及情感反映的内容融为一体"。① 由此可见，个体把握客观世界，除了理性认识的途径，还应包括体验的、审美的、价值的、意志的等其他途径，是一种综合的途径。怀特海式的认识论为课程提供了完整的知识论基础：课程教学的内容不能狭隘地诠释为概念、原理、关系、公式和法则等纯粹的、客观的知识形态，而且还要纳入审美经验、兴趣爱好、学习方式、情感意志、价值取向等复杂的、主观的情意系统，完整的认识活动是建立在主观情意系统和客观知识系统互动基础之上的多值函数，只有让学生的直觉、理智、情感与学习的对象产生心灵深处的碰撞，外化为独特的认知、情感和行为，才能促进其个性全面而健康的发展。

五　课程知识与个体发展

课程中的社会本位与个体本位、科学主义与人文主义，属于宏观课程哲学问题，这些问题最终要通过"知识与个体"这一对微观关系表现出来，换句话说，几乎所有课程问题都是"人与知识"互动所引发的。那么，该如何理解知识与个体发展之间的关系呢？接下来，我们考察有机课程观对这个问题的主要看法。

1. 知识学习：为了人的生成

从知识与个体的关系分析，任何知识本来都有两种价值。一种是知识学习有助于个体的成功，例如找到好工作，谋求某种权位，享受高福利待遇等，主要体现在知识能提供个体物质生活所需的各种资源，是为人的"物质生存"服务的，这是一种功利价值；另一种是知识学习有益于个体的成长，例如享受精神愉悦，获得审美体验，涵养伦理品质等，主要体现

① ［美］约翰·杜威：《知识》，转引自瞿葆奎《教育学文集——智育》，人民教育出版社1993年版，第241页。

在知识为个体提供源源不断的心灵滋养，是为人的"精神生活"准备的，这是一种发展价值。以科学为例，在当代社会中，科学通过提高人类的生存技能，改进人类的生存条件，丰富各种物质文化产品，从而体现出日益重要的功利价值，但科学身上自古以来还兼有"自由的学问"的特质，它是人类从解放身体到解放心灵漫长历程中的有力武器。再如艺术，一般认为，艺术是为自由而生，是归于精神的，但艺术从起源上却并非如此，例如我国古代"六艺"中的"乐"，最初的功能是政治的、军事的甚至是宗教的。至于今天的艺术，人们往往视之为工具，或为升学，或为牟利，或为扬名，其陶冶精神的功能却日渐消退。考察知识与个人关系的现状，知识更多体现的是功利价值，而其发展价值却被遮蔽了。

长期以来，知识是课程的代名词，学生被作为"知识人"[①] 加以塑造。这里的知识主要是科学知识，具有普遍性、客观性和中立性的特征。具体到我国学校课程，除了上述几个特征，知识又被附加了一层"应试"的色彩，具有功利性、权威性、标准性、分离性[②]等特征。这样，课程教学就演变成了占有外在客观知识的活动，学生被禁锢于知识世界而远离经验世界，间接经验与直接经验被人为地割裂，这种知识学习除了能满足外在功利目的，于人的生成而言是没有多少价值的。

对于一个现代人来说，精神虚无的问题比物质贫困的问题更为严重，他们对教育的期望显然不会只停留在满足"生存"的层次需要，享受"精神自由"，过一种随性的、有意义的、审美化的幸福生活，是人们的普遍欲求。所以，当前课程知识教学要解决的关键问题是，不仅要满足学生求职的需要，而且要满足他们以人文的情怀去实现幸福的需要，要超越功利主义支配下的"力量型"知识的羁绊，升华到指向"人的生成"（舍勒语）层面。知识指向"人的生成"主要有两层意思，一是知识学习是

---

① 关于"知识人"的形象，鲁洁教授曾有过精彩的描述："学生是用知识一片一片搭建起来的，充塞于学生心灵的唯一就是知识。学生的存在要由他所拥有的知识来确证，当他们不具有可以被确认为存在的知识时，他们也将失去学生的资格；再有，他们的价值也只能以所拥有的知识来作出判断，他是个优等生还是个劣等生，他在学校、班级中的地位与身份全在于其知识学习之优劣，甚至于其他品性如道德品质之类，是经常可以为'一好'（知识学习好）所替代。知识也是能够表达他们发展状况的唯一'语言'，对于他们的发展水平和发展之优劣，知识拥有绝对的发言权"。鲁洁：《一个值得反思的教育信条：塑造知识人》，《教育研究》2004 年第 6 期。

② 这里的"分离性"主要指学科知识之间的分离与割裂，科学理性世界与生活感性世界的割裂。

一个融知识、经验和智慧于一体的过程；二是知识学习是个体建构人生意义，学会做自由的文明人的过程。

2. 人的生成的第一层意蕴：知识、经验和智慧的统一

首先，我们从知识、经验与智慧统一的视角，谈谈"人的生成"的第一层意蕴。

从知识与经验的关系分析，两者都是个体认识和改造世界的武器，不分轩轾。知识是经验的固化，是人类的认识成果，或者可以理解为人类在实践中获得的认识和经验。它们的关系可进一步表述如下：知识是经由人脑加工后对客观事物的反映，而经验是人们经历某种事情的感受，两者都是心灵对客观的体悟；对直接经验进行总结和科学归纳可以形成知识，获得的知识如果运用到相关的情境中，也能活化为多样化的情境性经验；知识通过普遍性、客观性、中立性等特征服务于社会，是个体经验和能力形成的背景和材料，通过教育，普遍客观的知识可以被赋予个人意义和价值，最终转化为个人经验。

此外，知识与经验并非以静止的实体形态而孤立存在的。过程思想认为，任何知识与经验都具有两个基本特性，一是它们具有过程属性。作为一个主体—超体，当下的知识与经验以某种主观形式，摄入曾经是主体的知识与经验作为自身的材料，当其达到满足状态，从而变成了未来知识与经验的客体材料，知识与经验是以"过程"或"事件"而不是"实体"的形式存在的。二是知识与经验之间存在一种合生的可能性。"许多存在物都有进入一种现实、成为实在的合生之中的某种成分的潜在性，这种潜在性是所有现实的和非现实的存在物所具有的一种普遍的形而上学特征；它的宇宙中的每一项均关涉到每一种合生"。① 知识是对经验的提纯与升华，经验是在知识的形成与运用中得以显现和存在的，任何知识与经验之间都存在着某种合生的可能性。那些批判知识与经验相对立的观点，只是凭空想象的结果，从现实上说是站不住脚的，因为现实中的问题不是课程知识与学生经验的对立，而是课程知识的某些呈现方式（如考试要求的知识点）和学生个体经验之间存在脱节现象，致使学生获得的是无生命的知识、无意义的符号。

从知识与智慧的关系看，如今的教育越来越趋向于关注知识教学而忽视智慧的养成，在怀特海看来，这是一种教育的失败。"知识与人的相遇"

---

① ［英］阿尔弗雷德·诺斯·怀特海：《过程与实在》，杨富斌译，中国城市出版社2003年版，第38页。

不能终止于知识本身，知识为了自身的客观性、普遍性、中立性可以独立地按其自身规律发展，而智慧只有与人的生存方式联系起来才有意义。智慧比知识更有价值。这主要基于两点理由：第一，知识丰富的人，并不一定有智慧，有智慧的人，肯定是最会利用知识的人；第二，智慧不仅是一种理性的认识能力，还是一种整体感知世界，参透生存之道的精神境界。

怀特海曾深入考察过知识与智慧的关系，他认为，空泛无益的知识是微不足道的，实际上是有害的。知识的重要意义在于它的应用，即存在于智慧之中。智慧是掌握知识的方式。它涉及知识的处理，确定有关问题时知识的选择，以及运用知识使我们的直觉经验更有价值。智慧是可以获得的最本质的自由。① 智慧概念首先是一种"心灵对客观"的自由，即学生能对掌握的观念（各种知识）进行灵活自如的运用，下面结合一个教例②对课程教学中如何转识（知识）成智（智慧）作进一步的分析。

> 有一高中数学教师在教学"用二分法求方程的根"的时候，创设了下面的情境："有一截自来水管被埋在地下，水表显示有漏水迹象，如何挖掘，才能尽快找到漏水点？"学生们先是条件反射性地想到要用"数学办法"寻找未知的漏水点，自然而然地，所有的学生都顺着教师的思路"找到"了"二分法"这一工具，居然没有一位学生提出不同的办法！设想一下，要是化学教师遇到此问题，他也许会引导学生思考是什么物质与土壤构成物起化学反应才导致水管腐烂；物理教师则会引导学生思考是否水管因受力不均引起破损；生物教师则有可能引导学生去寻找土壤中能"吃铁"的微生物；地理教师则会从地壳运动启发学生……。

就知识掌握而言，每一个不同学科的教师都能借助这一情境达到教学目的，但不能解决"水管漏水"这样一个实际问题。要想解决这一问题，则需要通过"智慧的眼光"来抉择问题的解决办法，我们或许要从"多向思维"出发综合思考以下可能的问题和对策：查看地面漏水迹象，对有可能漏水的位置进行估计；水管埋设的深度是否均匀；这截水管有无接缝或修理过的地方；埋设水管的路段有无施工或重物碾压的情况；挖掘的难度大不大；修理

---

① ［英］A. N. 怀特海：《教育的目的》，徐汝舟译，生活·读书·新知三联出版社2002年版。
② 此案例是我的同事方均斌所写的小论文《用"学科的眼光"还是"智慧的眼光"看世界？》（未公开发表）中的一个教学案例，引用时经作者同意，作了一定的修改。

与重新埋设相比哪种方案更省钱；有无更科学的探测办法；等等。这是一种
"知道如何（做事）"（"know how" to do things）的程序性知识，是一种学会
权衡（deliberation）而并非证明（demonstration）的实践智慧。

除了善用知识，智慧还有一层更深的含义，是指一种超越一般知识和
技能，对生命、自然和神性的真切感悟和终极关怀，实际上指的是一种观
念，并非所有的观念都是真理，但包含智慧的观念中一定存在美，它能对
一个身心完整的人说话，唤起其情感共鸣。知识关乎物质，智慧关乎精
神；知识是思想的外化，智慧是人生的观照；知识只能看到一块岩石就是
一块岩石，看到一株食虫草就是一株食虫草，智慧却能通过岩石看到风
景，透过食虫草发现灵魂。总之，知识是以名言来认识和把握世界的，知
识注重的是分离的学科领域，所把握到的是一桩桩的事实、一条条的真
理。而智慧则不同，它是一种"审美和情感"的活动，为知识的整合、
应用提供指向和动力，能指引人们进行价值取舍。智慧要求"求穷通"
（冯契语），"穷"是究极世界万物生成的终极因和最高本体；"通"则是
圆融贯通自然、人性与天道，最终达到融通物我，天地合德，对生存之道
大彻大悟的自由境界。

3. 人的生成的第二层意蕴：学做自由的文明人

知识指向"人的生成"的第二层意思是，知识学习有助于建构人生
意义，学做自由的文明人。人类发明或创造知识的初衷，是为了摆脱自然
力量的束缚，为自己争取足够大的生存空间和足够多的生活资料，从源头
上看，知识是为人类的自由而生的。今天的知识之所以被斥为禁锢人的工
具，错不在知识本身，而在于人类出于某种单边力量统治的需要而对知识
的滥用。作为一种权力争斗、制度统治、权威维持、标准控制的工具，知
识不仅具有认识论意义上的"优先权"，而且还具有实践论意义上的"霸
权"，对个体的发展具有一种天然的排斥和压抑作用。为了解除知识对人
性的抑制，国内学者周浩波试图通过为知识掌握设定一个"意义标准"
来消解知识与人的紧张关系，但是他的"意义标准"是指"领会知识的
客观意义"，没有触及知识掌握与人的精神转变的关系层面。学者郭晓明
则借助伽达默尔的"教化"思想，论述了教化能帮助人推翻知识的统治，
走出自身同时又能返回自身，走上精神解放之旅，但遗憾的是，他对
"人的意义世界"究竟是什么并没有作更进一步的阐释。

我们从怀特海的文化哲学思想中，看到知识与人的另一种关系描述，
即知识学习应服务于人的自由和文明，换句话说，他将知识对于人的意义
界定为"自由"和"文明"两种性质，这是一种颇具前瞻性的观点。

首先，反对知识霸权，争取人身自由。"生命就是争取自由，争取表达的新颖性，争取更多的自我决定而不是被决定。"① 真正的自由不可能诞生于必然性知识领域，只有超越知识的限制，才能寻找到自由。在怀特海看来，自由不仅仅是一般意义上的思想自由、行动自由、言论自由以及信仰自由，而且还指能创造性地介入对自然的正常而有效的运转，每一个人的生命价值就在于他是"对宇宙重复机制的一种冒犯"，② 是一股克服自然规律统治的力量。自由代表一种力量，它是个体自我建构的力量，自我决定的力量和自主的主观统一性的力量。但怀特海并不赞成毫无限制的个人主义，个人自由只有通过与被继承知识的一种确定关系，即通过与因果效验、传统和规律的某种关系，才能实现。

其次，知识学习应有助于学生做一个文明人。怀特海不同意将文明看作是少数优异分子的奢侈品，认为文明是所有人获得幸福人生的必要条件。他在《观念的冒险》中曾指出，一个人或一个社会，若是其中主要的性质为真理、美、冒险、艺术与和平，而且这五种性质也表现在经验的各个层面上，那么，这个人或社会，即具有了文明。换句话说，文明人或文明的社会，其主要的特色在于对这五种性质的深切关怀，并尽其所能地求其实现。③因为真理（实际上是指客观知识）在本书的其他章节有比较充分的讨论，在此主要考察后几种性质。

冒险，这是文明最重要的要素之一。冒险是对新的完美的追求，安于现状的人不会有冒险的行动，唯有意识到"可能状况"要比"现实状况"更好，才能激发人的冒险精神，冒险的核心成分是"创造的想象力"，"创造的想象力"使得身体活动与心灵活动都趋于丰富、新颖。在怀特海那里，和平是有特殊意义的，它不仅指政治上的韬略，也指一个人的心态，这是一种能深刻洞见到"美好"（fineness）才是最为重要的心态，它倾心于道德和正义等和谐的理想。一个人一旦形成和平的心态，什么野心的火焰，生活中的锱铢纷扰，都将消逝在未来的远见中。美是个体经验中各构成要素的相互调适，美的最高形式是和谐，美的经验可以丰富人生，是文明的一种必要性质。某种美在日常的经验中可能模糊而显得不突出，但是经由艺术的加工和表现则可从背景中抽离出来，焕发出生命与活

---

① ［美］菲利普·罗斯：《怀特海》李超杰译，中华书局2002年版，第68页。

② Alfred North Whitehead. *Adventures of Ideas.* New York：The Free Press, 1967：80f.

③ 朱建民：《现代形上学的祭酒——怀特海》，允晨文化实业股份有限公司1982年版，第176—177页。

力。例如，《窦娥冤》、《骆驼祥子》等文学作品可以把痛苦的体验上升到一种不可抗拒的命运；《红屋顶》、《永寂之地》等油画作品可以浇灭人的贪欲和私念，使其内心归于宁静和平和。总之，一幅画、一首诗或一首歌曲，可以使人远离喧嚣尘俗，进入高尚的境界，享受生命的甘美。

除了上述五种因素外，怀特海也强调，文明人离不开道德的善。他认为，真、善、美不只是个人主观精神的追求，也是人类终极的理想、宇宙永恒的成分。

第二节　课程内涵——从封闭实体走向广延连续体

假如置身于庐山之中，是很难识得其真面目的，只有跳出观之，才有可能领略到"横看成岭侧成峰、远近高低各不同"的别样景致。这是一种极其高明的方法论思想，即，要求人们在认识事物时，必须超越狭小的范围，摆脱主观成见，才能探得真相与全貌。这种认识事物的方法论与怀特海所倡导的飞行式方法论有异曲同工之妙，能拓宽考察课程的视野。

一　纳斯卡地画·广延连续体·课程

对于一个酷爱旅游和冒险的人来说，秘鲁纳斯卡荒漠上的巨大地画，是最为诱人的去处之一。站在地面上观看，这些地画只不过是镂刻在荒漠上的一条条杂乱无章的沟痕。只有从数百英尺的高空俯瞰，我们才能领略到它的真正形貌，这也正是它的迷人之处，见图 5 - 1。[①]

---

① 从高空盘旋鸟瞰，这里实际上是一个群山环绕的大盆地，如同用沙石铺成的巨大广场。盆地海拔 3000 米以上，面积 500 平方公里，上面散布着 9000 多条长短不等、平行或交叉的笔直线条和由线条组成的 70 多幅各种动物图画。在广袤的大地上呈现许多巨大的纵横交错的几何图形。它们错落有致，特别壮观。大多数线条长达 2 公里以上，有面积达 1 平方公里以上的巨大梯形、三角形、长方形，最大的占地 5 平方公里。飞得低一点，则可以看到各种动物图形，其中有翅膀长达 120 米的秃鹰、70 米长的鳄鱼和鲸鱼、46 米长的蜘蛛、180 米长的蜥蜴，还有大小不等的猴子、鹦鹉、蜂鸟、乌龟等，以及树木等植物图形和螺旋星云。另外，在一个悬崖上还刻有高达数十米的巨人像。这些栩栩如生的图案极为准确地每隔一定距离又重复出现。更令人惊奇的是，这些巨画在阳光下竟能借阴影的反衬凸显出来，鸟好像在展翅欲飞。据说，清晨站在附近山头即可看到巨画，但当太阳升高后，巨画又悄然消失，只能在飞机上俯视方可看见，说明巨画的作者还熟谙光学，不仅能准确计算朝阳斜射的光线角度，而且能据此确定巨画每根线条的宽度与相互间的距离，使之在晨曦沐浴下跃然出现在地面。（http://www.uucct.com/html/article/class200/8686_P2.html）

图 5 - 1 纳斯卡线条

我们认识课程的过程有点类似于对"纳斯卡地画"的探究过程，如果光从局部和身边感知所及的范围去认知，得到的将会是封闭的、孤立的、静止的课程画面，只有从某一历史跟现实的交叉点出发，经由不断的飞翔和着落，从各个角度对之作全景式的鸟瞰，或许能真正把握课程的本来面貌。

传统意义上，人们将学校课程理解为"教育的内容及其进程和安排"，把它当作诸如"经验"、"学科"、"计划"、"知识"等静态、孤立的实体加以处理，一如"纳斯卡地画"中的一笔笔勾画、一种种动物，是一种碎化的孤立存在。对课程进行实体性的描述，势必要为课程寻找到一个相对好把握的本质——"教育内容"，并试图为其划定边界——"学校空间"，这样，课程就被人为地局限于特定时空中，变成了一个封闭的实体。随着知识经济、全球化、信息化、生活化、生态化对教育的冲击，我们再也不能将课程看作是一个静态的、封闭的实体，而应将之看作是动态的、开放的广延连续体。所以，无论从本体存在出发，还是从研究的方法论看，必须要重新审视课程，将之从一个原子式的孤立存在中解放出来，投放到动态发展的广延连续体中，这样才能透视它的本真面目。

二　广延连续体视野下的课程实在

(一) 课程的广延连续体性质

如果从怀特海所倡导的"飞行式"发现法去考察课程，我们就可以发现，课程也具有"广延连续体"所固有的基本特征，即，课程是具有时间持续性、空间广延性、动态发展性以及权能效应性等性质和特征的关系性教育客观存在。此外，课程系统内有某种力及效用存在，所有进入该系统的行动者和要素均受这种力的影响。

将课程解读为广延连续体，是诠释课程概念的新尝试，也是课程研究在理论建构和实践拓展上的一种积极探索。受"广延连续体"思想的启发，当我们重新审视课程时，就会发现课程不再是那单一而静寂的"纳斯卡地画沟痕"，而变成了生成的文本、开放的跑道、欢快的游戏、流动的事件，一下子变得丰满、灵动起来了。

课程广延连续体是一个用关系性思维编织起来的网络，课程广延连续体内存在着各要素相互作用所产生的力的效应。每一课程要素可被设想为一个"能量所在地"（locus of energy），每个能量所在地本质上与课程广延连续体中的任何其他所在地相连接，并时刻与某一（某些）能量所在地发生相互作用，从而产生权能"效应"（efficacy），所以怀特海指出，实有本质上是一"权能统一体"（unity of power）。比如课程核心要素之一的"知识文本"，即是一"能量所在地"，它摄入历史上的各类知识文本，同时被赋予某种权力身份，规制着教育者和受教育者的活动，最后表现为某种面向未来的"新能量"。课程广延连续体正是由无数个这样的"能量所在地"的相互作用所构成的。

作为广延连续体的课程，具有时间持续性和空间广延性。课程的时间持续性，也可理解为课程的历史继承性，今天的课程，无论是课程内容、课程类型、还是课程活动方式，总是对历史上某种课程遗产的一种扬弃，比如我国当前的"分科课程"就是从古代社会的"六艺"继承发展而来的，不存在超越历史影响的课程存在。课程的空间广扩性，一方面，是指课程从预设的蓝本走向生成的文本，将散见于校内外的各种课程资源纳入到课程内容的考察范畴；另一方面，是指将学生的心灵从制度化的课程体系中解放出来，让他们自由穿行于理性科学世界、感性生活世界和虚拟网络世界之间，获得个体精神自由。

课程广延连续体虽然是一种客观关系构成的网络，但却是动态变化的。这是因为课程广延连续体内活跃着各种行动者及其释放的力量（政策制定者、课程专家、教师、学生、家长等)，他们共同参与课程设计、规划、实施和评价活动，各方主体为了自身的生存和利益，兑换文化资本，改变差异，成为课程广延连续体的推动力。从系统论的角度看，课程广延连续体是个动力系统。这个系统包括个体认识和社会历史认识的相互作用、不断变化的教学要求与学生发展的可能性的相互作用、教师与学生双方心理动机的契合与错位等，这些方面都是课程与教学发展的推动力，它们在不同层面上起作用，但是因为它们之间又是相互联系的，因此又是以一种合力的形式共同起作用。①

（二）课程广延连续体的理性边界和实体边界

从理论上说，每一广延连续体都有一个边界，广延连续体的边界包括实体边界和理性边界。实体边界一般指广延连续体的物理空间大小，比如一个标准足球场的大小尺寸是 68 米×105 米。理性边界一般指广延连续体和外部环境相互作用所产生的作用力所影响的范围，比如由于学校教育产生的对学生成长或社会发展所造成的影响范围。

那么，课程广延连续体有无这样的边界和范围？在作答之前，让我们先来看下面三个事实陈述：

（A）学生在家里完成老师布置的家庭作业。

（B）小明上学途中过马路被车撞伤，产生了今后要遵守交通规则的经验。

（C）××小学有浓郁的教学气氛，××中学有艺术教育传统。

上述三个事实陈述中，哪些属于课程范畴？哪些不属于课程范畴？如果按照广延连续体概念来判断，（A）属于课程范畴，理由是，（A）例学生的作业行为是学校里课程教学行为的延伸；（B）不属于课程范畴，因为小明虽然获得了经验，但这一经验不是学校教育造成的；（C）属于课程范畴，因为教学气氛、教育传统可理解为是一种客观存在于学校内，对学生身心发生有影响作用的课程力量，属于隐性课程的范畴。（A）（C）作为课程范畴的判断，大概不会有什么异议，而对于（B）是否属于课程范畴，恐怕意见就不那么统一了，尤其是主张课程是"经验"的学者可能坚持认为，（B）属于课程范畴，因为在他们看来，小明经过马路惊魂

---

① 赵鹤龄：《当代过程哲学与中国教育思想及其实践研究》，《湖南第一师范学院学报》2010 年第 4 期。

之后事实上获得了一种宝贵的经验，这完全符合"课程即学习经验"① 的说法。关于（B）是否属于课程范畴的疑问，实际上是没有分清课程广延连续体的理性边界和实体边界所致。

课程广延连续体的实体边界，一般指课程广延连续体的物理空间大小，过去主要局限于学校范围内。随着现代教育由封闭走向开放，与生活关系日益密切，有必要打破象牙塔式的空间束缚，将课程从狭小的书本、教室、学校空间中解放出来。对待文本教材，不能将之作为课程内容的全部，而应以之为线索，串联起课内外、校内外各种有价值的课程资源，如果说课程资源是散落一地的珍珠，那么文本教材就是串起珍珠的那根线。教室和学校是受空间限制的，并不是所有课程学习活动都适合于在校园里完成，比如研究性学习、社区服务与社会实践、劳动与技术教育等综合实践活动指定学习领域，就不适合在封闭的教室空间里进行，而应该在社会、自然、劳动场所里展开。过程哲学家曾设想，一个人可将别的存在物包含在他的思想和身体里，即使那些相隔几百英里的他物也一样，② 在互联网的触角伸向地球每一个角落的今天，这一想法完全变成了现实，大洋彼岸哈佛大学的网络课程，瞬时之间可以被中国的学生学习到，学校、地区乃至国家的实体边界变得形同虚设了。总之，课堂没有实体的边界。

我们主张扩大课程广延连续体的实体边界，只是希望学校课程能更好地与生活世界对接，更好地为现代开放社会服务，绝不意味着将原本不属于课程的东西也纳入课程广延连续体之中，不然，课程容易被泛化，变得无边无际，难以把握。就拿上文的事实陈述（B）来说，小明获得"要遵守交通规则的经验"纯粹是日常生活中一个偶发的小概率事件，如果将之理解为课程活动的话，那么我们就可在此基础上得出下面的论断：课程就是学生在任何时候、任何地方所获得的经验积累。显而易见，这样的"课程"随处可见，没有理性的边界，理论研究无从入手，教学实践更难把握。课程广延连续体的理性边界在哪里？按照过程哲学的观点，广延连续体的界线位于广延连续体的效应终止的地方。以个人之见，课程广延连续体的理性边界最好限定在学校教育的框架里来讨论，具体来说，一要明确学校教育背景下课程理论研究的范围，二要探明学校课程所产生的效用

---

① 关于"课程即学习经验"的观点，详见施良方《课程理论》，教育科学出版社1996年版，第5—6页。

② Jay McDaniel. *What is Process Thought? Seven Answers to Seven Questions.* P&F Press，2008：10—11.

到底有多大。如果将所有跟个人经验获得有关的活动都纳入课程广延连续体，那么课程就是一个无边无际、不可捉摸之物，同时也就失去了研究的价值和存在的意义。

（三）对课程广延连续体外部环境的改造

课程由封闭走向开放，意味着课程所处的环境也变得复杂多样。从某种意义上说，课程广延连续体是一种课程内部环境，用多尔的话来说，就是它赋予课程以丰富的模体或网络；而课程还有一个外部环境，[①] 主要指对课程广延连续体产生直接或间接影响的外部世界，"这个世界就是与个体的需求、愿望、目的和能力处于相互作用，以产生特定经验的外在条件的总和"，[②] 它可以分成经验世界和虚拟世界。经验世界是一个由人与人、人与集体、人与社会因某种关系而结成的、现实的交往世界，由政治活动、商业活动、文化活动、劳动实践和休闲生活等经验活动所构成，有点类似于杜威的"共同体生活"；虚拟世界则指一切基于互联网技术的电子信息世界，主要包括信息技术系统、信息交往平台、学习资源库和互联网社区生活空间等，是一种人工的、动态的网络空间世界。[③] 简而言之，经验世界构成社会环境，虚拟世界构成网络环境。

当今社会，课程实践活动与经验世界和虚拟世界的关系日益密切，若想保持课程广延连续体的健康有序发展，必须充分重视课程广延连续体外部环境的塑造。就我国现实国情而言，不管是社会环境，还是网络环境，都还存在着不利于课程广延连续体的一些消极影响因素。从社会环境来说，我国教育面临着区域性的经济社会发展不均衡、多元文化价值冲突、伦理信仰缺失、消费崇拜、技术娱乐、文化生态危机等一系列新问题。显然，课程广延连续体的外部社会环境不容乐观。以多元文化价值冲突为例，受理性主义、知识客观性、普遍性、中立性的熏陶，人们本应从小学会尊重客观事实，遵守各种规则，但他们的规则意识却非常淡薄；当碰到按客观、公正、中立、事实等要求处理问题时，人们却热衷于跟你谈论人情、世故、变通、关系等处世之道。再比如，人们一面呼吁要尊重个体生

---

① 这里的外部环境相当于施瓦布在实践性课程中所提到的"课程环境"，是指由除教师、学生、教材之外的物质的、心理的、社会的、文化的因素构成。也有点类似于多尔所指的课程之外的文化或宇宙观。笔者将这些因素划归到经验世界和虚拟世界加以讨论。

② ［美］约翰·杜威：《民主·经验·教育》，彭正梅译，上海人民出版社2009年版，第295页。

③ 樊晓红：《虚拟世界的学习行为研究——教育研究的一个新领域》，《电化教育研究》2010年第11期。

命、追求精神自由、争取个性解放，但同时却用一大堆的规范、制度、准则、纲领，为个体获得自由和解放设置了重重障碍。

从网络环境来看，它对课程广延连续体的影响日益显著，而且这种影响是整全的、迅捷的、无形的，较之现实社会环境更具隐蔽性和不可预测性。尽管网络技术和网络文化改变了人类的生产和生活方式，极大地推动了人类社会的现代化和文明化进程，但是其负面作用也不容小觑，尤其对未成年儿童青少年来说更为明显。具体而言，课程广延连续体正经历着如下网络环境的侵蚀：首先，网络社会的到来，会削弱主流文化的地位，网络时代过度地强调自由与个性，弱化了权威观念、主流意识。其次，在虚拟世界中，教育主体的人际关系变得隐蔽、模糊，社会道德规范被弱化。"这种由符号构成的虚拟世界可能造成虚拟与现实的混淆、错位。'假作真时真亦假'，真假不分，现实与想象不分，虚拟与现实不分，使人丧失最基本的事实和道德判断能力。"① 第三，文化分拣筛选难度加大。当前很多网站以"八卦星闻"、"消费"、"游戏"、"星座"，甚至"性"、"迷信"、"犯罪"等标题吸引眼球，真是"乱花渐欲迷人眼"，对缺乏是非鉴别力的青少年来说，会起着有害的示范作用。最后，网络环境下会导致青少年的网络成瘾问题，诸如色情成瘾、网络交际成瘾、强迫信息收集成瘾、游戏成瘾等已成规模之势。

这就意味着，课程广延连续体外部环境存在着不利于儿童成长的风险，当儿童面临不同的环境时会无所适从，进而产生价值观和思想认识的混乱。构建一种起到稳定和一体化作用的课程外部环境，降低外部环境的风险系数，是当前课程理论研究的迫切议题，也是学校课程实践亟待解决的现实问题。

第三节　课程运作——过程原理与关系力量

课程不是以实体，而是以广延连续体的形式存在的，这是经由上文分析得出的一个初步结论。若进一步追问，构成课程广延连续体的要素以及影响课程的各方力量是如何发生关系，并推动课程的前行？那就是接下来要讨论的问题。

---

① 鲁洁：《网络社会·人·教育》，《江苏高教》2000 年第 1 期。

一 过程原理与课程运作

我们的世界是由"实体"还是"过程"构成的？这是一个亘古已久的哲学本体论命题。长期以来，形而上学家们都想调和"变化"与"不变"，他们采取的办法是在万变中寻求不变的东西，这种不变的东西就是实体。怀特海却反对这种思路，他在《过程与实在》中指出："有机哲学的形而上学主张，基本上就是要完全摈弃这种把现实实有看作变化中不变的东西的想法。"① 根据他的主张，要想一致而连贯地调和变与不变、存在与生成，唯一的途径就是认识到"过程"是现实实有的本质特性。"任何意义的存在都不能脱离过程。'过程'与'存在'这两个观念是相互预设的"。② 如果我们要承认"过程"或"变化"这个观念，前提是必须承认有一个"处在过程中"的现实实有，因为，承认过程，实际上是承认过程的客观存在，而过程本身却不是一个现实实有，因此，根据存在论原则，它的存在只能由一个现实实有的完全存在衍生而出。反过来，任何现实实有是由它的"过程"构成的，"过程"的本义是指一个现实实有生成的过程——现实实有的"存在"是由它的"过程"（"生成"）构成的，所有其他"过程"的意义都是由这个本义引申而出。

另外，怀特海认为，现实实有生成的过程不是被动的，一个现实实有的改变或过程必定有一个作用者，而那个作用者恰恰是这个现实实有本身，"离开现实事态，别无作用者；存在本身即含有作用者这层意义"。③ 这就表明了现实实有的存在由这些现实实有的"自我创造活动"所构成，现实实有之所以能自我创造，是由于永恒客体"进入"这个现实实有，为它提供了确定的主观形式。所有个别的现实实有都是由活动的过程产生出来的，也即，这种活动过程普遍内在于所有的现实实有。以过程原理观之，课程是由其生成的过程所构成的，离开生成的过程，绝不可能有任何课程存在。当然，这里的课程不是一个抽象的概念性课程，概念意义上的课程没有生命活力，更不会自己生成；此处讨论的课程是一种实在意义上的课程广延连续体，是在特定时空中客观存在的被运作的课程，课程生成的过程也可理解为课程运作的过程。

---

① Whitehead. *Process and Reality：An Essay in Cosmology.* New York：The Macmillan Company，1929：43.

② Alfred . N. Whitehead. *Modes of Thought.* New York and Cambridge，1938：131.

③ Alfred . N. Whitehead. *Adventures of Ideas.* New York and Cambridge，1938：379.

　　"课程运作"是新近出现的一个名词，课程运作可以理解为"一系列前后相应的课程事件组成的'活动性机体'，是一个'系统的转化'过程"。更明确一点，也可将之解释为是"课程决策、课程设计、课程实施与课程评价等各环节有机转化、动态展开的过程。"① 下面结合我国新课程改革中的课程运作过程，来说明课程运作的内在机制和要解决的问题。为求简明形象，我们可将课程运作描绘成由五个既相对独立又具有内在关联的运作机制所组成的运行过程，如图 5－2 所示：

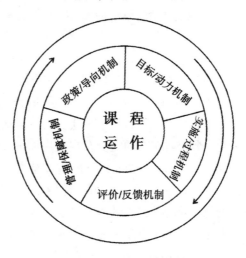

图 5－2　课程运作机制图

　　1. 政策/导向机制。为了保证新课程改革的方向性和先进性，在课程运作之初，一般要先进行课程决策，其主要任务是制定课程政策。课程政策是指国家教育行政主管部门在一定社会秩序和教育范围内，为了调整课程权力的不同需要，调控课程运行的目标和方式而制定的行动纲领和准则。② 新课程政策的制定不仅是一个行政管理的行为，更是一个理论研究和实践探索的行为，为新课程顺利运作提供了合法性和制度保证。课程政策属于公共政策的一个部门领域，具有公共政策的相关性质。首先，课程政策与权力相关联，在我国，影响课程政策制定的各种权力中，起主导作用的是各级权威部门，包括国家、地方两级政府职能部门。其次，课程政策总是体现一定的价值取向，例如，我国新课程改革所要体现的政策导向

---

① 代建军：《课程运作系统视域中的课程政策透析》，《教育发展研究》2010 年第 6 期。

② 胡东芳：《课程政策研究——对"课程共有"的理论探索》，博士学位论文，华东师范大学，2001 年。

是为了每一位学生的发展，促进社会的文明进步。第三，课程政策还通过各种文本呈现出来，它们对课程运作起到导向、指导、计划、监督、评价等作用。

2. 目标/动力机制。作为一种新的课程政策，往往通过课程理念和课程目标渗透到人们的思想中。政策推行之初，人们对新课程的认识还很不成熟，运作时遇到各种"杂念"干扰在所难免，需要转变理念和建立清晰、具体、可操作的目标体系来推进课程运作。因此，明确目标，等于为课程运作构建了动力机制，是新课程顺利实施的前提条件。

根据《国家中长期教育改革和发展规划纲要（2010—2020年）》（以下简称《纲要》）中的德育为先、能力为重和全面发展三个战略主题，新课程应兼顾情感、社会、能力、学科等领域的目标。情感领域的目标，一方面，强调学生通过课程学习，逐步形成敢于质疑、乐于探究的积极态度，以及勇于探索、大胆创新的强烈欲望；另一方面，培养学生严谨、求真的科学态度和不断进取的精神品质，历练不怕吃苦、攻坚克难的意志品质。社会领域的目标，围绕着实现社会主义核心价值体系而建，一方面，加强理想信念教育，增强学生爱国情感和改革创新精神；另一方面，加强社会主义荣辱观教育，树立自由平等、公平正义理念，增加社会责任感。能力领域的目标，着重于培养学生的学习能力、实践能力、创新能力，帮助他们主动适应社会。学科领域的目标，既包括单一学科的知识和技能目标，也包括跨学科的综合知识运用目标，内容非常丰富，蕴涵于具体的课程教学目标之中。同时，为了便于系统地组织落实课程目标，还应该对目标进行逐层逐级分解，建立起一个从上而下层层展开，自下而上层层实现的目标体系。

3. 实施/过程机制。新课程的实施，不仅是一个执行课程标准的过程，而且是一个师生不断获得新知识和生成新经验的过程。它与传统教学的根本区别在于，新课程实施不仅重视结果，也关注实施中的过程、方法与体验，甚至可以说，过程与方法本身就是课程实施的目标。因此，优化过程对课程实施来说就显得尤为重要。目前，关于如何优化课程实施过程的研究还处在初探阶段，不同课程一般要求有不同的实施程序和方法，不能一概而论。不过，课程实施过程中有两个基本要求还是要遵循的，一是课程实施的主体要从"师本"转向"生本"，二是课程实施要体现探究、体验、合作等过程价值。下面以综合实践活动课程的实施为例加以说明：综合实践活动课程的实施应体现以过程为导向的学生自主活动特征，既包括学生自主实践也包括教师助学引导，实施过程以某一主题或问题为中心展开，设计思路如图 5 – 3。

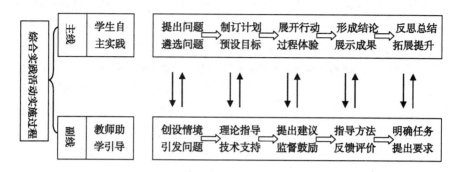

图 5 – 3　综合实践活动实施过程图

实践中，上述五个阶段并不是截然分开的，可能互有重叠，交相展开，有时甚至需反复进行，是一个螺旋式推进的过程。

4. 评价/反馈机制。课程的评价活动，对课程运作既有反馈、调节作用，又有导向、激励功能，因此，构建科学合理的评价机制，对新课程运作来说，是不可或缺的重要环节。我国现行课程评价体系主要采取常模参照的评价模式，重选拔轻发展，重结果轻过程，重竞争轻合作，以片面追求升学率取代学生的全面发展。这样的评价机制显然有悖于新课程所倡导的先进理念，为了使新课程的评价具有反馈性和激励性，必须重新构建评价机制。

新课程评价奉行的是发展性评价理念，是为了促进学生整体素质的提高，而不是给他们贴上三六九等、优良中差的标签。具体而微，坚持指导性和激励性的评价取向，并将评价渗透到课程实施的整个过程。评价结果体现开放性，不求结论的唯一性、标准化，鼓励学生求异创新。从学生的认知与技能、过程与体验、态度与行为等多方面、多角度出发构建评价内容，进行综合评价。另外，评价要尽可能覆盖到每一个学生，关注他们的成长过程，有利于他们的个性舒展和潜能的激发。

5. 管理/保障机制。新课程的运作是一项系统工程，必须加强对课程的经营和管理，确保课程运作的高效有序。首先，加强对教师的培训，促使教师转变教育观念和课程理念，提高他们对培养学生整体素质，尤其是主体性、责任感、创新精神、实践动手能力重要性和紧迫性的认识，在此基础上转变角色，更新知识结构和教学范式。其次，建立管理组织和制度，从组织架构、制度建设、监督评价和统筹协调等方面着手，加强对课程运作的全程管理。具体到学校，应建立起相应的领导和行动小组，负责校内外各种力量的组织协调，对人员安排、设备利用、过程落实、评价检查等项工作做到统筹安排；同时，建立必要的规章制度，如课程开发协商制度、课程教学评价制度、教师培训和专业发展制度、工作量报酬计算制度等，使课程的实施和管理走向规范化。第三，开发各种课程资源。新课程具有开放性、生成性和实践性等特征，必然要求拓展课程资源的开发利用范围。我们要从地方学校实际出发，开展课程资源的调查，收集各种资源信息，与社区合作共同开发利用课程资源，或组织学生进行"现场学习"（place – based learning），做到充分开发利用各种校内外资源。有条件的地区和学校还可以建立课程资源库，以备课程实施之需。

当然，课程运作不是一个孤立的事件，而是一个不断地改进课程品质的连续过程。上述五个运作机制可以构成一轮课程运作周期，但是课程运作并不会就此停止，而是会随着新的课程改革需要的产生而进入新一轮的运作周期，呈现一个阶梯式进步的发展趋势（见图5 – 4）。

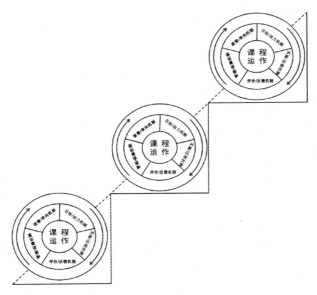

图5 – 4　课程运作的阶梯式进步示意图

上述对我国新课程运作过程的分析，只是一种应然状态的描述，切不可就此得出"课程运作是一个简单的线性操作流程"的结论，实际上，课程运作从决策、设计到实施、评价，从课程决策者、编制者到课程执行者，会经历好几重转换，是一个异常复杂的动态变化过程。在这个过程中，渗透着各种或明或暗的力量，是这些力量间的相互作用，推动着课程运作的前行。

二　关系力量与课程运作

什么是关系力量？让我们先来看看过程哲学家们的解释。怀特海的
"普遍相依性"（universal relativity）原理指出，一个现实存有存在于其他
现实存有中，当我们仔细思考事物相互联系的程度以及不可忽略的关系
时，必须承认所有现实存有都在所有其他现实存有中存在，过程哲学的主
要任务就是使"*存在于其他存有物中*"这一观念更加明确。① 大卫·格里
芬将后现代社会的基本关系描述为"合作"性关系，认为拥有后现代意
识就是要去发现和感受互助性的、合作性的关系，相比合作而言，强制性
或竞争关系是从属的、派生的。在上述思想的启发下，伯纳德·卢默尔首
次明确提出"关系力量"的概念。他认为，关系力量有两个构成成分，
一是受影响的成分，二是影响他者的成分。后来，学者梅斯勒补充解释了
这一概念，认为关系力量包括三个成分：（1）主动地对周围世界开放并
接受其影响的那种能力；（2）从自己所吸收的东西中创造自己的那种能
力；（3）通过首先受其影响的方式来影响周围的人的那种能力，总之，
每一种实际事物都行使某种力量——影响或受影响的力量。② 比如，最强
大的军队也会被和平力量战胜，最强大的球队有时也会输球，微软公司有
可能被起诉，水手也可能哗变推翻船长，大象也有可能被蚂蚁扳倒，甚至
微不足道的黏土也会不服从陶工的意志。事实证明，任何一种貌似强大的
单边力量总是处在关系力量之中，都会受到其他力量的影响，总会表现出
"脆弱"的一面。

回到课程，在课程运作中到底有哪些力量起作用呢？是单边力量，还
是关系力量？通过对上文五个运作机制主体的分析，大致可以探明各种力
量的参与情况。课程政策的制定一般是要体现国家意识形态，这反映了国
家的主导力量；课程目标的设计一方面反映国家意志和社会需求，在一定
程度上也反映了课程设计者（课程专家和学科专家）的价值取向；课程
实施过程中往往存在忠实执行、相互调适、创生实施等不同取向，反映了
作为课程实施主体——教师和学生的力量介入；课程评价关涉各方利益，
国家、社会、学校、个人等不同主体有不同的利益诉求，对评价的标准和
要求也各有所异；课程管理的主体是各级政府的职能部门和学校，课程管

---

① ［日］田中裕：《怀特海——有机哲学》，包国光译，河北教育出版社 2001 年版，第 100 页。

② C. Robert Mesle. *Process - Relational Philosophy：An Introduuction to Alfred North Whitehead*. Tem-
plepleton Foudation Press，West Conshohocken Pennsylvania，U. S. 2008：74.

理反映的是国家、地方和学校三级课程权力配置情况。

这些不同的力量主体及其复杂的相互作用，构成了课程运作的推动力量。当单边力量占优时，课程运作主要通过自上而下的"政府主导—学校执行"型模式得以强力推进，具体表现为：课程权力的非彻底性释放、工具理性统治下的课程地位差异、课程内容选择中的泛政治化倾向等方面。就当前我国课程运作的现状而言，还是单边力量占统治地位，主要表现为下列两种典型症状：一是课程决策层面，"传统人才选拔和考试政策"对"新课程政策"的钳制，造成新课程在运作中被套上"紧箍咒"，难以实现理想目标；二是课程执行层面，课程决策力量对课程执行力量的统治，使得地方、学校、教师等各方课程影响力量难以发挥应有的正能量作用，导致课程实施的低效或无效。所以，课程运作要解决的一个关键问题是，打破单边力量的统治，转而从关系力量出发，追求合力效应，努力实现课程运作中各方主体（力量）的合作共赢。

这使我想到了古代塞浦路斯的一则寓言，大意是说：有一天，天鹅、梭鱼和大虾三个看到地上有一箱货物，三人商量一起用力将货物抬走，于是，天鹅拼命往天上飞，梭鱼狠命往水里钻，而大虾则死命往后退，结果三个人费了九牛二虎之力还是没有把这箱货物抬走。只要是略懂力学的人都会知道它们失败的原因，那就是三个虽用尽全力，但用力的方向不一致，甚至南辕北辙，形不成合力，失败也就在所难免了。这则寓言给我们最大启示就是，单边力量或竞争力量无助于课程运作的成功，只有结成关系力量，朝着同一方向形成合力，才能保证课程运作的成功。

消解课程决策层面两股力量的对立和冲突，是当前我国新课程运作能否形成合力的前提。

我国新课程改革历经风雨已经走过十多个年头，在取得各种成绩的同时也暴露出不少的问题，比如理论与实践脱节、重视外国经验译介轻视本土文化挖掘、看重形式轻视实效、标准要求单一化与发展需求多样化之间矛盾突出、急功近利与浮躁虚夸之风盛行等等，但笔者觉得，这些问题还不是阻碍新课程落地生根、茁壮成长的关键，新课程实施之后的评价考核与新课程倡导的评价理念并不相符，也即升学考试和人才选拔制度因循守旧，落后课程改革的步伐，这才是问题的关键。现行的人才选拔和考试制度及其影响下所形成的"应试教育"，可以说是掣肘当前课程改革的最大阻力，只要我们留意身边，可随处感受到这股力量的存在。比如，××市第二中学行政楼大厅的 LED 大屏幕上打出这样的高考"励志"标语："这是一个只承认强者的时代，学习正赋予我们做强者的原始资本"、"没有高考，你拼得过富二代吗？"；很多高校在录用辅导员时都有这样的不成文规定："只录用 211 或 985 工程高校的毕业生"，……这样的例子多到人们习以为常，见怪不怪，说明人们对这些基于单边力量的"歪理邪说"已经麻木不仁了。

如何消解"应试教育"和"新课程改革"对立和冲突的局面？如果遵循单边力量的原则，要么以应试教育同化新课程，这是一种历史的倒退，是我们所不愿看到的；要么大破大立，彻底推倒重来，建设"完美课程新世界"，但这样做又脱离我国国情，过于激进冒险，也是不可行的。如果遵循关系力量的原则，我们首先想到的是"应试教育"和"新课程"各自都有哪些价值，能否和谐共存，而不是放大它们的缺点，以一方消灭另一方。就新课程而言，它创导素质教育的理念，意味着至少在身体素质、心理素质和社会素质这三个方面，期望学生能有均衡发展，没有重大缺陷，"新课程"的最大价值就在于廓清了未来教育的方向和目标。而"应试教育"也不是一无是处，为了保证新课程背景下的教育公平，现有的考试制度及较为成熟的考试经验可以吸收和保留。新课程并不是不要考试和人才选拔，而是要改革考试和人才选拔中有悖新课程理念的不合理成分。我国新近颁布的《纲要》中就明确要求：要改进社会人才评价及选用制度，建立以业绩为重点，由品德、知识、能力等要素构成的各类人才评价指标体系。这就是对过去人才选拔中单纯追求学历做法的一种纠偏。就升学考试而言，改革探索也不断取得进展，2013 年以来，各个省市都在酝酿新的高考改革方案，这些改革探索旨在取代过去"全国一盘棋、一考定终身"的传统做法，遵循的是关系力量原则而非单边力量的原则。当然，我们不希望理想的蓝图仅作壁上挂，我们期待的是具有良好执行力的探索性改革不断涌现出来，这样，长期缠缚中国教育的死结或许能早日解开。

消解课程执行层面各种力量的对立与冲突，是当前我国新课程运作能否形成合力的保证。

按照美国学者古德莱德的分析，从理想的课程到经验的课程之间，至少存在着正式的课程、领悟的课程和操作的课程三个转化层次。而在我国的课程运作中，自上而下的单边统治，将各种转化可能扼杀了，课程运作变成了逐级执行指令的机械性活动。从课程决策的主体分析，理想的课程主要由专家（课程专家和学科专家）提出，正式的课程则由政府经采纳专家建议后制定，专家主宰课程理论，政府主宰课程政策，这两股力量汇聚在一起主导着课程运作的走向；从课程实施的主体分析，采取的是

"国家主导—地方（学校）执行"型管理模式和"理论指挥—实践照做"型实施模式。这是一种典型的单边力量支配下的课程运作体制，在这种体制中，地方、学校、教师和学生被排斥在主体视野之外，他们的差异化需求得不到满足，身上固有的参与变革的力量被剥夺，只是扮演着各种课程指令的执行者而已。从某种意义上说，他们非但不是新课程的"受益者"反而是"受害者"，"人们一般不会反对改革，但自认为是'受害者'的人会反对"。① 所以，在他们那里经常出现消极执行甚至抵制阻抗新课程的行为也就不难理解了，最终导致的可能结果是，"课程改革虽然不可避免，但执行起来却又经常成为一个不见实效的仪式，使得改革未能带来进步，希望变成失望，理想流于空谈，资源成为浪费。"②

　　课程运作呼唤"实施共同体"，意即在各方课程利益关涉主体之间建构一种关系力量，使之既能享受应有的课程权力，又能履行各自应尽职责，为高效、有序推进课程运作作出应有贡献。为达此目的，笔者个人认为关键要解决好下面三个问题：其一，提高课程决策水平。为避免课程决策的盲目性和低效性，新课程政策制定应充分考虑到历史与现实、集权与分权、社会与个体、政策与实情、理论与实践等各种利害关系，尽可能体现出作为好政策所应具备的科学性、公平性、适切性和自限性③等标准。其二，赋权获利。在我国，各地区域性经济社会发展存在巨大差异；重点学校、一般学校、薄弱学校并存；教师专业发展相对滞后，履行的社会责

---

① ［美］艾伦·C. 奥恩斯坦、弗朗西斯·P. 汉金斯：《课程：基础、原理和问题》（第三版），柯森译，江苏教育出版社 2002 年版，第 329 页。

② 黄政杰：《课程改革新论：教育现场虚实探究》，冠学文化出版事业有限公司 2005 年版，自序。

③ 课程政策的"自限性"，是美国学者所罗门提出的一种观点。主要意思是，课程政策本身应该有必要的限制，这种限制包括多个方面，其中特别重要的有：课程政策对有关课程事件的规定在范围上应该是有限制的，不能将所有的课程事件都在政策上加以规定；课程政策对有关课程事件的规定在程度上应该是有限制的，一般新情况下不能规定得过死、过于刻板，而应该有足够的弹性；课程政策作为对课程的控制，对课程作出规定的范围应该也有限制，例如在美国，就强调课程的控制方面应该给非官方机构的影响留下空间，给教师、家长等各方面的主体留下选择的空间。Pearl G. Solomon, The Curriculum Bridge: From Standards to Actual Classroom Practice. pp. 36—48. 转引自丁念金《课程论》，福建教育出版社 2007 年版，第 303 页。

任存在冲突;① 家长和学生的教育需求多种多样，由此而产生了层次不同、类型各异的诸多课程价值诉求，只有对上述各类课程关涉主体的课程期望有充分的考虑，赋予一定的课程权力，并对课程职责进行明确的划界和分工，建立课程运作的关系力量，形成合力，共同助力新课程走向成功。获利，是指使处在课程实施共同体"底部"的利益关涉者也能获得切实利益。比如地方、学校借助课程改革能够提升文化品位和改善育人环境，家长能看到孩子的成绩在提高，教师通过参与改革获得合理的利益报酬和专业成长机会，学生能在改革中享受到更多的欢愉体验和成长快乐，等等。最后，加强协商和沟通。富兰和庞弗莱德的研究表明，"假如课程实施者在放弃旧角色与接受新角色之间举棋不定，遇到选择困难，那么课程实施者与课程设计者、决策者或咨询者之间的个人交流就显得相当重要，而且是别的办法所不能替代的"。② 这就要求由代表国家、地区和学校的政府官员、专家、雇员、雇主、家长、教师等有关人员共同参与，构建一种顺畅的课程协商沟通机制，唯有坦诚的沟通，真诚的协商，方能消除误解、达成共识。

总之，课程运作是一个极其复杂的系统工程，从过程和关系两个视角出发去分析，能帮助我们站在一个全新的角度俯瞰课程运作的全景，抓住其整体和动态的特征，梳理出主要矛盾和关键问题，至于那些围绕着这些主要矛盾而生的枝枝蔓蔓的问题，也会迎刃而解。

第四节　课程研究——基于过程哲学的思维转向

课程研究是为了提供一种愿景、一种预见，其主要任务是能预测课程广延连续体的未来走向，而不是对过去课程的"事后总结"。基于过程哲学的思维转向，结合我国课程改革实际，面向未来的课程研究至少要关注以下几个方面。

---

① 有学者研究后发现，大部分教师普遍感受到肩负至少三项社会责任，即"应该实施国家政策"、"应该实施素质教育"以及"应该帮助学生获取高分"。在这三项社会责任中，"实施素质教育"和"帮助学生获取高分"这两项责任就存在矛盾冲突（见柯政《规范性制度对新课程政策实施的影响及其政策意义》，《北京大学教育评论》2010 年第 1 期）。

② Michael Fullan and Alam Pomfret. *Research on curriculum and Instruction Implementation*, Review of Education Research, 1977: 391—392.

一 研究思维的有机转向

当前我国课程领域内值得研究的问题很多，不过，几乎所有问题都可以通过对课程理论、课程实践及其关系的研究串联起来。

课程理论作为一门学科，不仅仅是追问课程本质的解释之学，也是规范课程的价值之学，更是运营课程的应用之学。此三个范畴的研究各自究竟应该采取怎样的思维方式，这在过去并不清楚，在当前，也没有被当作问题加以关注，因此缘故，我们常常把给课程贴各种理论标签当成解释之学，把解读各类课程政策文件当成规范之学，将各种排他性课程理论进行一番实践诠释当成应用之学，以至于理论解释不周详，逻辑推演不必然，方案设计不可行。这种方法论的混乱状况是课程理论成果远逊于其他学科成果的一大根由。① 一种可取的做法是，从"泛价值和合"课程观出发确立课程的规范；以"过程—关系"学说为方法论研究课程的本质；以"创造性原理"为依据探究课程的变革，从而克服以往单一思维方式的局限，为课程论的理论建设提供丰富的智慧源泉。

所有可能构成课程的因素，只有真实进入学校教育活动，并且它们之间发生相互把握，即出现存在论、认识论和价值论关系，它们才能成为现实的、必然的参与者，成为活动性存在，成为课程实践的本真面貌。过程哲学把这种情况叫做活动性发生（actual occasion，本文译为"现实事态"），只有产生活动性发生，才有活动性存在。② 这就意味着课程实践是一种具体事件或过程而不是抽象实体。首先，课程实践是特定的、具体的事件，并且受实践主体的影响。如让一个中学教师回答是否应该在高中阶段实行文理分科时，他的判断会极大地受其所教的学科及其自身的专业素养所影响。其次，实践的问题总是受制于一定的课程生态环境，即由教师、学生、外在目标要求以及内在学校运作所组成的客观环境。最后，实践的过程不是机械执行课程指令的流程，而是一个旨在识别、改变和实现课程期望的生成的、复杂的过程。

课程理论具有抽象性、逻辑性、本质性等特征，只是一种适真理论或偶真理论，对所有实践活动不具有普适的指导作用。实践知识是指实践主

---

① 张晓瑜、赵鹤龄：《"误置具体性谬误"与课程变革》，《教育理论与实践》2011 年第 7 期。
② 赵鹤龄：《当代过程哲学与中国教育思想及其实践研究》，《湖南第一师范学院学报》2010 年第 4 期。

体在面临实际教学任务时所具有的课堂情境知识及处理偶发事件的经验,[①] 具有如下特点：它是一种经验性知识,生发于特定情境和特定活动中,是一种即时、灵活的知识；它是一种产生于个体,但是可以迁移到别人身上的知识,具有个体与共享双重属性；它是面对和解决实践问题时需要跨学科组织的知识；它是一种扎根而生,需要借助对日常经验总结和反思提高才能形成的。在课程研究中,"理论研究和实际运用从来都是不能截然分开的,只有深入（或醉心于）实际问题的研究,纯理论工作才显得有意义。而且理论研究的成果也只有依赖于实际运用才能得到验证";[②] 同时,只有从实践主体出发,有选择地将各种理论知识之中的适切要素确定地整合到自有的实践性知识之中,获得某种个体的统一性,才能消解理论与实践的矛盾。

二　恢复人在课程中的主人身份

传统课程研究将课程看作是外在于人的理性存在物（客观知识）,课程是用来统治人、规训人的工具；过程哲学视野下的课程研究,主张将课程看作是由人（主要指教师和学生）的相互作用而建构起来的动态网络,人重新恢复了课程的主人身份,这既是时代发展的要求,也是人自我觉醒的结果。

时代精神昭示主体人格的回归。以我国新课程所倡导的学习方式为例,我们之所以要倡导探究性、自主性和合作性学习,是时代精神的要求。当今时代弘扬人的自主性和主体精神,要求学生从接受学习中解放出来,学会自主学习,加强学习的主动性、独立性和自控性；经济社会发展由过去单边力量支配下的竞争性经济转向共赢经济,势必重视学生合作精神、团队意识的培养；创新发展是当今时代的主题,要求学生具备强烈的求知欲、深刻的内在学习动机和批判的思维品质。总之,新课程弘扬和凸显主体性人格,体现了时代精神。

当代社会对和谐、民主、自由等伦理价值的日益重视,要求课程研究中重新审视人与知识的关系。具体而微,包括以下几点：（1）知识是对开放的、鲜活的、丰富的、多变的现实生活的解释,而不是对

---

① 钟启泉：《教师"专业化"：理念、制度、课题》,《教育研究》2001年第12期。

② ［南非］罗伯特·克利特加德：《控制腐败》,杨光斌等译,中央编译出版社1988年版,第33页；转引自胡东芳《我国课程改革政策制定的理论障碍及其消除》,《教育发展研究》2007年第9期。

理性的、僵化的、逻辑的符号系统的意义揭示；（2）知识不再是外在的、客观的、绝对的间接经验，而是依赖于求知者内在的、主观的、即景的个性化诠释；（3）知识不能被箱格化地安置到一门门割裂的学科领域当中，而应呈现为对人类、自然和社会的整体意义解释系统。从静止到流变，从绝对到相对，从封闭到开放，从分裂到整合，从控制到解放，当代社会伦理观的变革要求课程知识不仅能体现普遍效用，还要兼及个体成长。

过去我们习惯用本质主义思维来判定人，把人看作是一种"本质预定"的"知识填充物"，人的发展不过是"知识人"本质的开显，而非自觉自为的生命怒放。事实上，人因为对自身"未完成"状态的不满，时刻在超越自我、创造自我，始终处于一种不断生成的状态之中。人的发展是一个自我不断建构经验的结果，他们根据自己的成长需求、生活经历、外部环境等，获取并建构有利于个体发展的经验，逐渐形成具有独立选择与自我负责的人格。基于这种观点，未来课程学家面临的一个重大挑战是：决定或者帮助学生决定作为未来社会中积极的一员应该具备什么样的知识、技能、态度和价值观。①

三　凸显课程的过程属性

传统课程研究，主要是一种实体思维支配下的本质研究，以课程的定义为例，课程一般被解释为不依赖于他物的孤立存在，例如课程是科目、课程是知识、课程是教学计划等等，② 以此得出的课程认识注定是狭隘和片面的。在过程哲学看来，课程是有鲜活生命的有机体，是由一系列性质和关系所构成的有机体，始终处于不断变革之中；就某一具体的课程教学

---

① ［美］艾伦·C. 奥恩斯坦、弗朗西斯·P. 汉金斯：《课程：基础、原理和问题》（第三版），柯森译，江苏教育出版社 2002 年版，第 405 页。

② 美国学者奥利佛对课程本质观进行了归纳和总结，指出课程有 13 种本质：1. 课程是在学校中所传授的东西；2. 课程是一系列的学科；3. 课程是教材内容；4. 课程是学习计划；5. 课程是一系列的材料；6. 课程是科目顺序；7. 课程是一系列的行为目标；8. 课程是学习进程；9. 课程是在学校中所进行的各种活动，包括课外活动、辅导及人际交往；10. 课程是在学校指导下，在校内外所传授的东西；11. 课程是学校全体职工所设计的任何事情；12. 课程是个体学习者在学校教育中所获得的一系列经验；13. 课程是学习者在学校所经历的经验（详见 Peter F. Oliva. *Developing the Curriculum*, Harper Collins, 1992：4—10）。这是一种典型的实体主义思维方式的产物，它几乎对课程作了全身扫描，但却将课程解释为其中的一张 X 光片，这就有点盲人摸象的意味了。

历程而言，社会变化着，教师轮换着，学生流动着，像流水一般，某种具体的课程教学活动只是历时性的，是不可重复的课程过程事件。

课程的过程属性可以从宏观和微观两个历程加以考察。从宏观历程看，过程视野下的课程不断进行着主题的转换。"主题"（motif），原意指文艺作品中所表现的中心思想，这里特指在不同时代背景下课程有机体都有一个突出的焦点问题，新问题的涌现和旧问题的退场，代表着课程有机体主题的转换。课程研究的任务，就是要不断地通过起飞、巡航、降落等"飞行"过程，发现未来课程有机体的主题，尽可能减轻课程开发中因不确定性所带来的高昂代价。从微观历程看，课程研究要关注课程有机体的过程属性。在这里，课程可被解读为"时段性课程单位"的"连续性生成"① 过程，在这个过程中，由许多具有实体性质的"时段性课程单位"，比如目标、计划、文本、实施、管理、评价等，嵌入其中，共同构成了课程活动的进程。既然课程是一个不断生成的、连续性的有机体，课程研究就不能只关注预设和结果两个端点的问题，必须确立起"过程与实体"整合的研究取向，它要求将"预设与结果"的描述和研究与"生成与过程"的描述和研究结合起来，只有既重视计划与结果，又重视过程与生成的课程研究，才是完整的研究。

四　从"符号式研究"走向"生活式研究"

有学者指出，当前我国基础教育课程中诸多问题的根源在于对课程本质的认识局限于符号研究课程本体。符号研究课程本体注重把握符号自身的形式，脱离生活，脱离实际，是一种师本教育。② 这一观点客观而中肯，一语点出了当前课程研究围着概念、话语、主义等符号打转，远离生活实际乃至教育实际的不良风气。过程哲学视野下的课程是一个广延连续体，没有实体边界，这就要求必须要将校园外的生活世界纳入到课程研究的范畴体系中来。早在 20 世纪初，怀特海就旗帜鲜明地指出，"教育只

---

① 这一观点是受怀特海对"现实实有的过程属性"的解释启发而来的。怀特海认为，现实实有是生成的"时段性的"（epochal）单位，在每一个单位中，生成的过程已完成了；而每一个单位是接续的且接续有其他此种单位。如此，每一个现实实有都在生成，而它是生成过程的一个单位。每一个现实实有都是不同于其他现实实有的生成过程。这就表示，没有一个连续的生成过程。连续性是由一系列接续的生成单位所构成的，这些个别的单位皆完成。因此，只有"连续性的生成"（continuity of becoming），却没有"生成的连续性"（becoming of continuity）；这就是说，连续性是由一系列单位的生成而生成的，却没有生成的连续过程。

② 郭思乐：《课程本体：从符号研究回归符号实践》，《教育研究》2003 年第 7 期。

有一个主题，那就是五彩缤纷的生活。"① 生活是教育的唯一源泉，生活是动态的、开放的、创造的，那么教育也应循此理。在怀特海那里，理性的课程与感性的生活是共生共存的，有两层主要含义：其一，课程必须与当下生活相联系并以其为旨归，学科、知识无非是对当下生活方方面面的抽象，若将此看作课程的宗旨则是"抽象误置为具体的谬误"；其二，课程应该对当下生活有所理解并加以塑造，课程的基本目标在于培养学生对当下生活流变性的感觉，并激发他们利用对当下生活的感悟以应对未来生活的潜能。② 杜威也认为，只有当我们联系到与学校有关的更大范围的社会活动来解释学校活动时，我们才能真正找到判断它们的道德上的意义的任何标准。离开了参与社会生活，学校就既没有道德的目标，也没有什么目的。③ 杜威将教育与生活的关系上升到道德的高度来判定，足见其对生活的重视。自 20 世纪 90 年代以来，关于教育回归生活的呼声在我国日益高涨，尽管不少学者对这一提法持有不同意见，但我想大家还是有共识的，即教育与生活之间存在密切的关系，个体在"科学世界"里所获得的理智方面的发展，只有回到现实的生活世界中才能被赋予其人生的意义。

"生活式"课程研究必须要突破各种理论范式的束缚，克服课程与学生生活世界剥离的事实，努力走进儿童的生活和经验世界，真正体现课程研究必须"基于生活、通过生活、并且为了生活"的理念。"基于生活"是任何课程教学活动的起点和归宿。自人类有教育始，其主要功能便是通过在生活和劳动中向年轻一代传递生产经验和社会常识，家庭生活或氏族生活、工作或游戏、仪式或典礼等都是"每天遇到的学习机会"，可见，"满足生活需要"是教育最直接也是最重要的目的。时至今日，这一基本功能仍然没有改变，这也是课程研究的价值原点。"通过生活"指以个人的完整生活为背景，从亲近与探索自然、体验与融入社会、认识与完善自我三个维度出发，选择研究主题，这是课程研究本体价值的体现。"为了生活"是课程研究的最高价值追求。这里的生活指的不是过去的，也不

---

① ［英］A. N. 怀特海：《教育的目的》，徐汝舟译，生活·读书·新知三联书店 2002 年版，第 12 页。

② 张晓瑜：《想象·创造·责任——怀特海大学教育思想及其当代启示》，《高教探索》2010 年第 3 期。

③ ［美］约翰·杜威：《学校与社会·明日之学校》，赵祥麟等译，人民教育出版社 2005 年版，第 140—141 页。

是当下的，而是指向于未来的———一种可能生活。可能生活既然不是给定的生活，它就需要创造性，"从最简单的意义上说，幸福生活等于创造性的生活。"① 课程研究要致力于发掘人的创新精神和实践能力，提升人的内在生活品质，让学生体会到超越生存功能的生活真谛，真正领略和体会到什么是有意义的生活。

---

① 赵汀阳：《论可能生活》，中国人民大学出版社 2004 年第，第 23 页。

第六章 "创化生成"课程发展观

青春不是用岁月来定义的，而是用成就某事的创造性冲动来定义的。

——怀特海

在一个过程世界里，万物都处在变化之中，但至少"变"本身是永恒的，"变"就是产生新的东西或原有东西的某种属性发生变化，从某种意义上说，"变"就是创造。在怀特海看来，"创造性"既是一个事实范畴，也是一个价值范畴，是连接事实与价值的枢纽，是从所有现实实有的经验活动中所概括的一个最普遍的形而上学特性，宇宙中的所有现实实有都是创造性的特例。创造性内在于每个现实实有的本性之中，是被每个现实实有的生成过程所显露的一个形而上学的动能，而这个动能本身不会有所损耗，并且能永不停歇地驱动着宇宙的进化演变。美国著名后现代课程论专家威廉·多尔在其论文《课程与控制观》中就曾经提到，怀特海、哈慈霍恩、约翰·科布以及大卫·格里芬等人都持有一种相同的宇宙观——该宇宙观推断或承认创造是第一过程。实际上，包括多尔在内的一大批后现代主义教育家、课程专家也接受了世界的本质是"变化"、"创造"之说，并将之应用于对"创造性"课程的探究之中，他们用"过程"、"生成"、"创生"等词来描述课程，赋予了课程新的生命活力。可以说，21世纪，将是一个告别机械实体课程观，走向创化生成课程观的课程新纪元，"创造性"（creativity）将成为有机课程观的终极范畴和核心价值之一。

第一节 课程品质——从预成走向生成

预设与生成就好比是课程这枚硬币的两面，过去我们主要关注"预设"的一面，而在变革创新成为时代主题的背景下，"生成"一面的重要性则凸显出来了，值得我们给予更多的关注。从深层次上说，这是一种对实体思维方式及其支配下的课程观的反思。接下来，我们就循着从实体性思维走向生成性思维的解题思路，进一步探讨课程品质的转向问题。

一　预成、生成及其相互关系

（一）预设、预成论与生成释义

在《现代汉语词典（修订本）》中，"预"字可作"预先"、"事先"解。"设"可作"设立、布置"；"筹划"解。① 从字面上看，"预设"有预先设立、事先布置、预先（事先）筹划等意思。作为一个专有名词，"预设"最早见于逻辑学学科，有"前提、先设和前设"之意，20 世纪60 年代，"预设"进入语言学学科，并成为逻辑语义学的一个重要概念。近年来，在课程与教学论学科，人们用"预设"描述预先设置目标、标准、内容、程序等行为，往往将之与"生成"一词对立使用，带有批判、否定之意。预成论（preformation）原是生物学专门用语，指一种发育观，即认为胚胎是在卵子或精子内预先存在，而发育只是这种成体雏形的继续扩大，与渐成论的观点相对立。后来被运用于包括教育学科在内的其他学科中，表示在实体思维支配下重视先在本质轻视生成变化的一种哲学观。总之，预设、预成论代表的是一种传统的实体观和思维方式，强调先在、本质、不变、还原等思想的重要性。

何谓生成？按照权威词典的解释，"生"字有"生育、出生"；"滋生、产生"；"生长"；"生存"；"生命"；"生活"；"出现、显现"等不同的释义。② "成"，解释为"完成、实现"；"变成、成为"；"成熟、收获"；"成年"；"成全"等。③ 冯契主编的《哲学大辞典》认为，"生成"有两层含义：一是指处在由非存在到存在的过程，或者由一种质到另一种质的过渡中的事物或现象。二是指黑格尔哲学中的逻辑范畴。④ 从哲学辞典的解释中可知，"生成"不是指实体性的存在物，而是侧重于揭示事物以何种方式、过程而产生、存在、变化。热力学第二定律也认为，所有自

---

① 中国社会科学院语言研究所：《现代汉语词典》（修订本），商务印书馆1996 年版，第1542、1115 页。

② 汉语大词典编纂委员会：《现代汉语词典》（第7 卷），汉语大词典出版社1991 年版，第1486 页。

③ 汉语大词典编纂委员会：《现代汉语词典》（第5 卷），汉语大词典出版社1990 年版，第191 页。

④ 冯契：《哲学大词典》，上海辞书出版社1992 年版，第385—386 页。

然的历程处于开放系统中，而不是封闭的系统，由于耗散作用造成热能的散失，使原本保持平衡状态的系统趋向混乱，即所谓"熵"，因此，自然演化是一个"不可逆转的"、"创生的"过程。① 怀特海则从本体论角度对"生成"作了更为明确的解释，他认为，一个现实实有即是一个生成的活动，因此，一个现实实有的"存在"即是它的"生成"，"任何现实实有的'存在'是由其'生成'构成的"。② "生成"包括合生和转化两种形式：合生是现实实有在某种主观形式的主导下，摄入作为材料的其他现实实有，从而实现自身的"满足"的过程（形成"一"的过程）；转化是一个现实实有在达到"满足"之后，随着其主体性的消失，转而成为其他现实实有的材料，融入未来之中（创造"多"的过程）。在怀特海看来，"生成"等价于"存在"、"活动"。究极而言，宇宙是由创造活动的过程所构成的。

随着现代哲学思维由实体性思维向生成性思维的转向，原本用来解释事物诞生过程与发展机制的"生成"概念，今天的人们更倾向于将它看作既带有"认识论"特征，又具有"本体论"特征的现代思维方式，是对"本质先定、一切既成"的本质主义思维和近代科学主义世界观的否定。③ 就认识论而言，"生成"主要是指用动态发展的观点来看待事物；就本体论而言，"生成"则指世间万物在本质上是一个过程性存在。

（二）生成性思维——滥觞与勃兴

"生成"作为当前人文社会科学领域的一个热点词汇，人们一般将之与"生成性思维"等价理解，譬喻为一种新的思维方式。"生成性思维"认为，在变幻的生活现象背后，不存在什么永恒不变的本质；世界不是已成事物的蕴集，而是过程的集合体；事物及其本质和规律不是超验存在物，而是在其发展过程中生成的。在当代，几乎没有人否认生成性思维的价值，有学者甚至认为，"生成性思维是现代哲学的基本思维方式"。④ 其实，追溯历史，我们发现生成性思维是一种绵远流长的思维方式，从来就没有中断过。

古希腊时期，赫拉克利特开启了生成性思维的历史先河。他认为，一

---

① 俞懿娴：《怀特海自然哲学——机体哲学初探》，北京大学出版社 2012 年版，第 268 页。

② Whitehead. *Process and Reality：An Essay in Cosmology.* New York：The Macmillan Company, 1929：335.

③ 冯喜英：《生成性教学及其实践诉求》，《教育导刊》2010 年第 7 期。

④ 李文阁：《生成性思维：现代哲学的思维方式》，《中国社会科学》2000 年第 6 期。

切皆流，万物皆变，连人在内的万物永远处在运动和变化之中，不存在固定不变的物体；"生成"的意思是"变成某物"，当一事物生成另一事物时，比如说，当 A 变成 B 时，A 既不是 A，又不是 B，而是处于 A 与 B 之间。[①] 文艺复兴时代，自然哲学家从古代哲学中吸收了物活论、生机论的思想，把自然看作是生机勃勃的运动实体，发展了生成性思维。到了17 世纪，莱布尼茨为反对当时流行的机械论的世界观，主张将世界看作常变常新、生生不息的有机体，而不是没有生命的、静止不变的机器，在一定程度上恢复了古代的生成论思想。辩证法大师黑格尔则从"存在论"角度，批判了形而上学家的思维方式，称他们不懂得有与无可以相互转化，看不到事物的生灭变化，他认为，"生成"即"变易"，一切都处于不断变化和发展中，一切都在不断产生和消灭。[②] 生命哲学家柏格森认为，生命是从世界开端便产生了的一股强大力量、一个巨大的活力冲动，它会在物质障碍密布的道路上披荆斩棘，奋勇向前，去寻求更大的运动自由。他主张生命进化如同艺术家的作品，是真正创造性的。[③] 纵览西方哲学史，不同哲学流派的哲学家对生成性思维给予了不同程度的关注，说明他们看到了变化和创造的历史必然性。

生成性思维同样较早地出现在我国古代哲学思想里，并一直延续至今。《周易》古经中的变易观念，是生成思维的早期代表，《周易》以龙为象征物，描绘了事物由"潜"到"见"，由"跃"到"飞"，进而不断上升而得到充分发展的"终日乾乾"思想。老子曰："混乎其如朴，沌乎其如浊。孰能浊以静者，将徐清？孰能安以动者，将徐生。"[④] 让我们看到了是"道"使安定的东西运动起来，"道"的作用表现在推动自然的永恒变化与运动。庄子在继承老子道论的基础上提出了自己的气论，正是由于"气"的运动不息，从而表现出万物的生灭变化，"杂乎芒芴之间，变而有气，气变而有形，形变而有生，今又变而之死，是相与为春秋冬夏四时行也"（《庄子·至乐》）。从老子的"道"和庄子的"气"中，我们看到了与怀特海"创造"（activity）的某种相似气质。至宋代，周敦颐从本体论出发，系统地描绘了天人合德、生生不已的宇宙本体论："无极而太极，太极而生阳，动极而静，静而生阴，静极复动。……万物生生，而变

---

① 赵敦华：《西方哲学简史》，北京大学出版社 2001 年版，第 14—15 页。

② 全增嘏：《西方哲学史》（下册），上海人民出版社 1983 年版，第 217 页。

③ ［英］罗素：《西方哲学史》（下卷），马元德译，商务印书馆 1976 年版，第 348 页。

④ 刘文英：《中国哲学史》（上卷），南开大学出版社 2002 年版，第 64 页。

化无穷焉，惟人得其秀最灵"（《太极图·易说》）。叶适认为，"夫物之推移、世之迁革、流行变化，不常其所"（《进卷·易》）。说明天地间的事物都是推移、迁革、流变的。到了清末，在内忧外辱的困境中，康有为、严复、梁启超等试图以"变易进化"的自然观和历史观谋求革新之道。比如，康有为提出"变者天道"的命题，阐述变异进化的历史必然；严复极力推崇"西人之力今而胜古"思想；梁启超更是将"变亦变，不变亦变"奉为座右铭。难怪张岱年得出"在东方，生成论是主流"的观点。

19 世纪末至 20 世纪中叶，无论是在战时还是在战后经济重建的过程中，科学和技术都显示了无与伦比的威力，整个哲学界转向科学主义和逻辑实证主义，在本体论上奉行本质主义和还原论原则，在认识论上唯理性是从，在历史观上认同科学万能论。这一时期，预成论思想占据了上风，生成论思想则没有什么市场。从 20 世纪下半叶开始，随着人口爆炸、生态破坏、环境恶化、狭隘民族主义、金融危机等一系列人类生存危机的出现，预成论思想受到了前所未有的挑战。首先，在自然科学家群体中，对传统科学范式进行了反思，提出了复杂性理论、耗散结构理论、系统论、突现论、不确定性理论等新科学理论，这些科学理论无一例外地诉求于生成或创造的价值取向，促成了生成性思维在科学界的勃兴。其次，后现代主义思想家群体在反思人类生存危机，批判以科学主义为代表的现代性时，高举人文主义、生态主义、和平主义、可持续发展等思想大旗，倡导过程性思维、关系性思维、多元化思维和否定性思维，凸显了生成性思维的价值。由此，生活哲学、实践哲学、过程哲学等生成论哲学开始日益受到人们的重视，生成性思维也随之成为当代哲学的主要思维方式。

（三）课程视阈中的预成与生成："一"与"多"的关系

目前，预成、生成及其关系问题成为了课程领域的一个热点。"预成"代表的是传统的课程与教学思想，从夸美纽斯、赫尔巴特开始，到苏联教育学思想，一以贯之强调对教学目标、课程内容，乃至教学过程的预设，这种思想也一直左右着我国的课程教学。"生成"代表的是革新的课程思想和教学理念，自从杜威开始，历经施瓦布、斯坦豪斯、艾斯纳、多尔等人的继承和发展，20 世纪中叶以后，课程的生成性逐渐成为了主流的课程话语。生成性课程观注重过程与体验，关注经验的生成、学生的表现，倡导课程的不确定性和非线性发展，反对封闭和预设的课程思想。在我国，最新一轮课程改革之前，我们主要以传统的课程与教学论思想为指导，课程教学比较注重预成性，较少考察和研究生成性的问题；新课程改革主张吸收先进的课程思想，课程教学则比较注重生成性，甚至到了言必称生成，不谈生成就落伍的地步。

　　实际上，在课程与教学的实践领域，不管是学者专家还是普通教师，一般都不主张将预成与生成对立起来，换句话说，他们中的大多数人都持一种辩证的、折中的观点，即既重视预成也重视生成，例如："生成性课程是一种创造性的课程，是教室空间里的一种生命活动的形式。但是，生成性课程并不是随心所欲的胡乱生成，它必须基于一个在师生的动态合作中不变的目标和方向"。[1] "从实践层面看，生成往往以预设为基础，是对预设的拓展与深化或修正与调节。预设与生成是一个完整教学活动中不可分割的有机组成部分，预设里蕴含生成，生成中存在预设"。[2] "预设并不是静止不变的，而是一种策略性的准备，不仅要考虑教学的规律性与科学性，而且要考虑教学展开后学生可能的反馈和生成的问题，这意味着预设中包含生成、生成中贯穿着预设，预设与生成是一对矛盾的统一体"。[3] 这些观点较之将预成与生成完全割裂开来，非此即彼的二元对立观点，确实是一种进步；但是，如果进一步追问，预成与生成到底是一种什么样的关系？它们之间是怎样发生关系的？恐怕无法用一句简单的"预成中包含生成，生成中包含预成"就能搪塞过去。过程哲学的创造性原理或许能为我们提供一种较为清晰的分析思路。

　　受广义相对论时空观的启发，怀特海确信，不但要把时—空关系转化为构成事物的内在关系，而且应将所有的事物视为无法各自独立，彼此之间相互关联的整体。他进而指出，"现实实有"与"关系"都是真实的存在，肯定"关系"存在的真实性，并发展出相依相关性原理，是过程哲学思想的一大亮点。这一思想彻底颠覆了"只有在时间中占据一个确定的瞬间，在空间中占据一个固定的位置才是真实存在"的传统实体观。这就意味着，作为"现实实有"的预成性课程和生成性课程，可以在理论层面进行单独研究；但在实践中并不能独立自存，两者必须以结成某种形式的"动态关系"才能存在，也就是说，预成课程和生成课程之间的"关系"也是一种真实的存在，而且是一种更为本质的存在。那么，这两

---

① Bobbi Fisher and Pat Cordeiro, *Generating Curriculum：Building a Shared Curriculum*, Primary Voices k-6, VoJ. 2, Number 3, August 1994：2—7.

② 赵小雅：《课堂：如何让"预设"与"生成"共精彩?》，《中国教育报》2005 年 5 月 17 日。

③ 李森、石健壮：《预设性与生成性：教学思维的二重基本属性》，《当代教师教育》2010 年第 1 期。

者的关系到底是一种什么样的关系呢？笔者认为，它们之间的关系可以用"一"与"多"的创造性转化原理加以解释。

"一"所代表的是存在物的唯一性，而不是指整数"1"的概念，表示的是一个实际存在的复合统一体；"多"这一术语传达了"分离的多样性"概念，表示的是"存在"概念中的基本组成部分，"'多'进入复合统一体，这是事物的本质所在"。① 宇宙中事物的生成都经历了"多生成一、由一而长"的双向历程，其推动力量就是"创新性"。"多生成一"是现实实有在主观形式（构入永恒客体）主导下的综合活动，"由一而长"是现实实有获得新质，诞生新颖性的过程。这正如杜威所说的，规划来自于行动，并在行动中得以调整。

就课程领域来说，任何的课程教学活动都是一种代表"多生成一"的综合性活动，要求以某种主观形式为导向，即以某种课程的目标和要求为前件，预设未来的各项课程事务，课程预设至少涉及目标、内容、实施、资源、评价等课程教学的主要文本和活动。换句话说，课程预成是将以上课程要素整合为一个"复合统一体"，就好比是创造性原理中的"一"，离开了这个"一"而去讨论生成的重要性以及如何生成等问题，是舍本逐末的无意义行为。而课程生成是对课程预成这个"复合统一体"内各种要素及其相互作用各种可能变化的描述，代表的是课程"由一而长"，获得新质，产生新颖性的过程。"多生成一"意味着课程教学活动是一种确定的统一性活动，必须有一定的目标和方向，或科学性与规律性贯穿其中，否则它可能就是无序、混乱的活动；"由一而长"意味着课程教学是一种创造性的活动，倡导激发新颖的过程和体验，允许存在差异化、多样性的结果，否则课程教学活动将走向无生命的机械重复。总之，课程领域中的"预成"与"生成"是一对"多生成一，由一而长"的关系性存在，是一种双向转化过程。"多生成一"奠定课程基调，"由一而长"丰富课程品质，课程品质的丰富化又为课程奠定新的基调，新的课程基调下又会创造出更多的课程新质，如此螺旋式上升，以至无穷。

二 生成性课程——历史考察

以生成性思维观照课程思想史，我们发现，有关课程生成思想的论述与实践早已有之，在西方可以追溯到古希腊时代，我国可溯源至春秋末

---

① *Process and Reality*: *An Essay in Cosmology*, Correcet Ed., ed. D. R. Griffin and D. W. Sherburne, New York: The Free Press, 1978: 8.

期，苏格拉底的助产式问答法，孔子的对话与启发式教学实践，无不闪耀着生成思想的光芒。与当今课程教学中的生成性思想联系较为紧密的，可从18世纪的卢梭开始算起，经由20世纪的杜威、施瓦布等人的发展，并一直延续至今。

（一）卢梭：生成是一种自然进程

卢梭教育思想的核心是反对从先天观念和先天道德出发展开教育，主张教育要处处考虑到儿童的年龄特征和天性特点，尊重儿童身心发展的自然规律。"大自然希望儿童在成人以前就要像儿童的样子"，他反复强调"要按照你的学生的年龄去对待他"。① 另外，在卢梭看来，人的最重要的自然权利是自由，所以，遵循自然的教育必然是自由的教育，相应地，他反对传统接受式的教育方法，主张让儿童从生活中、各种活动中进行学习，学会主动学习，学会选择。从教育效法自然到培养自由人，卢梭的教育思想带有强烈的生成论色彩。

（二）杜威：社会性目的与过程性方法

杜威的课程思想包罗宏富，但其基调是反传统的，相比于强调预成的传统教育，杜威的课程思想则体现了开放和生成的价值取向。从儿童与课程关系的角度，杜威指出，学校开设的课程要符合社会性目的——培养社会的良好素质的公民；但同时又指出，课程教学不能完全受制于这一外在目的，必须坚持自身的逻辑，即坚持"教育即生长、即经验的不断改造"的原则。这表明杜威遵循的是"目的"社会本位和"过程"个体本位的"双重逻辑"。在第二重逻辑里，杜威特别强调过程和经验生成的重要性，"这就要求我们抛弃把教材当作是在儿童的经验之外的某些固定和完成了的东西的观念；停止把儿童的经验当作是固定的、一成不变的东西，而是把它当作某些变化的、在形成中的、有生命力的东西"。"教师的任务在于安排那些不会使学生厌恶，而是能唤起更多的活动、体会到比眼前更多快乐的经验活动，并能激发其去获得更多有价值的未来经验"。② 从杜威经验的课程论中可以看出，杜威所主张的课程教学，其实是一种经验的过程，教育的目的内在于过程之中，并无外在目的。

（三）施瓦布：实践中的互动

之所以说施瓦布的课程思想具有生成的特征，主要是因为他主张用实

---

① ［法］卢梭：《爱弥儿——论教育》（上卷），李平沤译，商务印书馆1978年版，第91—92页。

② ［美］约翰·杜威：《民主·经验·教育》，彭正梅译，上海人民出版社2009年版，第20、283页。

践代替理论，揭示课程的实质，即使是理论的产生也要走自下而上的实践路径，而不能走传统的概念演绎路径。在实践模式中，充分肯定教师和学生的课程权力主体地位，强调教材、学生、环境与教师各要素之间的互动，教师和学生是课程意义的创生者而不是课程的被动执行者。实践的课程范式在对"过程与结果"的关系处理上，反对脱离具体的实践情境而追逐抽象的结果，认为真正有意义的结果内化于适应学生的兴趣、需要和问题的过程之中。因而，施瓦布实践的课程范式关注的焦点是课程系统诸要素相互作用的过程，尤其关注学习者的兴趣和需要。① 可见，施瓦布的实践课程范式侧重于探究课程的过程与生成意义。

（四）斯坦豪斯：过程模式

斯坦豪斯的过程模式是对泰勒的目标模式进行批判之后提出的。过程模式不赞成预先规定教学目标，主张课程设计应建立在"过程原则"的基础之上，"过程原则"强调教学是"师生共同探讨问题与发展理解力的过程"。② 在"过程模式"中，要将学科中的概念程序、准则原理转化为"问题"，将教学过程设计成师生共同研究和探索"问题"的过程，与此同时，随着一个个"问题"的解决，师生的理解力也得到了发展和提高。为达此目的，每个教师要突破固有的课程角色限制，尝试去扮演发展与研究课程的角色，学会不断修正、改进和发展课程，使之能适应学生发展和环境改变的需要。

（五）奥利弗：基于"根基性认识"的批判课程

奥利弗反对传统的基于"技术性认识"的课程思想，认为这是一种重在描述、控制、管理的课程思想，整个课程教学由教师掌控，儿童处在外在的、对象性的位置。他主张将课程建立在"根基性认识"的基础之上，根基性认识不仅重视技术，还蕴含混沌的情感和难以用语言表达的思想和想象，使我们能感悟到与自然和文化的血脉相连。另外，基于"根基性认识"的课程强调"在场"（presence），即将课程理解为发生在特定的时间与场所的鲜活事件，而不是预设的"事实"。奥利弗的这一课程思想深受怀特海事件理论的影响，在奥氏看来，"基于怀特海'过程'哲学的课程与教学应当是，无论教师、学生、课程和教材，全都面向新事件而动；教师和学生不断地存在于事件的流程之中；教师计划的主要推动力，

---

① 张华等：《课程流派研究》，山东教育出版社1998年版，第238页。

② 同上书，第503页。

是想象在任何环境之中实现某种事件的可能性"。①

（六）艾斯纳：单一目标走向多维目标

自从泰勒提出目标模式后，行为性目标几乎就成了课程目标的代名词。艾斯纳则从整体性教育目的观出发，批判了行为目标的局限性，指出课程目标还应该包含解决问题的目标和表现性的目标。问题解决往往有不同的策略和方法，如果事先预设目标，就会扼制创造能力的养成，所以这类目标的重点不是放在现成知识方面，而应突出认知灵活性和高级策略性知识的掌握上。表现性目标则关注学生学习的即时性表现，也即学习的首创性反应上，而不是预期目标的达成，表现性目标只为学生提供学习活动的范围或领域，注重活动结果的开放性。总之，在艾斯纳看来，解决问题的目标和表现性的目标也是学习活动目标的有机组成部分，是对行为目标的有效补充，更为重要的是，这两类目标是生成的、开放的，更能培养学生的创新精神和分析解决问题的能力。

（七）多尔：发展适量的"基本张力"

多尔的后现代课程思想总体上来说在否定中有生成，具有建设性，这表现在他对待传统课程观的态度上，不像有些激进的解构主义者那样持全盘否定的态度，而是主张在继承与创新之间，保持一定张力："它应从过去的控制中解放出来，但它的确需要历史的根源以便得以成长和发展。"②多尔引用了"自组织"概念来说明课程生成的基本范式，在课程这个自组织系统中，教师和学生要突破作为"传递/接受"者的传统角色关系，转而建立一种反思性的关系，"共同参与探究，探究学生正在体验的一切"。③ 最后，多尔提出了一个整体性课程新模体——4R（丰富性、回归性、关联性、严密性），用来具体阐释他的后现代主义课程观，丰富性意味着多样性和不确定性，回归性倡导关注过程，关联性阐明了课程作为关系性存在的本质，严密性指的是智慧地将确定性与不确定性统一起来。尽管多尔的4R理论倡导生成和建构，但是他反对无根的生成，从这一点看，怀特海的过程观及其关系性基础对多尔有很大的影响。

上述这些生成性课程思想，从不同角度揭示了课程非实体特征的一面，为进一步研究当代课程的生成性特征，提供了宝贵的思想资源。

---

① 钟启泉：《现代课程论》（新版），上海教育出版社2006年版，第153—154页。

② ［美］小威廉姆E.多尔：《后现代课程论》，王红宇译，教育科学出版社2000年版，第224页。

③ 同上书，第227页。

三 生成性课程——基于过程哲学的诠释

梳理历史上有代表性的生成性课程思想，我们发现，其所包含的主题内容各不相同，[①] 这也恰恰印证了"生成"的两个基本规定——动态发展的认识论观点和万物都是过程性存在的本体论立场。没有任何事物是永恒的。新课程的产生是特定时代与环境的产物。基于过程哲学的创造性原理，生成性课程应追求如下几种品质。

（一）课程文化的转义

生成性课程并不仅仅是为了解决传统预成课程的不足，对之进行技术层面的修修补补，而要从文化、哲学高度，将之当作一种能因应时代发展的新的课程范式来看待。这里的课程文化是指课程所具有的一种文化品性，至少包括精神、制度和物质三个层面，而决定课程文化性质的是精神层面的价值观和思维方式。所以，课程生成的内在驱动力在于价值观的重塑和思维方式的创新。

1. 生成性课程的价值重塑

关注个体发展。在正常的成长环境中，学生的发展具有共性特征，比如由孱弱到强壮、由无知到有知、由感性到理性等，这些特征为预设提供了理论依据；但是，他们的发展也会受一些特殊性和突发性因素的影响，表现出个体发展的非连续性、差异性的生成特点，这是预成性课程所忽视的。而生成性课程则体现了"以人为本，差异发展"[②] 的当代教育价值追求，要求从身体关怀、社会责任和精神自由等个体发展的不同需求出发，重新思考课程的主体性价值。首先，兼顾发展水平的高低不同。人人不可能皆成尧舜，生成性课程反对抹杀个体之间水平的差距，用精英主义的标准去衡量所有人，它主张课程设置和实施要求在水平上要有梯度化的区分，以适应不同发展水平的学生。其次，允许发展方向的离散性。创新社会欠缺的不是同质化人才，而是异质化人才，生成性课程关注的是，如何为那些具有不同个性特征、价值追求、兴趣爱好的学生提供"自助餐"

---

① 例如：卢梭的尊重天性、自由；杜威的在过程中改造经验；施瓦布的在实践中互动；斯坦豪斯的围绕着问题展开教学；奥利弗的基于事件；艾斯纳的关注首创和即时性表现；多尔的探究正在经验的一切。

② 我国于 2010 年颁布的《国家中长期教育改革和发展规划纲要（2010—2020 年）》，确定了未来 10 年我国教育的战略主题：坚持以人为本、推进素质教育，重点是面向全体学生、促进学生全面发展。这一战略主题也可解读为是一种"以人为本、差异发展"的教育价值观。

式的课程，这既能满足个体不同的发展需求，也符合国家多样化人才储备的战略要求。

突破文本权威。预成性课程的统治力之所以强大，是因为它借助于文本的权威力量。在现代性社会，科学性、真理性的知识通过文本的形式被编制成各类课程，课程文本就是圣经和权威，教师和学生则是虔诚的知识膜拜者，他们唯一的任务就在于复制和传递文本知识。这是一种无视人的主体性存在的机械论教育观，是生成性课程要着重批判的论点之一。生成性课程用来批判的主要武器是哲学解释学原理。在哲学解释学中，"文本是一组以符号为载体的充满间隙的图示或意义实体（entities）"。① 要生成意义，需要将间隙填满，"文本不是意义的密封容器，而是生成意义的开放式框架。一个读者从文本那里摄入多少，取决于他入构文本的多少"。② 这就意味着，教师与学生并不是文本的再现者，而是理解者，理解不等于全盘接受，而是一种意义的创生，因为理解者总是带着自己的"前见"③与文本达成视界融合，产生出新的意义。理解是一种主体的、多样的、无限的意义创造过程。生成性课程主张以"意义创生说"作为认识论的主要观点，尊重教师与学生的视界和立场，赋予他们理解课程文本的主体地位，打破了文本对人的权威统治，反过来有助于在实践中生成和创造新的更有价值的文本。

重构课程意义。关于课程，最具有代表性的观点是将之理解为学科知识及其进程与安排，课程学习以学生有无掌握预设的知识技能为唯一的评价标准，一切都由预设的目标和内容决定，这是一种静态的、机械的课程思想。而生成性课程却认为，课程是过程取向的，是一种不确定性的存在。在预设课程中，某些知识与技能、情感和态度以及价值观还可以通过传递——接受的方式教给学生，但是在生成性课程中，由于课程是基于现实发生的问题而非教材现成的安排，故而课程目标、内容和实施过程是可变的、未定的，应交由师生，根据他们的实际与教育情境的变化自主作出调整。如果说传统实体性课程的价值仅仅是教育活动的中介和对象的话，那么生成性课程的意义就要重新书写：它是师生不断超越自我，实现理想

---

① Gracia, J. J. E. A Theory of Textuality: The Logic and Epistemology. Albany: State University of New York Press. 1995: 4.

② Liem, J. (2002) *Contemporary Hermeneutics: Bane or Boon?* Evangel, Vol. 20, No. 3.

③ "前见"，就是解释主体在理解对象之前已经存在于头脑中的意识结构，是伽达默尔的哲学解释学中相当重要的一个概念，是主体解释时的先决条件。

的舞台；是发挥创造精神，丰富人生履历的跑道；是基于主体愿望，建构个性化经验的窗口；是构筑和谐关系，实现多元共生的处所；是经历共同活动，体验生命意义的场域。

2. 生成性课程的思维创新

就传统课程教学领域而言，思维方式存在的问题主要是思维的碎化问题，具体表现为以对立思维、本质思维和线性思维等实体性思维方式主导课程与教学活动，从而将课程教学导向封闭、重复和僵化的死胡同。现代课程教学活动的生成性特征，揭示了它是一种复杂的、生成的、本质未定的社会实践活动，这就意味着不能用实体的一元化思维去把握，只有动态、关系、多元化的思维方式方能驾驭它。

关系性思维。关系性思维是对实体观的反思过程中逐渐形成的。关系性思维认为，一切事物的存在都是一种关系性存在，事物是什么，重点在于关系词"是"，而不是"事物"和"什么"，"是"决定了事物的存在本质。"宇宙作为一个整体是一个事件相互联系的无缝网，一切事物都与其他的事物相互连结，相互包含"。① 事物与事物是双向影响的关系，存在着内在的相互作用。关系性思维揭示了课程的新本质，意味着课程是联结自然、科学和人文的桥梁和纽带，并不是外在于人的客观认识对象。课程是嵌入了过去、现在和未来文化因子的有机体，它与人类文明的其他成果一样是有生命的，并与它们协同创造（co – creation）、协同显现（co – emergence）、协同演进（co – evolution）。

过程性思维。过程性思维是针对本质主义思维而提出的。过程性思维关注结果但更重视过程，因为过程是"材料、形式、转化和结果的相互交织情况"，② 只有过程才能反映事物动态发展的全貌。过程性思维关注同一但更重视差异，"一切皆在过程中；现实是流动的；没有东西可一直保持不变"。③ 同一代表着不变与稳定，差异则代表着变化与流动，稳定与不变是相对的，而流动变化则是绝对的。过程性思维关注规律但更关注创造，规律虽能揭示事物的本质，但它可能随着条件和环境的变化失效，规律并非铁律，事物发展的随机性和新颖性才是永恒的，这也为人的创造性的发挥提供了前提。以此观之，课程并不是实体性的知识或文本，而是

---

① Jay McDaniel. *What is Process Thought? Seven Answers to Seven Questions.* P&F Press, 2008: 43.

② ［英］怀特海：《思维方式》，刘放桐译，商务印书馆 2010 年版，第 83 页。

③ Jay McDaniel. *What is Process Thought? Seven Answers to Seven Questions.* P&F Press, 2008: 27—28.

一种包含材料、形式、转化和结果及其相互作用的过程性存在；课程也不是统一的标准或大纲，而是等待被赋予不同意义的虚位以待的教育情境；课程也不是机械封闭的跑马道，而是开放式的草原牧场。

非线性思维。非线性思维是为了弥补线性思维的不足而提出的。非线性思维也叫发散思维，它是一种综合考虑多种思维元素，从多角度设想，探求不同答案，最终获得问题解决的思维方式。发散性思维具有流畅性、广阔性、灵活性（又称变通性）和独特性的特征。① 如果用线性思维去分析课程，课程不管如何演进，将始终是泰勒模式的注脚；反之，用非线性思维去分析的话，我们将会冲破传统课程思维的定势，对课程进行再概念化，正如派纳等在《理解课程》中所分析的，课程可以被再概念化为历史、政治、种族、性别、现象学、后现代、自传、美学、神学、制度、国际、文化研究等不同的文本。② 尽管这些课程新文本并不一定都适合进入学校制度课程体系，但是发散性思维至少可以为课程改革提供新的方法论视角，丰富课程理论的范式。

（二）课程探究的真意：书写的乐谱与跳动的音符

在生成性课程看来，课程的开发、内容的选择以及教学的方式方法既要参照一定的规范要求执行实施，同时，也要根据课程生成变化的实情有所创造和改变，使课程品质在预设与生成之间保持一定的张力。这就好比乐曲的演奏，虽然要以乐谱所设定的节拍、旋律为基本依据，但更要融入演奏者的情感，赋予每个音符以生命的灵动，只有这样的音乐才能直击人心，具有隽永的魅力。

1. 课程开发的灵活机制

传统课程开发有两个典型特征，一是奉行自上而下的课程开发模式，二是以"效率—工具"作为主要的课程开发方法。这是追求效率至上的工业时代的产物。而当代社会日益加剧的科学、文化和人性危机，则提醒教育要体现人本化、生态化、可持续发展的理念。在此背景下，课程开发必须探究多样化的灵活机制，才能适应眼前这个现代性与后现代性交织的复杂时代。具体而言，课程开发除了要对目标与价值、社会力量、人的发展以及学习心理学等影响因素作出慎重的考虑外，还要注意深入考察以下一些发展趋势：一是课程开发模式的多样化。除了满足主流价值观，适合大规模课程开发的工学模式和科学模式，还可以根据地方、学校甚至学生

---

① 周明星：《思维创新与创造创新》，中国人事出版社 2000 年版，第 18 页。

② 详见派纳等《理解课程》（上、下），张华等译，教育科学出版社 2003 年版。

的差异，选择过程模式、实践模式、理解模式等"小众"的课程开发模式，只有这样才能满足不同课程价值主体的需要。二是课程组织方式的开放性。课程组织是一个极为复杂的领域，其围绕的核心因素不同，进行课程排序的原则也不同，目前至少有三种课程组织模式可供参考，即自上而下的模式、自下而上的模式和项目模式，① 每一种模式都代表了一种权衡或取舍，只有合适与否，没有好坏之分。三是课程设计由线性走向统整。为什么要统整课程？因为当代课程"不仅要使学生能够传递社会和世界文化的精华，还要赋予学生转变自己和塑造文化的能力，课程归根结底是为了学生的发展，而不仅是生存"。② 课程统整是这样一种课程设计模式，即超越学科的界限，通过教育者与年轻人共同合作而认定的重要问题或议题为核心，组织课程，以便促成个人和社会的统整。③ 这种方式不仅能使学生高效、轻松地获取知识，同时，也有利于教育民主化环境的形成，为社会统整奠定前提基础。

2. 课程内容的弹性开放

传统实体课程在内容处理上存在两大弊端，一是对内容进行单向锁定，分门别类地将知识安置到各个不同的学科中，造成知识的割裂，知识、经验与活动的对立；二是课程内容精英化和成人化处理，导致远离学生实际，游离于生活世界之外。生成性课程则认为，课程内容是顺应时代和青少年需求的变化而变化的，是超越知识文本的经验性存在。首先，课程内容的取向由关注学科、知识、理论等间接经验，转向兼顾问题、生计、实践等直接经验领域，体现传递文化和创造经验的双重任务。把课程视为师生的教育性经验的创造手段和创造性经验的产物。④ 书本教材是对

---

① 自上而下的模式优点在于：它坚持不懈地努力来尊重学科的结构，把学生尊重为专家中的新手。它的弱点在于：它没有认识到在成人学者和青年学生之间存在着能力、背景知识、经验、学习过程、兴趣和渴望方面的差异。自下而上模式的优点在于：它认识到青年学生利用前提技能，可以以一种不同于成人学者的方式进行学习。它的主要缺点在于它在知识结构上的盲点。项目中心课程的优点在于它试图使学生参与到真实世界中的综合任务中去。它的缺点还在于：它不能给学生展示知识的结构，不能给他们提供自己成功完成这些任务所必需的系统的前提技能。详见 George J. Posner. *Analyzing the Curriculum*, Third Edition, by The McGraw - Hill Companies, Inc. 2004：162—187.

② Ilya Prigogine and Isabell Stengers. *Order Out of Chaos*, New York：Bantam Books, 1984：56.

③ ［美］James A. Beane：《课程统整》，单文经等译，华东师范大学出版社 2003 年版，第24—25 页。

④ ［日］佐藤学：《课程与教师》，钟启泉译，教育科学出版社 2003 年版，第21 页。

过去经验的总结，是静态的知识，它只能为创新提供借鉴和基础，但本身不会自动更新；不期修古，不法可常，只有生成和创造新的知识经验才能适应或促进科技文化的进步。因之，生成性课程要求，从学生身边的生活、学习、社会、自然中，开发所有有利于实现教育目的和达成课程标准的教育性资源，建构比教科书更为广阔的资源平台，只有这样的课程内容才会永葆活力。也正因此，生成性课程主张追踪课程内容的新领域。从方法论角度分析，应关注信息学和未来学。信息学——主要目标是，利用计算机及其程序设计等技术为工具手段来分析问题、解决问题，内容领域涉及信息加工、信息资源管理、信息安全、信息传播等等。未来学——其目标是培养学生以更理性的方式去思考未来，同时教给他们一些预测的方法。从本体论角度分析，应关注社会变革的实质问题和未来趋势，并以此为据更新课程内容。

3. 教学方式的品质提升与多元化探索

传统课程教学论认为，教学方式是为了达到课程教学目的或完成教学任务而采用的活动方式。作为"目的—手段"教育范式的产物，人们在"技术"层面对之进行了深度的诠释，而很少在"价值"层面讨论它。实际上，采用什么样的教学方式，不仅关乎教学的成效，更关乎学生将来的生存和发展，它不仅是用以提高学习成绩的"雕虫小技"，而且是安身立命的大智慧。这就要求从价值观高度重新审视教学方式的重要性，并对教学方式进行品质提升。首先，克服非此即彼的思维习惯，提升传统教学方式的品质。比如"传递—接受"模式和讲授法，它们在高效、深刻地传递知识的过程中地位无可取代，不能因为它们身上固有的缺点就彻底加以否定，务实的态度是，改居高临下的灌输为在交往、互动中呈现知识的来龙去脉，提升它们的品质。其次，进行多样化的教学方式探索，以满足不同性质课程教学以及学生多方面素质发展的需要。除了传统的思维性教学方式以外，生成性课程更青睐于体验性教学方式，如调查、设计、制作、实验、服务、劳动、游戏、竞赛、创作、考察、表演等等。教学方式的多样化并不是以一种取代另一种，而是围绕着某一教学活动加以优化组合，因为没有一种方式能包治百病，"任何试图把方法本质的评述仅仅归结到单一的感知方面、认知方面、逻辑方面或其他方面，那是不完整的、缺乏根据的"。① 只有经历了丰富多彩的教学方法的锤炼后，学生的心智和能力才能得到全面的发展。

---

① ［苏］巴班斯基：《教学过程最优化》，张定璋等译，人民教育出版社 2007 年版，第 40 页。

（三）课程评价的新旨——以发展理性为统摄

课程评价至今还是个模糊的概念，不过它包括两个较为明确的评价维度，即课程的内在评价和效果评价，生成性课程要求以有利于学生发展和课程改善的价值取向统摄课程评价，是对只关注结果的传统课程评价的一种超越。

1. 关注课程的内在评价和形成性评价

生成性课程虽关注外在工具性评价，但更关注课程的内在性评价，因为只有借助于内在性评价，才能推动课程本身的发展。课程的内在评价决定课程是否有价值，是课程评价的方向和灵魂，是从价值层面对课程所作的哲学审视。对课程进行内在评价，没有统一的外在标准，一般只需回答这样的问题："这门课程有何优点？"，评价标准就是课程本身。为了对课程进行内在评价，课程评价者需要对课程的各方面进行研究，包括所涵盖的具体内容、编排内容的方式、内容的准确性、为完成内容而建议的经验类型以及所采用的材料的种类等。[①] 形成性评价是内在评价的一种具体方式，是指包括一系列为改进课程方案或课程实施而进行的活动，借此可以获得课程方案或实施的相关证据，用以改进课程计划。形成性评价是一种过程性评价，为课程设计与实施提供反馈与调整作用，从而使课程开发过程保持"开放与生成"的态势。

2. 树立课程效果评价中的发展理性价值观

效果评价历来是课程评价中的重点。它所要澄清的是课程计划或课程向学生实施之后的效果。传统的课程评价观重视预期的、短期的结果，轻视长远的发展效果，具体而言，它遵循的是这样的逻辑：不是响应我们的措施而产生的成长难以列入效果；不是被认定为正面的成果部分，不能算是效果；不是可以比较的东西，无法计入效果；计量效果的时距可以任意确定，以便及时告慰成人的期望或担心（而结果却要等到成熟）。[②] 而生成性课程则认为，效果要用生成过程及其最终结果而非预期性阶段结果来衡量，生成过程及其最终结果的体现，是一个经历结蕊开花才能瓜果飘香的漫长过程。对于生成课程评价来说，宜采用统整的评价策略，统整的评价是动态的、生长的和行动导向的。动态的特征关注学生的进步，进步是连续发展的过程，而非短期的、片段的、静态的结果。生长导向的特征关

---

① ［美］艾伦·C. 奥恩斯坦、弗朗西斯·P. 汉金斯：《课程：基础、原理和问题》（第三版），柯森译，江苏教育出版社2002年版，第347页。

② 郭思乐：《静待花开的智慧：教育是效果之道还是结果之道》，《教育研究》2011年第2期。

注学生的自我实现，评价旨在促进儿童成为懂得生存意义、富有个性特征、更加独立自主的个人。行动导向的特征表明评价意在随时修正预期目标，调整相应评价策略，以满足学生不断的生长和发展的需要。

3. 采用多样化的评价方法：重视质性评价方法的合理运用

课程评价的方法种类繁多，传统科学—实证主义取向的课程评价多采用量化的方法，生成性课程评价则倾向于采用多样化的评价方法，尤其提倡采用质性方法，因为质性方法更能体现生成性课程的理念。经由文献分析，目前与生成性课程较为合拍的质性评价方法主要有：目标游离法（goal‐free）、赋权法（empowerment）、解释法（interpretive）、艺术鉴赏法（artistic）、批判—解放法（critical‐emancipatory）等。[①] 目标游离法反对根据学生的成绩与既定目标相符的程度来判断学生的进步情况，它关心的是，收集资料以确定学生的需求是否得到满足。赋权法是"指导学生学会自助的一种方式，是通过自我评价与反思来促进教学的一种评价方式"。[②] 它相信人们总是在不断练习掌控自己生命的过程中长大成人，同时也不断倾向于对自己参与的决策做出承诺。解释法重视教育情景，关注师生进行社会建构并主动诠释行动的意义。参与者即是课程评价者，在这种评价方法中，主要由参与课程实践活动的教师和学生负责对课程或学习质量作出价值判断。教育鉴赏法主张对新课程所带来的教育生活作出丰富的、质性的描述，这种评价采用的是主观和审美的方法。批判—解放法是最为激进的课程评价方法，它依据哈贝马斯（Habermas）关于知识与意义建构的理论，根据课程能否使个体摆脱阻碍其发展与完善的社会力量的程度来判断课程的质量和效果。[③]

对上述课程文化、课程探究以及课程评价所作的课程品质分析，主要是从理论层面对创化生成课程观的结构—功能分析，而创化生成课程观最富有生命活力的部分则体现在其事实层面的实践创新上，这也是下文即将要开启的重要议题。

---

① George F. Madaus and Thomas Kellaghan. Curriculum Evaluation and Assesment. In：Philip W. Jackson, ed. *Handbook of Research on Curriculum*, New York：MacMillan Publishing Company, 2000：130—154.

② Fetterman, D. M. Foundations of empowerment evaluation. Thousand Oaks, CA：Sage. 2001：5.

③ Pinar et al. Understanding Curriculum；Madaus and Kellaghan. Curriculum Evaluation and Asessment. New York：MacMillan Publishing Company, 2000：150.

第二节　课程教学——解放与创生

课程实践活动中，教学活动占据核心地位，同时也是最富有活力的环节。在生成性课程观被日益认可的大背景下，现代课程教学实践正在发生悄然的变化，即课程教学正在由外力控制下的机械执行走向内部赋权下的解放创生。下面从理论基础、主体角色以及活动过程等维度展开进一步的讨论。

一　课程教学创新的理论基础

为什么说当前的教学活动要追求创新品质？除了克服传统机械教学活动的弊端这一现实推动力之外，过程哲学及过程教育论的有关研究也为这一转向提供了有力的理论支持。

（一）过程哲学及过程教育论的启示

1. 自我建构是心灵与身体统一的活动

长期以来，受机械论世界观和主客二分认识论的影响，教学活动被演绎成为"主体认识客体"的单向机械工艺流程。这种课程教学思想走的是自康德以来至今阴魂不散的先验主观主义道路。对此，怀特海曾有过精辟的评论：康德主义的认识论是关于客体世界是由主体经验所作的构造的理论。[①] 与康德不同，怀特海将建构的主体扩大至客体世界，提出了人以外的一般客体也是"自我组织"或"自我建构"的系统，它们作为经验的决定性力量影响着我们的经验活动。对怀特海来说，经验客体的统一性条件并不必然存在于认知主体的自我建构活动中；相反，一个客体统一性的条件存在于客体自身的自我构成、自我组织活动中，这样的客体被定义为自我实现或自我构成性"事态"或"实体"。如果说康德的先验分析在取向上是"认识论的"，把经验客体的统一性放在认知主体的建构活动之中，而怀特海的取向则是"本体论的"，使经验秩序的源泉或中心超出了自我意识的或认知的主体，达于事物本身关系性的多元领域。[②] 因此，在怀特海的体系中，建构的力量可以说是一路追寻下去的。人类的认知活动只不过是自我建构世界中的一个高度发达的复杂特例。

① ［英］怀特海：《过程与实在》，李步楼译，商务印书馆2011年版，第242—243页。

② ［美］菲利浦·罗斯：《怀特海》，李超杰译，中华书局2002年版，第20—21页。

怀特海的这一思想被建设性后现代主义思想家发展成为"泛经验论"思想，为建设性后现代主义探讨科学和哲学提供了坚实的理论基础。尽管我们很难接受诸如一块石头、一朵花也有经验活动这样的观点，但是我们却不能否认，"这里有两件事物：一个是我的身体，一个是身体四周的环境，那伸展出去的自然，这二者的界限我是不知道的。——身体和外在世界里的分子永远在不绝地交换。因此，身体和环境是有统一性的。至于身体和灵魂心智，更是打成一片，不可分割的了。那些纯界限完全是抽象的方便的说法。"① 我国学者周国平也持有类似的观点，"肉体是奇妙的，灵魂更奇妙，最奇妙的是肉体居然能和灵魂结合在一起"。② 我们的肉体也像心灵一样具有经验的能力，在课程教学活动中，不光教师和学生的心灵与思维是自主和自由的，他们身体中的各种感受器官也是经验活动的有机组成部分。教学活动并不只是知识在脑际之间的搬运活动，也不是只发生在"颈部以上"的智力游戏，而是一个需要激发全身每个细胞积极参与的体验活动。

2. 经验活动的三部曲：感受、合生与满足

经验活动普遍存在于客观世界之中——即现实实有的自我建构活动，这是一种"摄受活动"（prehension activities），"摄受活动"表明了现实实有与其所在世界的内在相关性。"摄受活动"由现实实有、永恒客体和感受（feeling）所构成。现实实有是理解的主体；永恒客体构入现实实有，使得现实实有形成某种确定的主观形式；感受是在这一主观形式支配下，或纳入（积极摄受）或排斥（消极摄受）各种客观材料，使得现实实有达到满足的程度。摄受活动并不孤立，是一种综合的合生（concrescence）过程，"在这种综合中，对先前某种状态的某种感受会沉入到后来某种状态的某种更为复杂的感受的成分之中。这样，每一种状态都增加了它的新颖性元素，直至达到一种复杂的'满足'在其中得以实现的最终状态"。③ 按照怀特海的说法，人类有意识的高级认知活动是所有"摄受活动"中最为复杂和高级的活动，是摄受活动的一个特例。教学活动从本质上看也是一种摄受活动，学生学习的过程类似于怀特海描述机体的感觉和对环境里各种数据的吸收过程。根据摄受理论所揭示的真相，教学活

---

① 何麟：《西方六大师》，北京大学出版社 2010 年版，第 172 页。

② 周国平：《守望的距离》，长江文艺出版社 2010 年版，第 19 页。

③ ［英］阿尔弗雷德·诺斯·怀特海：《过程与实在》，杨富斌译，中国城市出版社 2003 年版，第 427 页。

动不是"外铄式"的灌输活动，而是基于学生主观愿望、兴趣指向、价值取舍的自主建构活动，其最终的目的体现为实现学生的"满足"感。

3. 永恒客体：揭示"可能与创造"

在怀特海的哲学体系里，永恒客体是一个关键性的概念，通过它可以揭示万物何以可能和创造进化。创造是新颖的现实实有或现实事态的不断生成的过程，现实实有不会自动生成或改变，永恒客体为这种新颖性的产生提供了潜能或条件，加之由永恒客体所组成的领域是一个不受限制的无限领域，也就为客观世界的变化和多样性提供了无限的潜在可能性。当今流行的励志语"Nothing is impossible."（没有什么是不可能的）正是对永恒客体功能特征的最佳注脚。在课程教学活动中，作为主体的师生会面对千变万化、多种多样的主客观永恒客体，这些永恒客体通过不同的排列组合入构于教学活动，形成了独特的教学"浑序图景"。教学活动一般由主体、摄受和满足组成，看似"有序"，但是，由于教学展开过程中不同"永恒客体"的介入，导致了教学"无序"的出现。正是在这种"有序"和"无序"的相互作用或相互转换过程中，教学活动的创造性品质才能彰显出来。

4. "遵循兴趣"和"知识即对话"

怀特海根据其过程哲学思想，发表了以《教育的目的》为题的系列讲座，形成了过程教育的系统思想。过程教育思想的核心观点之一，强调教育要激发学生的兴趣，"儿童一开始接受教育起，就应该体验发现的乐趣"，"不管学生对你的主题有什么兴趣，必须此刻就唤起它"，[①] 因为兴趣是专注和颖悟的先决条件，是智力发展的助推剂。"你可以用教鞭来极力引起兴趣，或者通过愉快的活动激发兴趣，但没有兴趣就不会有进步"。[②] 另外，儿童的学习兴趣会随着智力的发展呈现出节奏性的变化，"一般来说，教育的全过程受这种三重节奏的支配。浪漫阶段一直延续到13 岁或14 岁，从14 岁到18 岁是精确阶段，18 岁到22 岁是综合运用阶段"。[③] 根据智力发展节奏的三个阶段，课程内容也应作出相应的调整，以激发学生的兴趣，在浪漫阶段侧重于语言学习，精确阶段侧重于科学知识的学习，到了综合运用阶段则应将重点放在指导学生如何将概念原理应

---

① ［英］怀特海：《教育的目的》，徐汝舟译，生活·读书·新知三联书店 2002 年版，第 3—11 页。

② 同上书，第 56 页。

③ 同上书，第 67 页。

用于具体的场合，达到转识成智的目的。

知识学习历来被解读为一种封闭的"目的行动"，目的行动关注的是，单独的教学主体（这里的教学主体既可指教师也可指学生）能否有效地运用各种手段获得知识，所以，传统的课堂教学大多是围绕着某一领域的知识展开的封闭式的活动。实际上，"实在是难以言状地复杂，也许是无穷地复杂，无论人们讨论的是作为整体的实在，或是特殊的事物，比如人体，甚至单一的细胞。然而我们的心灵，我们的认知过程，却是全然有限的，易错的，无论如何也避免不了无知，可羞的歪曲，以及形形色色的小错误。"① 在过程哲学看来，只有通过扩大知识领域，与不同学科的人，甚至分支学科的人对话，"我们才能部分地克服实在的无穷复杂性与我们有限的视域二者之间的不匹配"。② 以此观之，知识教学是师生、生生之间借助跨学科的知识平台，通过问答、辩论等对话行为，达成对教材文本知识合理的共识，若不能达成共识，也允许质疑和批判，而不是师生围绕着教材文本进行机械的解读和传递。

（二）过程哲学中的人学思想

1. 人的精神世界既是丰富的，又是统一的

过程哲学认为，人的身心构成是一个有机整体，即使是矛盾的、不合逻辑的、暧昧不明的、潜意识的等所有难以言传的心理现象，也应值得我们去关注。基于传统的科学主义和逻辑实证方法将无法检测到行为背后的复杂心理现象，只有通过考察人与外在环境的互动过程，并通过想象性的概括，才能把握人的丰富精神世界，这个精神世界涉及个体内在的感知觉、认知、意识、情感、兴趣、能力、审美、自我概念等人格因素，这些人格的构成要素并不是孤立的特质，而是统合为一个独特并富有规则的整体。就人类的学习行为而言，研究者长期习惯于关注个人外在的行为，而忽视了他们内在的体验、信念、价值、抱负和希望等，其实这些才是影响个人学习的主要因素。有鉴于此，过程哲学把学习看作是一种创造性活动，是学生的主动建构及发现事物意义的活动，相应地，教学不仅要关注学生的行为表现和最终的学习结果，更应关注他们在学习过程中的价值观、情感和态度等方面的变化，并通过例如加速、鼓励、协助、提供机会等手段，促进学生的有效学习。

---

① ［美］大卫·雷·格里芬：《怀特海的另类后现代哲学》，周邦宪译，北京大学出版社2013年版，第127—128页。

② 同上书，第128页。

2. 人是选择性和创造性的自我负责者

在过程哲学看来，人是一个由决定性和自我决定性关系构成的价值有机体。人不可避免地会受到遗传素质、环境以及其他各种存在的限制，但在对待处理这些条件时，人并不是被动的，而是主动的、自由的。也就是说，人的行为既不完全受制于遗传特质，也不完全受制于外界刺激；行为不是对过去的复制，而代表着个人的自由选择。人们当下所具有的意识行为，不是精神分析论所谓的是潜意识和儿童期影响的结果，而是自己选择所致。人的选择受价值取向影响，而价值又取决于人的需要动机，由此推断，学习者的内在需要和动机是学习的原初推力，任何成人的选择和过度的控制只会削弱他的学习能力，靠机械的思维训练生吞活剥各种知识，必然会扼杀学生的自主性、自尊心和生命力。过程哲学家相信，人本质上就是一个现实实有（或现实事态），具有自我调节、自我指导的本性，这就要求教学过程应以学习者为中心，充分调动学生的主动性、积极性和自决性。

启发想象力、创造力是过程哲学的另一个重要主张。怀特海在《教育目的》中多次提到，教育的目的在于培养人的创造性。因此，教学的基本任务之一是激发学生的创造灵感，培养学生的创新意识，提高学生的实践动手能力。当学生自己学会了创造性地选择学习方向，积极参与发现新的教学资源，自由地阐述自己的见解，自主决定自己的学习方式，自己承担选择的责任时，其学习效果要比机械接受的学习大得多。

3. 生命的价值在于自我实现

过程哲学强调现实实有的自我构建和积极摄受，推及人的发展，则倡导学生的潜能开发和自我实现。开发潜能是培养面向未来需要的人的前提条件，每个人都有"自我保护"与"自我赋值"的内在驱动力，这一驱力促使个体寻求"圆满的自我"。怀特海认为，个体就像一个现实实有，他（她）有一种基本的倾向和努力，这就是尽力促进自身价值的实现、维护和提高，即追求"满足"的状态。基于潜能开发和自我实现的目的，情意教育与感受性训练理应成为当代教学的主要任务。情意发展，其主要目标是培养学生自我认知、自我接纳，进而养成律己善群的良好人格；感受性训练是个体意义发现的起点，是指通过强调学生心理体验过程中的愉悦性，培养个体对学习的感触或感知力。

二 教学主体角色的解放

主体，作为一个哲学范畴，有多重含义。一是指"实体"，可解释为事物的属性、状态和作用的承担者；二指"事物的主要组成部分"，比如钢结构框架是建筑物的主体部分；三是逻辑学上的意义，指一个判断中的主语、主词；四是指人。[①] 这里取第四种意思，指和"客体"（nonego）相对，对客体有认识和实践能力的人。无论是认识客体还是投身实践，主体永远与活动相伴相生，离开了活动，主体只是一个抽象、空洞的概念，毫无意义。

在教育领域，课程教学活动主要由教师和学生共同完成，这就给人们一种错觉：教学活动的主体要么是教师，要么是学生，别无第三者，从而也就有了围绕着"师"和"生"孰为主体，至今争论不休的各类"主体"说。[②] 在笔者看来，在我国的学校中，不管是教师，还是学生，严格意义上说都不是教学的主体，若非要说是主体的话，那也是"形式性的主体"而非"实质性的主体"。所谓"形式性的主体"，也可理解成为"有限的主体"，是指在具体的教学活动（比如一节语文课或一节数学课）中，教师和学生相对于教学内容或书本知识来说，是认识的主体；但是教师和学生的主体身份受课程标准（主要是教学目标）和评价标准（主要是升学考试）严格限制，甚至师生所要采取的教学行为也有明确的规范。这说明师生还处在控制性课程的严格束缚之中，控制性课程留给师生的自主创造空间极为有限，说得极端一点，师生好像是"提线木偶"，他们的言行完全由外部力量所控制。

新课程改革倡导变革教学方式，探究有效教学，其前提是要解放师生，让他们真正成为教学活动中的"实质性主体"。所谓"实质性的主体"，也可理解为是"解放的主体"。一方面是指师生不仅是教学活动中相对于知识客体的认知主体，他们还应享有一定的教什么、学什么以及如何教、如何学的自主权，换句话说，师生的主体行为权利应从教学执行上升到教学决策层面。另一方面，师生还应该是意识被唤醒了的个体，意识到自己不仅是认知主体的角色，还要承担社会交往主体和他者伦理主体的角色。最后，"解放的主体"指向的是学生的主体解放，这是最具彻底性的教学主体解放。

---

① 孙迎光：《主体教育理论的哲学思考》，南京师范大学出版社 2003 年版，第 33 页。

② 综合分析我国改革开放以来的相关文献，到目前为止，教学主客体的研究主要的观点有：教师唯一主体论、学生唯一主体论、双主体论、主导主体说、三体论、主客体转化说、复合主客体论、过程主客体说、层次主客体说、主客体否定说等。

（一）唤醒主体角色意识

任何制度化的课程计划和纲领性的教学要求，必须经由师生的内化才能由理想变为现实，控制性的课程造就的必定是唯上唯书的奴性人格，这与我们倡导的培养创新性人才的新课程理念是相悖的。在教育这一权力链条中，教师和学生被认为是教育力量层级中处在底层的一极，代表受控制、力量较少的一方，可恰恰是被认为身轻言微的他们，却决定着课程与教学的走向和效果。当然，教师和学生的力量发挥基于一个前提条件，那就是他们必须有很强的主体角色意识，并且具备课程开发与创新教学的能力。

师生作为教学主体的角色意识不会自动生成，而需要通过"引诱"来唤醒。"引诱"（lure）是怀特海"摄受论"（the doctrine of prehension）或者"感受说"（the doctrine of feeling）中的核心概念，用来解释现实实有的生成特质。引导现实实有达成"满足感"的"主观目标"是产生"引诱"的主观方面；构成现实实有可能性的"永恒客体"是产生"引诱"的客观方面。这就是说，一方面需要通过让渡权力来提供客观方面的"引诱"，另一方面则要通过解放自我营造主观方面的"引诱"，才能唤醒师生的教学主体意识。

教师和学生作为教学的主体，不能仅从事实层面予以确认，还必须上升到德性层面加以考量，"校长、教师、学生"三种视野应当永远处于课程共同体的核心，唯有如此，方能保证课程改革的道德性。① 德性的课程是一种权力共享的课程，教师和学生分享课程与教学的权力是天经地义的事情。当然，向师生赋权并不是说置制度化课程与教学的要求于不顾，放任实践的胡作非为，而是指在目标设计、内容选择、实施策略、评价标准等方面留出弹性空间，给师生发挥自主性和创造性提供留有余地。

令人忧虑的是，即便是新课程采取了下放课程权力（例如实行三级课程管理体制），以课程标准取代教学大纲，引入发展性评价机制等举措，试图给教师和学生松绑，但是由于长期以来积累下来的"主体性意识缺位"，教师和学生养成了"等、靠、要"② 的陋习，已经失去了对教

---

① 张华：《道德的课程改革与民主的课程领导》，《全球教育展望》2006年第4期；这里的校长也可以理解为是教师群体中的一员。因为相对于学生而言，校长和教师都是育人者，只不过他们在工作职责和分工上有所区别而已。

② "等、靠、要"是一种对师生缺乏教学主体意识的形象说法。"等"是指等待官方和行政的教学计划指令，无指令不敢贸然行事；"靠"指的是对教科书和教学参考书的依赖，离开了教科书，师生的灵魂便无处安放；"要"是指到处搜罗各种考试材料和标准答案，除此之外，一切其他的东西均被排斥在教学视野之外。

学的热情和创造冲动。如何唤醒他们的主体意识？除了赋权这一客观"引诱"之外，还需制造主观的"引诱"，使师生能从教学过程中体会到精神的自由，思想的解放，交往的快乐，身心的归属，从而获得某种"满足感"。这就需要"活化"与他们朝夕相处的课程，通过把课程视为有生命的"主体"，构建生命化的课程教学活动，让教师和学生全身心地投入其中，不仅学习到了地球、太阳之间的距离和引力的知识，还能感受到落日余晖的壮美。在这里，课程与教学不再是对教师和学生施加控制的力量，而是他们追寻主体性，获得自由与解放的过程。

（二）扩大主体角色范畴

人是自然性、社会性和思想性的统一，是物质世界、交往世界和精神世界三个世界的统一。[①] 作为教学主体的师生也具有三性统一的复合特征，那就是对象化认识活动中的主体性、教学交往中的主体间性、责任伦理关系中的他者性。

1. 对象化认识活动中的主体性

当代教育是一个悖论：教师和学生们追求着生活的个性，同时却又在丧失着思想与精神的主体存在。表现在教学活动中，师生虽能一定程度上体现对象化认识活动的主体性，但却是一群"戴着镣铐的舞者"，他们在教学活动中的认知行为并不能完全自控，而是受制于教条和指令。对于对象化的知识和文本，不能一味地行膜拜礼，全盘接受，因为并不是所有的知识都是正确的、有价值的和普适性的，在指定性知识文本面前，教师和学生应享有选择与建构的自主权。选择是一种自主权，有选与不选的自由，相当于过程哲学中的"摄受"，可以是积极摄受，也可以是消极摄受，积极摄受是对知识的正面接受，被内化到主体性人格中去，消极摄受是对知识的否定排斥，是一种主动的"剔除"行为，虽然被剔除的知识没有形成正能量，但是这些被排除的项目却已成为你真实经验中的一部分了。建构是另一种自主权，是在选择的基础上对知识的进一步处理，是将知识转化为意义的过程。意义的建构有社会建构、个体建构和发展建构之分，传统的教学倾向于要求师生对知识进行意义的社会建构，即求同去异式的建构；而创新课程视野下的教学则希望发展师生对意义的个体建构和发展建构，即求同存异式的建构。个体建构和发展建构的共同信条是：认为学习过程是主动建构的过程，知识不是被动获得，而是由认知主体主动

---

① ［美］卡尔·波普尔：《客观知识》，舒炜光等译，上海译文出版社 2001 年版，第 114—201 页。

建构的结果；人在建构经验世界适应客观世界的同时，也建构了自身；反省自我、解放自我、发展自我、实现自我价值才是我们建构知识的目的。①

2. 教学交往中的师生主体间性

"主体间性"一词首先由拉康提出，他认为，主体是由其自身结构中的"他性"说明的，这种主体中蕴含的"他性"就是主体间性，后来它成为了现象学的核心概念，意指主体与主体间是一种共在关系，也即交互主体性。以怀特海哲学为根据的建设性后现代主义也持有类似的观点，认为人际关系是主体间的内在关系，而非外在性的主客体关系，不存在原子式的个体，人总是处于社会关系之中。② 近年来，师生主体间性被教育界作为教育交往中的专有名词广泛运用。师生主体间性，就其实质而言，是为克服孤立性、实体性、对立性的主体观而提出的，是一种关系主体观，"师生间是一种互为主体的关系，是'我—你'关系，而不是'手段—目的'、'人—物'、'主体—客体'的关系。"③ 在笔者看来，在师生教学关系中，双方都应将对方看做是与自己一样具有能动性的主体，而将在教学交往过程中不断被改变着的关系形态作为他们共同的客体，如果沿用实体思维的方式描述师生关系必然会遮蔽二者之间的真实关系。教学中的师生主体间性，主要是指师生通过交往合作、协商对话、相互理解等教学行为所形成的主体间关系。在交互主体的关系中，教师和学生都保有各自独特的主体性，但彼此之间却敞开精神世界，他们借助于听说、问答、商讨、游戏、劳作等交往活动，展开对话，达成理解和共识，在互动中分享知识、经验、智慧乃至人生意义。交往教学的最高境界是，师生之间能从对方的角度移情地理解他（她）的思想感情，彼此能够进入对方的内心世界，达成精神上的契合。

3. 责任伦理关系中的他者性

赫尔巴特说过，任何教学都具有教育性，道出了教学实践是一种伦理实践的本质。在教学中，教师和学生除了科学（认知主体）、社会（交往主体）的主体身份外，还有一个伦理主体的身份，要求对他者（包括他人和他物生命体）有充分的尊重和责任。以他者伦理（ethic of the other）审视我国当下的师生主体身份，还存在着不少的缺憾。例如存在社会学意

① 郭本禹：《当代心理学的新进展》，山东教育出版社 2004 年版，第 305—308 页。
② 黄铭：《过程思想及其后现代效应》，宗教文化出版社 2010 年版，第 212 页。
③ 金生鈜：《超越主客体：对师生关系的阐释》，《西南师范大学学报》1995 年第 1 期。

义上的歧视"他者"现象,这里的"他者"主要是指那些地域性、阶层性、困难性"他者",像外来务工子女、"寒门"子弟、学习后进生等等,往往得不到应有的尊重和平等的对待。再如,生态学意义上的歧视"他者"问题,当下我国的师生主体对改善生态、保护环境的重视和实践还远远不够。从教学伦理的意义上讲,一个人只有完全具备了关注他者生存、包容差异性的德性,才能超越以"个性"、"独立"、"民主"、"自由"等作为粉饰的"个体主义",成为一个真正合格的教师或学生。因而对于教学而言,首当其冲的问题便是促使个体承担起善待他者的伦理角色。

(三)学习者中心原则

传统的学习观中,学习者等同于接受者,是被支配的边缘化角色,主角则是制度化的课程。"传统教育的主要目的是通过传递组织好的知识储备和预先确定的行为方式,来使新一代为其未来的任务和生活的成就做好准备。由于这些知识和行为方式都是从过去时代继承而来的,因此,学生一般必须具有柔顺、富有接受性和顺从等特征。"① 儿童的生活在传统的教育中之所以不被重视,主要是因为,我们从成年人的角度理解生活的乐趣、意义和价值,"教育就是为了未来生活做准备"这一论断就是对这一原因的最好诠释。殊不知,儿童的生活需要和价值诉求自有这一年龄段的独特性,甚至有时完全与成人世界相反,只可惜成年人却丝毫不记得自己在童年时代的那段美好生活,不会站在他们的角度看世界、想问题。

记得曾经去一所初中听一节"感恩教育"的综合实践活动课,在播放了有关感恩主题的宣教片之后,教师叫学生自由发言,谈谈自己该对生活中的哪些人或事感恩,学生们纷纷发言,他们的感恩对象无非是朋友、同学、老师、父母、党、国家等诸如此类的对象,都得到了教师的肯定和表扬。这时,坐在最后一排一个胖胖的男生怯怯生生地说,"我要感恩椅子,是它不怨辛劳让我坐得舒服。"换来的却是同学的哄笑和老师的一声"哦?你是这样想的"失望的回应。我看着这位可爱的胖男孩尴尬地站在那儿,心里真是五味杂陈。

我觉得,在这节课中,这位学生的回答最特别,也最富有创意,为什么没有得到老师的积极回应?据课后与执教老师交流后我才明

---

① [美]约翰·杜威:《民主·经验·教育》,彭正梅译,上海人民出版社 2009 年版,第277 页。

白，原来她觉得这位学生的觉悟有点低，那么多"人"可以感恩，没必要去感恩没有生命的，只是"器具"的椅子。说白了，这位学生的答案不符合主流价值观和老师的"理想标准"，所以被看轻和忽视了。这是典型的"教者中心"思维在作祟，在这样的课堂中，学习者只是棋子、演员和学习机器，他们的灵感、个性、创造性被抹杀得一干二净，这显然不是创造性课程理念所提倡的。如果从"学习者为中心"的思维出发，从这位胖男孩的身上，可以至少挖掘两个教育的"闪光点"，其一，要肯定他的发散性的创新思维；其二，要肯定他的答案的价值，一个连没有生命的椅子都知道去感恩的孩子，他一定是一个懂得大爱的人。

创新性教学倡导以"学习者为中心"，是指承认学生是可信赖的有机体，教学以学生为中心；教学的目的在于培养"完整的人"，着重于对学习者学习行为的创新特质的培养；教学过程是给予学生自由思考、引导自我选择、学会承担学习责任的过程。总之，让学生参与到建构他们自己的意义和学习中去，是教育学的基本理念——他们学到更多，获得了进一步走下去的动力。[1]

三 教学活动过程的创生

(一) 从机械思维走向创生思维

经历最初的经验总结（如昆体良、夸美纽斯等），到后来的科学研究（如赫尔巴特、斯金纳、奥苏伯尔等），教学过程被认为是一个具有规律性的连续过程，正是根据这一教条，现代教学常常被设计成一种常态化的、渐进式的模式化运作过程。例如，一讲到知识的传授，我们就会联想到"五段教学法"，一讲到知识的探究，我们就会想起"探究三部曲"。[2]这是一种脱胎于古典物理学观念，即"一切自然的过程都是连续不间断"的机械教学思维。

1900 年，普朗克提出了量子假说，打破了"连续自然观"的传统定

---

① ［美］Michael Fullan：《教育变革的新意义》（第四版），武云斐译，华东师范大学出版社 2010 年版，第 143 页。

② "五段教学法"，这是最被我国中小学教师认可的知识传授过程，包括引起求知欲、感知教材、理解教材、巩固知识、运用知识等五个环节。"探究三部曲"，是近年来对国外发现学习、探究学习、问题学习、范例学习等引介基础上，开始流行于我国中小学的知识掌握模式，包括明确问题、深入探究和作出结论三个环节（详见王道俊、郭文安《教育学》，人民教育出版社 2009 年版，第 183—200 页）。

论。这个理论指出：能量在发射和吸收的时候，不是连续不断，而是分成一份一份的，这一份份的能量必须分成有限的、最小的单位才能发射和被吸收。普朗克所揭示的自然真相明白地告诉我们，这样的连续性是不存在的。普利高津的耗散结构理论进一步发展了量子力学关于事物发展是跃迁的、不确定的思想，在普利高津看来，如果现实世界始终保持平衡或接近平衡的系统状态，那么将是趋向灭亡的前兆，而世界之所以到现在还充满生机，是因为它由无数个具有转化性变化的自组织构成，正是这些"不安分"的自组织因子打破了四平八稳的平衡态，实现了对原有秩序的超越与更新。过程哲学认为，宇宙世界并不完全是稳定有序和均衡发展的存在，它还是一个不稳定、无序、不平衡、非线性的存在。包括教育活动在内的社会有机系统也是如此，概莫能外。由是观之，课程教学过程也应该表现为一种常态和非常态、循序渐进和跃迁突进并存的运行方式，用多尔的话来说，就是要充分展示教学中各种因子的相互作用，发展一种"舞蹈型课程"。①

（二）教学中的"惯习"和"异习"

一个人除具有惯常的性格、精神状态和行为习惯外，还有潜在的要求变化和创新的性格因子，在环境不变的情况下，这些因子是暂时休眠的，而当周围的环境发生变化时，比如课程改革的到来，那些潜藏着的分离的因子将通过参与改革活动，组合而形成一种全新的性格、精神状态和行为习惯，这就是说，每个人都会在剧烈动荡的环境下形成一种"异习"，教学中的"异习"实质上是指教师身上所产生的一种求异思维，以及表现出的"不走寻常路"的教学创新行为。"异习"有两种情况：一是与共同规则的不同；二是与自己以往的风格、做法不同。教学中"异习"不会自动产生，因为教师采用"惯习"的成本和代价要远远低于"异习"，除非外部环境的压力大到足以摧毁"惯习"的程度。进而言之，教学"异习"还有赖于主体的自觉，正如怀特海所强调的，任何现实实有都具有自决的潜能，关键是如何去激发它。

教学"异习"产生一般经历以下几个环节：一是，准确察知。意味着教师能对自己所处的教学变革环境有一种高度的敏感性，意识到改革的不可逆转性和重要性，并能及时为教改做好思想和行动上的准备，而不是过分迷信"惯习"的可靠性。二是，体验成长的乐趣。尽管打破"惯习"

---

① 详见［美］小威廉姆 E. 多尔：《后现代课程论》，王红宇译，教育科学出版社 2000 年版，第 149 页。

是非常痛苦的，但是教师在教学"惯习"中体验到的只会是平淡无奇，甚至是麻木不仁，从而将教学当作一种纯粹谋生的活计，毫无乐趣可言。而"异习"却能带给教师新奇的，甚至是高峰体验，并能使他们体会到专业成长的快乐。三是，学会适应。教师在教学中的"异习"行为并不是偶尔为之，而是一种新的"惯习"行为，教师要学会习惯于"异习"，比如以前我们习惯于传递接受教学，而现在则要习惯于合作、探究、交往以及其他更新的教学方式，这是一个需要意志力支撑和付出艰辛努力的过程。四是，形成信念。经历了对教学"异习"的感知、体验和行为训练，最后形成"'惯习'诚可贵，'异习'价更高"的教学信念。虽然并不是所有教师都能达到这一境界，但是正如孔子所言，"我欲仁，斯仁至矣！"只要每一个教师主观上有创新愿望，教学创新就不会是虚渺之物。

（三）教学是师生共同的"探险活动"

说教学是一种过程性存在，具有情境性、生成性、跃迁性、不确定性等特征，其意并不在于强调教学是一个过程而不是一个实体，而在于澄清教学的这些特征并非是外在的、先在的，而是随着教学过程的展开随机产生的，教学变数嵌套于过程之中。这注定了教学是一项兼具科学性和艺术性的工作。教学需要遵循一定的规律、规范和流程，这是其科学性的一面，但教学同样面对未知或突发事件的挑战，需要创造性地加以处理，这是其艺术性的一面。对于师生来说，教学也具有两面性，一面是平淡无奇的"例行公事"，另一面则是扣人心弦的"探险活动"，两者是基础和提高的关系，"从事实上观察，教学之初步，乃是科学，而教学之极境，实为美术"。① 教学的科学性要求，其主要价值体现在培养人的规则意识、实证思维和求真态度，但绝不会允许人们怀疑和批判已有的科学法则和公设，除非发生科恩所谓的"范式转变"，过于追求教学的科学性势必导致思想的禁锢和想象力、批判力的衰竭，正如怀特海所担忧的："科学不能在自然界中发现个体的享受；科学在自然界中不能发现目的；科学在自然界中不能发现创造性；它所发现的仅仅是一些连续的规则。"② 对教学科学性的片面追求，也与新课程所倡导的培养学生的创新精神和实践能力的宗旨相违背。

基于上述分析，从艺术的高度研究教学，将之理解成为师生共同的

---

① 萧承慎：《教学法三讲》，福建教育出版社2009年版，第125页。这里的"美术"相当于现代汉语中的"艺术"。

② ［英］怀特海：《思维方式》，刘放桐译，商务印书馆2010年版，第141页。

"探险活动"，是对教学高级境界的追求，也是未来教学发展的必然取向。具体而微，教学"探险活动"有这样一些基本要求：

1. 培养学生的创新精神和实践能力将是教学最为重要的历史使命；
2. 以学生学习为中心建构不同的教学策略；
3. 鼓励学生提出独特而精彩的观念，这是创新的萌芽和前奏；
4. 特别关注生成性的课堂情境，教学进程和策略应依据课程情境的变化做出调整；
5. 不仅将教学活动看作是艺术的表达，更是一种对生命意义的践履。

（四）从知识传递式教学走向文化参与式教学

知识教学做到极致，也只不过是"没有灵魂的卓越"。[①] 在我国而言，传统的知识教学模式，虽然体现了工具理性、科学理性、政治理性，唯独缺失了发展理性；原本是一种文化传承活动，却抽离了文化的深刻内涵，只剩下干瘪的知识外壳。而文化参与式教学是指将教学看作是多元文化交汇，适应多种学习风格，发展学生不同素质的文化复归活动。在这场运动中，教学的职能发生了深刻的变化，具体来说，有下面一些基本发展取向：

要求每一个学生都要理解自身就是文化建构的主体；

鼓励和涵盖来自不同地域、阶层和文化圈的声音及来自不同视角的看法；

具有内在的互惠性，教师和学生都能够从中获取一定的"满足感"；

要求对"差异"的理解和尊重，而不是排斥"异己"或遗弃

_____

① "没有灵魂的卓越"这个词取自于原哈佛大学校长 哈瑞·刘易斯所写的同名书——《没有灵魂的卓越》，这是一本关于哈佛是如何忘记教育宗旨的评论尖锐的书。书中向我们描绘了美国常春藤联盟大学，是如何迅速从教育机构演变成商业性机构，而哈佛又如何成为这一进程的引领者，同时也揭示了哈佛的办学目标是如何从真正的教育向迎合消费者需求方向发展的。刘易斯认为，美国各顶尖研究性大学正为追求卓越地位展开空前的竞争，就竞争的激烈程度和所取得的成就而言，哈佛是独一无二的。但是，在争夺优质师资和生源的过程中，哈佛忘记了本科教育的根本目的——把年轻人培养成具有社会责任感的成人！

"处境不利者";

　　要求课程教学能及时"映射"社会荣耀或弊病,并鼓励人们参与创造荣耀或针砭时弊的行动之中,承担起作为社会主体的责任;

　　要求通过不断的努力来打破神话与特权,并且使获取知识和把握机会更加容易;

　　鼓励在理解与存在方面的创造性,发展审美体验,追寻自我和人类的改善。

　　总之,在文化参与的教学思维看来,教学活动过程不仅是获得知识的过程,还是情感陶冶、审美体验、思维启迪、价值观碰撞、实践动手能力锻炼,以及养成对他人(社会)的责任感的过程。教学是一个充盈着各种文化因子及其相互激荡的令人甘之如饴的精神之旅。

第三节　课程变革——"根"与"翼"的耦合

　　课程领域的创化生成,除了上述两个面向,还直接表现在课程变革的历程中,从某种意义上说,课程变革既要面向未来,谋求创化和生成,使课程增添"翼"的魅力;同时又要根植于历史与现实,讲究继承和发展,使课程永葆"根"的本色。

一　课程变革是"摄受—满足"的经验事件

　　课程变革一般是指课程领域内的某种革新、改革或变化。主要通过课程理论的革新以及在课程理论指导下的实践探索予以实现。[①] 课程变革是推动课程发展的持续动力,其所蕴含的特质就是创造和生成。每一次课程变革,都是基于当下,反思传统,面向未来,摄入正能量,排除负能量,希冀达成"满足"的经验事件。

---

① 张晓瑜、赵鹤龄:《"误置具体性谬误"与课程变革》,《教育理论与实践》2011 年第 7 期;与课程变革(curriculum change)类似的概念还有课程改革(curriculum reform)、课程革新(curriculum innovation)等。根据《简明国际教育百科全书·课程》的解释,课程变革是一个总体概念、上位概念,而课程改革、课程革新是下位概念,指某一种具体的课程变革,比如某一学校的课程变革,教科书的重新编写等。在本书中,对上述几个概念不作刻意地区分,默认为是可以通用的概念。

（一）课程变革中的"摄受"

从过程哲学的摄受原理看，构成课程变革本性的生成过程实际上也是课程变革的摄受过程。摄受过程是课程变革中的自我—创造活动，在此活动过程中，课程变革不但摄受了各种复杂而多样的课程素材（包括物理性素材和概念性素材），而且经过其主观抉择，逐步使自身从一个不确定的混沌状态转变为一个有序而确定的统一体，进而达到"满足"的状态。

首先，课程变革是社会性摄受活动，体现其社会适应功能。这一功能的前提假设是，课程变革应该并能够服务于社会变迁或文化革新。受此功能观影响，课程变革往往将摄受的关注点放在外部社会基础上。20世纪60年代以来，受非理性主义思潮和新教育社会学思想的影响，课程变革的社会性摄入逐渐成为了西方课程社会学研究的主题之一。新教育社会学代表伯恩斯坦（B. Bernstein）认为，课程知识组织与传递的更迭不只是教育问题，更是文化传递问题，因为它反映了这个社会的权力分配和控制原则，以及文化传递的结构与变迁。符号互动理论代表米德等人认为，学生学习是借助社会互动，生产、交换符号，解释和建构生活世界意义的动态过程。人种志方法论运用于课程研究，旨在探讨教师如何将带有意识形态色彩的知识转化为学生们容易接受的"客观知识"，并帮助学生融入社会现实。新马克思主义学者主张反思课程编制和实施中的"价值观念"和"意识形态问题"，认为社会特权组织所希望实现的价值观念和行为准则，被教育者们用来通过课程和文本的设计得以完成和塑造，并用来计划、组织和评价在学校中所发生的一切。[①]

简言之，历史上的每次课程变革总是在社会性摄受基础上而成就自身的，只是因时代不同所摄受的社会因子各有区别罢了。

其次，课程变革还是自我—创造活动，也可理解为是课程的一种自我更新功能。课程变革不单纯是被动适应社会变化的活动，它还具有一种自我更新的品性。具体而言，课程变革是一项追求完形的人文社会工程，需要借助工程思维，[②] 将摄受的重点放在课程运作过程中的相关属性上，对

---

① ［美］迈克尔·W. 阿普尔：《教育与权力》，曲囡囡、刘明堂译，华东师范大学出版社2008年版，第19页。

② 工程思维旨在将主客体（实体）之间的各种价值联系非逻辑地复合在一起，并据此去设计工程完形。它是一种以特定价值为导向的非逻辑的思维方式，反对本质化，鼓励多样性。在课程变革中，工程思维的本真价值目的是筹划理想性改革实体来满足价值主体（包括社会和个人）的需要，对课程变革所涉及的异质属性进行非逻辑的复合，完成对课程变革的完形设计。

它们进行非逻辑的复合，从而完成自我更新和超越，进入更高一个层次水平。

课程变革作为实体完形，包含各种繁纷复杂的属性，我们不能从一个属性出发，逻辑一贯地推导出其作为实体完形的所有属性，作为课程变革实体完形的所有属性，它们的关系取决于必然与偶然的共同规定，各种属性之间并不必然具有逻辑联系。[①] 例如：文化传统、意识形态、社会需求、理论思想、学科知识、学生实际、教师素质、师生关系、教育哲学、教学实践、校园文化、物质资源、评价机制等等，都是课程变革中所要考虑的构成属性，它们之间并不具有天然的内在逻辑联系，必须对这些属性进行非逻辑的复合，才能使它们服务于课程变革的完形设计。这就好像是拼一幅完形图，只有把每一小块安放到合适的位置，才能拼出一幅完整的图片，哪怕有一小块缺失或位置有误，都会影响到完整性，而每一小块之间并不一定具有内在必然的逻辑关系，它们只对整体完形负责。

最后，课程变革中的摄入活动还包括一种切断。上文所分析的两种摄入活动是课程变革中的积极摄入活动，实际上，课程变革还包括消极的摄入活动，用过程哲学的术语来说就是"切断"（cut off），即将那些不符合课程变革主旨和需要的课程属性排除在外。课程变革由大量的各种课程属性组成，如若将每种属性比作是一个蘑菇，那么课程变革就像是一个大型的"蘑菇场"。"蘑菇这种植物既可能是有营养的，也有可能是有毒的，它们中的一些能够帮助推进变革进程，而有些则会侵蚀变革过程。"[②] 所以，课程变革过程中的切断行为，就是干预"蘑菇"的行为，将那些有营养的"蘑菇"留下，甄别和剔除那些没有营养或有毒的"蘑菇"。在课程变革的消极摄入中，某些"蘑菇"虽然由于不符合主体的目标而被排除在外，但不可否认的是，在切断的一瞬间，这些被剔除的"蘑菇"却成为了变革主体真实经验的一部分。换句话说，在选"蘑菇"的过程中，我们一方面增加了辨别好坏的经验，同时也增强了身体的免疫力。

（二）课程变革中的"满足"

课程变革作为一种摄受活动，一般经历"反应"、"补充"和"满足"三个阶段。这正好对应于富兰所提出的变革的三个过程，它们的关

---

① 张晓瑜：《论教育改革的思维方式——以新课程改革为例》，《当代教育科学》2011 年第16 期。

② Hall. E. Gene、Hord. M. Shirley. *Implementing Change*：*Patterns*，*Principles and Potholes*，1th Edition，published by Pearson Education Inc. 2001：201.

系可用图 6-1 表示：

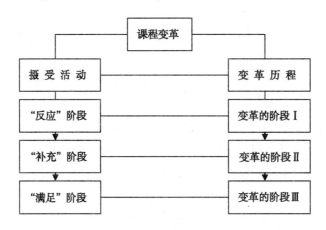

图 6-1 课程变革中的摄受活动与变革历程关系示意图

第一阶段是反应阶段，即课程变革发起前，对原有课程所存在的问题有深刻的洞见，并能感受到变革所需要的各种主客观条件是否成熟，这是一个对变革所涉及的"材料"进行纯粹感受的过程。在富兰看来，这一阶段是变革的阶段Ⅰ，包括广泛听取各种有益的建议，为发动变革做各种准备。

第二阶段是补充阶段，所谓补充，就是在感受的基础上加入了变革主体的意向、理想和目的，将原先差异化的多种感受转变为一个具有明确价值指向的课程变革计划，这一阶段明确的"观念感受"开始加入，并且与前期的离散性的纯粹感受结为一体。但这一阶段仍具有盲目性，因为理想性的课程变革是否能转化为现实成效，还必须经由实践加以检验。这时需要将课程计划付诸实行，就进入到富兰所谓的阶段Ⅱ，对新课程计划进行试验性实施，获取把某种理念或者变革付诸实施的最初经验。

第三阶段是满足阶段，是对前两个阶段的整合。"'满足'就是由于实现了现实实有的范畴性要求而产生对这种创造性欲望的满意感。"① 在课程变革中，"满足"代表了课程变革实现了预期的目标，清除了原先的不确定性因素，获得了对于课程变革是什么、如何做以及做得如何的确定性感受。这一阶段相当于进入到富兰的阶段Ⅲ，指课程变革进入到继续、合并、常规化或制度化的阶段。当然，也有另外一种可能，即课程变革因为某项决策失误或力量损耗而废除、消失，就达不到"满足"的状态了。

---

① ［英］怀特海：《过程与实在》，李步楼译，商务印书馆 2011 年版，第 335—336 页。

课程变革达到满足的阶段，是否意味着变革行为的终止呢？答案是否定的。因为课程变革不是一劳永逸的短期行为，而是一个持续不断的课程改进过程，"满足"只代表课程改革作为当下直接性事件的消亡，而其作为客观化事态，开始进入到宏观的课程变革的"过渡"历程中，继续发挥它的影响作用。从这一意义上看，课程变革中的"满足"是联结课程的过去、现在以及将来的纽带，它就是课程变革中为了确定超越自身的未来，所添加的决定性条件。

二 课程变革是联结过去、现在与未来的活课程史

从历时态维度分析，课程变革首先是一个具有当下直接性的事件，但却不是一个孤立的事件，它总是建立在对传统课程理论与实践的反思基础之上，并且对后继的课程变革有着借鉴或警示作用。

（一）课程变革——基于"当下事实"

目前，对过程哲学的理解和诠释存在着一种误读的倾向，即认为过程思想就是一种强调生成和变化的思想，只关注事物的过程属性。其实不然，过程思想既强调事物的"变化"和"生成"，同时也承认事物有"存在"和"稳定"的一面，这一面向即是怀特海所谓的"当下事实"（immediate matter of fact）或"当下直接性"（contemporary immediacy），"直接性是过去的潜在之物的实现，也是未来的潜在之物的储备"。① 在怀特海看来，这些"当下事实"乃是实在的"稳固事实"（stubborn fact），它们构成人类知识的本质给予性，以这种对当下事实的分析为根据的形而上学架构必定可予以普遍地应用，因为理性知识决不能超越其在人类经验中的本质给予性。②

教育作为一种发展过程或成熟过程，应该永远是一种立足于现在的过程。③ 历史上，每一次课程变革的发起都基于一种"当下事实"。20 世纪初，为了应对经济危机而展开的"八年研究"，奠定了以解决社会问题的能力为基础的"问题—中心"核心课程的发展；20 世纪 50 年代因冷战需要，美国颁布《国防教育法》，从而催生了课程变革的学科结构运动；20世纪 90 年代，日本出于适应未来"多元文化共生共有型社会"的考虑，

---

① ［英］怀特海：《思维方式》，刘放桐译，商务印书馆 2010 年版，第 93 页。

② ［美］唐力权：《脉络与实在》，宋继杰译，中国社会科学出版社 1998 年版，第 31 页。

③ ［美］约翰·杜威：《民主·经验·教育》，彭正梅译，上海人民出版社 2009 年版，第 300 页。

设置了综合学习时间课程；我国自辛亥革命以后，为继承孙中山总理之遗教（以党治国），党化教育的呼声日益高涨，1928 年颁布《小学暂行条例》，增设了三民主义科；[①] 新中国成立后的历次课程改革，不管是"基于阶级斗争"的需要，还是"强调对现代性的全面追求"，均是以特定历史时期的"当下事实"为基础发起的。

进入 21 世纪，我国课程改革又将建立在新的"当下事实"基础之上，撇开复杂的具体事实因素，可用三个关键词加以概括，那就是："社会主义初级阶段"、"跨越式发展"、"中华民族伟大复兴的中国梦"。社会主义初级阶段将会是长期存在的历史阶段，它至少包括前现代（pre-modern）、现代（modern）和后现代（post-modern）三种社会性质同时并存的状况，这具体表现在我国经济与社会发展的地区和城乡差异上。面对复杂的国情、地区和城乡的差异化事实，课程变革可借鉴学习波普尔的"社会渐进工程"策略，即改革首先要持一种循序渐进的谨慎态度，另外，要采用温和的、改良的路径和方法达到目的。走跨越式发展的道路既是我国经济发展的战略选择，也是教育改革的必由之路。这就意味着课程变革要通过超常规的赶超行为，尽可能缩小与先进者的差距，甚至超越他们。既然是超常规发展，课程变革不能光追求速度，而要选择一种兼顾速度、效率与安全[②]的发展模式。中华民族伟大复兴的中国梦，是希冀我国重新回到曾经有过的世界领先地位，主导构建"各种文明兼容并蓄的和谐世界"。教育在未来相当长一段时间的目标，就是为了实现上述社会理想而培养高素质的自由文明人和高质量的各级各类人才。具体到课程变革，必须坚持素质教育理念，将培养学生的社会责任感、审美情趣、创新精神和实践能力当作核心任务。

（二）课程变革——联结过去与未来

我们处在现在，这个现在是变化不居的；它源于过去，孕育未来，而且正在通向未来。这就是过程。而在宇宙中，过程是一个无可辩驳的事实。[③] 一些建设性后现代思想家也认为，如果我们想要对现在的行为负

---

① 盛朗西：《小学课程沿革》，福建教育出版社 2008 年版，第 8 页。

② 速度，是指课程变革能根据国际课程发展趋势、课程现代化的要求和我国课程存在的实际问题，及时作出调整和改革，以适应快速变革的社会需要；效率，是指课程变革不仅能适应社会发展的总体需要，还应能为课程利益各关涉方带来合理的利益回报；安全，是指课程改革中为实现目标所付出的代价是最小化的，尽可能减少决策失误、力量损耗等低效或无效的改革行为。

③ ［英］怀特海：《思维方式》，刘放桐译，商务印书馆 2010 年版，第 50 页。

责，我们就必须有一个有益于人类的建设性的后现代主义的未来，并且是以良好的过去为基础的。根据本体论原理，要使过去—现在和将来内在地关联起来，必定有一种活动在前后相继的事态之间起着联结的作用，它使过去得以保留，将来得以实现。就课程发展的历史而言，这样的活动就是课程变革。正是历史上一次次的课程变革，推动了课程理论与实践的发展，创造了丰富璀璨的课程思想。反过来，每一次课程思想的创新，又能催生新的课程变革，可以说，课程的发展史，就是一部交织着思想创新和实践变革的历史。

在这个世界上，任何现存事物都不是无端而生无端而灭的孤立个体，总是脱胎于过去并孕育着未来。每一个"观点"，都是由它在构成其过去和将来的关系领域中所处的相对地位构成的。因此，为了理解作为当前的某物，人们还必须理解"对它"而言是过去和将来的东西。① 任何时代的课程变革，看似孤立的实体性事件，实际上是一种关系性事件，它的意义依赖于与过去的课程历史和将来的课程愿景的关系；同样地，每一种课程思想，也是一种关系性概念，它离不开过去课程思想的滋养，也为未来课程思想积累了养分。所以，课程变革如何能够基于课程历史遗产，"超越"现实课程范式，趋向未来课程愿景，有效地中和个体与社会，架起历史、现在与未来之间的桥梁作用，自然就成为新世纪课程学界要面对和解决的重要问题了。

（三）警惕课程变革中的各种"谬误"

过程哲学经常用各种"谬误"（fallacy）来隐喻一些有悖于过程思想的观点，例如"误置具体性谬误"、"简单定位谬误"、"完美词典谬误"、"停滞性和谐谬误"等等。实际上，在课程变革的历史中，也经常会出现类似的谬误，这是我们应尽力要避免的。

1. "误置具体性谬误"

"误置具体性谬误"，其意是指将抽象而得的概念以及概念体系用以解释实践或具体的事物，试图将普世之物还原为可用抽象概念加以表征的确定的"具体性"。② 形象地说，就是把具体性放错了地方。课程变革中的"误置具体性谬误"主要表现在以下三个方面：首先，课程理论研究中存在理性取代感性、逻辑取代直觉、绝对意义取代相对意义等思维误置现象；其次，对复杂课程本质进行"科学化"的描述，割裂了课程这件

---

① ［美］菲利浦·罗斯：《怀特海》，李超杰译，中华书局2002年版，第40页。

② 张晓瑜、赵鹤龄：《"误置具体性谬误"与课程变革》，《教育理论与实践》2011年第7期。

"无缝的外衣";第三,将各种后现代课程思想误置为一种"具体"的理论,误导了课程实践。如何才能规避课程变革中的"误置具体性谬误"?关键在于转变思维方式,我们不能用孤立、静止和单一的思维方式去指导课程变革,应该转而采用动态、关系和多元的思维方式去把握课程理论,开展课程实践。

2. "简单定位谬误"

"简单定位谬误",认为宇宙中的既定事件,像一个人的行动、一个原子的活动,是简单地固定在一个范围内的,这就意味着它们不存在于其他范围内。换句话说,简单定位是指这样的事件,它确定地存在某一固定的时空点,既无依傍,又无接续,是完全孤立的存在。课程变革中的"简单定位谬误"集中表现在,将课程改革当成是一次孤立的事件,今天发现了问题,借改革之名予以纠正,明天冒出了新的问题,再想办法解决,改革者就像救火队员四处灭火,却不知道从源头上去防微杜渐,更不会反思总结课程改革的经验教训,以至于不断重复历史上曾经犯过的错误,付出不必要的改革代价。例如,早在 20 世纪 70 年代,当时希尔伯曼(Charles Silberman)的《课堂里的危机》在美国影响很大,它推销的是英国的开放课堂模式,① 实际上,这种思想早在美国二三十年代就已经被试验过,并发现它是有局限的,更何况,开放课堂教学模式在英国也被证明是失败的。这种谬误提醒我们,不能简单定位课程变革的经验和行为,它们都处在一个连锁反应链中,有时候扩展的结果还会超出我们预期的范围,无法用固定的时间和空间加以限定。

3. "完美词典谬误"

"完美词典谬误",大意是指由于我们过于依赖字典上对世界的定义而阻碍了我们对世界的完整了解。首先,它忽视了这样一个事实,世界上的每一个事件都是由无数个事件关联性、创造性地综合在一起的,因此,所有的定义都是源于具体的抽象。第二,它忽视了这样一个事实,字典里的定义本身都是那些历史过程的产品,词语的意义一直在变化。在课程变革中,这一谬误集中表现为人们对权威的课程思想或课程理论的迷信上。以我国历次课程改革为例,改革开放前 30 年,在全盘苏化下课程研究处于失语状态,课程被理解成为教学的一个下位概念,课程变革主要是指对学科或教学内容的修修补补。到了 20 世纪 80 年代,课程变革被工程话语所左右,人们热衷于为课程变革建立各种模型、模式,在课程研究中以使

_____

① 该模式的基本理念是,让学生在没有适当指导情况下去发现事物。

用"组织"、"结构"、"元素"、"环境"、"调节"、"反馈"、"最优化"等工程术语为时髦。① 跨入 21 世纪，课程变革又受到了诸如"后现代"、"文化自觉"等新的理论思想的浸染而不能自拔。人们之所以对权威思想或理论存在迷信心理，是因为他们过于相信理论思维的威力，这是问题的关键。实际上，理论思维是不能包办课程改革的，理论思维之所以不能用来包办课程改革，是因为课程改革的设计要求的是一种完形设计，而理论思维所能提供的设计只是本质设计。在课程改革中建立实际对于理论的买方市场，让课程改革的实践根据自己的需要选择一切它认为有效的理论来为自己服务，选择什么理论、选择多少种理论、选择哪种品牌的理论，完全由实践自己说了算。②

4. "停滞性和谐的谬误"

该谬误认为如果生活中一定要达到某些和谐——人类间的稳定关系，例如：和谐必须永远保持固定和不变，因为它本身一直就很完美。当人们沦为这种谬误的牺牲品时，他们就会慢慢地陷入一种对美德和完美的错误认知。他们认为和谐就像岩石一样坚硬，却没有意识到它可以像河水一样具有创造性和可适性。过程思想为和谐提供了一个更有活力的理解，即追求过程中的和谐，这种和谐包含了新颖性和创造性转化的开放性。过程思想的和谐观给我们的启示是，课程变革虽然追求的是"满足"与"和谐"的状态，但这种理想状态却并不是课程变革最终的目标，一旦我们沉醉于对课程变革成功的喜悦中不能自拔时，也就预示着我们陷入了停滞性和谐的谬误之中。课程变革永远处在过程之中，它是一个不断追求和谐而又否定和超越原有和谐的自我更新过程。

三 课程变革呼唤"有根有翼"的课程思想

(一) 课程变革呼唤"有根有翼"的课程思想：基于对我国课程理论研究现状的反思

回顾我国新课程改革的历程，我们发现一个奇怪的运行逻辑，即：新课程在实践层面如火如荼地推进，虽然暴露出了这样那样的问题，但所取得的成绩是有目共睹的，尤其是课程改革的理念已经逐渐深入到基层学校和一线教师那里，这是一个了不起的成就。但是，新课程在理论层面却难

① 田正平、刘徽：《课程理论研究六十年》，《社会科学战线》2009 年第 11 期。

② 张晓瑜：《论教育改革的思维方式——以新课程改革为例》，《当代教育科学》2011 年第 16 期。

以有所建树，不管是面向国外的借鉴利用还是基于本土的继承创新，至今还未见有"中国气派"的课程思想的面世，甚至于新课程到底以什么样的课程理论为指导也还没有完全澄清。从课程理论对实践所固有的引领和指导功能看，新课程实践中的很多问题也是因为指导理论本身的含糊不清或错误指导所造成的。所以，不管是从实践需求，还是从理论自身建设看，都有必要对我国课程理论研究的现状进行反思。

在当前我国教育界，存在着关于课程理论的"激进派与维稳派"之争，这两派课程思想占据着理论的制高点，对课程实践界的影响最大。维稳派主张课程改革应建立在现代知识观、马克思主义关于人的全面发展学说、凯洛夫教育学等理论基础之上，指出课程的本质是教学认识的客体——人类已有认识成果，个人的发展是知识的长期内化积淀的产物，强调掌握人类已有科学的、真理的知识为主要课程目标，倡导以知识传授为主且教师起主导作用的教学方式。激进派主张课程改革应建立在后现代知识观、建构主义、多元智能、概念重构等理论基础之上，指出课程的本质是学生通过个体履历而获得经验的过程，课程的目标设计要以人为本、帮助学生构建人生意义，知识是知识主体与客体互动的结果，教学以学生自主、探究、合作为主要学习方式，教师只起顾问和协作的作用。

我们并不否认两种课程思想的独特价值，以及它们对新课程改革的启蒙和引领作用，但同时也要清醒地认识到，两种课程思想存在着自身难以克服的问题，这主要表现在这样几个方面。首先，两派课程思想的主要观点以及理论基础均来自于外国，缺乏基于我国本土问题和本土文化的原创性品质，是一种无根的课程思想，文化适切性较差。也正因为两派课程思想以借鉴和吸收别国的课程思想为主，它们往往能融百家之长于一身，在理论上可能是理想和完满的，但在面对复杂多变的实践问题时，理论思维的局限就暴露出来，因为课程实践更需要工程思维。① 其次，两派课程思想的关注点（同样也是双方的分歧点）均集中在课程改革究竟是否存在"轻视知识"这一问题上，尽管观点殊异，但两派思想的论题主要限于知识观范畴，其理论视野是狭窄的，它们忽视了对当代课程的多元本质和开放品性的研究。最后，维稳派强调课程改革应以熟悉的或在过去被证明是有效的理论为指导，他们推崇的是重视知识教学的传统课程理论。维稳派的眼睛是向后看的，他们很看重继承，虽然能将根扎得很深，但往往缺乏

① 关于理论思维和工程思维及其课程论意义，详见张晓瑜《论教育改革的思维方式——以新课程改革为例》，《当代教育科学》2011 年第 16 期。

活力和创造性。激进派强调课程改革应以先进的或时髦流行的课程理论为指导，倡导个体解放、以人为本的新课程理论，激进派的眼睛是向前看的，他们很看重变革，虽富有理想和激情，但却容易脱离实际，根基不稳。

笔者以为，只有"既有根又有翼"的课程思想，才能担当指导课程改革的重任。在这里，所谓"根"和"翼"有三层意思：一是指课程研究应坚持的方法论立场——既要基于实践进行理性反思，又要倡导观念的超前与思想的创新；二是指一种兼具"根"和"翼"特征的课程本体思想；三是指"有根有翼"的课程思想始终处在生成历程之中，它们是以关系和过程的形态存在的。纵览古今中外，尽管萌生于不同的国度和社会制度，"有根有翼"的课程思想总能达成下面的视界融合，即：强调课程思想的本土化和原创性，重视课程与生活的联系，鼓励学生学会冒险和创造，倡导课程活动的知行统一。这些思想不仅在特定时代具有广泛的影响，而且历经世事变迁也并未过时，对我国推进素质教育和深化课程改革仍具有前瞻性和针对性的指导意义。

（二）"有根有翼"课程思想的愿景与构建思路

1. 课程思想的本土化和原创性

当前，相对于国外大量课程理论的涌入，我国本土原创的课程理论则显得势单力薄，至今还未见有影响的课程思想问世。课程思想的原创性，要求课程研究体现出原创意识、求真态度和实践关怀；课程思想的本土化，要求课程研究体现出国家意识、社会责任和民族情怀。追溯历史，关于课程思想的本土原创行为一直都没有停歇过。例如，怀特海的课程思想，就是对现代工业文明统治下的英国旧教育的反思基础上的一种创新。他认为，现代工业文明中诞生的教育观念、制度和实践具有极大的弊端，最为突出的是：观念保守、体制僵化、实践偏狭，只重视知识传授而轻视智力发展。受其过程/关系的思维方式影响，怀特海倡导用联系和变化的眼光去考察和分析课程；同时，受其实在论哲学观的影响，怀特海强调课程活动并非柏拉图式的纯理性的思想活动，而是对生活和实践的观照和改造活动。简言之，怀特海的核心观念是：课程是知识与生活、理论与实践、自由与纪律、科技与人文的有机整合。再如，20世纪上半叶我国著名的人民教育家陶行知的课程思想，一是针对当时中国旧式教育的不满而进行的教育改革探索；二是对杜威的"经验自然主义"课程思想进行了本土化的改造，并以此为依据构筑起了"生活化课程"。生活化课程是一种服务人民大众，参与社会生活，培养学生健全人格的课程；同时，生活化课程是在当时中国的土地（尤其是乡村）上生根发芽的，是一种有根的课程，故而受到进步人士的拥戴和穷苦百姓的欢迎。

放眼现实，除了影响巨大的新课程改革之外，在我国基础教育改革场域，我们还是欣喜地看到了本土学者们开始课程思想的原创之旅。其中影响较大的有：叶澜所进行的生命·实践教育理念新探索，旨在焕发学生内在的生命力，将个体的精神生命和主动发展当作课程与教学改革的核心目标。朱永新所发起的新教育实验，倡导理想主义、田野意识、合作精神和公益情怀等课程教学思想。李吉林主张以个性化、形真、诗性等品质改造学校课堂，提出情境教育的主张。郭思乐从一切为了学生、高度尊重学生和全面依靠学生的哲学观出发，提出了构建生本教育课程体系的设想。尽管这些思想尚处在实验探索阶段，但却为我们构建"有根有翼"的课程思想贡献了极为宝贵的理论智慧和实践经验，更为重要的是，从他们身上，我们应该学会基于当前教育弊病而自觉走上本土化和原创性的课程创生之旅。

2. 课程是理性与生活的统一体

出于对现代社会与生活渐行渐远的无根课程的担忧，怀特海呼吁重拾课程与生活的本真关系。他认为，儿童不是为理性生活而活着，而是为感性生活而活着，儿童一方面在成人的规约下接受教育，获得社会性的发展，但也要获得在自我世界中的自由，感受生活的美好，体验生活的乐趣。在怀特海看来，学科、知识无非是对当下生活的抽象描述，教育必须与当下生活相联系并以其为旨归，基于这一判断，他认为课程的基本任务在于让学生对当下流变性的生活有所感悟，并激发他们应对未来生活的潜能。我国学者陶行知也持类似的观点，他指出，"我们这里主张生活即教育，就是要用教育的力量，来达民之情，遂民之欲，把天理与人欲打成一片。"[①] 不过，他的"生活"哲学具有深层生态学的意味，他尊重所有生命体，将维护生命体"在一个环境里生生不已的生活"放在第一位。

3. 培养学生探险与创新的品质

传统教育将学生看作是接受知识的容器，课程的功能在于继承、接续、传递各种科学文化知识。这是一种保守、陈旧的课程观，它认同和维护主流文化的权威，课程教学的任务是传递文化而不是创新改变。这种课程把学生禁锢在单调而重复的世界，最终将走向生命的枯萎，对此，怀特海表示明确的反对，他指出，一种文明不能以其最初的热情来维持，必须

---

① 陶行知：《生活即教育》，《乡村教师》1930 年第 9 期。

依靠冒险精神,所谓冒险精神就是对新颖性和完满性的不懈追求。我们所主张的冒险是一种观念的冒险,冒险是对新的完美的追求,是对"可能状况"要比"现实状况"更好的理想憧憬,是不安于现状的超越行动,冒险的核心成分是"创造的想象力"。所以,课程实施除了传递已有观念,还必须鼓励学生敢于质疑和批判已有的思想观念,培养学生主动创新的力量。具体到我国当前,应反对"八股式"的旧式课程,尤其要对盛行于世的应试教育课程保持高度的警惕,在这种课程体系中,学生只会考试,教师只会教人应考,学校变成了升学考试筹备处,应试课程的最大问题是扼杀孩子的创造性。为了破旧迎新,课程改革必须要立足于解放儿童的创造力,因为"儿童的创造力是千千万万祖先,至少经过五十万年与环境适应斗争所获得而传下来之才能之精华"。①

4. 倡导课程教学的知行合一

古今中外的任何课程教学活动,都会涉及"知"、"行"及其关系问题。西方教育自古希腊始,以探寻世界的本源为己任,侧重求知。近代以来,尤其是科学战胜哲学成为第一学科之后,学校课程教学越来越重视理性知识的教学而无视动手、实践等活动。其实,早在 20 世纪初,怀特海就对理性至上的西方传统课程教学传授提出了批评,他在《教育的目的》开篇就指出:"文化是思想的活动,是对美和高尚情感的接受。支离破碎的信息或知识与文化毫不相干。"② 儿童不仅要受各种知识的熏陶,更应该将它们应用于现实生活中。这个应用过程并不是坐而论道,而要求理论与实践的亲密接触,"智力在真空中不能最佳运作。创造性冲动的激励需要快速转换到实践中去,这对于孩子尤其如此"。"教育应该培养出这样的学生:他们一方面很好地了解一些事情,另一方面又能出色地做一些事情。"③ 如何做到"知"与"行"统一?怀特海建议在国家的课程体系中,构建三种主要的课程教育方法,即文科课程、科学课程和技术课程的教育方法。但其中的每一种课程都应该包括另外两种课程的内容,每种教育都应该向学生传授技术、科学以及对一般观念的分类和审美鉴赏力,并且学生在每一方面训练中都应该体现其他方面的价值。怀特海从学理和实践两个方面进行的课程教学领域的知行合一探索,很值得我们研究和

① 陶行知:《创造的儿童教育》,《大公报》1944 年 12 月 16 日。

② [英] A. N. 怀特海:《教育的目的》,徐汝舟译,生活·读书·新知三联书店 2002 年版,第 1 页。

③ [英] A. N. 怀特海:《教育与科学》,黄铭译,大象出版社 2010 年版,第 24 页。

学习。

中国的传统教育虽受生存论思想支配，谋求安身立命之道，但教学过程过于倚重聆听悟道，轻视身体力行，培养的终究是"白发死章句"的书呆子。自从王阳明提出"知是行之始，行是知之成"，陶行知将之纠正为"行是知之始，知是行之成"，直到新中国所倡导的"教育与生产劳动相结合"思想，知行合一的课程教学思想在我国教育界一直以来是被推崇的。但问题是，由于单一的人才选拔制度和应试教育的掣肘，这种思想却很难贯彻到课程教学实践中去，这也是原有课程体系最大的弊病之一。笔者以为，课程改革背景下的知行合一，要凸显出两层意蕴：一是，在课程设置上，应包括培养社会人和自由人两个维度的内容。具体而言，培养社会人的课程内容包括：公民责任、政治意识、职业准备、伦理价值观与行为、关注他人的幸福等等；培养自由人的课程内容包括：自我实现、创造性地表达、个人天赋与兴趣的养成、合理地安排闲暇时间、健康与安全等等。二是，在课程实施过程中，倡导多样化的课程教学方式。要坚持教育教学与生产劳动、社会实践相结合，要创造条件积极开展研究性学习、社区服务和社会实践等知行并重的课程学习方式，以此促进学生全面而有个性的发展。

我们之所以呼唤"有根有翼"的课程思想，其意在于为课程改革探寻一条既有历史之根，又有时代之翼的课程创生之路。构建"有根有翼"课程思想的最大价值，恐怕在于为我们破解课程改革的难题提供一种别样的思路，而且，最为理想的是这种"有根有翼"的课程思想是由当代中国学人自己创造的，只有这样的思想才是民族的、有生命力的，同时也越是世界的、受人尊重和推崇的。

第七章　有机课程观的挑战与展望

> 世界面临这样一个悖论：至少在其高级现实中是这样的，它一方面渴求新颖性或创新，然而又唯恐失去过去，因为其中有其熟悉之物和曾经喜爱过的一切。

> ——怀特海

有机课程观既是我国课程研究范式转变的必然价值导向，也是基础教育课程改革的首选方法论思想。然而，由于有机课程观自身的局限以及实践转向的需要，难免会面对严峻的现实挑战。同样，有机课程观的兼容品性和时代适切性又预示着它将成为最有影响力的课程观之一，有一个美好的发展前景。

第一节　有机课程观的难题与实践转向

一　有机课程观自身的局限

正如历史上出现的任何一种课程观一样，有机课程观不可能是尽善尽美的，也有缺陷与不足。概括起来，有机课程观自身还存在着如下三个方面的待解难题。

（一）守望理想：难逃"不合时宜"的责难

心理史学家波林曾提出一个著名的论断：任何真知灼见都会受到时代精神的限制，当它诞生于时代精神之前，很容易被人所忽略或淡忘，只有当时代精神转而欢迎它时，它才会发光发热。可见，任何新的思想或理论一般不被当时代所理解和接受。作为一种新的课程思想，有机课程观的提出也会受到当今时代精神的限制。一方面，人们可能认为本研究构建有机课程观的方法论显得陈旧落后。因为在现代人眼中，过程哲学应划归为传统的形而上学阵营，它既不容于同时代的逻辑实证主义，又被方兴未艾的解构性后现代主义所排斥，似乎与当前哲学的生活和微观转向也格格不入。另一方面，有机课程观所倡导的课程价值短时内还难以被人们所普遍接受和内化。在这个追逐经济利益、崇尚物质文化、消费至上、功利盛行的年代，教育的价值被定位于培养工具人，满足人们无限膨胀的消费需求和物质欲望，所以，应试教育、文凭教育、技术教育才是王道，此时提出泛价值和合课程价值观肯定会被认为是"理想国"式的梦语，难免受人冷落。总之，不论是方法论的"落后"还是价值论的"超前"，有机课程观都会招致"不合时宜"的责难。如何有效弥合有机课程观建构过程中的方法论和价值论之间的裂隙，使它们能引领当今时代精神，而不是将命运交给时代精神来宣判，这是有机课程观研究进一步要解决的核心问题。

（二）接知如接枝：艰难的"根""枝"耦合之路

在确定研究课题后的相当长一段时间内，原本以为本研究最为困难的工作是能否深刻理解和精确诠释怀特海的过程哲学思想，随着书稿写作的进一步展开，笔者发现横亘在面前的难题并不是过程哲学思想有多难理解，而是如何将之与课程问题联系起来，打个不恰当的比方，过程哲学好比是天上的星月，而课程问题像似地上的砾石，两者的距离实在是太远了。一个是形而上的抽象的哲学思想体系，一个是形而下的具体的现实教育问题，它们的交集点在哪里？这是本研究试图想要解决的一个关键问题。怀特海的形而上学哲学，虽然远离传统的教育理论，但是提供了一种新的必要的思考教育和它的社会背景关系的框架。由此笔者想到了陶行知先生所作的比喻："接知如接枝"，本研究所要解决的关键问题不就是如何将课程观这个"枝"嫁接到过程哲学这个"根"上吗？尽管笔者困心衡虑对过程哲学思想作深入浅出的解读，并将之运用于对课程价值观、课程本体观以及课程发展观的诠释，但是在"根"与"枝"的对接过程中还是会产生不适甚至是排斥反应。为了达到在过程哲学之"根"上成活有机课程观之"树"的目的，不仅要对"根"施肥，使其能提供丰富的营养物质，而且要对"枝"修剪，使其能增强生存的能力。而笔者现在所做的仅仅是初期的嫁接工作，"有机课程观"之树能否茁壮成长，还要靠后继研究对其"根"与"枝"进行不断的调适与耦合，这将是一个漫长而艰难的过程。

（三）鱼与熊掌：体系与开放的两难抉择

怀特海坚持认为他的宇宙学（即过程哲学）是适用于任何领域的思想。"一种宇宙论应该在所有的事物上面都是适当的。它不应该将自身局限在一门科学的概念范畴内，而应该对不适合于其中的一切事物也加以解释。它的事业不是拒绝经验，而是发现最一般的解释体系。"① 很明显，怀特海认为我们经验的每一个元素都可以被看作思辨计划的一部分，各种形式的经验都能用宇宙学计划来解释，理所当然"教育经验"也不能例外。在《观念的冒险》中他也写到，为了发现我们可以将各种各样的经验进行分类的主要依据，我们必须吸取所有有关场合的证据。因此，我们可以进行合乎逻辑的推断，怀特海的过程哲学体系试图包含"教育经验"在内的所有经验形态。相应地，以过程哲学建构有机课程观，理应追求一种体系性的思想，以便能解释所有的课程现象，指导所有的课程活动。但是体系性思想也有其自身难以克服的局限，那就是容易排斥异己，走向自我封闭，最后作茧自缚；历史上有影响的教育思想，远至柏拉图的"理想国"，近至泰勒的"目标模式"，概莫能外。再者，当今社会已步入开放时代，教育权威由权威在国家的家庭式国（the Family State）、权威在家长的家庭之国（the State of Families）、权威在个体和专业人士的个体之国（the State of Individuas）和权威多元化的民主教育国（the State of Democratic Education）交织构成。② 显然，在这个民主开放的教育时代，任何指望用一种课程思想统领全局包打天下的想法都会落空，如何在有机整体的课程思想和容他开放的课程思想之间维持一定的张力，对改进课程观研究方法论提出了更高的要求。

二 有机课程观的实践转向

有机课程观研究除了追求学术价值外，还要体现一定的应用价值，具体而言是指是否具有向实践转化的价值，有机课程观的实践转向是有机课程观将面临的最大的现实挑战。

（一）有机课程观转化为课程改革实践的现实依据和指导路径

1. 现实依据

有机课程观的构建，遵循的是"中学为体、西学为用"的基本原则，有机课程观能否转化为实践力量，必须放置在我国课程改革的现实背景中加以考察，否则将会重蹈以往"无根"课程观的覆辙。具体而言，有机课程观的实践转向基于以下现实依据。其一，教育服务于生态文明和可持

---

① ［英］A. N. 怀特海：《理性的功能》，黄铭译，大象出版社 2010 年版，第 170 页。

② 这里的几个专有名词转引自［英］Randall Curren《教育哲学指南》，彭正梅等译，华东师范大学出版社 2011 年版，第 513—522 页。

续发展的取向。习近平主席在中共中央政治局第六次集体学习时强调，
"建设生态文明，关系人民福祉，关乎民族未来。党的十八大把生态文明
建设纳入中国特色社会主义事业五位一体总体布局，明确提出大力推进生
态文明建设，努力建设美丽中国，实现中华民族永续发展。"[1] 这标志着
我们将"节约资源、保护环境、推进生态文明建设"定为基本国策。如
此一来，教育的基本功能随之也将发生重大的转变，从过去的政治、经济
挂帅开始转向服务于生态文明建设和推进社会可持续发展，在这个过程
中，泛价值和合课程观与过程关系课程观将为生态化的课程建设行动提供
价值导引和理论支撑，创化生成课程观则能给可持续发展的课程改革行动
提供方法论指导。

其二，为深化基础教育课程改革提供智慧力量。2010 年，中共中央
国务院印发《国家中长期教育改革和发展规划纲要（2010—2020 年）》，
作出了要与时俱进，深化基础教育课程改革的重大决策。在深化课程改革
的过程中，有机课程观可以为广大课程实践者提供价值观和思维方式的指
导。具体而言，有机课程观所倡导的泛价值和合思想，是一种从整体、和
谐、容他等视角出发的关系性价值观，"我们探讨的每一个课程主题都有
丰富的关系，像互相依赖的网中的线条，需从义务、归属、承诺、愉快、
耐心和爱等感觉来理解。"[2] 课程实践者如果能认同并内化这种价值观，
就能克服功利主义价值观、主观主义价值观和单一价值观的束缚，使自己
站得更高，看得更远。此外，有机课程观倡导关系思维、过程思维、生成
思维，可以将课程实践者从二元思维、本质思维和线性思维中解放出来，
用更具开放性、灵活性和创造性的思维方式分析与解决课程教学中的实际
问题。

其三，整合各种有价值的课程思想资源。就我国目前的课程研究现状
而言，尽管研究者试图构建一种既能为理论界接受，又能服务于新课程改
革的课程理论体系，但是从目前看来，这种努力并没有成功，这主要表现
在以欧陆赫尔巴特学派为主导的传统教学思想和以北美概念重建主义学派
为主导的后现代课程思想之间还存在着巨大的隔阂甚至冲突，而课程实践
者却夹在当中被两股力量拉扯着，无所适从。基于这样一种"理论脱离
实践"的困局，有机课程观可以提供两个方面的支援性思想资源，一方

---

① http：//www. zgdsw. org. cn/n/2013/0527/c218988 – 21625786. html.

② Jardine, D. W., Friesen, S., &Clifford, P. Curriculum in abundance. Mhawha, New Jersey：
Lawrence Erlbaum Associates. 2006：56.

面，从文化（宏观）、范式（中观）和方法（微观）三个层面系统阐述了有机课程观的主要思想，能为课程实践提供一定的预测、解释和规范作用。另一方面，有机课程观倡导开放的、发展的、创新的课程研究范式，它并不认为自身就是最好的课程观，而只是等待修正和改善的一种备择方案。更为重要的是，有机课程观主张，要立足于我国课程改革的实际需要，吸收和整合古今中外一切有价值的课程思想资源，对之加以非逻辑的复合，因为有机课程观深知，没有一种完美的课程理论能应付得了复杂而多变的课程实践。

2. 指导路径

有机课程观能否指导课程实践，实际上要解决的是理论如何联系实际或实际如何联系理论的问题，这里有两种值得参考的指导路径。具体见表7-1。

表7-1　　　　　　　　　　有机课程观指导实践的两种路径

指导路径	路径一	课程问题——有机课程观——工程思维——课程改革（实践）的非逻辑复合
	路径二	理想的有机课程——正式的有机课程——操作的有机课程——体验的有机课程

路径一，是一种自下而上的指导路径，也可以理解为以"问题"为导向的探索性路径，要解决的是实际如何联系理论的问题。具体而言，我们可以从某项课程改革（实践）的工程出发，发现和呈现各种课程问题，从有机课程观中寻找多种适切的理论要素，对课程改革（实践）活动中的某个环节或某一方面的问题给予解释、规范和预测等理论指导，当课程改革（实践）活动中主要环节或方面的问题解决后，再借助工程思维的方式，完成对整个课程改革（实践）活动的非逻辑复合，从而解决课程改革（实践）中的完形问题，达到预期的课程改革（实践）的目标。

当前我国教育改革实践中最大的实际问题就是新一轮基础教育课程改革。历经十余年的改革探索，我们在总结新课程改革所取得的成绩和经验的同时，更应关注和反思新课程改革中存在的问题和教训，经由文献分析（主要是发表在2010年以后的期刊文章）、田野调查、行动研究等多种途径，笔者发现，深化课程改革特别需要关注和解决以下一些主要问题。

表 7 - 2   指导路径一

新课程改革中存在的主要问题		基于有机课程观的对策建议
关于理论基础的争议（吴水军，2010；刘家访，2011；邢红军，2011；和学新，2011；李志厚，2011；中国教育科学研究院课程教学研究中心课题组，2012；喻平，2012；郝德永，2012；王鉴，2012；吴刚，2013；等等）	◆新课程改革理论基础"含糊不清"	由于课程改革是一项具有复杂性和非线性特征的系统化人文社会工程，而各种理论本身却具有逻辑化和本质主义的特征，所以，在课程改革理论基础的问题上，笔者建议超越中外之别、门派之争，从我国课程改革实际需要出发，广泛吸纳各种有利于课程改革的理论元素，围绕着课程改革这一社会工程，并对之进行非逻辑的复合。"非逻辑"是指要打破传统课程理论追求"逻辑自治、属性一体、体系封闭"这一"普罗克拉斯蒂铁床"；"复合"是指借助工程思维对各种理论元素进行有机整合，比如，在课程理念、课程设计和课程实施等不同层面，可分别借鉴和引用哲学、社会学、心理学、教育学等不同的学科理论知识。
	◆在理论上具有"唯西方化"的倾向	
	◆主客两种知识观之争	
	◆忽视多元理论基础之间的整合，课程论学科基础理论研究薄弱	
	◆课程理论基础的层次不协调	
	◆新课程主要举措所凭依的不同理论前提存在冲突现象	鉴于当前我国社会经济发展的实际需要和课程改革过程中理论基础问题的含糊不清，笔者认为可通过构建"有机课程观"来指导未来我国课程改革。有机课程观虽然建立在怀特海的过程哲学基础之上，但过程哲学却不是一个追求逻辑和体系的封闭理论，因为过程哲学是一种生成的、开放的、容他的思想体系，它本身就处在过程之中，所以，有机课程观也是一个开放的、容他的课程思想体系，但是，它不是一个理论的大杂烩，有机课程观的核心思想包括："泛价值和合"课程价值观、"过程/关系"课程本体观和"创化生成"课程发展观（详见本书四、五、六章），而且这三个方面互为条件和基础，离开任何一个部分都不足以说明其他部分存在的合理性。其他一切理论资源，只要是能丰富和发展有机课程观的，概不拒斥。
	◆基础研究和经验研究尚需加强	
	◆基层学校有许多需要解决的实际问题没有受到理论研究者更多的关注和研究	
	◆关于什么知识对学生的发展更有价值的问题	
	◆关于如何提高学生学习的速度和质量的理论成果为数不多	
单边力量的流弊（王会亭，2010；山子，2010；赵宏强，2011；张静静，2012；方雯卿，2013；靳玉乐、李志超，2013；辛继湘，2013；等等）	◆政府的政策意志与行政主导力量是支配课程改革进程的绝对影响力	左边所呈现的问题尽管各不相同，但有一个共同点，那就是新课程改革受单边力量的支配，忽视课程改革各利益关涉者是相互影响的这一事实，尤其对处于弱势地位、力量较小的利益主体采取高压手段，无视其利益和价值诉求，抑制甚至排斥其参与课程改革活动。有机课程观认为，课程改革过程中应建立"课程实施共同体"，即在各方课程利益关涉主体之间建构一种关系力量，使之既能享受应有的课程权力，又能履行各自应尽职责，为高效、有序推进课程改革作出应有贡献，具体而言，应解决好三个关键问题：一是，广纳贤士提高课程理论研究的水平，为课程政策提供科学而适切的决策依据；二是，对各类课程关涉主体的课程期望予以充分的考虑，赋予一定的课程权力，对应三级课程管理体制，建立三级课程实施决策咨询机构，并对课程职责进行明确的划界和分工；三是，在代表国家、地区和学校的政府官员、专家、雇员、雇主、家长、教师、学生之间构建一种顺畅的课程协商沟通机制，增进了解和互信，消除隔阂和矛盾。
	◆课程改革是一个自上而下的线性事件	
	◆课程改革专家的话语霸权现象突出	
	◆共识制度实质性缺乏与民主决策机制空心化	
	◆行政主义、等级主义的文化语境	
	◆农村基础教育课程对城市中小学课程简单模仿	
	◆新课改未能使弱势群体利益得到应有的保障	

新课程改革中存在的主要问题		基于有机课程观的对策建议
应试教育的路径依赖（山子，2010；高德胜，2011；韩震，2011；刘丽群，2012；王宏甲，2012；等等）	◆基础教育课程改革面对的最大历史问题就是应试教育	这里所呈现的问题主要反映这样一个基本事实：传统人才选拔和考试评价制度与新课程改革存在矛盾和冲突。显而易见，这一判断深受"二元对立"的思维方式影响，它基于这样一种前提假设：应试教育和课程改革不可调和甚至势不两立。有机课程观认为，我们应从关系思维出发，充分认识到应试教育和新课程改革之间虽有分歧，但两者并非不可调和，因为两者的终极目标都是一致的，即"培养人才、成就个体"，关键是要对这一终极目标达成共识：我们要培养的人是这样的人——"文明科学、身心健康、注重个性、和谐发展、富有爱心、敢于担当、实践创新"。基于这样的目标，不管是传统的评价考试，还是新课程所倡导的理念方法，都能有用武之地，但两者发挥作用可各有侧重，传统考评可侧重于为"人才培养"服务，而新课程评价可侧重于为"成就个体"服务。 就当前而言，实现传统考试制度与新课程改革的融通，最要紧的是要解决好下面三个问题：一是强化对学生道德素质的培养，通过质化描述和量化统计相结合的方法，将之纳入到人才选拔和个体成长的评价体系之中，使之成为一个能产生一票否决作用的前提性指标。二是深化对学生综合素质构成指标的研究，并将之纳入到各级考评体系之中，使之成为一个衡量升学和发展的不可缺的重要指标。三是进一步改革考试招生制度，注重异质化人才选拔，实行分类考试，向高校释放招生自主权，使得高等学校可以根据自己的办学哲学选拔录取合适的学生。
	◆高考、中考是制约新课程改革的指挥信号系统	
	◆升学和高考已经成为课程改革深入推进的瓶颈	
	◆没有教育的整体改革，课程改革无法一枝独秀	
	◆课程改革仍然需要同应试教育作不屈不挠的斗争	
学校和教师的阻抗（赵正新，2008；郭华，2010；李学书，2011；安富海，2011；中国教育科学研究院课程教学研究中心课题组，2012；王策三，2012；杨莉娟，2012；王夫艳、卢乃桂，2012；李黔蜀，2012；查有梁，2012；王平，2012；陈黎明，2013；方斐卿，2013；李志超、靳玉乐，2013；等等）	◆缺乏学校的积极回应	这是新课程改革在实践层面所呈现出的主要问题表征，也是课程理论与课程实践之间矛盾的集中体现。关于学校对新课程阻抗的问题，虽然看似层次、种类各有不同，但是可总结为"现代性学校制度"构建问题。有机课程观认为，现代性学校制度构建是一项系统工程，与新课程改革紧密相关的，能使学校建设连接历史、当下与未来的重点工作主要有以下几点：一是，建立关系力量，将自上而下的政府推动性行为与学校自主改革行为相统一，在政策上找到两者都接受的平衡点。二是，超越功利主义价值观的束缚，革新学校价值观（教育哲学），使之转向促使"人、社会、自然"和谐发展的价值轨道上来。三是，强化学校特色化建设，克服千校一面的局限。四是，加强大学—中小学（U-S）合作，深化原有的地方、校本课程开发，从根本上转变单一的课堂教学模式，将课程资源建设的工作纳入学校发展的常规性工作体系中。
	◆课程改革遭到学校已有组织文化的抵抗	
	◆学校课程资源开发不足	
	◆新课改没有将教师当作课程改革主体，教师缺乏对课程变革的认同感	
	◆存在着教师课程权力缺失和迷失的现实困境	
	◆广大师生对某些片面、偏激的所谓"新课改理念"的自发纠偏	

续表

新课程改革中存在的主要问题		基于有机课程观的对策建议
	◆教师对课程改革的适应性不强	至于教师对新课程改革的阻抗及其应对策略，详见下文关于"教师有机课程观的构建"部分，此处略过。
	◆教师在能力上还与新课程的要求存在一定差距，理念上还存在诸多理解上的偏差	
	◆教师个体自我身份的迷失	
	◆教师无法适应东西方社会现实和文化价值传统的冲突	
	◆专家苛责引发学校和教师不满	
	◆教师的学科依附	
外部环境的掣肘（刘铁芳，2010；彭泽平，2010；侯晓明，2010；裴娣娜，2011；邢红军，2011；屠莉娅，2011；宁连华、吕林海，2012；潘希武，2013；辛继湘，2013；等等）	◆社会对教育的期待并没有实质性的改观	外部环境是在更宏观和深层意义上对课程改革的制约因素，非教育系统所能左右，更非学校或教师所能改变，但是，课程改革却不能不考虑外部社会环境的制约，并且要积极调适自己的方向和步伐，以适应社会变革的需求。基于有机课程观的思想，笔者认为可以从下述几个方面出发重新理解和调适课程改革，以适应外部环境。
	◆缺乏全社会的理解和响应	从过程哲学的视角分析，课程改革需要一个能与整个社会环境、文化系统互塑共生、彼此一致的和谐生态系统。所以，课程改革的首要任务是，构建一种起到稳定和一体化作用的课程价值和内容体系，降低因各种文化或利益冲突而导致的外部环境风险系数。
	◆社会转型时期变革的教育诉求	
	◆没有获得现代性社会模式的预先支持	我国课程改革应建立在新的"当下事实"基础之上，撇开复杂的具体事实因素，可用四个关键词加以概括，那就是："社会主义初级阶段"的基本国情、"跨越式发展"的经济社会发展目标、"和谐社会"的社会基础、"实现中华民族的伟大复兴"的中国梦。
	◆忽视对我国国情的历史与现实的深入考察	
	◆极不平衡的区域性发展以及多样化的教育需求	面对复杂的国情和地区、城乡的差异化事实，课程变革可借鉴学习波普尔的"社会渐进工程"策略，即改革首先要持一种循序渐进的谨慎态度，另外，要采用温和的、改良的路径和方法达到目的。
	◆课程改革处在复杂的社会文化语境中	市场经济转型要求突出课程改革过程中学生和教师的主体性；社会可持续发展的战略抉择要求将学生的批判思维、创新精神、实践能力、环保意识和德性智慧等作为重要的素质来培养。
	◆课程政策制定缺乏对政治、经济、社会、教育生态的系统分析	
	◆课程改革缺失相互兼容的外部环境	克服教育单极化服务于政治或经济的工具价值取向，应将维护社会正义和提供优质的公共服务纳入到课程改革的目标体系中来。

续表

新课程改革中存在的主要问题		基于有机课程观的对策建议
课程文化的冲突（杨启亮，2007；张良、刘茜，2010；秦玉友，2011；樊亚峤、靳玉乐，2011；刘家访，2011；容中逵，2011；刘丽群，2012；周勇，2013；刘家访，2013；张绍军、张传燧，2014；丁念金，2014；王中华、熊梅，2014；张俊列，2014；等等）	◆课程改革中文化传统的迷失	有机课程观认为，不能从单一的时间维度（古代、近代、现代和后现代）去考量各种文化的高低优劣，只要是能为课程改革提供有营养价值的文化都可以纳入到课程改革的视野中来。
	◆没有深入到文化根基中去把握课程改革文本	深入到我国传统文化基因中去把握课程改革的本义，一方面认识到传统文化中的求稳、法先王、群体为先、官本位等对课程改革的阻滞作用，另一方面要挖掘、继承和发扬我国历史上优秀的民族文化和传统文化以及课程与教学的优秀成果。
	◆稳定性、经验性、人情化和权力本位的传统文化是强大的文化阻滞力	我国的课程改革从哲学意义上看相当于过程哲学中的"现实事态"，它具有自决性、摄入性、过程性的特征，自决性意味着课程改革在时空定位上应以中国当下的教育实际问题为出发点，自主构建中国式的课程文化；摄入性是指课程改革是一项开放和容他的社会工程，反对以一元课程文化为主导，倡导多元课程文化共存；过程性是指课程改革不以追逐某一阶段的实体性结果为目的，而将自身置于连续的创化生成过程之中，不断地与外在的环境进行互塑共生，以求臻善。
	◆国际化与本土化的冲突	
	◆空间定位上的西方中心印痕	
	◆缺乏足够的文化自觉和本土化意识	
	◆"大我"、"无我"的价值取向	
	◆利益文化的多方面阻碍	
	◆契约文化精神的缺失	
课程改革推进过程中的问题（张荣伟，2008；金存钰，2010；成尚荣，2010；刘铁芳，2010；杨东平，2011；韩震，2011；程红兵，2011；雷实，2011；邢红军，2012；李志厚，2011；赵颖、郝德永，2011；柳夕浪，2011；刘永和，2011；万伟，2012；邢红军，2012；查有梁，2012；宁连华、吕林海，2012；廖哲勋、罗祖兵，2013；等等）	◆义务教育学段各科课程标准的修订问题	课程标准的修订，着重要解决文科课程、科学课程和技术课程三类课程标准的修订，因为这三类课程是构成国家课程体系的核心课程。通过课程标准的修订，使得"每种形式的教育都能向学生传授技术、科学、各种一般的知识概念以及审美鉴赏力；学生在每一方面所受的训练，都应该由其他两方面的训练补充而相得益彰"。
	◆完善教材编写、审定与选用的有效机制问题	教材编写要根据学生智慧发展的节奏："浪漫阶段——精确阶段——综合运用阶段"，遵循"优先原则"而非"循序原则"，课程内容设计以促进学生智慧发展的关键期为基本依据，应把对学生直观理解来说各有其内在价值的不同的教学内容，调整到各个从属的循环周期中，通过这样的努力，使学生在大脑中形成一幅和谐的图案。
	◆考试、评价制度的改革问题	
	◆现代学校制度滞后于新课程改革	"每一所学校应该根据本校的课程授予自己的毕业证书"（怀特海语）。有机课程观认为，新课程改革已经进入到由外力推动转向内生发展的新阶段，而学校体制的重建是内生发展的前提性基础，我们必须从整体上规划和设计适应课程改革的现代学校制度。具体而言，学校要构建符合社会、学科、学生要求的，科学而适切的学校课程体系，在独特的学校培养目标指导下，做到校本化实施国家课程，推出高选择性的选修课程、高体验性的活动课程，倡导个性化的学习方式及其评价方式，以有利于学生的发展作为学校课程发展的宗旨。总之，现代学校制度的重建，首要任务在于发动所有教职人员修正学校各类课程，使之能适应学校和学生实际。
	◆在实践层面还远没有形成科学有效的三级课程操作系统	
	◆监督、评估与反馈制度不够完善	
	◆课程设计问题	
	◆新课程"三维目标"执行操作存在困难	

续表

新课程改革中存在的主要问题		基于有机课程观的对策建议
	◆课程内容组织与实施方式单一	在有机课程看来，学校要从文化的高度来重新规划学生发展的目标，核心是要从价值观和思维方式上改变已有的发展定式。价值观方面，以泛价值和合价值观为指导，培养学生富有责任感和同情心，学会尊重他人和自然万物；鼓励学生对世界的好奇心并帮助学生发展他或她的创造潜力；涵养学生的美学意识和神性智慧，学会审美化生存。思维方式上，要着重培养学生学会用关系思维、生成思维和发散思维去思考和解决问题。
从过程哲学的视角分析，课堂教学改革是一个构建关系网络和持续序列的综合工程。首先，每一个具体的课堂教学情境，每一节课中的教学事件，每一种师生所形成的经验点滴，都存在于由一个个"现实实有"或"现实事态"所构成的关系网络之中。其次，这种网络是动态变化的，随时会"摄入"或"切断"一些新的教学材料和经验，处在不断的生成过程之中，从而使教学活动成为一个具有可持续发展的有生命力的"持续序列"。
关于学习方式的问题，要抓主要矛盾，那就是不管采取何种学习方式，都要处理好知识掌握和智慧发展之间的关系，有机课程观认为，学习方式要保持"纪律与自由的节奏"，掌握知识时须遵循规律和原则要求，讲究科学的纪律；而运用智慧时须给予学生更多的自由，讲究开放和创新。
	◆建立与"新课程体系"相适应的教学制度	
	◆课改必须改课（课堂教学）	
	◆学习方式的"大跃进"	
	◆对以学生为主体的学习活动方式不够关注	
	◆忽视学生的体验与发展	
	◆资源条件建设不完善	
方法论问题（张良、刘茜，2010；郝德永，2010；王洪席、靳玉乐，2011；赵宏强，2011；胡志坚、刘舒畅、杨婷婷，2011；张静静，2012；张良、韦冬余，2012；谢翌，2013；等等）	◆缺乏对指导理论的前提性反思	任何课程改革都会受一定的方法论指导，"以改革促进改革"应当成为指导深化课程改革的重要方法论。新课程改革的推进应采取整体性的、关系性的、创造性的思维方式，克服碎片式的、对立式的、依赖式的思维方式。
在课程决策和运作过程中，既要突出顶层设计的宏观调控，又要尽可能形成底线共识；在国家级、省市级和学校级三个层次，建立能兼顾"过去—现在—未来"一致性的可持续发展的课程决策和运行机制；规范各级课程权力运作机制，明确权利义务和责任分工。
可采用研究和推广标志性课改成果、描述经典的有效教学行为与效果、对不同地区的课程改革进行有控制的比较分析等多种方式，探索新课程改革的有益经验。
	◆课程改革的概念框架模糊不清	
	◆简单化的"左"与"右"的课程改革路径	
	◆"突变式"课程改革的后遗症	
	◆低估了课程改革的复杂性和非线性	
	◆对来自于基层草根的有益经验探索总结不够	

　　路径二，是一种自上而下的指导路径，也可以理解为以"理论"为导向的验证性路径，要解决的是理论如何联系实际的问题。这种指导路径可以借鉴古德莱德关于课程类型及其转化的分析框架。首先，在观念层面对有机课程观进行建构、修改、完善，使之形成较为成熟的理论体系；接着，在政策层面对有机课程观进行分析和解读，使之进入学校正式课程体系，将课程付诸实施；然后，在行动层面帮助教师树立有机课程意识，形

成有机课程观，运用有机课程思维指导新课程实践；最后，在发展层面激发学生主动参与有机课程的兴趣，亲历有机课程学习的过程和方法，获得身心自由、健康的发展。具体的指导路径通过表7－3反映出来。

表7－3　　　　　　　　　　　　　　指导路径二

有机课程观的各个层次		对课程改革的启示和指导
理想的课程	有机课程可以理解为有根的、整体的、和谐的、关系的、过程的、发展的、创生的课程。 具体而言，有机课程由三个主要部分构成：其一，有机课程信奉"有机整体、和谐共存、创生化进"的课程价值取向，它是课程的统摄和导向；其二，从本体论上看，有机课程具有"过程与关系"的本质属性，具体而言，课程是一种关系性的、广延连续性的、过程性的存在，它规定着课程的要素结构；其三，从动态生成的发展观看，有机课程具有"创化生成"的自组织特点，它揭示了课程品质的生成性、课程教学的创造性和课程变革的延续性，它是课程中最具有活力的部分，也可以理解为课程的内发动力机制。上述三个部分互为前提和条件，结成一个不可分割的有机课程整体。	从课程的价值层面分析，课程既具有内在价值的一面，也具有工具价值的一面。课程的价值是课程有机体与环境相互作用的功能性表现，只有在一种特定的情境中才存在并具有意义。课程价值主体不仅指人，而可指具有系统特征的课程有机体本身。课程价值还包括观念的冒险、思维的创新、教学的创生、过程的体验、发展的评价等生成性的课程品质。课程价值最终体现为使整个"人类—社会—自然"系统朝向更丰富和美好的方向发展。 从课程的本体层面分析，重新理解决定课程本质的几对关系。其一，课程中的社会与个体只是一种关系性的存在，社会与个人的关系是一种内在关系，在课程中以"共同体"的形式出场。其二，科学精神与人文关怀并重。科学课程侧重于培养学生求真、求实、怀疑、批判、探索、实验、革新、独创等科学精神；人文课程侧重于培养学生自由、平等、博爱、利他、向善、合群、正义、审美、敬畏等人文品质。其三，从客观主义认识论、主观主义认识论走向过程认识论。课程教学的内容不能狭隘地诠释为概念、原理、关系、公式和法则等纯粹的、客观的知识形态，而且还要纳入审美经验、兴趣爱好、学习方式、情感意志、价值取向等复杂的、主观的情意系统。其四，课程知识的主要价值在于使学生学会做自由的文明人。 从课程的发展层面分析，其一，课程改革中要处理好"预成"与"生成"的关系。课程领域中的"预成"与"生成"是一对"多生成一，由一而长"的关系性存在，是一种双向转化过程。"多生成一"奠定课程基调，"由一而长"丰富课程品质，课程品质的丰富化又为课程奠定新的基调，新的课程基调下又会创造出更多的课程新质，如此螺旋式上升，以至无穷。其二，倡导"解放与创生"式的课程教学。课程教学过程中要真正确立师生教学主体的角色地位，在教学活动中体现出主体性、主体间性、和他者性的三性统一。要克服教学中的"惯习"和"异习"，将教学当作是师生共同的"探险活动"，从知识传递式教学走向文化参与式教学，实现教学活动过程的创生。

续表

有机课程观的各个层次		对课程改革的启示和指导
正式的课程	正式的课程应追求传统文化与现代性、后现代性的有机统一、社会本位和个体本位的有机统一、科学精神与人文精神的有机统一、主观主义知识观和客观主义知识观的有机统一、课程知识与学生发展的有机统一。 从有机整体思维出发，在传统学科课程之间谋求某种平衡，这种平衡"既包括量的方面——某一学科所代表的工作负荷在整个内容中所占的比重，也包括质的方面——各类内容价值的汇合、理论和实践之间的联系等"，在此基础上，重构包含道德的、科学的、人文的、美学的、创造的学校课程新体系。	基于理想的有机课程理念，课程改革应构建"有根有翼"的课程体系。 　　"有根"的课程侧重于两个方面：第一，开发和设置公民意识教育、社会常识教育、公共与社区服务教育、生态教育、生命教育、感恩教育、审美教育等课程形式，培养学生的处世之道、生态意识以及审美意趣。第二，增加有利于中国传统文化和本土文化认同感培养的课程设置。以"转识成智、智德一体"为总目标开发相应课程，内容应注重"天人合一"的德性智慧，"以和为贵"的处事准则，"正德、利用、厚生"的科技之道，以及"创化生生"的可持续发展观念。 　　"有翼"的课程也包括两个主要方面：在课程目标上，关注个体发展。学校课程除了传递已有观念，还应该鼓励学生对世界充满好奇并帮助他们挖掘自身的创造潜力，应将学生视作成长中的"人"，充分理解并尊重学生的主体性，给予学生自主成长的空间，着重培养他们的创新精神和实践能力。在课程内容上，突破文本权威。开发和设置能为教师与学生自主实施课程留有余地的课程，因为他们并不是文本的再现者，而是理解者，只有教师和学生带着自己的"前见"与文本达成视界融合，才能产生出新的意义。
实施的课程	这里所讨论的课程实施不是指宏观层面对课程计划的执行，而是专指学校层面的课程实施活动。对学校层面课程实施的理解，应坚持双向互动的立场，一方面，课程实施是一个把课程计划或书面的课程付诸与转化为具体教学实践的过程；另一方面，课程实施是一个基于学校愿景、教师专业和学生需求的课程创生过程。	具体到学校课程实施层面，除了保障国家课程的实施外，还需创造或改善条件，充分发挥地方和校本课程的效能，以满足地方与基层学校的特殊需求。在每个学段，除了必修课程内容外，还可以根据不同学生的兴趣需要，开发利用新的课程资源，发展学生的个性与特长。 　　学校应该从专业的角度建立"学校课程规划和实施"的制度。首先，每一所学校应确立学校的愿景，作为课程体系的目标导向。其次，在行政上成立类似于"学校课程发展委员会"的组织，负责学校课程的发展与实施工作，其工作内容主要涉及学科内容的改进，地方、校本、综合实践活动的实施，课堂有效教学的研究，建立发展性课程评价的机制等各方面。第三，在学校课程实施过程中，始终牢记促进教师专业发展这一主要任务，并将之渗透到整个学校课程实施的各个环节。

续表

有机课程观的各个层次		对课程改革的启示和指导
理解的课程	理解的课程是指教师所领会的课程。由于每个教师所任教的学科不同，个人的专业背景和知识储备不同，价值取向各异，他们对于正式的课程会有不同的理解和解释。有机课程观认为，教师理解的课程，是构成课程实践世界的经验点滴，允许个性化的解读和差异化的存在。但是这些课程经验点滴最终要汇聚到新课程体系这一课程主流之中，只有这样，才能使它们的生命得以永恒。	具体指导意见详见下文"教师有机课程观的构建"部分。
经验的课程	有机课程观注重过程与体验，关注学生经验的生成、独特的表现，倡导课程的不确定性和非线性发展，反对封闭和预设的课程思想。	经验的课程是学生实际体验到的东西，是课程经历多重转化之后达到的"满足"状态，是课程的最终落脚点，也是我们评判课程价值大小的主要依据。 经验的课程需遵循"学习者中心原则"，从学生主体出发加以理解，而不能从课程设计、开发和实施者出发加以诠释，任何的课程，扮演的是促进学习者自我发展的资源角色，而不是模塑学生的标尺角色。 经验的课程应达到三重境界。第一层，帮助学生理解课程教材的知识内涵和达成考试目标，让他们经验到共享性的客观知识和分享到学业成绩带来的成就感。第二层，培养学生对于知识的兴趣和学习知识的能力，关注学生个人的认知、体验和感悟，尊重学生个人知识的构建，引导学生透过共性知识的学习领略到不同的意义和价值，把学生看成是新知识、新文化的创造者。第三层，激活学生生成性、反思性和批判性的思维潜能，通过课程学习能随时反思自我短缺，寻找到自身存在的独特价值和意义，学会批判性地重构课程文化，努力维护和促进社会的公平、正义和文明。

　　当然，对上述两种路径进行区分只是出于学理分析的需要，在实际的课程理论与实践互动中，两种路径往往又是你中有我，我中有你，是交叉重叠的。

　　（二）基于有机课程观的教师个人课程观构建

　　英国著名课程论专家斯坦豪斯指出，没有教师的发展就没有课程的发展，笔者十分认同这一观点，有机课程观是否能向实践转化，是否具有长久的生命力，关键在于教师能否认同并内化这种新颖的课程思想。

1. 教师个人课程观的现状与反思

长期以来，我国基础教育推行的是一种中央集权制的教育管理体制，广大教师信奉的是所谓的"管理主义"课程观，倾向于把课程理解为一种"法定的教育要素"或"法定的知识"。对教师而言，课程就是高高在上的权威、五花八门的文本、真真切切的知识，课程就是静态的存在，课程实施或教学不过是复制"镜像"知识的过程，无须过多地去追问课程本身的合理性，不必思考课程在实践中的适切性，更不会展望课程的未来会怎样，人类灵魂的工程师也就失去了"灵魂"，只好跟着感觉走，凭着经验行，久而久之，教师就彻底沦为没有生命的"教育机器"。新课程改革之后，教师们开始学会独立表达对课程的看法和观点，但这并不能说明每个教师都拥有了一种个人课程观。因为教师对课程的看法和观点有可能是社会公众的或专家的课程观，只不过他（她）拿来一用而已，严格意义上说，在他们身上体现出的这类课程观就不属于个人课程观。只有教师对课程这一复杂事件和活动进行了深入的专业思考和实践参与，从而形成相对稳定并能指导其展开课程教学实践的一系列基本观点和根本看法，才表明他（她）具有了个人课程观。

为了了解我国中小学教师的课程观现状，笔者于 2012 年通过问卷调查的方式对来自辽宁、河北、山东、河南、安徽、浙江、湖南、江西、广西等省市的近百名①中小学教师进行了调查。本次调查采取随机抽样的方法抽取被调查对象，发放问卷 105 份，共回收 100 份，剔除无效问卷 2 份，共计有效问卷 98 份。调查内容围绕着对课程概念的理解、是否遵循传统课程观、是否认同新课程观、社会规范对教师课程观的影响等四个问题领域设计。经由 Excel 数据处理软件和 Spss for Windows 13.0 数据统计软件对数据的处理和分析，我们可以了解到目前中小学教师课程观的现状和问题。

（1）关于"对课程概念的认识"的调查

笔者在问卷中选择了 6 个具有代表性的课程概念，包括 3 个传统的课程概念，3 个现代的课程概念，随机安排在问卷的各个位置。具体信息见

---

① 本次调查的对象共计 100 名，除去两份无效问卷以外，人员的结构情况大致如下：中学教师 50 名，小学教师 48 名；男教师 38 名，女教师 60 名；中学高级 14 名，中学一级 23 名，中教二级 13 名，小学高级 10 名，小教一级 20 名，小教二级 18 名；教龄在 1—33 年之间均有分布；学历主要分布在中专、专科和本科三个层次。可以说，本次调查虽是一次小样本的调查，但是从被调查对象的构成看还是具有广泛的代表性的。

表7－4：

表7－4	课程概念、题目编号及题目
课程概念归类	题目编号及题目
传统课程概念	1. 课程即教学科目
	11. 课程即有计划的教学活动
	16. 课程即预期的学习结果
现代课程概念	8. 课程即学习经验
	9. 课程是儿童个体经验和人类社会群体经验的一个载体
	39. 课程即社会文化的再生产

经由对回收问卷的统计分析，我们得到了如下的调查结果：

表7－5		对课程概念认识的差异比较	
课程概念	样本量（N）	均值（M）	显著性差异值（P）
传统	98	2.28	0.693
现代	98	2.47	

对表7－5的调查结果进行分析，我们发现，被调查教师对传统课程概念和现代课程概念的认识在均值上几乎相等，显著性差异值为 $P = 0.693$，明显高于 $P < 0.05$ 的显著性差异临界值。这可以说明，中小学教师目前对课程概念的理解还没有明显倾向于传统或现代一方，认同传统课程概念和现代课程概念的几乎各占一半；换个角度看，目前还有相当一部分中小学教师在信奉着传统的课程概念。

（2）关于"认同哪种课程观"的调查

笔者在问卷中设计了22个能在一定程度上反映课程观的题目，包括11个属于传统课程观的题目，11个属于现代课程观的题目，随机安排在问卷的各个位置。具体信息见表7－6：

表 7 - 6　　　　　　　　　　课程观、题目编号及题目

课程观归类	题目编号及题目
传统课程观	6. 教师应该在教学中准确无误地领会课程固有的意义
	13. 评价学生学习质量主要看成绩高低
	24. 新教材知识结构零乱，缺乏系统性
	14. 未来社会，科技发展是最主要的任务
	15. 课程的实施是以课堂教学为基本形式的
	17. 课程内容主要是由各类书本知识构成的
	18. 课程主要体现在教材和教师身上，因此是通过教师和书本传递的
	19. 课程内容最好不要频繁变动，否则会增加教学难度
	20. 课程学习的基本目标是促使学生获取相应的知识和培养运用知识的能力
	21. 教学的起始必须先确定教学目标
	23. 课程实施是一个"照图施工"的过程
现代课程观	2. 教师是课程的开发者与创造者
	28. 知识的价值在于其对不同个体有不同的意义，而不在于其普遍的真理性
	30. 教育的根本目的就是促使人的本性和本能得到高度发展
	31. 课程资源应当包括学生的日常生活经验
	32. 学生应对教材内容保持质疑的态度
	34. 课程不过是一种符号，这种符号的意义由理解者赋予，由理解者创造
	37. 普通教师也能创造新的课程理论
	38. 新课程中的"过程与方法"是一个虚设的目标，难以把握
	41. 没有教师的发展就没有课程的发展
	42. "我的课程我做主"的课程创生理念是课程改革与发展的核心内容
	45. 课程是师生在教育情境中共同创生的一系列"事件"

经由对回收问卷的统计分析，我们得到了如下的调查结果：

表 7 - 7　　　　　　　　　对课程观认识的差异比较

课程观	样本量（N）	均值（M）	显著性差异值（P）
传统	98	2.23	0.926
现代	98	1.99	

通过对表7-7调查结果的分析，我们发现，被调查教师对传统课程观和现代课程观的认识在均值上相差不大，只有0.24，显著性差异值为P

=0.926，也明显高于 P＜0.05 的显著性差异临界值。这可以看出，中小学教师目前对课程观的理解还没有明显倾向于传统或现代一方，在传统课程观和现代课程观之间摇摆；这也说明，相当一部分中小学教师对课程观的认识存在模糊不清的现象，个人课程观还处在休眠状态或迷失状态。

（3）关于"教师对新课程现状的评价"的调查

当被问到"新课程改革中普遍存在'穿新鞋走老路'的现象"时，有 53 名被调查者表示"有点不赞同"（17）或"完全不赞同"（36），占被调查对象总数的 54%，表明大多数教师还是认可和支持新课程改革，并对它的未来抱有较大的信心。令人费解的是，当被问到"今天的大多数教师仍用最古老的方法去教最先进的课程"时，有 73 名被调查者表示"基本赞同"（24）或"完全赞同"（49），占被调查对象总数的约 75%，表明绝大多数教师还是对新课程改革的成效表示怀疑或否定。用非参数卡方检验对上述得分频数分布进行检验，发现 2 个题目的各个选项都存在非常显著的差异（P＜0.05），这也验证了教师肯定新课程改革和对它的成效心存怀疑的两种态度倾向性呈显著差异。具体信息见表 7－8：

表 7－8　　　　　　　　　　　对新课程现状的评价

题　目	卡方值（χ^2）	显著性检验值（P）
27 新课程改革中普遍存在"穿新鞋走老路"的现象	20.061	0.000
36 今天的大多数教师仍用最古老的方法去教最先进的课程	66.592	0.000

这一调查结果反映出教师在态度上支持课程改革却在行为上默认传统做法的互相矛盾，对到底如何实施新课程，教师应该有怎样的作为，还缺乏深入的思考和探索。

（4）关于"社会规范对教师课程观影响"的调查

基于中国特有的国情，广大中小学教师"在大部分情况下，最终仍然把努力帮助学生获取高分看作自己最重要的一项社会责任。也就是说，对学校教师来说，这套规范性制度的影响是最大的。"[1] 可见，社会责任及其规范是影响我国教师课程观的主导力量，本调查的结果也印证了这一事实。通过调查我们发现，教师对承担社会责任几乎有高度一致的认识，赞同"帮助学生获取高分是教师的一份社会责任"的，占被调查对象总

---

[1]　柯政：《规范性制度对新课程政策实施的影响及其政策意义》，《北京大学教育评论》2010 年第 1 期。

数的 65%；赞同"教师应该承担实施国家课程政策的社会责任"的，占被调查对象总数的 81%；赞同"学校课程是社会政治的一种延续和反映"的，占被调查对象总数的 59%。用非参数卡方检验对上述得分频数分布进行检验，发现 3 个题目的各个选项都存在非常显著的差异（P < 0.05），这就验证了教师非常强烈地持有一种认同社会规范的态度。具体信息见表 7 - 9：

表 7 - 9　　　　　　　　社会规范对教师课程观影响

题　目	卡方值（χ^2）	显著性检验值（P）
3 学校课程是社会政治的一种延续和反映	29.347	0.000
40 帮助学生获取高分是教师的一份社会责任	37.408	0.000
44 教师应该承担实施国家课程政策的社会责任	71.490	0.000

　　综合分析上述四个问题领域的调查结果，我们发现，我国中小学教师在总体上存在对课程概念认识不清，课程价值取向不明的情况。大部分教师深受社会规范和工具理性支配，没有从传统的课程观中走出来，真正独立的个人课程观还没有完全形成。影响教师个人课程观形成的原因极为复杂，单从教育系统内的因素分析，主要有这样几个方面：一是，跟我国教育长期以来重视教学轻视课程有关，致使广大教师缺乏课程意识，更遑论课程观了。二是，师范教育（现为教师教育）理念和培养模式落后，不能有效引领基础教育改革，培养的教师缺乏先进的课程观。三是社会本位思想、应试教育体制严重阻碍了教师的专业成长，制约了教师创新精神的养成。四是，教师身上天然地具有某种惯习和惰性，在自觉不自觉地抗拒着外来的各种改革。总之，目前大多数一线教师还固守着凭经验行事的惯性思维，缺乏一种对于其所从事的课程与教学活动的前提反思与批判的意识，再加上流行于世的课程理论思想零散而驳杂，各种课程理论、流派、主义缤纷而各异，难以从整体上为教师提供一种系统的指导。由此看来，教师个人课程观的确立，尤其是有机课程观的确立，任重而道远。

　　2. 有机课程观的实践转向：呼唤教师个人有机课程观的确立

　　（1）教师课程观形成的前提：唤醒课程意识

　　意识一般是指人在认知基础之上所形成的对事物的敏感程度，在过程哲学里，是指能分辨事物的一种自觉。课程意识实际上是个人在对课程重要性认识基础上所产生的对课程的敏感程度。假如一个人不觉得课程重要，抑或认为开发设计课程与其无关，他（她）对课程的敏感程度就低，从而也就不会自主建构课程观。所以，教师个人课程观确立的前提是要唤醒他们的课程意识。

1）能动意识

能动意识，是指教师能意识到自己是课程设计与开发过程中的主要参与者，是课程教学活动中的意义创生者。具体而言，在我国推行三级课程管理体制之后，教师要具有对国家课程进行"二次开发"的意识，对校本课程和综合实践活动课程要有"无中生有"的首创意识。当教师置身于繁纷芜杂的课程情境时，能主动对流动生成的课程进行价值选择。在课程教学活动中，对稍纵即逝的具有教育意义的偶发事件敏感，从而生成新的教育主题。在课程评价活动中，除了关注结果以外，还应关注到学生在学习过程中的思维品质、创造行为和独特体验。需要注意的是，教师的能动意识并不会自动产生，一方面要靠制定政策赋予教师一定的课程自主权，建立褒奖改革创新、惩罚慵懒守旧的奖惩制度，营造外部的激励机制；另一方面要诱导教师树立正确的课程价值取向，即教师能够从关乎国家兴衰、民族存亡、生活幸福的高度去认识课程价值，才会产生个体主观性和能动参与性，投身课程变革活动。

2）批判意识

批判意识，是指教师不仅能理解各种课程理念，而且还能对之进行前提性反思，并加以批判性地吸收与改进。批判意识首先反映在教师能跳出由学科、教材、知识等编织而成的课程藩篱，能够在一个广阔的政治、经济、文化、科技、伦理、环境等组成的时代大视野中去审视、解读课程，这样才能形成以保护生态自然、追求社会公正和解放人性为终极目的的课程观。这是对课程的超越性理解，是一种高层次的反思。其次，批判意识体现在教师不迷信所谓权威的课程思想，学会对公共课程理论或专家言论说不，要意识到建构个人课程观的重要性和必要性。当然，我们并不主张教师只凭主观愿望和已有经验任意地建构课程观，关键的问题是，教师能根据时代精神的要求建构合目的性和合规律性的个人课程观。这里有两点需要补充说明：第一，教师对课程的反思性批判要经历一个由低级到高级的发展过程，不可能一蹴而就。以教师对课程的理解为例，一般要经历将课程理解为教材，理解为学科，理解为知识体系，理解为跨学科综合，理解为创生，一直到超越课程的理解等复杂过程。第二，反思性批判并非对传统课程观进行简单的否定，而是积极的扬弃，是指以新的理解视角，不断解构课程问题，提高课程意识的过程。

3）生成意识

生成意识，是指教师不仅能创造性地实施课程，而且还具有在文化意义上对课程进行创生的意识。现在有一种普遍乐观的看法，即课程实施已进入创生取向的时代，创生取向认为，"课程实施本质上是在具体教育情境中创生新的教育经验的过程，既有的课程计划只是为经验创生过程提供一种备择的工具而已"。① 但是，判定教师在课程实施中是否具有创生取向，不能仅仅关注他（她）在课程教学活动中的创造性行为，因为这种创生行为有可能只停留在"技术层面"而没有"灵魂"支撑，这里的"灵魂"是指一种能自觉自为地将课程教学视为完善课程品质、促进教师成长和学生发展的变革行动，这是一种超越实施水平对课程进行文化反思后的创生意识。所以，衡量教师有无课程生成意识，不能单从课程教学中有无创生行为考察，而应提升到有无创生的价值观和思维方式等文化高度来分析。

（2）教师个人有机课程观的确立：条件和设想

课程发展自从进入后泰勒时代，就已经为教师参与课程变革提供了舞台。施瓦布提出实践取向的课程开发范式，标志着课程已从"普遍原理"的宏大叙事中，被拉回了对教育实践活动的观照。实践课程开发范式关注具体的教育情境，追求四要素（教师、学习者、学科和环境）的互动，尊重学生和教师的主体地位，将课程开发看作是一种审议活动。课程向实践的回归为教师个人课程观的确立提供了现实基础。斯坦豪斯为了克服泰勒模式的弊病，提出了课程开发的"过程模式"，第一次明确提出将课程设计与开发的权力交给教师，倡导"教师作为研究者"，使得课程从原来的"防教师"身份转变为"以教师为主体"，这为教师个体课程观的确立提供了直接的理论基础。建设性后现代主义教育家受怀特海的"命题"（propositions）② 说启发，认为一个命题仅仅是一个设想，指出现实世界有可能存在的情况，或有可能具备的某些特点等等，如果教师能够激发起学生对这些可能性的兴趣，学生就会对其进行钻研并寻找正确的答案。③在课程教学活动中，教师更重要的职责应该是将真理性的知识转化为开放性的命题，这就为教师个人课程观的确立提供了认识论基础。

在有机课程观的观照下，教师个人应确立如下的新课程观。

① 转引自张华《课程与教学论》，上海教育出版社 2000 年版，第 341 页。

② 这里的命题是指可供人们考虑的观点和建议，而不是需要通过学习并记住的既定事实。

③ ［美］约翰·科布：《过程教育》，马晓梅译，《湛江师范学院学报》2011 年第 2 期。

1）确立"泛价值和合"课程价值观

在当代中国教育语境中，关于课程价值观，有三种主要的取向：社会本位、工具理性和个体本位。但总体上来说，社会本位和工具理性课程价值观仍占据主导地位，也是对广大教师影响最大的两种课程价值观。我国教师经历新课程改革的洗礼之后，已开始接受并践行以发展理性为主导的课程价值观，这为他们进一步确立"泛价值和合"课程观作了有效的铺垫。具体而言，教师应确立如下的"泛价值和合"课程观。

从宏观的教育价值分析，教师应摆脱传统主观价值论的束缚，不要将教育当作是外在的功利性的事业，而应将教育看作是维系个人、社会与自然和谐共存，推动人类文明永续发展的一股关系力量。或者可以这样理解，教育的价值体现在它能起到糅合剂的作用，正是借助教育，才能建立起一个容他、共处、合作、共赢的和谐社会。

从微观的课程价值分析，教师应打破课程价值在于增知培能的狭隘认识，应将课程视为师生之间、生生之间、人与知识、人与社会、人与自然之间交往对话的舞台，是培养智慧、启发思想、愉悦身心、陶冶心情、涵养品德的精神食粮，是阅读生活、融入社会、解放个性的重要载体。总之，课程是一种关系性存在，它就好比由人、社会与自然所组成的关系网中的一个个节点，起到连接、储存、整合、传递各种能量和信息的作用。

2）以"过程—关系思维"为方法论把握课程本质

从过程哲学的视角看，课程本质上是一种超越实体观的过程性存在，是一个具有时间延续性和空间广延性的广延连续体，课程广延连续体是由各种课程活动和课程事件所构成的。这些课程活动和事件可以被解读为各种不同的课程文本，它们可被解读为链接个体与社会的教育学文本，也可被解读为融合了科学精神和人文精神的有机整体价值文本，还可以被解读为突破理性主义和经验主义鸿沟的过程认识论文本，当然，更直接地可以被解读为能促进个体自由发展的超知识文本。

如果对上述课程文本作进一步分析，作为链接个体与社会的教育学文本，教师应该从维护个体与社会的良性互动关系出发理解课程的价值，明确课程是个体社会化和社会个体化双向互动过程中的教育媒介，课程是维护个体与社会共存互赢的关系力量，而不是以其中一方战胜另一方的单边力量。在具体的实践中，教师除了保障国家和地方课程的实施成效外，还应该从学生的兴趣和需要出发，积极开发和实施校本课程和选修课程，尽可能满足学生个性发展的多样化需求。作为融合科学精神和人文精神的有机整体价值文本，教师应将课程理解成一个以人文精神为引领，以科学精神为动力，能促使学生真、善、美等整体素质提高的价值文本，尤其是要重视对学生人文素养的培养，只有这样，才能为科学按上定向之翼，不会偏离正确的方向。作为过程认识论文本，是要求教师在具体的课程教学实践中，将实践活动及直接经验的获得、抽象思维活动及间接经验的掌握和审美经验、情感意志、价值判断等复杂的、主观的情意系统当作一个有机整体来处理，因为，教学过程是一个具身的心理活动过程。作为促进个体发展的超知识文本，教师应将课程理解成是一副促进学生精神解放的助推剂，一种融合知识、经验和智慧的营养质，一股引导学生学做自由文明人的正能量。质言之，课程是一种基于知识又超越知识的精神力量。

3）创造性地开发与实施课程

在怀特海的哲学体系中，创造性是一个终极的范畴。创造性原理所要揭示的核心思想是"变"，认为宇宙世界是一个由"多生成一，由一而长"的创化生生的世界。实际上，教育世界何尝不是一个创造的世界？哪怕是最为古老的知识传授活动，也需要研究如何创新教学的范式和方法，否则很难适应当前瞬息万变的社会变革的需要，至于说到培养学生的创新精神、探究能力等更为复杂的教育活动，则更离不开创造性的劳动。

教育的创造活动主要通过教师的创造劳动体现出来，而教师的创造性劳动又集中通过创造性地开发与实施课程表现出来。具体而言，教师的课程创生行为应体现在如下几个层面：首先，教师要确立这样一种理念，即课程教学活动是一个师生创造新经验、发展新能力、形成新思想的过程，而不是简单的知识传授过程，只有牢固树立这种思想，才能将之转化为创造性的课程教学行为。其次，教师要掌握课程开发、课程设计以及课程实施的相关知识技能。这个过程决不能狭隘地被理解为给教师补"课程知识"的课，而应该被解读为对课程文化的反思，课程开发范式的革新，以及课程教学方法的创新，是一个涵盖精神、制度和工具三个层面的综合创新活动。最后，教师要将创生精神渗透到每一个具体的课程教学实践活动中。假设，教师能在日常的课程教学中能自觉地进行课堂情景设置，熟练地利用或生成新的课程资源，融入自己独特理念进行教学设计，自如地发挥教学机智解决偶发问题，教学行为能关注到有特殊需求的学生……我们完全有理由相信，他（她）开始学会了创造性地开发与实施课程了。

总之，真正对课程教学实践活动产生影响的是教师个人课程观。对教师而言，这种个人课程观必须经教师自身实践、反思、提升才能真正确立，它既不是课程专家直接"告诉"的，也不是学习课程理论偶然"感悟"的，外在的课程观至多为教师个人课程观的确立提供价值导向、概念基础和思维方式，并不能镜式地反映在教师身上。正因如此，有机课程观的实践转向才会遭遇实际困难，必将经历一个艰难而漫长的过程。不过，有机课程观倡导变革和创新，欣赏差异和个性，这也为教师个人课程观的确立预留了一条自由之路。

第二节　有机课程观的前景展望

一　兼容并蓄：促进各种课程观的彼此增益

过程哲学思想中的一个重要的价值取向是容他思想，有机课程观也是基于容他思想而建构的。虽然有机课程观突出了一些核心的观点和形成了初步的课程思想体系，但是这些成果是在汲取历史上各种主要课程思想的基础上所形成；换个角度看，正是有机课程观促成了各种课程思想的彼此增益，使它们在当今的课程舞台上相会，贡献各自应有的价值。具体而言，有机课程观主张对如下一些课程思想①进行改造和吸收，发掘其建设性面向和正能量作用。

（一）科学实证课程观中的课程思想

在课程目标设计时要综合考虑学生、社会、学科以及自然等要素；在课程组织时兼顾统整性、顺序性和连续性等基本原则；在课程研究时关注课程教学过程中师生的行为表现；等等。

（二）认知过程课程观中的课程思想

在课程设计方面，重视课程目标的过程性；在内容选择上，配合学生心智成熟的过程；在课程实施过程中，强调学生如何学习的重要性；在课程评价上，重质而非重量。在课程研究方面，倡导问题中心、师生互动与参与，重视发现和探究。

（三）人本主义课程观中的课程思想

在课程设计方面，重视目标设计的人格化、生活化及全人化；选择有意义且符合学生目的的内容，从满足未来生活需求出发，以知情意贯串其中组织课程内容；课程实施中注重因材施教，关注个性化表现，尊重关怀不同个体；评价时强调过程表现。在课程研究时，坚持以人的本质为出发

---

① 因为课程从 20 世纪初才开始作为一个专门的研究领域，系统化的课程观或课程理论也主要诞生于这一时期，所以本文着重选择 20 世纪以后出现的一些主要课程思想作为考察对象。

点，重视教师个人观点，鼓励自我创造。

（四）社会重建主义课程观中的课程思想

在课程设计方面，重视提升批判和付诸行动的能力目标，主张课程即实践的课程实施观，依据学生所处情境的表现来决定课程评价；在课程研究时，主张批判、行动和改革，关注实际运作和关系力量。

（五）再概念化课程观中的课程思想

在课程设计方面，从关注个体自我发展和充实善良本性出发设计课程目标，在内容选择时突出在经验中建立、激发想象力和批判意识，在课程实施过程中激发学生的自我意识与反思能力；在课程研究方面，重视对课程进行新的意义诠释，赋予课程以新的价值。

（六）批判理论课程观中的课程思想

在课程设计方面，重视对学生批判反省及思考能力的培养，选择课程内容时重视生活的价值和伦理，重视潜在课程的建设，课程实施时强调教师的专业自主和独立性，重视过程及多元主体的评价；在课程研究方面，主张向批判与实践转型，采用沟通、行动和实践的方法。

（七）后现代主义课程观中的课程思想

有机课程观主张对多尔的4R理论进行改造。首先，超越丰富性，追求干支共生性。课程发展的主干、主流方向要一致，枝蔓可以开放式的生长，这就是怀特海所谓的个体自我建构的肯定性摄入致其主体性不变，但在摄入的过程中也有切断、补充等行为，丰富着主体的属性。其次，超越回归性，追求螺旋上升性。回归是在同一水平状态下的重复运动，课程要随着社会的发展不断地提质发展，允许反复，但是呈现整体的上升发展趋势。再次，超越关联性，追求场域一体性。最后，超越严密性（解释性和不确定性的组合），追求和谐价值课程观。

（八）生态主义课程观中的课程思想

生态主义课程观是建设性后现代主义思想的一个重要组成部分，拒斥现代性是其主要宗旨之一。我们可以从生态主义课程观中吸取超越现代性的课程思维。具体而言，从人与自然、人与社会、人与环境、人与人等方面的复杂关系出发，确立课程的"内在价值"（生态的、人道的、精神的）取向；树立"整体性"的课程认识论思想，重视被过去所忽视的关系性、多样性和完整性等课程品性；超越课程形式上的生态化倾向，将"生态"、"整体"、"创生"等理念全面渗透到课程教学领域，完成课程"灵魂"的重塑。

总之，有机课程观信奉"泛价值和合"课程价值论，采取开放性的课程思维方式，以当下的课程活动和事件为载体，广纳各种具有建设性意义的课程思想，克服了传统实体课程观唯我独尊、难以容他的致命弊病。有机课程观始终坚信，没有一种课程思想是完美无缺的，所有的课程思想都身处"途中"，具有可错性和可修正性，有机课程思想也是如此。所以，有机课程观不应该被视为关于课程本质的一种最终陈述，而只是为丰富课程本质认识提供一种可供选择的方案。

二　永续发展：有机课程观必须承担的庄严使命

追求永续发展是人类的终极目标。可是，当人类社会发展到工业化阶段，工具理性支配下的现代性社会却演变成了一头难以驾驭的猛兽，对人类自身构成了极大的威胁。正如著名社会学家吉登斯所警告的：当前我们生活在一个完全失去了控制的世界上，它几乎与启蒙思想家的期望南辕北辙，"甜蜜理性"（sweet reason）的普及并没有创造出一个我们能够预期和控制的世界。[①] 好在并不是所有的人都陶醉在被繁荣假象包裹起来的现代性温柔乡之中，许多有识之士开始意识到我们所面临的一系列具有严重后果的风险：极权的增长、经济增长机制的崩溃、核冲突和大规模战争、生态破坏和灾难……拯救人类、拯救地球的呼声正日益高涨，并在世界范围之内转化为各种行动，例如：消除核武威胁、消解国家（民族）纷争、重建金融体系、保护生态环境、建设和谐社区等等，在这些行动中，不仅有国家行为，还有团体、个人行为，已呈全民参与之势。这说明人类为自身的可持续发展开始走上了自我救赎的道路。在这场人类的自我拯救活动中，不能重复走边发展边破坏的老路，也不能仅仅靠"亡羊补牢"的被动对策，而应该以反思与重建"永续发展"价值观为逻辑起点，以建设"生态文明"社会为契机，以促成社会公正、高效、和谐和人文发展为重点，重新调整人类社会的发展方向和步伐。

在这场推动人类永续发展的伟大行动中，将重新拷问教育的价值和功能。如果说传统的教育价值主要体现在工具理性上，那么，当代的教育价值应着重体现在发展理性上，具体而言，应该为实现"和谐共生、良性循环、全面发展、持续繁荣"的人类社会发展目标而贡献自己的力量。正是在这种教育转型的背景下，课程改革必须进行反思，其所凭依的课程观是否符合永续发展的文化伦理取向。可持续发展和生态文明建设既要求我们维护社会的稳定和谐，给人以"有根"的安定感，又要求在现代化

---

① ［英国］安东尼·吉登斯：《现代性的后果》，田禾译，译林出版社 2011 年版，第 133 页。

的进程中不断超越过去，创造更为灿烂辉煌的文明，给人以"有翼"的新颖感。这就要求当前教育要确立"有根有翼"的有机课程观。

结束语　从实体走向过程：课程观念的历险

冒险，是人类文明进步的主要因素，而观念的冒险又是其中最重要的要素。在怀特海看来，观念的历险与创新是推动人类文明由野蛮落后走向文明进步的根本驱动力。没有观念的历险、创造的想象力和大胆的实践，人类文明之花将会枯萎、衰败。

从某种意义上看，有机课程观的提出，也是一种观念的历险，这主要体现在两个方面。

其一，过程思想本身还处在过程之中，具有过渡的性质。

过程哲学将现实实有作为构建形而上学的核心范畴，而将现实实有的本质描述为一种"过程性的存在"，这就说明，宏观如宇宙世界，微观如尘埃粒子，中观如有机生命体，都是一种过程性的存在，连过程哲学本身也是一种过程性的存在。作为一种特定时代的思想产物，过程哲学存在自身难以克服的局限，具有过渡性质。具体而言，过程哲学思想的局限性主要表现在这样一些地方：虽然对传统形而上学的概念进行了修正和改造，但是依然无法摆脱宏大叙事的窠臼；以理性主义静态逻辑的方法，构建动态发展的经验世界，有自相矛盾之嫌；一方面反对二元对立思维，同时又将活动、事件划归为动态的物体，而将永恒客体划归为静态的存在，无法自圆其说；以超越自身作为主体，以第三者或者旁观者的角色来审视这个宇宙中的所有现实存有，由此得出的研究结论恐难逃主体虚无以及平面化的命运。此外，过程哲学思想还存在神秘主义倾向，万有神论意识，对于唯物论的片面理解，间或发生的晦涩语言表达方式，西方中心话语结构，等等不足。① 当然，对于过程哲学思想所存在的这些局限，我们不能过多地苛责，也许我们只有怀着"向他者开放"的心态，在从事创造性事业的过程中，才能真正领略过程哲学思想的真谛，这注定是一场观念的冒险。

其二，过程哲学思想运用于课程研究也是一种冒险。

把过程哲学思想应用到课程研究中是一件复杂而冒险的任务，但过程

---

① ［英］阿·怀特海：《怀特海文录》，陈正养等译，浙江文艺出版社1999年版，第349页。

哲学"取法中道"的态度却降低了这种冒险的风险系数。怀特海深受传统西方文化的影响，熟稔柏拉图、亚里士多德、笛卡尔、康德、休谟、洛克等大家的思想，他深知传统文化的价值，不会走极端的保守和激进的道路，他不主张一味地求新求变而不计任何代价，也并非全然否认过去经验的任何价值。"冒险必须奠基于往日智慧与技巧的稳固基础上，但是，文明绝不可被传统框梏得不能动弹，一味地崇拜美好的过去亦只不过是把文明看成僵硬的古董"。① 由此可看出，在怀特海那里，冒险是一种继往开来的理智行为。有机课程观虽主张课程的生成、创造和变革，但是也不否认传统课程观的价值，它试图建构的是既有"根"又有"翼"的新课程观。至于这种课程观的历险是否能由"完善的理想逐渐地提高到精神极，使之成为改革的方案"，② 那将交给另一段历险过程——行动历险来检验。

从哲学诠释学看，解读过程哲学是一个赋予过程哲学以新的意义的过程，是融入了笔者的"前见"对过程哲学所形成的一种"偏见"。用这种"偏见"来解释课程是否有效，并不取决于本人对过程哲学的理解是否准确，因为那是古典诠释学的要求，而我更倾向于认同当代哲学诠释学的观点：偏见在理解和解释中具有重要作用，偏见是我们对世界开放的一种倾向性。所以，笔者对过程哲学思想所作的现代诠释是一种哲学诠释学意义上的理解，即"在本质上仍然是把过去的意义置入当前情境的一种调解或翻译"。③ 也唯有如此处理，才能重新焕发过程哲学思想在当代的生命力，才能给予课程观念开始新的历险以有力的精神支持。

具体而言，课程观经历本研究的历险试图凸显如下主要观点：

——在倡导可持续发展、生态文明建设的后工业时代，由传统实体课程观转向有机课程观是历史发展的必然。

——过程哲学思想既坚守尊重他者、和谐共存、关系为本、永续发展的恒常之"道"，但又不死板、机械、守旧和自我封闭，讲究计谋、机变、开放和创新，深谙变通之"术"，是"道术相间"的一门高深学问，是一种融价值论、本体论、实践论为一体的有机整体的思想体系，为有机课程观的建构提供坚实的理论基础和方法论指导。

——有机课程观包括三个核心组成部分：一是"泛价值和合"课程

---

① 朱建民：《现代形上学的祭酒——怀特海》，允晨文化实业股份有限公司 1982 年版，第179 页。

② ［英］A. N. 怀特海：《观念的冒险》，周邦宪译，贵州人民出版社 2000 年版，第304 页。

③ ［德］伽达默尔：《哲学解释学》，夏镇平等译，上海译文出版社 1994 年版，第6 页。

价值观，揭示了"有机整体、和谐共存、创生化进"的课程价值取向，它是有机课程观的灵魂和核心；二是"过程与关系"课程本体观，揭示了课程是一种关系性的、广延性的、过程性的存在，它是有机课程观的主体；三是"创化生成"课程发展观，揭示了课程品质的生成性、课程教学的创造性和课程变革的有根有翼性，它是有机课程观的驱动力。上述三个部分互为前提和条件，结成一个不可分割的有机整体。

——有机课程观可以通过两条途径指导课程实践。路径一，通过发现课程问题——提出有机课程观——借助工程思维——促成课程改革（实践）的非逻辑复合；路径二，提出理想的有机课程——设计正式的有机课程——落实操作的有机课程——获得体验的有机课程。

——我国教师普遍缺失个人课程观，多持有传统实体课程观，帮助教师确立个人有机课程观，实现有机课程观的实践转向是未来课程研究的立足点。

有机课程观的研究，其要点不在于提出一种新颖的课程思想，去统一人们对课程的认识，而是以过程的开放的视野审视课程问题，去拓宽人们的课程视域，这也将是一段美好的历险体验。有机课程观好比是一个万花筒，转换一下看课程的视角，我们就可能看到更多更美的课程风景。我们可以想象，在有机课程观指导下，教育出来的是这样的一群人：他们骑自行车上下班，做志愿者帮助他人，鼓励孩子的创造性，和朋友分享美食，投身于改善地球生态和人民生活的事业，花时间在祈祷和沉思上，种植花草于房前屋后，给指尖上的小鸟喂食，有充足的时间漫步在洒满金色阳光的林荫道上……

"其人虽已没，千载有余情"。笔者以绵薄之力向读者诸君献上这部基于怀特海思想的有机课程观研究成果，一方面借机表达我们对于这位过程思想家的崇高敬意；另一方面也希望为关心当代中国课程改革命运，关心年轻一代健康成长的人们，提供一份可供选择的新的精神食粮，至于这道食粮营养价值如何，是否美味可口，则留待各方家批评斧正。

参考文献

中文部分

1. ［英］怀特海：《科学与近代世界》，何钦译，商务印书馆 1989 年版。

2. ［英］阿·怀特海：《怀特海文录》，浙江文艺出版社 1999 年版。

3. ［英］怀特海：《思想方式》，韩东晖、李红译，华夏出版社 1999 年版。

4. ［英］怀特海：《观念的冒险》，周邦宪译，贵州人民出版社 2000 年版。

5. ［英］怀特海：《自然的概念》，张桂权译，中国城市出版社 2002 年版。

6. ［英］怀特海：《教育的目的》，徐汝舟译，三联书店 2002 年版。

7. ［英］怀特海：《过程与实在》，杨富斌译，中国城市出版社 2003 年版。

8. ［英］怀特海：《宗教的形成/符号的意义及效果》，周邦宪译，贵州人民出版社 2007 年版。

9. ［英］怀特海：《思维方式》，刘放桐译，商务印书馆 2010 年版。

10. ［英］A. N. 怀特海：《理性的功能》，黄铭译，大象出版社 2010 年版。

11. ［英］A. N. 怀特海：《教育与科学》，黄铭译，大象出版社 2010 年版。

12. ［英］怀特海：《过程与实在》，李步楼译，商务印书馆 2011 年版。

13. 朱建民：《现代形上学的祭酒——怀特海》，允晨文化实业股份有限公司 1982 年版。

14. 贺麟、怀特海：《现代西方哲学讲演集》，上海人民出版社 1984 年版。

15. 涂纪亮、怀特海：《西方著名哲学家评传》（续编下卷），山东人民出版社 1987 年版。

16. 陈奎德：《怀特海哲学演化概论》，上海人民出版社 1988 年版。

17. 朱葆伟：《机体 活动 价值——怀特海哲学与当代哲学倾向》，《场与有——中外哲学的比较与融通》（二），中国社会科学出版社 1995 年版。

18. ［美］唐力权：《周易与怀德海之间》（中文版），辽宁大学出版社 1997 年版。

19. ［美］唐力权：《脉络与实在——怀特海机体哲学之批判的诠释》，宋继杰译，中国社会科学出版社 1998 年版。

20. ［美］唐力权：《蕴徵论——场有经验的本质》，宋继杰译，中国社会科学出版社 2004 年版。

21. ［日］田中裕：《怀特海有机哲学》，包国光译，河北教育出版社 2001 年版。

22. 杨士毅：《怀德海哲学入门——超越现代与后现代》，扬智文化事业有限股份公司 2001 年版。

23. ［美］菲利浦·罗斯：《怀特海》，李超杰译，中华书局 2002 年版。

24. 罗嘉昌：《场与有——中外哲学的比较与融通》（六），中国社会科学出版社 2002 年版。

25. 黄铭：《过程与拯救——怀特海哲学及其宗教文化意蕴》，宗教文化出版社 2006 年版。

26. 黄铭：《过程思想及其后现代效应》，宗教文化出版社 2010 年版。

27. ［美］罗伯特·梅斯勒：《过程—关系哲学》，周邦宪译，贵州人民出版社 2009 年版。

28. 陶秀璈：《儒家哲学与西方哲学》，中国社会科学出版社 2009 年版。

29. 贺麟：《西方六大师》，北京大学出版社 2010 年版。

30. 俞懿娴：《怀特海自然哲学——机体哲学初探》，北京大学出版社 2012 年版。

31. ［美］大卫·雷·格里芬：《后现代科学——科学魅力的再现》，马季方译，中央编译出版社 1998 年版。

32. ［美］大卫·雷·格里芬：《后现代精神》，王成兵译，中央编译出版社 1998 年版。

33. ［美］大卫·雷·格里芬：《超越解构——建设性后现代哲学的奠基者》，鲍世斌等译，中央编译出版社 2002 年版。

34. 吴伟赋：《建设性后现代主义哲学研究》，学林出版社 2002 年版。

35. ［美］小约翰·B. 科布：《后现代公共政策》，李际、张晨译，社会科学文献出版社 2003 年版。

36. ［美］伊安·巴伯：《当科学遇到宗教》，苏贤贵译，生活·读书·新知三联书店 2004 年版。

37. 王治河：《后现代哲学思潮研究》（增补本），北京大学出版社 2006 年版。

38. 王治河：《中国过程研究》（第二辑），中国社会科学出版社 2007 年版。

39. 王治河、樊美筠：《第二次启蒙》，北京大学出版社 2011 年版。

40. ［英］罗素：《西方哲学史》（上下卷），何兆武、李约瑟译，商务印书馆 1976 年版。

41. 全增嘏：《西方哲学史》（上册），上海人民出版社 1983 年版。

42. 全增嘏：《西方哲学史》（下册），上海人民出版社 1985 年版。

43. ［古希腊］柏拉图：《理想国》，郭斌和、张竹明译，商务印书馆 1986 年版。

44. ［阿根廷］方迪启：《价值是什么——价值学导论》，黄藿译，台北联经出版事业公司 1986 年版。

45. ［美］拉兹洛：《系统哲学讲演集》，闵家胤译，中国社会科学出版社 1991 年版。

46. ［德］伽达默尔：《哲学解释学》，夏镇平等译，上海译文出版社 1994 年版。

47. 包亚明：《文化资本与社会炼金术——布尔迪厄访谈录》，上海人民出版社 1997 年版。

48. ［英］卡尔·波普尔：《开放社会及其敌人》（第一卷、第二卷），郑一明等译，中国社会科学出版社 1999 年版。

49. 俞吾金、吴晓明：《二十世纪哲学经典文本》（五卷），复旦大学出版社 1999 年版。

50. ［美］罗尔斯顿：《环境伦理学》，杨通进译，中国社会科学出版社 2000 年版。

51. 刘放桐：《新编现代西方哲学》，人民出版社 2000 年版。

52. 黄瑞雄：《两种文化的冲突与融合》，广西师范大学出版社 2000 年版。

53. ［美］斯普瑞特奈克：《真实之复兴》，张妮妮译，中央编译出版社 2001 年版。

54. 赵敦华：《西方哲学简史》，北京大学出版社 2001 年版。

55. 赵敦华：《现代西方哲学新编》，北京大学出版社 2001 年版。

56. ［德］康德：《判断力批判》，邓晓芒译，人民出版社 2002 年版。

57. ［美］帕特里夏·奥坦伯德·约翰逊:《海德格尔》,张祥龙等译,中华书局 2002 年版。

58. ［美］加勒特·汤姆森:《笛卡尔》,王军译,中华书局 2002 年版。

59. ［美］伊丽莎白·S. 拉德克利夫:《休谟》,胡自信译,中华书局 2002 年版。

60. ［美］罗伯特·B. 塔利斯:《杜威》,彭国华译,中华书局 2002 年版。

61. 刘文英:《中国哲学史》(上下卷),南开大学出版社 2002 年版。

62. ［古希腊］亚里士多德:《形而上学》,苗力田译,中国人民大学出版社 2003 年版。

63. ［德］康德:《实践理性批判》,邓晓芒译,人民出版社 2003 年版。

64. ［德］康德:《纯粹理性批判》,邓晓芒译,人民出版社 2004 年版。

65. 赵汀阳:《论可能生活》,中国人民大学出版社 2004 年版。

66. ［古希腊］柏拉图:《蒂迈欧篇》,谢文郁译,上海人民出版社 2005 年版。

67. ［德］埃德蒙德·胡塞尔:《生活世界现象学》,倪梁康、张廷国译,上海译文出版社 2005 年版。

68. ［比］伊·普利高津、［法］伊·斯唐热:《从混沌到有序——人与自然的新对话》,曾庆宏、沈小峰译,上海人民出版社 2005 年版。

69. ［德］赫尔曼·哈肯:《协同学——大自然构成的奥秘》,凌复华译,上海译文出版社 2005 年版。

70. 王凯锋:《价值论及其部类研究》,学林出版社 2005 年版。

71. 唐代兴:《生态理性哲学导论》,北京大学出版社 2005 年版。

72. ［德］恩斯特·卡西尔:《论人——人类文化哲学导论》,刘述先译,广西师范大学出版社 2006 年版。

73. 饶尚宽译注:《老子》,中华书局 2006 年版。

74. 方立天:《佛教哲学》,长春出版社 2006 年版。

75. 夏基松:《现代西方哲学》,上海人民出版社 2006 年版。

76. 王玉樑:《21 世纪价值哲学:从自发到自觉》,人民出版社 2006 年版。

77. ［德］伽达默:《真理与方法》(Ⅰ、Ⅱ),洪汉鼎译,商务印书馆 2007 年版。

78. 孙通海译注:《庄子》,中华书局 2007 年版。

79. 杨伯峻译注:《论语译注》,中华书局 2007 年版。

80. 王茜:《生态文化的审美之维》,上海人民出版社 2007 年版。

81. 金尚年:《量子力学的物理基础和哲学背景》,复旦大学出版社 2007

年版。

82. 朱晓鹏：《道家哲学精神及其价值境域》，中国社会科学出版社 2007
年版。

83. 王理平：《差异与绵延——柏格森哲学及其当代命运》，人民出版社
2007 年版。

84. ［英］培根：《新工具》，许宝骙译，商务印书馆 2008 年版。

85. ［德］马克斯·韦伯：《社会科学方法论》，韩水法、莫茜译，中央编
译出版社 2008 年版。

86. ［法］埃德加·莫兰：《复杂思想导论》，陈一壮译，华东师范大学出
版社 2008 年版。

87. 孙正聿：《哲学通论》（修订版），复旦大学出版社 2008 年版。

88. 邓晓芒：《哲学史方法论十四讲》，重庆大学出版社 2008 年版。

89. 曹天元：《量子“物理史话”》，辽宁教育出版社 2008 年版。

90. 赵馥洁：《中国传统哲学价值论》（增订本），人民出版社 2009 年版。

91. 毛文凤：《神性智慧：生态式教育的形上之维》，江苏人民出版社
2009 年版。

92. ［英］安东尼·吉登斯：《现代性的后果》，田禾译，译林出版社 2011
年版。

93. 罗嘉昌：《从物质实体到关系实在》，中国人民大学出版社 2012 年版。

94. 吴俊升：《教育哲学大纲》，商务印书馆 1935 年版。

95. 华东师范大学教育系：《现代西方资产阶级教育思想流派论著选》，人
民教育出版社 1980 年版。

96. 钟启泉：《现代课程论》，上海教育出版社 1989 年版。

97. 戴本博：《外国教育史》（上、中、下），人民教育出版社 1990 年版。

98. ［德］雅斯贝尔斯：《什么是教育》，邹进译，生活·读书·新知三联
书店 1991 年版。

99. 陈学恂：《中国教育史研究》（先秦分卷），华东师范大学出版社 1991
年版。

100. 江山野：《简明国际教育百科全书·课程》，教育科学出版社 1991
年版。

101. 瞿葆奎：《教育学文集》（智育），人民教育出版社 1993 年版。

102. ［法］卢梭：《爱弥儿》（上下卷），李平沤译，商务印书馆 1996 年版。

103. 施良方：《课程理论——课程的基础、原理与问题》，教育科学出版
社 1996 年版。

104. ［瑞士］皮亚杰：《发生认识论原理》，王宪钿等译，商务印书馆 1997 年版。

105. 金生鈜：《理解与教育》，教育科学出版社 1997 年版。

106. 单丁：《课程流派研究》，山东教育出版社 1998 年版。

107. ［捷］夸美纽斯：《大教学论》，傅任敢译，教育科学出版社 1999 年版。

108. 吴永军：《课程社会学》，南京师范大学出版社 1999 年版。

109. ［加］大卫·杰弗里·史密斯：《全球化与后现代教育学》，郭洋生译，教育科学出版社 2000 年版。

110. 周浩波：《教育哲学》，人民教育出版社 2000 年版。

111. 丛立新：《课程论问题》，教育科学出版社 2000 年版。

112. 刘云杉：《学校生活社会学》，南京师范大学出版社 2000 年版。

113. ［美］约翰·杜威：《民主主义与教育》，王承绪译，人民教育出版社 2001 年版。

114. ［美］小威廉姆 E. 多尔：《后现代课程观》，王红宇译，教育科学出版社 2001 年版。

115. ［日］佐藤正夫：《教学原理》，钟启泉译，教育科学出版社 2001 年版。

116. 石中英：《知识转型与教育改革》，教育科学出版社 2001 年版。

117. 李定仁、徐继存：《教学论研究二十年》，人民教育出版社 2001 年版。

118. ［德］赫尔巴特：《赫尔巴特文集》（1—6 卷），李其龙等译，浙江教育出版社 2002 年版。

119. ［美］艾伦·C. 奥恩斯坦、弗朗西斯·P. 汉金斯：《课程：基础、原理和问题》，柯森主译，江苏教育出版社 2002 年版。

120. ［美］威廉 F. 派纳、威廉 M. 雷诺兹、帕特里克·斯莱特里、彼得·M. 陶伯曼：《理解课程》（上、下册），张华等译，教育科学出版社 2003 年版。

121. ［日］佐藤学：《课程与教师》，钟启泉译，教育科学出版社 2003 年版。

122. ［美］JAMES A. BEANE：《课程统整》，单文经等译，华东师范大学出版社 2003 年版。

123. 张楚廷：《课程与教学哲学》，人民教育出版社 2003 年版。

124. 汪霞：《课程研究：现代与后现代》，上海科技教育出版社 2003 年版。

125. 马维娜：《局外生存：相遇在学校场域》，北京师范大学出版社 2003 年版。

126. 郭本禹：《当代心理学的新进展》，山东教育出版社 2003 年版。

127. ［美］小威廉姆 E. 多尔、［澳］诺尔·高夫：《课程愿景》，张文军等译，教育科学出版社 2004 年版。

128. 石中英：《教育哲学导论》，北京师范大学出版社 2004 年版。

129. 李定仁、徐继存：《课程论研究二十年》，人民教育出版社 2004 年版。

130. 吴康宁：《课堂教学社会学》，南京师范大学出版社 2004 年版。

131. ［英］赫·斯宾塞：《斯宾塞教育论著选》，胡毅、王承绪译，人民教育出版社 2005 年版。

132. ［美］约翰·杜威：《学校与社会·明日之学校》，赵祥麟等译，人民教育出版社 2005 年版。

133. 郭晓明：《课程知识与个体精神自由》，教育科学出版社 2005 年版。

134. 陶保平、黄河清：《教育调查》，华东师范大学出版社 2005 年版。

135. ［英］约翰·洛克：《教育漫话》，杨汉麟译，人民教育出版社 2006 年版。

136. ［美］Howard A. Ozmon, Samuel M. Craver：《教育的哲学基础》，石中英、邓敏娜等译，中国轻工业出版社 2006 年版。

137. ［美］丹尼尔·坦纳、劳雷尔·坦纳：《学校课程史》，崔允漷等译，教育科学出版社 2006 年版。

138. 王坤庆：《教育哲学》，华中师范大学出版社 2006 年版。

139. 严育洪：《新课程教学问题讨论与案例分析》，首都师范大学出版社 2006 年版。

140. ［美］John D. McNeil：《课程导论》，谢登斌等译，中国轻工业出版社 2007 年版。

141. ［美］帕特里克·斯莱特里：《后现代时期的课程发展》，徐文彬等译，广西师范大学出版社 2007 年版。

142. 赵廷为：《教材及教学法通论》，福建教育出版社 2007 年版。

143. 安桂清：《整体课程论》，华东师范大学出版社 2007 年版。

144. ［美］拉尔夫·泰勒：《课程与教学基本原理》，罗康、张阅译，中国轻工业出版社 2008 年版。

145. ［美］Ian Westbury, Neil J. Wilkof：《科学、课程与通识教育——施瓦布选集》，郭元祥、乔翠兰主译，中国轻工业出版社 2008 年版。

146. ［美］威廉 F. 派纳：《课程：走向新的身份》，陈时见、潘康明等译，教育科学出版社 2008 年版。

147. ［美］约翰·D.麦克尼尔：《课程：教师的创新》，徐斌艳等译，教育科学出版社 2008 年版。

148. 贾馥茗、杨深坑：《教育学方法论》，江苏教育出版社 2008 年版。

149. 黄志成：《西方教育思想的轨迹》，华东师范大学出版社 2008 年版。

150. 盛朗西：《小学课程沿革》，福建教育出版社 2008 年版。

151. 张栗原：《教育哲学》，福建教育出版社 2008 年版。

152. 陈向明：《质性研究：反思与评论》，重庆大学出版社 2008 年版。

153. ［美］约翰·杜威：《民主·经验·教育》，彭正梅译，上海人民出版社 2009 年版。

154. 肖恩·加拉格尔：《解释学与教育》，张光陆译，华东师范大学出版社 2009 年版。

155. 熊子容：《课程编制原理》，福建教育出版社 2009 年版。

156. 萧承慎：《教学法三讲》，福建教育出版社 2009 年版。

157. 高时良：《中国教育史论丛》，福建教育出版社 2009 年版。

158. 谭光鼎、王丽云：《教育社会学：人物与思想》，华东师范大学出版社 2009 年版。

159. 李小红：《教师与课程：创生的视角》，广西师范大学出版社 2009 年版。

160. ［英］凯西·卡麦兹：《建构扎根理论：质性研究实践指南》，边国英译，重庆大学出版社 2009 年版。

161. ［美］弗雷斯特·W.帕克、埃里克·J.安科蒂尔等：《当代课程规划》（第八版），孙德芳译，中国人民大学出版社 2010 年版。

162. ［美］Michael Fullan：《教育变革的新意义》（第四版），武云斐译，华东师范大学出版社 2010 年版。

163. 梁枢：《实体思维与辩证思维》，《学术月刊》1990 年第 9 期。

164. 张华夏：《广义价值论》，《中国社会科学》1998 年第 4 期。

165. 李文阁：《生成性思维：现代哲学的思维方式》，《中国社会科学》2000 年第 6 期。

166. 曲跃厚：《怀特海哲学若干术语简释》，《世界哲学》2003 年第 1 期。

167. 杨富斌：《怀特海过程哲学思想述评》，《国外社会科学》2003 年第 4 期。

168. 董立河：《怀特海价值理论初探》，《天津社会科学》2003 年第 6 期。

169. 王立志：《怀特海与康德》，《哲学研究》2007 年第 6 期。

170. 刘友红、崔俊杰：《价值重估：从狭义价值到系统价值——走出现代人类中心主义困境的探索》，《理论探索》2010 年第 4 期。

171. 张香兰：《从实体到过程：现代教育的思维转向》，博士学位论文，山东师范大学，2007 年。

172. 王洪席：《过程课程观的建构研究》，博士学位论文，西南大学，2011 年。

173. 黄铭：《论怀特海的教育哲学》，《浙江大学学报》（人文社会科学版）2004 年第 2 期。

174. 江峰：《客观与主观：当代课程哲学的两种知识观评析》，《北京大学教育评论》2006 年第 4 期。

175. 柯政：《规范性制度对新课程政策实施的影响及其政策意义》，《北京大学教育评论》2010 年第 1 期。

176. 张晓瑜：《想象·创造·责任——怀特海大学教育思想及其当代启示》，《高教探索》2010 年第 3 期。

177. 赵鹤龄：《当代过程哲学与中国教育思想及其实践研究》，《湖南第一师范学院学报》2010 年第 4 期。

178. 张晓瑜、赵鹤龄：《实体的放逐与过程的拯救——论怀特海对西方实体观的终结和超越》，《自然辩证法研究》2010 年第 11 期。

179. 严仲连、马云鹏：《论课程价值的实现与理性选择》，《教育理论与实践》2010 年第 11 期。

180. ［美］约翰·科布：《过程教育》，马晓梅译，《湛江师范学院学报》2011 年第 2 期。

181. 杨丽、温恒福：《我国怀特海有机哲学研究 85 年》，《求是学刊》2011 年第 4 期。

182. 张晓瑜、赵鹤龄：《“误置具体性谬误”与课程变革——基于过程哲学的分析》，《教育理论与实践》2011 年第 7 期。

183. 张晓瑜：《论教育改革的思维方式——以新课程改革为例》，《当代教育科学》2011 年第 16 期。

184. 张晓瑜：《论“有根有翼”课程价值观的构建》，《教育研究》2013 年第 2 期。

185. 张晓瑜：《课程改革呼唤“有根有翼”的课程思想》，《课程·教材·教法》2013 年第 10 期。

二　外文部分

186. Whitehead, Alfred N. , 1947, Essays in Science and Philosophy, New

York: Philosophical Library.

187. Whitehead, Alfred N. , 1958, The Function of Reason, Boston: Beacon Press.

188. Whitehead, Alfred N. , 1961, The Adventures of Idea, New York: Free Press.

189. Whitehead, Alfred N. , 1966, Mode of Thought, New York: Harper & Row.

190. Whitehead, Alfred N. , 1971, The Concept of Nature, Cambridge: The University Press.

191. Process and Reality. Corrected ed. , edited by David Ray Griffin and Donald W. Sherburne. New York: The Free Press, 1978.

192. Whitehead, Alfred N. , 1985, Symbolism: Its Meaning and Effect, New York: Fordham University Press 2.

193. A. H. Johnson, 1947, The Wit and Wisdom of Alfred North Whitehead, Boston: Beacon Press.

194. The Philosophy of Alfred North Whitehead, edited by Schilpp, Paul Arther New York: Tudor Publisher, 1951.

195. Johnson, A. H. , Whitehead's Theory of Reality. Boston: The Beacon Press, 1952.

196. Shielah OFlynn Brennan Perception and Causality: Whitehead and Aristotle Process Studies, Vol. 3, Number 4, Winter, 1973.

197. Richard S. Davis Whitehead's Moral Philosophy Process Studies, Vol. 3, Number 2, Summer, 1973.

198. Leclerc, Ivor, Whitehead's Metaphysics: An Introductory Exposition. Bloomington & London: Indiana University Press, 1975.

199. Lynne Belaief A Whiteheadian Account of Value and Identity Process Studies, Vol. 5, Number 1, Spring 1975.

200. Nicholas F. Gier Intentionality and Prehension Process Studies, Vol. 6, Number 3, Fall, 1976.

201. J. Brenton Stearns Becoming: A Problem for Determinists? Process Studies, Vol. 6, Number 4, Winter, 1976.

202. Jorge Luis Nobo, Whitehead's Principle of Relativity, Process Studies, Vol. 8, Number 1, Spring, 1978.

203. Frederick Sontag Being and Freedom: The Metaphysics of Freedom

Process Studies, Vol. 8, Number 3, Fall, 1978.

204. Wallack, F. Bradford. The Epochal Nature of Process in Whitehead's Metaphysics. Albany: State Univ. of New York Press, 1980.

205. Robert S. Brumbaugh, 1982, Whitehead, Process and Philosophy, and Education. Albany: State University of New York Press.

206. Willliam Dean, Whitehead's Other Aesthetic, Process Studies, Vol. 13, Number 1, Spring, 1983.

207. Alfred NorthWhitehead Discussion Upon Fundamental Principles of Education (1919) Process Studies, Vol. 14, Number 1, Spring, 1984.

208. Wolfhart Pannenberg Atom, Duration, Form: Difficulties with Process Philosophy Process Studies, Vol. 14, Number 1, Spring, 1984.

209. Brian Patrick Hendley. 1986. Dewey, Russell, Whitehead: philosophers as educators. the Board of Trustees, SouthernIllinois University.

210. Brian Hendley, Robert Brumbaugh: Towards a Process Philosophy of Education. Process Studies, Vol. 17, Number 4, Winter 1988. Process Studies, Vol. 17, Number 4, Winter 1988.

211. Kathleen Gershman To and Fro: Education for the Art of Life. Process Studies, Vol. 17, Number 4, Winter, 1988.

212. D. Griffin, "Peace and Postmodern Paradigms", in Spirituality and Society: Postmodern Visions, David Griffin, ed. State University of New York Press, 1988.

213. Dorald W. Oliver, Kathleen Waldron Gershman, 1989, Education, modernity, and fractured meaning: toward a process theory of teaching and learning. SUNR.

214. Robert S. Brumbaugh Whitehead and a Committee. Process Studies, Vol. 18, Number 3, Fall, 1989.

215. Reto Luzius Fetz Aristotelian and Whiteheadian Conceptions of Actuality: I Process Studies, Vol. 19, Number 1, Spring 1990.

216. Reto Luzius Fetz Aristotelian and Whiteheadian Conceptions of Actuality: II Process Studies, Vol. 9, Number 3, Fall, 1990.

217. L. CharlesBirch, ProcessThought: Its Value and Meaning to Me. Process Studies, Vol. 19, Number 4, Winter, 1990.

218. Robert S. Brumbaugh, Why Whitehead? Process Studies, Vol. 20, Number 2, Summer, 1991.

219. George Allan. Process Philosophy and the Educational Canon. Process Studies, Vol. 20, Number 2, Summer, 1991.

220. Donald W. Sherburne The Process Perspective as Context for Educational Evaluation. Process Studies, Vol. 20, Number 2, Summer, 1991.

221. Sharon Janusz and Glenn Webster The Problem of Persons Process Studies, Vol. 20, Number 3, Fall, 1991.

222. Hosinski, Thomas E. , Stubborn Fact and Creative Advance, Boston: Rowman & Littlefield Publishers, Inc. 1993.

223. Denis Hurtubise. The Original Version Of Process And Reality, Part V. A Tentative Reconstruction. Process Studies, Vol. 22, Number 1, pring, 1993.

224. Malcolm D. Evans. 1998. Whitehead and philosophy of education: the seamless coat of learning. Amsterdam – Atlanta: Rodopi B. V.

225. Joseph E. Earley Naturalism, Theism, and the Origin of Life Process Studies, Fall – Winter, 1998.

226. Prozesky, Martin. Ethics process perspective. South African Journal of Philosophy; Feb99, Vol. 18 Issue.

227. John W. Lango Whitehead's Category of Nexus of Actual Entities Process Studies, Vol. 29, Number 1, Spring – Summer, 2000.

228. Foster N Walker, 2000, Enjoyment and the Activity of mind: dialogues on Whitehead and education. Amsterdam – Atlanta: Rodopi B. V.

229. John B · Cobb,Jr · ,Why Whitehead? Claremont, CA:P&F Press, 2004.

230. George, Allan. 2004. Higher education in the making: pragmatism, Whitehead, and the canon. Albany: State University of New York Press.

231. Franz Riffert, 2005. Whitehead on learning and education: theory and application. Cambridge scholars Press.

232. Jay McDaniel. What is Process Thought? Seven Answers to Seven Questions. P&F Press, 2008.

233. C. Robert Mesle. Process – Relational Philosophy: An Introduuction to Alfred North Whitehead. Templepleton Foudation Press, 2008, West Conshohocken Pennsylvania, U. S.

234. Michael Fullan and Alam Pomfret. Research on curriculum and Instruction Implementation. Review of Education Research, 1977.

235. John Dewey, Philosophy and Education in Their Historic Relations, tran-

scribed from his lectures by Elsie Ripley Clapp, edited and with an introduction by J. J. Challlbliss, Westview Press, United States of America, 1993.

236. Kruse, G. D., and Zulkoski, M ."The Northwest Experience: A Lesser Road Traveled. " NASSP bulletin, December, 1994.

237. Bennett, C. I. (1995). Coprehensive multicultural education: Theory and practice (4th edition). Boston: Allyn and Bacon.

238. McNeil, J. (1996), Curriculum: A Comprehensive Introduction (Fifth Edition), New York: Harper Collins College Publishers.

239. George F. Madaus and Thomas Kellaghan. Curriculum Evaluation and Assesment. In: Philip W. Jackson, ed. Handbook of Research on Curriculum (New York: MacMillan Publishing Company, 2000).

240. Fetterman, D. M. (2001). Foundations of empowerment evaluation. Thousand Oaks, CA: Sage.

241. Miller, J. P. (2001), The Holistic Curriculum. Revised and Expanded Edition. Toronto: OISE Press.

242. Taylor, E. R. (2002), Ecology, Spirituality, and Education: Curriculum for relational knowing. New York: Peter Lang Publishing.

后　记

当给书稿画上最后一个标点符号后，本该如释重负的心理感觉并没有产生，反倒是多了一份五味杂陈的滋味。不管怎么说，终于可以不用小心翼翼地用学术的语言来表达此时的想法和情感了。

来到温州大学工作年头也不短了，二十年来自己的学术兴趣和研究方向始终无法聚焦，总是被各种力量牵来扯去，这恐怕是所有在体制内生活的教师普遍的经历。直到几年前，在与业师赵鹤龄先生的一次闲聊中，他多次提及怀特海及其思想的当代价值，给我留下了深刻的印象，也正是从那一天起，怀特海的名字第一次进入了我的视野。随着对怀特海著作的进一步阅读，慢慢地，他的过程哲学思想开始占据了我的整个灵魂，我终于告别了撒盐吧式的学术研究历程，转而踏上过程哲学及其应用的研究之旅，"从'实体'走向'过程'的课程理论研究"这一课题也正是在此过程中酝酿而成的。

正如在著作正文中所提及的，怀特海的过程哲学思想是非常抽象难懂的形而上学观念体系，如何对之进行较为准确的解读，并将之运用于课程理论研究，是整个研究过程中最难，也是最耗费心力的工作。由于本人并非哲学科班出身，同时也缺乏思辨研究的系统训练，在整个研究的过程中屡屡碰到各种困难，几次因为研究长时间毫无进展而产生想放弃的念头，每每在此关键时刻，过程哲学中的思想总是能给予我力量和启示："存在即过程"、"多生成一，由一而长"、"一个小时前的我已然不同于一个小时后的我"、"摄受一定能达成满足"，……总之，在我看来，过程哲学是一座蕴藏无限能量的思想矿藏，我们可以随时随地从她身上开采出各种有价值的宝物，更为神奇的是，她可以告诉我们大至宇宙星系小到尘埃微粒的生成运行之道，每当碰到各种教育问题时，我会首先从过程哲学思想体系中寻找破解应对之道，而过程哲学也像个善解人意的智者，她总会给你提供智慧的答案或提示，从不会让你失望而归。

尽管自认为从过程哲学中吸取精华运用于自己的专业研究，也勉力完成了一项对自己来说难度颇大的任务，但是我清楚地知道，有机课程观的研究始终处于过程之中，没有终点，不能轻易地画句号，因为现实实有的本质是过程和关系，并非独立自存的实体。就本研究而言，书稿的出版并不表示研究的结束，只能说是对一个阶段研究成果的小结，有机课程观的研究还必须深入思考和解决两大问题：一是，过程哲学思想和课程理论之间的内在有机联系没有被完全揭示出来，在形而上和形而下之间还有裂隙和沟壑，没有达到无缝对接的水平；二是，"有机课程观"的构建还不够成熟，虽然总体上有机课程理论是成体系和圆通的，但是个别观点和思想却存在主观畅想和逻辑演绎的成分，能否立得住脚，还有待于科学和实践的验证。正是这一遗留的问题，督促我不敢有丝毫的懈怠，将后继研究作为未来学术道路的主攻方向，始终如一地坚持下去。我谨记这样一句箴言："现实是渐渐消融于未来的客观不朽"。

在整个研究周期和书稿的写作过程中，得到了诸多良师益友的帮助，感激之情难以言表。其中，赵鹤龄老师、李长吉老师、崔允漷老师、盛群力老师、熊和平博士、黄铭老师通过不同的方式在理论上给予了不少的指点。吕达老师、高宝立老师以及各位课题评审专家对书稿的不足提出了中肯的批评和修改意见，可谓击中"七寸"。在这里，特别要感谢乾明兄的古道热肠和鼎力相助，才使得本研究有机会登大雅之堂；特别感谢吕达老师的豁达与厚爱，正是他拨冗所作的序言，为本书增了光添了彩；还要特别感谢宫京蕾老师的热情与耐心，使得拙作能如期出版。此外，温州大学教师教育学院的领导和同事为我能安心从事科研工作提供了宽松的环境和无私帮助，一并致以谢忱。最后，感谢我的家人一直以来的支持、鼓励和陪伴，这本小书的出版，也有你们的一份功劳。

张晓瑜
2016 年元月写于温州大学南校区